U0934106

主编简介

张卫平，男，山东人，1979 年考入原西南政法学院法律系，1983 年本科毕业。1986 年研究生毕业留校执教。1993 年从讲师直接破格晋升为教授。同年赴日本留学，先后在东京大学法学部和一桥大学法学部学习。1996 年获得博士生导师资格，同年任《现代法学》主编。1999 年初调清华大学法学院任教至今。现为清华大学法学院教授、博士生导师，天津大学卓越教授，中国法学会民事诉讼法学研究会会长。代表著作:《程序公正实现中的冲突与衡平》(1992)、《破产程序导论》(1993)、《诉讼构架与程式》(2000)、《探究与构想: 民事司法改革引论》(2004)、《民事诉讼: 关键词展开》(2005)。在《法学研究》《中国法学》等杂志上公开发表学术论文百余篇。

齐树洁，河北武安人，1954 年 8 月生。1972 年 12 月自福建泉州一中应征入伍,1978年4月从新疆军区39487部队退役。同年7月参加高考。1982 年 7 月毕业于北京大学法律系，获法学学士学位。1990 年 8 月毕业于厦门大学民商法专业，获法学硕士学位。2003 年 11 月毕业于西南政法大学诉讼法专业，获法学博士学位。曾在西南政法学院、中国人民大学、香港大学、澳门大学、台湾政治大学、菲律宾 Ateneo 大学、英国伦敦大学、德国 Freiburg 大学、法国巴黎第二大学、美国佛罗里达大学研修和访问。现为中国法学会民事诉讼法学研究会副会长，中国仲裁法学研究会副会长，厦门大学法学院教授、博士生导师、司法改革研究中心主任。

Access to Justice

2020年第2辑
总第30辑

Judicial Reform Review

司法改革论评

张卫平　齐树洁　主编　　唐　力　执行主编

主办方：

西南政法大学法学院

西南政法大学比较民事诉讼法研究中心

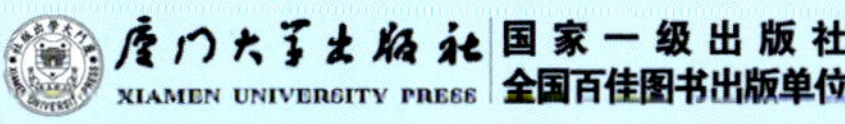

国家一级出版社
全国百佳图书出版单位

图书在版编目(CIP)数据

司法改革论评.第30辑/张卫平,齐树洁主编.—厦门:厦门大学出版社,2021.8
ISBN 978-7-5615-8318-0

Ⅰ.①司… Ⅱ.①张… ②齐… Ⅲ.①司法制度—体制改革—文集 Ⅳ.①D916-53

中国版本图书馆CIP数据核字(2021)第153952号

出版人 郑文礼
责任编辑 李 宁 郑晓曦

出版发行 厦门大学出版社
社 址 厦门市软件园二期望海路39号
邮政编码 361008
总 机 0592-2181111 0592-2181406(传真)
营销中心 0592-2184458 0592-2181365
网 址 http://www.xmupress.com
邮 箱 xmup@xmupress.com
印 刷 厦门兴立通印刷设计有限公司

开本 720 mm×1 000 mm 1/16
印张 21.25
插页 2
字数 402千字
版次 2021年8月第1版
印次 2021年8月第1次印刷
定价 88.00元

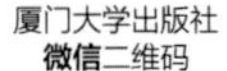

厦门大学出版社
微博二维码

《司法改革论评》

目录

卷首语

本辑聚焦:民事执行法的理论与实践

法学教育改革

卷首语

强制执行法：国家公权力机关与公民的关系法

林晓青*

一般而言，刑法是规定什么是犯罪的法律，是规定如何打击、惩戒犯罪的法律，是授权国家暴力机器可以对罪犯做些什么的法律；但是，基于"罪刑法定"原则，如果我们从反面来看，也可以说，刑法是一部在面对国家暴力机器之际保护公民权利的法律，它实质上也规定了什么不是犯罪，什么事情是国家暴力机器所不能做的。与此相同，行政强制法、行政处罚法等，固然是规定了国家公权力机关在何种情况下以及可以怎样对公民进行强制和处罚，但同样地，基于"法无授权皆禁止"的原则，它实质上也规定了国家公权力机关"不可以"怎样对待公民，是保护行政相对人权利的法律，并由此而树立了比例原则、公平原则、程序正当原则等基本原则。

与通常从保障民事权利实现的角度来看待强制执行法不同，基于强制执行本身强烈的主动性与强制性，笔者总是把强制执行法看成与刑法、行政法一样，主要是处理国家公权力机关与公民之间关系的法律。从正面来看，它规定了公权力机关可以使用什么样的方法和手段去强制性地处置公民的财产与限制公民

* 作者系深圳市宝安区人民法院执行局一级法官，深圳市法学会理事，深圳市破产法研究会理事。

的自由；但从反面看，它也规定了公权力机关“不可以”使用什么样的方法和手段。从正向看，它是努力保障债权人权利实现的法律；但是从反向看，它也同样应当是竭力保护债务人、案外人等主体合法权益不受侵害的法律。由此，笔者认为，在思考强制执行法中的一些重大问题、进行制度设计的时候，应当跳出将执行法仅仅作为民事诉讼法一部分的桎梏，应充分认识其权利保障的公法属性，比照刑法、行政法的一些基本原则来确立强制执行法的基本原则，在一些争议性问题上作出抉择，平等保护各方当事人的权益。

首先，强制执行法应坚决明确“法无授权皆禁止”的原则，切实保障当事人的合法权益。在此前的人民法院“基本解决执行难”的工作中，各地涌现出很多执行工作创新。其中涉及法院内部运转的，比如引入社会化辅助、大量使用信息网络技术、分段集约执行等，极大地提高了执行效率，值得肯定。然而，在涉及法院与当事人关系上的一些“创新”，比如为了方便对拒不履行调解书、仲裁裁决的被执行人追究拒执罪而刻意制作的“转化”裁定，对被执行人发出禁止驾驶车辆的“限驾令”，禁止被执行人的车辆年审甚至禁止驾驶证的年审，失信彩铃等未经过成熟论证的或者是一些过于苛刻的“有地方特色的失信惩戒措施”等就有缺乏法律授权、损害公民合法权益之嫌。笔者并非说这些尝试不对，目前来看这些尝试应该都在可控的范围之内，但是也很难说今后就一定能够忍得住冲动，不会再前一步。强制执行案件貌似是平等民事主体之间的“战争”，但是申请执行人的背后站着的是一个大几万人组成的机构，一个有权对公民罚款、拘留的机构，一个有能力联动数十个部委对公民进行信用惩戒的机构，一个有权力“号令”社会各个部门、单位进行协助的机构，从一定程度上来看，实际上也是被执行人、利害关系人、案外人等与这个机构之间的“战争”。因此，执行机构的执行实施行为，应当如刑法、行政法一样，严格地限定在法律授权的范围之内，这是强制执行法必须明确的。

其次，强制执行法应当坚持对各方当事人公正、平等保护的原则。目前在执行实务中，存在着过于强调执行效率的倾向，比如部分存在着一些“先扎一刀再疗伤”的理念，“不管能否明确判断是否属于被执行人的责任财产，先查封了再说，反正你有救济途径嘛”、“不管三七二十一，先追加了被执行人再说，反正你有救济途径嘛”、“不管是否有确凿的证据，先作为直接责任人员限制消费再说，反正你有救济途径嘛”……又比如一再被鼓吹的“执行效率优先，兼顾公平”的理念，在没有明确法律依据的情况下，规定对拟进行拍卖的不动产“一律先清场”……在没有明确法律依据的情况下，规定共有物未经诉讼分割就可以直接予以拍卖并认定份额……实际上，笔者认为，效率与公平是不应当对立起来的，效率一定是公正、平等基础之上的效率，否则，不公正的效率，效率越高，就越“邪恶”；能否对各方当事人公正、平等地保护，这也是执行机构区别于不顾一切只追求实现债权的“收债公司”的重要特征。这一点，应当贯穿强制执行法的始终。这个原则凸显的是“公平”，但是落脚点在“保护”，即阻止侵犯权益和权益被侵犯之后的救济；在强制执行的过程中，各方当事人法律地位应当平等，均应能得到同等的“善意”对待，权利受侵犯后能得到同等保障程度的救济。

这个原则应体现在各种具体制度规定中，比如应当规定当事人“对等”的一系列救济制度。例如，对于执行的启动，债权人可以提起许可执行之诉，对应的被执行人可以提起债务人异议之诉；比如执行实施中应体现善意执行的理念，而不是不顾一切地以追求债权的实现为目标，原则上应选择对被执行人损害最小、对社会关系扰动最小的措施，并愿意承受这种选择可能带来的执行不便；又比如对责任财产的判断应遵循同一原则，例如在隐名持有财产的情况下，不能当被执行人是显名人时说这是隐名人应该承受的风险从而执行，而当被执行人是隐名人的情况下，又说他是实际权利人也要执行；再比如说执行中要“确保公平，尽量提高效率”，尽量把需要实体判断的事务交给诉讼程序去判断，不要怕影响效率，因为解决效率问题实际上债权人已经有迟延履行金等制度予以补偿……

最后，在立法架构上，强制执行法应当认识到执行实施权的行政权属性与执行裁判权的司法权属性，将两者清晰而明确地区分开来。执行实施程序在启动之后，即具有强烈的主动性，是一系列既定的操作“流程”，而往往与是非对错的判断无关，不具备中立性、被动性，权力的运转也是实行审批制，而非法官独立判断、自由裁量，因此执行实施权属于行政权。而执行裁判权，是关于与执行相关的权利保障、权利对抗的中立性、法律判断的被动性，显然属于司法权。笔者在这里也必须特别指出，认为执行实施权属于行政权因而应当由行政机关行使的观点，也是罔顾现实的理论“洁癖”。某种权力由哪个机关行使，应当尊重历史沿革，尊重现实需要。解决某些问题的关键，并不在于“由哪个机关来做”，而更在于“这个机关应该怎么做”，某个机关解决不了的问题，以为换个机关来做就能做好，实属理论“天真”。姑且不论比较法上的众多由法院主管民事执行的实例，仅就本国而言，行政机关又何尝不行使一定程度上的“立法权”呢？

当然，在机构设置上，强制执行法确实应当明确将执行实施机构（执行局）与执行裁判机构(执行裁判庭)分立。执行局应当是一个强调内部审批制的、上下级一体领导管理的行政属性的机构,而执行裁判庭才是“审理者裁判、裁判者负责”的司法机构;在设计两者的关系架构时,笔者认为,应当比照已经比较成熟的行政行为与行政诉讼的架构。具体到制度设计而言,比如参考执行文制度及目前的非诉行政执行审查制度,当事人申请执行判决、调解书、仲裁裁决书、公证债权文书等等,应当事先经过执行裁判法官的审查,并出具主体、权利义务等明确而具体的“许可执行裁定”,执行局应严格依照许可执行裁定而实施执行行为。当事人对于许可或不许可执行、许可执行的内容等有异议的,以及要求变更、追加当事人的,应直接通过诉讼程序解决。又比如当事人对于执行中的强制措施、惩戒措施,应明确有陈述权、申辩权,应通过一系列具体的制度来保障当事人的权利;当事人对于执行实施行为有异议的,可以请求作出行为的执行局予以自我纠正,拒不纠正的,可以直接向上级执行局申请复议,对复议结果不服的提起诉讼,也可以直接提起诉讼,由执行裁判法官对执行实施行为的合法性、合理性作出判断。

总而言之,笔者以为,第一,任何一国的法律,都是一个法律与法律之间、法律与社会现实之间相互联系的整体,因此无论理论研究、制度实践,都不能仅仅抽取他国的单部法律进行考察,而必须置于完整的法律体系、社会背景之下,比如,对于奉行当事人主义的国家而言,强制执行法可能更多地强调民事主体之间的对抗,而对于职权主义甚至超职权主义的国家而言,强制执行法可能更多地规制国家公权力机关与公民之间的关系;第二,某种意义上来说,立法工作就是应该“不接地气”,竭力避免因实践惯性而减损制度理性,而一定是严格以严谨的、体系化的、经过反复论证的原理、理论为指导。以上个人浅见,十分粗糙,真挚欢迎各界同仁的批评。

本辑聚焦:民事执行法的理论与实践

论"法条分析·价值评判·利益衡量"司法裁判方法

——以执行程序中"加速到期"问题为中心

雷运龙* 王利群**

摘要:尽管法律规范已经隐含了立法者的抽象价值判断与利益衡量,但由于立法漏洞、法律滞后以及具体案件事实的千姿百态,法官在个案裁判中不可避免地要进行具体的价值评判与利益衡量,以探求、实现法律的最佳意旨。"法条分析·价值评判·利益衡量"裁判方法,通过为裁判活动设定"底线"、"目标"和"落点",为裁判活动建立了具体的思维框架。在具体运用上,法官需要在法条分析底线之上、价值评判追求目标之下,进行多层面、多角度的利益衡量,培养历史思维、系统思维、辩证思维的能力和习惯,最终确定法槌的落点,获得案件的妥当结论,实现案件办理法、理、情的有机融合,实现法律效果、政治效果、社会效果的有机统一。

关键词:法学方法论;法律解释;价值评判;利益衡量

习近平总书记强调,要努力让人民群众在每一起案件办理、每一件事情处理中都能感受到公平正义,努力实现最佳的法律效果、政治效果、社会效果。在具体的执法办案中贯彻总书记要求,实现"三个效果"相统一,必须有具体可操作的办法。我们在办案过程中,经过长期的思考、总结与提炼,探索了"法条分析·价值评判·利益衡量"的裁判方法,以期作为实现"三个效果"相统一的一条可操作路径。

---

* 作者系中国行为法学会执行行为专业委员会副会长,法学博士。

** 作者系北京市法学会不动产法研究会理事,法学硕士。

一、一个典型案例的引入与引出

案例：甲公司因借款欠乙公司2000万元，在作为执行依据的判决生效后，甲公司召开股东会并经工商登记，将股东丙公司认缴出资1000万元的期限从之前(甲乙借款交易时)公示的2015年延长至2035年。案件于2016年1月进入强制执行程序，经执行调查，未发现甲公司有可供执行财产，现债权人乙公司申请追加丙公司为被执行人，是否应当支持？

上述所举案例，涉及对股东出资义务是否可以允许"加速到期"①的话题，是关系到公司资本制度的重大理论与现实问题，社会各界广泛关注，观点纷呈，做法不一。在司法裁判中，每一个司法案件都是整个社会网络中互联互动的节点之一，连接着社会生活的过去、现在和未来，法官需要运用立法者过去制定的法律审理过去已经发生的案件事实，面对当下的当事人，作出面向未来的个案裁判；并且，要将个案裁判这个"点"，与其所在类案的这条"线"以及司法审判这个"面"相连接，最终融入国家法治建设、经济社会发展大局这个"体"之中。高明的法官，要像"王戎识李"②一样，通过历史与方位，洞悉大道旁的李子必然是苦的。根据法学方法论的一般理论，法官裁判的思维活动是一个司法三段论，就是将形式逻辑三段论运用到司法裁判中，将抽象的法律条文运用到具体的案件事实，从抽象到具体的逻辑演绎推理过程。③ 司法三段论主要由确定大前提即寻找法律规范(即所谓的"找法")、固定小前提即明确案件的法律事实、将大前提连接运用于小前提形成案件结论三个部分组成。法官在遇到诸如"加速到期"这种具体个案时，要实现"三个效果"相统一并非易事，仅仅依靠演绎推理三段论的形式逻辑

① 2013年《中华人民共和国公司法》对公司资本制度进行了重大修订，将法定资本制改为认缴资本制，并相应地取消了出资年限的规定，除法律、法规有特殊规定外，股东认足公司章程规定的出资额后，即可以申请登记设立公司。股东实际缴付出资的时间等事项由公司章程规定，实践中出现了设定较长出资期限(比如50年、100年)的现象。如果公司无力清偿对外债务，但股东出资义务尚未到期，债权人能否请求股东提前缴付其认缴的出资，对公司债务承担责任，这就是理论及实务界激烈讨论的"加速到期"问题。

② 语出南宋刘义庆《世说新语·雅量》："王戎七岁，尝与诸小儿游，看道边李树多子折枝，诸儿竞走取之，唯戎不动。人问之，答曰：'树在道旁而多子，此必苦李。'取之，信然。"

③ 王利明：《法学方法论在司法中的运用》，http://www.cssn.cn/hqxx/xkdt/xkdtnews/201403/t20140304_1012738.shtml，访问日期：2020年6月10日。

是远远不够的。下文通过综合运用"法条分析·价值评判·利益衡量"的裁判方法,结合如何妥善处理所举案例、寻求"三个效果"相统一,进行分析评判。

二、"法条分析·价值评判·利益衡量"裁判方法的具体展开

法条分析为裁判活动划定了基本底线。"法者,治之端也",法律是公平之治的开端,也是法官裁判活动的起点。法条即法律规定的条文。法律规范是对权利义务关系处理范式的制度凝结,已经隐含了对一定社会关系的是非判断、道德评价及利益取舍,实质上是在立法阶段由立法者代法官进行了抽象的一般性判断,是法官裁判时必须遵守的基本准绳。如果给法官的裁量权范围划定区域,那么法律规范就相当于这个区域的底线,也是"底限"。在司法裁判中,法官对法律规范进行的分析,应当在这条底线之上开展,而不应当下调这条线而降低起点,去寻找道德规范、技术规范等其他的社会规范,甚至根本不依托于任何规范进行所谓的"自由裁量"。幻想由"哲学王"担任法官,依靠全能智慧进行不受拘束的裁判是不切实际的,也是危险的,可能破坏法治的基本原则。严格依据法律规定的原则、程序和规范办案,维护司法权威和司法公正,实现办案的法律效果,是推进全面依法治国的基本要求。如果不坚持办案的法律效果,也就不能实现真正的政治效果、社会效果。前述案例中,追加被执行人的基本法律依据为《最高人民法院关于民事执行中变更、追加当事人若干问题的规定》第 17 条,该条规定:"作为被执行人的营利法人,财产不足以清偿生效法律文书确定的债务,申请执行人申请变更、追加未缴纳或未足额缴纳出资的股东、出资人或依公司法规定对该出资承担连带责任的发起人为被执行人,在尚未缴纳出资的范围内依法承担责任的,人民法院应予支持。"通过对该法条构成要件和法律效果的分析,并与案件事实小前提进行连接,需要确定的重要连接点就是案件事实是否符合该法条中构成要件之一"企业法人的股东、出资人或依公司法规定对该出资承担连带责任的发起人(以下统称瑕疵出资人)未缴纳或未足额缴纳出资",进一步简化该问题,即"瑕疵出资人未缴纳或未足额缴纳出资"在本案中是否成立?如果成立,则应当支持乙公司请求,追加丙公司为被执行人。对此,实务中会产生两种观点:一种是不成立,不可追加,理由是案例中的公司最新章程规定了出资期限为 2035 年,该期限尚未届至;另一种是成立,应当追加,理由是本案应当支持债权人,请求股东提前履行出资义务以偿付债务,即认定股东出资义务"加速到期"。通过初步的法条分析,本案的处理出现了两种针锋相对的观点,这表明对作为大

前提的法律规范进行文本解释等一般的法律解释已经难以得出妥当且无异议的结论。在此情况下,我们应当继续通过深入的法律解释、价值评判和利益衡量等方法,寻求案件的妥当解决。

价值评判为裁判活动设定了目标追求。确立了法律规范的基线后,法官自由裁量区域的第二条线,可以看作是一条水平更高的平行线,这代表了社会价值观给出的目标指引线。进行初步的法条分析后,法官应当根据一定的价值标准对内心形成的初步司法结论进行评价、检验,判断其是否符合公序良俗、社会伦理以及人民群众的一般道德标准和公平正义观念,研判其可能的政治效果、社会效果,并为是否支持该结论提供决心。毋庸讳言,制定法的僵化与经济社会发展之间的张力亘古存在,而要调节这种张力、更好地实现公平正义,离不开法官充分发挥主观能动性来进行价值判断。现实中的司法绝不仅仅是用理性逻辑冷静推演出来的冷冰冰的一纸判决,而是凝聚了法官的学识、经验和智慧,体现了其人格、情感、价值观,甚至个性。但法官的思维过程无论如何天马行空,正常情况下得出的裁判结论都不应突破人民群众的朴素情感与社会主流价值观,不宜挑战人类的道德底线,而要充分考虑人民群众对公平正义的理解和感受,努力增强裁判的可接受性,这是实现"努力让人民群众在每一个司法案件中感受到公平正义"目标的题中应有之义,否则,就是无视当代社会国情民意的"恐龙法官"。虽然法官在进行法条分析、探求法律意旨的过程中也不可避免地要伴随着对主观思维、注入价值的判断,但价值评判作为一种重要的方法论,并不局限于法条分析,而是贯穿于确定大小前提、建立二者连接以及利益衡量等裁判活动的全过程。本文所举案例中,通过价值评判可以发现,丙公司显然是在利用认缴制逃避债务,如果其不需承担相应的责任,则是放纵不诚信,明显不公平。且按照此逻辑,即使等到 2035 年,其仍可继续延长出资期限,理论上导致认缴的出资永远不需要实缴。且不说制度上出现严重不自洽,就是社会公众的一般公平观念也绝难接受。价值评判的结果,本案如果不追加丙公司为被执行人,就明显与社会的一般公平正义观念相悖,有违基本价值准则。而关键的问题是:怎么才能处理好其中的利害冲突?能否确定上述价值考量一定符合法律规范的意旨?从政治效果、社会效果分析,案件如何处理才能符合 2013 年《公司法》修改、注册资本登记制度改革的精神,而不违背鼓励投资创业、降低企业融资成本、促进新兴生产力发展等改革初衷?在维护公司认缴制、公司法人基本制度稳定和保护债权人利益、鼓励诚实信用等不同价值之间,如何确定不同价值的位阶顺位、选择更有社会共识的价值予以保护?案件分析到这一步时,仍然存在较多的价值冲突。在价值多元的时代和社会,当不同的价值发生冲突时,需要法官运用更多的工具来衡量取舍。其中,利益衡量是一个可以帮助法官进行裁判的重要工具。

利益衡量为裁判活动确定法槌落点。法条分析、价值评判为裁判活动设定了底线和目标,裁判工作还需要在底线与目标之间仍较为宽泛的区域最终确定法槌的落点,找到法律效果、政治效果与社会效果的最佳结合点,也即案件的结论。要实现这种连接,法官需要综合运用各种思维工具,进行事实裁剪、抽象概括、推理分析、归纳演绎、决策判断等工作,在司法三段论的框架内进行高级思维活动,在案件事实与法律规范、权利利益与道德情感等之间"来回穿梭",最终解决复杂的案件问题。其中,利益衡量是可以被充分运用的一种良好思维工具,也是重要的裁判方法。通过利益衡量,法官对发生冲突的利益进行权衡、取舍,以选择、决定对哪些利益进行保护或优先保护,妥当解决好当事人此方与彼方的利益、当事人利益与社会公共利益、部分利益与整体利益、当前利益与长远利益等之间的冲突,以寻求符合共识的价值判断,最终作出裁判。从矛盾论的角度来看,也即法官运用利益衡量方法,找到案件的主要矛盾以及矛盾的主要方面,最终确定法槌的落点。利益衡量可以与正常逻辑思维过程相反,是先形成结论、再有大前提,即在内心先获得"实质判断",再寻求法律规范的支持,使其结论正当化或合理化。当然,利益衡量与价值评判往往是相互交织的,基于一定的价值取向,利益衡量的过程也是价值的选择与实现过程。本文所举的案例中,通过利益衡量可知,丙公司利用认缴制逃避债务而得利,乙公司作为债权人因信赖当时工商登记的公示效力而与甲公司进行交易,其交易安全反而未得到保障,如果丙公司不需承担相应的责任,则本案将利益失衡。这里面涉及当事人之间及债权人与债务人之间的利益冲突,股东意思自治与市场交易安全之间的冲突,认缴制鼓励投资、活跃市场与平衡债权人利益、稳定市场之间的利益冲突,等等,需要综合运用历史的、系统的、辩证的分析方法,进行利益的权衡取舍。

三、"法条分析 · 价值评判 · 利益衡量"裁判方法的基本思维方式

(一)历史思维的能力和习惯

法律必须巧妙地将过去与现在勾连起来,同时又不忽视未来的迫切要求。

法官们的裁判活动，使法律规范在一个个案件事实中发生重复与再现，但这种重复与再现并不意味着僵化、固定或一成不变，它隐含着流变于过去、现在与未来的不断创新与发展的过程，因而成为法治建设中连接过去、现在与未来的桥梁。在本文案例中，关键是要审查案件事实是否符合规范要件“瑕疵出资人未缴纳或未足额缴纳出资”这一条件，对这一问题，需要具有历史发展的眼光，认识到实缴资本制与认缴资本制的差异。认缴制下，公司法对股东的出资义务由法律强行规定调整为由股东通过公司章程自行决定，允许股东对出资数额、时间和方式等作出灵活约定。乙公司变更登记情况显示，丙公司认缴出资的期限为 2035 年，该期限尚未届至，能否认定丙公司应当提前履行出资义务？认缴制下债权人请求股东提前履行出资义务以偿付债务，人民法院能否认定股东出资义务加速到期？对此问题，目前法律、司法解释尚无明确规定，理论与实务界则存在争议，近年来讨论“加速到期”的文章数量非常可观。根据最高人民法院的相关指导意见，不宜通过出资义务加速到期的方式来保障单个债权人的权益①，也即本案不宜认定丙公司应提前履行其认缴出资的义务，并以此为由追加丙公司为被执行人，这也是丙公司的抗辩主张。因此，如果以“加速到期”方式认定丙公司提前履行出资义务，追加其为被执行人，容易架空公司法规定的认缴制这一基本制度。

(二)系统性思维的能力和习惯

法官办案，在利益取舍与价值判断上，必须统筹考虑好大与小的关系、远和近的关系、高和低的关系，如果脱离大来看小、脱离远来看近、脱离高来看低，脱离整体看个体，就有可能导致一叶障目、不见泰山。“法条分析·价值评判·利益衡量”案件分析法，强调对案件的系统性思维，防止见小不见大、见低不见高、见近不见远，防止只见树木不见森林，才能还原案件信息的本来面貌，更好地协调局部利益与整体利益、个体利益与集体利益。要克服单一思维、单线程思维带来的狭隘性，自觉做到兼顾上下、左右、前后等四面八方的立场和利益，办案结果尽量能实现“多赢”。在前述案例中，其隐含着个案“加速到期”与认缴制的制度冲突，当事人意思自治(股东之间约定延长出资期限)这一局部利益与社会交易安全整体利益之间的冲突，等等。在许多案件面前，法官都会面临这种不同利益冲突的冲击，产生“乱花渐欲迷人眼”的困惑。此时，法官即应贯彻系统性思维方法和习惯，对各种利益主体和隐含诉求进行分析权衡，努力看到更高层面的价值

① 杨临萍:《当前商事审判工作中的若干具体问题》，载《人民司法(应用)》2016 年第 4 期。

和利益。一方面,必须考虑个案在“点线面体”中的影响。本案中,如果在执行裁判的个案中允许加速到期,则审判程序中亦可允许,将破坏《破产法》中才允许的加速到期规则,动摇认缴制的根本。另一方面,应当看到,本案中虽然变更后并经工商登记产生效力的公司章程规定丙公司出资期限尚未到期,但须注意该变更行为系发生在甲、乙公司交易之后,如果承认甲公司延长出资行为对乙公司发生效力,则将损害乙公司因信赖甲公司原公司章程而与之交易的信赖利益,进而破坏社会整体的交易安全,在公司股东意思自治与社会交易安全之间,利益显著失衡。两害相权取其轻,两利相权取其重,运用系统性思维方法,本案利益衡量的初步结论是应当保护债权人的信赖利益与交易安全。

(三)辩证思维的能力和习惯

菲茨杰拉德有句名言:“同时保有全然相反的两种观念,还能正常行事,这是第一流智慧的标志。”司法裁判是一种高度精密而充满挑战的高级思维活动,是一种在不确定性引力场中讲究平衡之美的精神艺术。司法不仅要“定分”,还要“止争”;不仅要“案结”,还要“事了”。要将普遍的正义原则适用于千变万化的世俗生活,考验的是法官的学识和智慧。法官的良知需要“嫉恶如仇”,富有正义感,但法官的思维不能是简单的非黑即白,需要坚持辩证思想,秉持中道圆融的智慧,在普遍原则和不断变化的环境之间采取行之有效的行动,做公平正义在人间的机敏助手。由于事物的多样性、复杂性,尤其是民商事案件,往往并不是简单的黑白对立、是非之争,而是“公说公有理,婆说婆有理”,法律规范也可能作出复数的解释,法官必须克服非黑即白、非此即彼的思维定式,在案件结论上避免预设,在感情情理上防止情绪化倾斜,坚持两点论和重点论的统一,既全面、整体地看问题,又要善于抓住重点和主流。运用“法条分析·价值评判·利益衡量”案件分析法,可以在当事人之间进行换位思考,积极运用反证法、归谬法等方法,充分检验案件结论的正当性与合理性,尽最大限度避免错误认定与不当裁判。在本文所举案例中,对于是否追加未缴纳出资股东被执行人、是否绝对认定变更公司章程行为无效、是否允许“加速到期”等问题,都不能简单地作出是或否、非此即彼的判断,而要充分运用辩证思维,寻求最符合各方面利益、妥善化解纠纷的解决策略。因而,本案比较稳妥的处理,是承认甲公司变更公司章程对变更之后债权人发生效力,但不得对抗变更之前已经发生债务的债权人,即认可公司变更公司章程的“相对效”,而不是“绝对无效”。采用“相对效”,可以较好地维护债权人的信赖利益、交易安全,解决个案冲突。同时,由于没有认定公司章程“绝对无效”,从本质上仍然尊重股东之间意思自治、维护公司认缴制,不会动摇公司资本制度、法人格等基本制度的稳定性,比较全面妥善地平衡了各方面、各层级的利益。至此,可以得出较为妥当的结论:本案应当追加丙公司为被执行人。需要说明的是,该案例的处理思路与《九民会纪要》不完全一致,但并不相悖①:其一,本案被执行人不具备破产原因;其二,本案并未从整体上否定丙公司变更章程的行为,只是不认可其对本案债权人之效力,故仍旧适用之前章程规定的出资期限(2015 年),而非强制使变更后的出资期限“加速到期”(由 2035 年提前至现在),不同于“恶意展期”之情形。

四、结语

综上,通过运用“法条分析・价值评判・利益衡量”司法裁判方法,强化历史思维、系统思维、辩证思维等思维方式和习惯,比较妥当地解决了本文所举案例的问题,一步步地得出了合法、合情、合理的处理结论。尽管法律规范已经隐含了立法者的抽象价值判断与利益衡量,但由于立法漏洞、法律滞后以及具体案件事实的千姿百态,法官在个案裁判中不可避免地要进行具体的价值评判与利益衡量,以探求、实现法律的最佳意旨。法条分析为实现法律效果确定了基本尺度,价值评判帮助裁判者融入更多的政治效果、社会效果考量,利益衡量则是在诸多法律效果、政治效果、社会效果因素之间进行精准的“称量”。“法条分析・价值评判・利益衡量”司法裁判方法,通过为裁判活动设定“底线”、“目标”和“落点”,为裁判活动建立了具体的思维框架。在具体运用上,法官需要在法条分析底线之上、价值评判追求目标之下,进行多层面、多角度的利益衡量,培养历史思维、系统思维和辩证思维的能力和习惯,最终确定法槌的落点,获得案件妥当结论,实现案件办理法、理、情的有机融合,实现法律效果、政治效果、社会效果的有机统一。

---

① 2019 年《全国法院民商事审判工作会议纪要》第二部分“关于公司纠纷案件的审理”之(二)“关于股东出资加速到期及表决权”规定:“6.【股东出资应否加速到期】在注册资本认缴制下,股东依法享有期限利益。债权人以公司不能清偿到期债务为由,请求未届出资期限的股东在未出资范围内对公司不能清偿的债务承担补充赔偿责任的,人民法院不予支持。但是,下列情形除外:(1)公司作为被执行人的案件,人民法院穷尽执行措施无财产可供执行,已具备破产原因,但不申请破产的;(2)在公司债务产生后,公司股东(大)会决议或以其他方式延长股东出资期限的。”

执行案件管理与执行救济的错位与纠正

范加庆*

摘要:执行案件管理与执行救济是相互独立又相互关联的民事执行制度。独立性在于两个制度应界限明确,各自按照规律发展。关联性在于两个制度具有功能的相似性,及执行救济客观影响了执行案件管理的发展,并有代替执行案件管理的倾向。执行救济因本身具有滞后性、效率低等问题,并不能代替执行案件管理。执行案件管理具有必要性和正当性,应确定合理的管理范围,明确与执行救济之间的界限,完善配合和制约机制。民事强制执行法在完善执行救济体系的同时,应明确上级执行机构可以对下级执行案件进行管理,为建立执行案件管理制度提供法律基础。

关键词:执行案件管理;执行救济;思维;界限

本文讨论的执行案件管理是上级执行机构对下级执行机构执行案件的实质管理,即个案管理,包括对个案的事前管理、事中管理和事后管理。事前管理是指执行法院采取重要执行措施前,应当由上级执行机构进行复核,如拍卖大宗土地前,由上级执行机构进行复核后再行拍卖。事中管理是指执行措施已经开始但尚未结束时对执行措施的监管。目前的流程节点管理属于事中管理。事后管理则是对执行法院已实施完毕的执行措施和案件进行审查。目前实践中的事后管理主要有两种:一是定期对下级执行机构执行案件进行评查,通过评查发现问题并责令整改;二是通过办理信访对执行案件进行审查,对存在问题责令纠正或变更管辖,也即执行监督。

执行案件管理与执行救济似乎是并不相关的两个概念,但实践中的确有着

* 作者系江苏省南通市中级人民法院执行局法官助理,法律硕士。

复杂的联系并且相互影响。随着相关司法解释的相继出台,执行救济体系日益完善,当事人的权利得到了充分的保障。同时,在基本解决执行难的过程中,“三统一”管理机制在实践上也取得了长足进步,在规范执行行为方面起到了非常重要的作用。作为民事执行制度的重要组成部分,我们有必要厘清两者之间的关系,让执行案件管理制度和执行救济回归本位,共同保障当事人的合法权利,促进民事执行工作健康发展。

一、提出问题:重执行救济,轻执行案件管理

执行中,存在重视执行救济而轻视执行案件管理的问题。对于违法执行、消极执行等行为,倾向于通过执行救济途径纠正,这种倾向在相关制度中均有不同程度的体现,详述如下。

(一)诉访分离原则在执行中的运用造成执行案件管理的滞后

根据《最高人民法院关于人民法院办理执行信访案件若干问题的意见》(以下简称《执行信访意见》)第 11 条第 2 款规定,诉访分离原则是指,如果能够通过《民事诉讼法》及相关司法解释予以救济,必须通过法律程序审查。按照诉访分离原则,会造成能够通过上级执行机构直接纠正的行为,必须经过审查程序。但可能因为当事人提交证据不充分、超过提起复议或诉讼的期限、主体不适格等,造成审查程序不能纠正错误行为,不能实现维护当事人权利的目的。待到当事人再向上级执行机构反映问题,可能已经错失最佳的纠正时机。如执行法院执行案外人的财产,案外人向上级执行机构反映,上级执行机构虽然不易判断权属问题,但能够明显认定执行法院的执行程序违法。然而,因受制于诉访分离原则,只能告知案外人异议权利,由案外人提出异议申请。如在异议审查中驳回了案外人的异议申请,案外人因超期未能提起异议之诉,则执行程序继续进行。如在执行程序终结后,案外人再想主张权利时往往还会向上级执行机构提出监督申请,上级执行机构此时再撤销执行行为,则存在执行回转的问题,有些案件甚至无法回转。以上可看出,诉访分离原则造成了执行案件管理的滞后,进而还可能出现执行回转等复杂问题。

(二)执行裁判和实施机构的分工造成执行案件管理范围变小

目前,审执分离是大势所趋。理论上,有观点认为,审执分离应采取深化内

分模式,单独成立执行裁判庭负责审查执行异议、复议案件。① 最高人民法院发布的《人民法院执行工作纲要(2019—2023)》(以下简称《执行五年纲要》)也提出,“将执行权区分为执行实施权和执行裁判权,案件量大及具备一定条件的人民法院在执行局内或单独设立执行裁判庭,由执行裁判庭负责办理执行异议、复议以及执行异议之诉案件”。实践中,一些省市已经成立了与执行机构平行的执行裁判庭。对于已经成立单独执行裁判庭的,其必然和执行机构有一定的分工。一般而言,执行裁判庭负责执行异议、复议和异议之诉,同时也负责原由执行机构负责的违法执行审查。这就造成了执行机构只能对消极执行行为进行监督管理。如执行法院适用法律错误或执行案外人的财产,由执行裁判庭审查;对于被执行人有财产而不执行的,则由执行机构审查。如此分工,系将违法行为的审查等同于救济程序,并采取与执行异议相同的审查程序、审查标准和文书种类。而将消极执行行为作为执行机构管理的内容,由执行机构通过责令下级执行机构采取执行措施的方式实现管理目的。由执行裁判庭审查实体性违法具有合理性,但对于程序性违法是否也有必要通过执行裁判庭审查,值得商榷。“三统一”管理机制,管理的主体应当是上级执行机构,但上述原因造成了上级执行机构对违法执行无法进行管理。

(三)消极执行通过异议审查造成执行案件管理范围进一步变小

《民事诉讼法》第 226 条规定,“人民法院自收到申请执行书之日起超过六个月未执行的,申请执行人可以向上一级人民法院申请执行。上一级人民法院经审查,可以责令原人民法院在一定期限内执行,也可以决定由本院执行或者指令其他人民法院执行”。这是关于消极执行的法律后果,即上级执行机构可以通过执行监督提级执行或指定执行。但实践中,有案例观点认为对消极执行行为也可将其作为异议审查事项进行审查②,理论上也有观点认为可以通过异议程序审查消极执行行为。因为与执行裁判庭的分工,已经将违法执行交执行裁判庭负责审查,再将消极执行纳入执行救济范围,那么,作为“三统一”管理主体的执行机构更无案可管。消极执行是否应当通过执行异议审查,本文暂不讨论,但这足可以证明上级执行机构对执行案件管理的权限有进一步变小的趋势。

---

① 江必新:《论国家治理现代化背景下执行难之破解》,载《中国应用法学》2017 年第 2 期;曹凤国:《审判权和执行权“深化内分”模式研究》,载《法律适用》2016 年第 8 期。

② 参见(2017)最高法执复 58 号执行裁定书。

二、原因分析:思维、功能和制度发展的异同

(一)执行救济思维的固化

无救济则无权利,法律规定一项权利,必定规定相应的救济制度保障。运用法律的过程,主要是通过救济程序实现、保障权利的过程。所以,救济思维在法律人脑海中是根深蒂固的。具体到民事执行,民事执行是实现债权人债权的程序,其实质是权利人的救济程序。而且,在运用强制力实现债权人权利的过程中,其也会涉及债务人的权利,甚至还可能影响到案外人的权利。当执行行为侵害到上述权利时,立法必然要赋予相关权利人救济途径。所以,民事执行制度中处处体现出救济思维。前述的诉访分离的适用,正是落实法律赋予当事人执行救济权利的制度安排。[①] 通过诉访分离,倒逼必须通过救济程序予以纠正。但对于管理,一直以来都不是民事执行中的重要制度。虽然近年来一直强调上下级执行机构具有管理关系,《执行五年纲要》也提出"市(地)中级人民法院对区(县)人民法院执行机构垂直领导"和"区(县)人民法院执行机构接受本级人民法院和中级人民法院级执行机构双重领导,在执行业务上以上级执行机构领导为主"的试点方案,但在上下级法院间监督指导关系的制度下,执行机构作为法院内设机构,其管理职能很难充分有效发挥,自然会影响到执行案件的管理制度。更重要的是,执行中很难形成管理思维。因为执行机构在法院内部,执行人员与审判人员会定期交流,审判人员在审判过程中秉持着不告不理和监督指导的思维,很难转化为执行中主动对下级执行机构进行管理的思维。两者相比,一个是尚未形成管理思维,一个是根深蒂固的救济思维,大家自然会选择运用执行救济制度。

(二)执行救济与执行案件管理功能上的相似性

对案件管理,主要是为规范执行行为,避免因执行行为侵害当事人和案外人的合法权益。这个目的与执行救济的功能部分重合。因为执行救济在维护当事人和利害关系人的合法权益、保障强制执行的正当性和合法性方面具有重要的意义。[②] 特别是事后管理中的执行监督程序与执行救济具有相似的功能,甚至

---

① 吴少军、刘雅玲、张元:《〈关于人民法院办理执行信访案件若干问题的意见〉的理解与适用》,载《人民司法(应用)》2016 年第 25 期。

② 张卫平:《执行救济制度的体系化》,载《中外法学》2019 年第 4 期。

实践中两者常常混淆在一起。执行监督程序是人民法院内部的一种监督、指导和纠错制度，其实施主体是不同层级的人民法院，具体程序在法院内部运行，当事人和利害关系人可以参与，但在程序提起的过程中参与范围有限，对于程序的进行也无主导权。[①] 执行救济是在民事强制执行过程中，当事人对法院执行程序上的瑕疵不服所提出的异议。[②] 虽然执行救济和执行监督程序在理论上有明显的界限，但这两类程序已经有同质化的趋势。一是二者都是针对执行行为的纠错机制，功能相同。二是执行监督程序，特别是对复议裁定的监督程序，已经常态化为执行救济的一种类别。从启动程序、审查程序、审查范围、法律文书和当事人的主导地位上看，它与执行救济并无本质区别。根据《执行信访意见》第15条规定："当事人、利害关系人不服《民事诉讼法》第二百二十五条所规定执行复议裁定，向上一级人民法院申诉信访，上一级人民法院应当作为执行监督案件立案审查，以裁定方式作出结论。"可见，执行监督程序已经成为执行救济程序中的第三级审查。[③] 三是《执行信访意见》将执行信访分为执行实施类信访和执行审查类信访，前者指的是对消极执行的信访，后者指的是对违法行为的信访。实践中，两种信访处理途径完全不同，执行审查类信访的信访理由、审查程序、处理结果、当事人的主导程度与执行救济更为相似。由于执行救济与管理功能的相似，以及前述的救济思维固化，立法者自然在制度的设计上选择或倾向通过救济程序纠正错误行为。如对消极执行的异议审查和将违法执行交给执行裁判庭负责审查等，应皆有如此考虑。

(三)执行案件管理体系尚未形成

如前所述，执行案件管理应当包括事前、事中和事后管理，但事前管理没有得到足够的重视和发展。究其原因，也是前述重救济轻管理思维的限制。没有管理思维，自然不会考虑事前管理。除此之外，还有两个原因。一是事前管理存在正当性的问题。因为执行案件中，当事人反映违法执行或消极执行的只是极少数，绝大多数的案件当事人对执行行为均没有异议，故似乎无必要采取事前管

---

① 江必新、刘贵祥：《〈最高人民法院关于办理执行异议和复议案件若干问题规定〉理解与适用》，人民法院出版社2015年版，第80页。

② 董少谋：《民事强制执行法学》，法律出版社2016年版，第194页。

③ 吴少军、刘雅玲、张元：《〈关于人民法院办理执行信访案件若干问题的意见〉的理解与适用》，载《人民司法(应用)》2016年第25期。

理。二是从司法成本上看应选择执行救济。执行案件管理中的事前管理需要对所有执行案件或部分案件采取管理措施,其付出的司法成本势必会比执行救济高。所以,出于执行成本考虑,其也会选择执行救济制度。虽然最高人民法院开发了全国法院执行指挥管理系统,通过该系统实现流程节点信息化管理,可以节约管理成本,但该系统仅限于节点程序的管理,并没有触及执行实体问题。如果每个案件都进行实体管理,必然要投入大量的执行人力,而上级执行机构的执行人力无法应对辖区下级执行机构大量的执行案件。所以,对实体管理只能寄予事后管理。但因事后管理和执行救济的相似性,其无法凸显出管理的重要性。如果可以重视事前管理,建立事前管理制度,则可以与执行救济在功能上有明显的区分,从而建立起事前、事中和事后的体系化管理机制。体系性在于事前管理能够管理的事项,事后也可以管理,不是必须通过执行救济途径实现。如对于案件是否符合终本条件,上级执行机构可以在该案终本前进行复核。在当事人对终本裁定不服时,上级执行机构也必然可以纠正,不是必须通过救济途径纠正。所以,事前管理制度的缺失,未能形成完备的执行案件管理体系,也是当前应通过管理而选择救济的原因之一。换言之,在已经日益完备的执行救济体系和尚未形成体系的管理之间,再因救济思维的固化、事后管理与执行救济的功能趋同,立法者在相关制度设计时必然倾向于执行救济。

三、检视反思:制度的不当适用与救济的局限性

(一)诉访分离原则适用的范围需要进一步限缩

诉访分离解决的是实践中诉访不分的问题,即应当通过救济途径解决的却当作信访来处理,造成错误的执行行为迟迟得不到纠正。所以,《执行信访意见》根据中央关于涉诉信访纳入法治轨道解决及实行诉访分离的指导精神,通过相应的制度措施,落实信访当事人法律救济权利,解决执行信访诉访不分问题,切实将执行审查类信访案件纳入法律程序处理。① 应当讲,诉访分离可以适用于涉诉信访。因为涉诉信访中反映的问题不能通过信访途径解决,如信访反映判决错误,信访程序无法纠正,需要导入诉讼程序来审查判决对错与否。而执行信访时,诉访分离不能适用于所有信访情形,对上级执行机构可以纠正的则不能适

① 吴少军、刘雅玲、张元:《〈关于人民法院办理执行信访案件若干问题的意见〉的理解与适用》,载《人民司法(应用)》2016 年第 25 期。

用。如对于已经向上级执行机构反映的容易判断的违法问题,在上级执行机构负有对下级执行机构管理职能的情况下,则未必要通过执行救济程序解决,而应当直接纠正。正如《最高人民法院关于人民法院执行工作若干问题的规定(试行)》第 130 条规定,上级法院发现下级法院在执行中作出的裁定、决定、通知或具体执行行为不当或有错误的,应当及时指令下级法院纠正。当然,诉讼分离有助于解决法院内部诉访不分的问题。目前,上级执行机构对下级执行案件的管理制度和程序有待完善,但这并不是另辟途径的理由,特别是在"三统一"管理机制的要求下,应当着力考虑如何加强对执行案件的管理,并进一步完善机制和程序。

(二)执行救济解决实际问题的效果有待加强

执行救济在解决执行中实质问题的作用上有待加强。当前,在机构改革的背景下,很多执行裁判工作都是由审判庭负责。从江苏法院看,虽然三级法院均成立执行裁判庭,但基层法院因为机构精简,多是与其他庭室合署办公,也即由审判庭审查执行异议案件。由审判庭审查,受审判思维的影响,有时将审查案件等同于审判案件。具体表现为,根据程序性理由驳回审查申请,没有及时对存在的违法行为予以纠正,或就案审案,没有实质解决执行程序中存在的问题。质言之,执行裁判对执行行为的监督实效有待进一步完善。另外,执行救济在规范执行的作用上并不明显。应当讲,执行救济在一定程度上可以起到规范执行的作用,但其作用有限。因为需要救济的情形,是违法执行行为或不当执行行为已经发生并可能造成对当事人权益的损害。但是否为违法行为或不当行为,因为执行本身的复杂性、法律理解的差异性,很难予以认定。即便某一执行行为被撤销,也很难对这一类行为起到规范作用。所以,即便执行救济体系日益完善,但执行中的违法执行、乱执行的情况没有与救济制度的完善形成正向关系。正如有的观点指出,在现行审判权和执行权配置模式下,执行难与执行乱的沉疴顽疾仍然困扰着司法工作,影响着法院形象,蚕食着司法权威。[①]

(三)执行救济的时效性有待进一步提高

执行救济程序已经充分考虑了执行效率原则。如在程序设计上,异议期限为 15 天,复议期限为 30 天。但还有文书送达时间、提出复议时间,一个执行异

① 田源:《审判权与执行权分离改革的模式选择:基于实证与类型化研究》,载《中山大学法律评论》2016 年第 4 期。

议复议完整走下来,时间要超过 45 天。实践中,因为执行异议程序中要审查实体问题,超出审限时间结案的情况大量存在,为避免审判系统中出现超出审限警示,通过扣除审限、暂停计算审限或者立案不挂案号、快结案时挂案号结案等变通做法,造成很多审查案件为"无审限"。[①] 虽然按照相关规定,异议、复议不停止执行,但很多异议复议事项都影响着执行程序的推进。如对评估报告的异议,如果异议成立,则要重新评估,继续推进执行程序会造成程序的反复。另外,涉及实体问题,执行人员一般也不会推进执行程序,所以,会因执行审查程序过长,影响执行工作的进程,不利于提高执行效率,不符合执行救济程序的设定初衷。如果通过执行案件管理,则可以有效弥补效率低的问题。

四、理论解析:执行案件管理具有正当性

"三统一"管理机制要求上级执行机构应当对下级执行机构进行管理,其自然包括了对案件的管理。《执行五年纲要》中也提出了要探索"在执行业务上以上级执行机构领导为主"的模式。另外,"基本解决执行难"虽然实现了预期目标,但在有些方面、有些地区,执行难问题仍然存在甚至还较为突出。[②] 对于消极执行、违法执行的治理仍任重道远,完全依靠救济制度或事后管理,难以从根本上解决存在的问题。所以,立法者有必要建立事前管理和事中管理制度,与事后管理共同形成完整的执行案件管理体系,与执行救济共同规范执行行为,确保执行行为依法进行。

执行工作既然需要执行案件管理,我们有必要进一步分析为什么能对执行案件进行管理。当前理论上讨论的执行管理更多为宏观内部管理、执行流程节点管理和信息化管理等。[③] 关于上级执行机构对下级执行案件管理的理论研究

---

① 高明:《错位与归位:审执分离改革中执行审查权的重构初探》,载《法律适用》2017 年第 21 期。

② 最高人民法院院长周强在十三届全国人大二次会议上作的最高人民法院工作报告。

③ 杨维松:《供给侧改革视角下执行全流程再造——从"一人包案"到"分段集约"再到"全流程"的 3.0 版本》,载《山东法官培训学院学报(山东审判)》2020 年第 1 期;陈恒:《执行管理长效机制的构建》,载《法律适用》2019 年第 11 期;闵仕君:《人工智能技术与法院执行领域的融合、发展和完善——以无锡法院智慧执行系统为视角》,载《法律适用》2019 年第 23 期。

并不多。有观点认为,执行监督的权力来源于执行权的行政属性。[①] 笔者对此表示赞同并进一步认为,除了执行权具有行政权属性外,能够对下级执行案件进行管理,还基于以下几个方面。

(一)执行权的行使主体是国家

对下级执行案件进行管理,存在一个问题需要解决,就是债权人没有向上级法院申请强制执行,上级执行机构能否对下级执行案件进行管理。这个问题涉及执行权的行使主体问题。关于执行权的行使主体有三种学说。一是债权人说。债权人说认为债权人为强制执行权的主体,只有因为国家禁止自力救济,债权人自己不能行使而委托执行机关执行。二是国家说。其认为国家为强制执行权的主体。此项权利为国家统治权的一部分,债权人不得行使,仅得请求国家对债务人实施强制执行。三是折中说。其认为执行权的主体虽为国家,但国家将其让与债权人行使,而债权人再委托执行机关行使。[②] 按照债权人说,上级执行机构则不能对下级执行机构执行案件管理,因为债权人是执行权的行使主体,启动执行相关程序是债权人的权利。对于债权人行使的执行权,自然不涉及管理的问题。目前,传统大陆法系国家和地区的主流观点采国家说,我国理论界与实务界对民事执行机构改革的相关讨论也是建立在国家说的基础之上。[③] 笔者也赞同国家说。执行权的本质是为实现生效法律文书确定的内容而运用国家机器物理性力量的过程。[④] 无论是上级法院还是下级法院,都是国家机关在行使强制执行权。如债权人向基层法院申请强制执行,同样作为国家司法机关的中级人民法院有权进行管理。

另外,对于债权人向下级法院申请执行,还是向上级法院申请执行,是根据执行管辖确定的。执行管辖更多的是为划分法院之间的分工,合理地运用司法资源。法律之所以规定判决、裁定由第一审人民法院或者与第一审人民法院同级的被执行的财产所在地人民法院执行,主要是因为第一审人民法院或者与第一审人民法院同级的被执行的财产所在地人民法院,一般在被执行人住所地或

① 林祖彭、孙咏、王征:《略论执行权纵向监督机制的完善》,载《人民司法》2011 年第 7 期。

② 杨与龄:《强制执行法论》,中国政法大学出版社 2002 年版,第 5 页。

③ 黄忠顺:《民事执行机构改革实践之反思》,载《现代法学》2017 年第 2 期。

④ 邵长茂:《论制定一部现代化的民事强制执行法》,载《法律适用》2019 年第 11 期。

者被执行人的财产所在地,或者离被执行人住所地或者财产所在地不远,而且熟悉案件情况,便于开展执行工作。[①] 上级执行机构通过进行案件管理,打破这种管辖,同样是为合理运用司法资源,保证下级执行机构顺利开展执行工作。二者殊途同归,并无冲突之处。

(二)执行权内部权能的制约

执行权是国家机关强制义务人履行义务而实现权利人民事权利的权力。[②] 执行权的权能,理论上有不同的分类。二权说认为执行权包括执行实施权和执行裁决权[③]。三权说认为执行权包括执行裁决权、执行命令权、实施事务权。[④] 四权说认为执行权包括执行命令权、执行调查权、执行实施权和执行裁决权。[⑤] 五权说认为执行权包括执行启动权、执行查控权、执行实体权益判断权、执行变价交付权和执行救济裁判权。[⑥] 六权说认为执行权包括司法审查权能、执行命令权能、执行保全权能、执行措施实施权能、执行裁判权能、执行统一管理权能。[⑦] 实际上,上述各种权说中,审查、命令和裁判等都可以被归为执行裁决权,而实施、事务和保全等都可以被归为执行实施权,只有管理权不能被归入上述两权之中。那么,执行权的权能中是否包括执行管理权?

执行权的权能划分,意义在于根据分权理论按一定标准对执行权进行合理分解,把不同的权力在执行法院内部进行再分配,由不同的部门、不同的人员分别行使,从执行体制上建立健全执行权的科学运行机制。[⑧] 从这个意义上讲,执行管理作为执行权横向或纵向运行必不可少的部分,应当明确清晰执行管理权

① 王胜明:《中华人民共和国民事诉讼法解读(2012年修订版)》,法律出版社2012年版,第530页。

② 董少谋:《民事强制执行法学》,法律出版社2016年版,第10页。

③ 于泓:《关于我国民事强制执行机构设置的构想》,载沈德咏主编:《强制执行法起草与论证》,中国法制出版社2002年版,第323页。

④ 黄忠顺:《民事执行机构改革实践之反思》,载《现代法学》2017年第2期。

⑤ 满宏伟:《执行权的分割与制衡》,载青岛市中级人民法院编:《司法理论与实务》,法律出版社2001年版,第146页。

⑥ 马登科:《审执分离运行机制论》,载《现代法学》2019年第4期。

⑦ 葛行军:《科学配置民事强制执行权之我见》,载《人民法院报》2015年5月27日第5版。

⑧ 深圳市中级人民法院课题组:《关于执行权运行机制改革的调研》,载万国营主编:《法官的思维、经验与逻辑3(行政、执行卷)》,人民法院出版社2018年版,第176页。

作为执行权组成部分的属性。笔者认为，执行管理权主要是为了确保执行实施权依法运行，迅速实现债权人权利的同时保护债务人权益的一项权能，与执行实施权、执行裁决权共同组成执行权。执行管理权既包括对内的管理权能，也包括对下级执行机构的管理权能。现行的各级人民法院已将执行权分解为执行实施权、执行裁判权和执行管理权，分由不同机构行使，充分体现了权力制衡原则。①

（三）外部管理的实效性

上级执行机构对下级执行案件进行管理，是因为来自外部的管理更能起到管理的实效。下级执行机构也有内部管理，但仍存在不规范执行的问题。因为很多不规范的问题，不是个别存在的，往往可能是一个法院内部普遍存在且自上而下的，是相互影响的。如有的法院对债权的执行，一般不发出履行到期债务通知书，而是在发出协助执行通知书后即执行第三人的财产。再如，有的法院对长期和解采取执行完毕方式结案。这些显然不符合相关法律规定。虽然上级执行机构有定期的执行业务培训，有规范执行工作的相关要求，但是由于执行人员适用法律的思维定式，仅凭培训和通知要求很难改变。法律思维是法律人在长期实践中形成和发展起来的，是基于法律职业的内在视角和职业传统观察、分析、判断和思考法律问题、现象的一种思维方式和习惯。② 执行中的法律思维习惯是，执行人员在执行过程中一般不会思考法律条文的适用要件，而径直适用。因为查封、冻结、扣押、拍卖、变卖等法律规定，都是常用且容易记住的规定。如《民事诉讼法》第242条、第243条、第244条、第247条就包含了财产类型、查封、冻结、扣划、拍卖等主要内容，适用时无须过多的思考、分析和判断。另外，执行法律体系尚未构建，相关法律之间尚需要进一步的协调。所以执行人员常常存在对法律的错误理解和适用。如收入、存款和债权实质上有何区别，执行人员往往难以区分。实践中会经常发现对到期债权的执行，适用提取收入的规定。再者，法院内部执行人员长年工作在一起，执行工作的思维和风气都有着密切的联系，完全通过内部管理很难取得管理的实效。

上级执行机构对下级执行案件进行实质管理，能够打破下级执行机构中固有的思维定式，改变封闭的理念和风气，强化正确法律思维的运用和培养。相对

① 葛行军：《科学配置民事强制执行权》，载张卫平主编：《民事程序法研究（第16辑）》，厦门大学出版社2016年版，第54页。

② 王纳新：《法官的思维——司法认知的基本规律》，法律出版社2005年版，第3页。

而言,上级执行机构的执行人员整体业务能力要高于下级执行机构,特别是在解释和适用法律方面,能够为下级执行人员提供良好的指导。上级执行机构对下级执行案件的管理,将如何正确适用法律通过一个个具体案件的办理,传递到基层执行机构,从而提高执行人员的法律业务能力和法律思维能力,从根本上规范执行行为。

五、纠正路径:执行案件管理与执行救济的回归

在执行救济体制下,我们仍需要执行案件管理,执行案件管理也有其正当性。所以在民事强制执行立法中应当明确规定上级执行机构可以对下级执行案件进行管理,为执行案件管理体系的构建提供法律基础。至于管理模式,可以在实践中进行探索。笔者认为,从经济角度,管理模式应当选择改革成本小且充分利用现有信息化建设成果的管理方式,如通过执行指挥管理平台建立执行事项复核制度,强化事前、事中管理。同时,对执行失范行为,可以赋予上级执行机构在事后管理中直接予以纠正的权限。无论是事前、事中还是事后管理,都涉及与执行救济制度协调的问题。

(一)执行案件管理与执行救济之间的边界

执行案件管理和执行救济都有保护当事人和案外人合法权益的功能,二者如何分工?执行中是否所有事项都能管理?执行事项一般可分为执行实施事项和执行裁决事项。执行裁决事项又可分为执行实施程序中的裁决事项和执行审查程序中的裁决事项。按照现在的执行团队模式,一般执行实施事项由执行员或法官助理承担,实施中的裁决事项由法官承担。根据目前理论界对执行权性质的讨论,一般认为执行实施权具有行政属性,执行裁决权具有司法属性。执行管理制度就是建立在执行权的行政权属性上的。正如有观点指出:“执行裁判权从执行局中剥离出来独立运作,将执行裁判权和执行实施权作彻底的分离,得以淳化执行局的行政色彩。”①反之,具有行政色彩的执行机构能否对执行实施中具有司法属性的裁决事项进行管理?笔者认为,执行案件管理要打破执行裁决和执行实施的框架。一方面,对于执行实施事项,也不是必须全部被纳入执行案

① 深圳市中级人民法院课题组:《关于探索审判权与执行权相分离改革的调研》,载万国营主编:《法官的思维、经验与逻辑 3(行政、执行卷)》,人民法院出版社 2018 年版,第 136 页。

件管理的范畴。因为有些执行实施事项,如采取搜查、查询、查封、扣押、冻结、划拨、拘传等措施,都具有即时性、单向性、强制性的特点,能够快速完成。在实践中法院很难进行有效管理。同时,虽然有些程序性裁决事项,如拍卖裁定、中止裁定、终结裁定或终本裁定等,是由法官作出的,但是恰是这种情况,才需要进行管理。因为一般一个团队只有一个员额法官,但是一个团队却要承办大量的执行案件,员额法官很难对所有执行案件都能做到制定执行方案、发出执行指令和制作法律文书。实践中,往往案件在员额法官名下,但实际承办人是执行员或法官助理。原来是一审一书的执行模式,直接接受执行局长的管理和监督。但是在执行团队模式下,执行员和法官助理反而被挡在了员额法官身后,处于管理盲区。所以,从执行实践角度,一些裁决事项也应当被纳入执行案件管理的范围。当然,对于实体裁决事项,如追加、变更当事人,则不能被纳入管理的范畴,要避免以执代审。对于一些能直接向上级法院复议的事项,如罚款、拘留,因为审查效率已经较高,一般也不需要被纳入管理。

事后管理主要针对执行失范行为。失范行为可以分为违法执行和消极执行。消极执行自然可以成为管理对象。违法执行又可分为程序性违法和实体性违法,前者主要是违反执行程序,后者是侵害了案外人的权利。对于违反程序性规定的行为,容易判断,上级执行机构可以直接予以纠正。但对实体性违法需要事实判断,不宜通过管理程序纠正,应当提供充分的救济程序保障。综上,重点执行实施行为、程序性裁决事项、消极行为和程序性违法行为均可被纳入执行案件管理的范畴。对于执行救济,则只要符合执行救济条件的,都可以按照程序申请救济。

(二)执行案件管理与执行救济的相互配合

执行案件管理多在于事前,执行救济在于事后。两者紧密配合,能够更好地规范执行行为,保护当事人和案外人权益不受侵害。相对于执行救济,执行案件管理更有效率。执行效率越高,权利实现越快,公正程度就越高。[①] 特别是对于违法执行行为,长期得不到纠正,极大地降低了人民群众对执行工作的满意度和获得感。所以,对于消极执行和违法执行的监督管理,能够有效解决执行救济程序实践中效率低的问题。如消极执行的,可以直接申请上级执行机构予以纠正,

① 雷运龙:《强制执行之基本定位》,载张卫平主编:《民事程序法研究(第16辑)》,厦门大学出版社2016年版,第29页。

而不必通过异议程序。目前,执行案件管理依据信息化手段已经极大地提高了管理效率。如前述的全国法院执行指挥管理平台,对执行案件的流程节点管理,充分体现出了管理的效率。通过该平台对执行信访案件的办理,也极大地提高了办结效率。

事后管理涉及与执行救济程序的衔接问题。如对于正在进行的异议、复议程序,是否可以申请上级执行机构纠正?或者上级执行机构已经启动纠正程序,是否可以再申请异议?笔者认为,两个程序可以并行存在,但不能同时适用。已经启动了救济程序,则无须上级执行机构启动纠正程序。上级执行机构已经启动了纠正程序,则没有必要再申请救济。如出现申请执行人和被执行人分别申请启动不同的程序的情况,应当由启动在先的程序继续。如债权人认为给债务人留有必要生活费用过多,向执行法院提出异议,同时,债务人认为留有必要生活费用过少,请求上级执行机构予以纠正,两个程序中启动在先的程序继续,启动在后的应终止。因为事后管理与执行救济的功能更为相似,两个程序选其一即可。

(三)执行案件管理与执行救济的相互制约

根据上级执行机构管理意见作出的执行行为,下级法院的执行法官是否可以进行审查?如上级执行机构认为案涉财产依法能够启动处置程序,执行法院按照意见启动处置程序后,被执行人提出异议,执行法院是否还能受理异议?或者上级执行机构认为应当中止执行,但申请执行人提出异议,要求继续执行,能否审查?笔者认为,执行案件的执行主体是下级执行机构,即便经过上级执行机构管理,当事人仍可提出执行异议,下级法院的法官仍然可以进行审查。案件管理中的事前、事中管理,目的是尽可能减少下级执行机构不规范执行行为的发生。但由于上级执行机构的执行人员没有亲历性,仅凭卷宗材料不能完全发现存在的问题。即便完全了解案件,也存在作出错误意见的可能性。所以,也有必要进行异议,这也是对上级执行机构执行案件管理的有效监督,以防止上级执行机构违法管理。当然,受审级监督思维的限制,下级法院在执行审查程序的过程中会受到一定的影响。但正因如此,这可倒逼提高执行审查的质量。

六、结语

基本解决执行难的经验证明了"切实解决执行难"离不开科学、有效的执行案件管理制度。未来,执行案件管理将成为执行体制改革中重要的方向。理顺执行救济和执行案件管理的关系,充分认识执行救济的局限性和执行案件管理的潜在作用,对完善"三统一"管理机制具有重要的意义。立法者在起草民事强制执行法时,应当为未来执行案件管理探索预留足够的法律空间。

执行请求权消灭时效制度的反思与重构

吴铭奂[*] 吕行菲[**]

摘要:民事强制执行请求权是权利人请求执行机关启动民事强制执行程序的一种公法上的请求权。反思我国执行请求权消灭时效向诉讼时效转变的理论发展与规范演变,其具有重要的理论价值和现实意义。重构执行请求权消灭时效制度,在民事强制执行法中对其作出不同于《民法典》诉讼时效的规定,创设一个具有较长期限且独立的消灭时效,不仅在理论上是逻辑自洽的,也具有很强的现实针对性。对首次执行程序的启动和终结本次执行程序后执行程序的再次启动开展理论基础研究,对保护当事人尤其是债务人合法权益,对建立终结本次执行程序案件彻底退出制度,具有重大实践意义。

关键词:执行请求权;消灭时效;诉讼时效;终本案件退出执行

民事强制执行请求权(以下简称执行请求权)是权利人请求执行机关启动民事强制执行程序(以下简称执行程序)的一种公法权利。进一步研究执行请求权的消灭时效问题,在理论上可以深化对民事执行理论基本概念的认识,对构建科学系统的民事强制执行理论体系具有重要意义;从实务上可以更加准确地把握对执行程序的启动、终结本次执行程序和其他执行终结程序的适用,对保护当事人的合法权益、建立终本案件退出制度和探索构建个人破产制度具有重大意义。

一、执行请求权的法理基础

(一)执行请求权的属性界定

民法意义上的请求权(即实体法上的请求权)是某人向他人请求作为或者不

---

* 作者系北京市高级人民法院执行局法官助理,法学硕士。

** 作者系北京市延庆区人民法院执行局法官助理,法学硕士。

作为的权利。它始终存在于权利人和义务人之间。不同于有绝对效力的人格权和支配权,它是仅针对特定人的相对权利。①

请求权的概念由德国法学家温德沙伊德提出并被1900年《德国民法典》采纳,对之后大陆法系的民法典编纂产生了重要影响。日本民法典、我国台湾地区"民法"等,都将请求权作为民法上的一个基本概念和核心权利,围绕其构建了请求权体系。随着请求权理论的发展,德国法学家耶林内克借鉴民法请求权的理论和体系,在《现代公法权利体系》一书中较系统地阐述了公法请求权。一般认为,公法上的请求权是指公法上的权利义务主体相互间基于公法权利,一方可要求对方为一定行为或不为一定行为的权利。执行请求权是公法请求权的一种,是权利人依据执行依据,请求国家执行机关行使或发动强制执行权,以迫使债务人履行执行依据确定义务的请求权。②

(二)执行请求权和近似权利之比较

要准确把握执行请求权这一概念,需要将它与近似并且相关的诉权、强制执行权、私法请求权进行比较。

1.与诉权的区别

有学者认为,"从实体意义上的诉权是要求保护和强制实现民事权益的权利的角度来看,实体意义上的诉权应当包括申请执行权。由于民事权益的私法特性和判决的不同内容,强制执行并非保护民事权益的必经阶段,申请执行权作为诉权也并非体现于每一个具体案件"。③ 德国二战后的诉权理论认为当事人的诉权并不包含要求完全符合实体权利义务状况的判决,其核心内容是实现程序公正,通过人权和宪法权利赋予诉权以新的内涵。④ 德国学者认为,为了实现私权的宪法上权利保护之保障,司法保障请求权既包括法治国家对判决程序的请求权,也包括对国家执行的请求权。⑤ 如果诉权的定义采广义的司法保障请求

① [德]汉斯·布洛克斯、沃尔夫·迪特里希·瓦尔克:《德国民法总论》,张艳译,杨大可校,中国人民大学出版社2014年版,第268～269页。

② 张登科:《强制执行法》,三民书局2018年版,第3～5页。

③ 江伟:《民事诉讼法》,中国人民大学出版社2000年版,第38页。

④ 任重:《诉权的体系化价值及其对我国的歧视(代译序)》,载[德]康德拉·赫尔维格:《诉权与诉的可能性》,任重译,法律出版社2018年版,第18～19页。

⑤ [德]弗里茨·鲍尔、霍尔夫·施蒂尔纳、亚历山大·布伦斯:《德国强制执行法(上册)》,王洪亮、郝丽燕、李云琦译,法律出版社2019年版,第6页。

权，执行请求权自然属于其中的重要组成之一；如果将诉权限缩为一般大众观念上的请求国家作出判决的权利，按照请求权理论，狭义的诉权虽是公法请求权，是债权人请求国家通过民事诉讼程序确定私权的权利，但其核心和目的是通过审判程序确定私权；而执行请求权是请求国家通过民事执行程序实现私权，核心和目的在于通过执行程序实现私权。可见，作为请求国家确定私法上请求权的狭义诉权，与请求国家实现私法上请求权的执行请求权，具有不同的内涵。基于法治国家禁止私力救济的原则，实体性债权即使由债权人行使诉权得到了生效判决的确定，但其仍不能凭借自己实施强制迫使债务人履行义务，仍应当通过行使执行请求权获得国家强制力的救济。不过，对于确认或形成判决，判决生效权利即确定并实现，无须执行，不会产生对应的执行请求权。综上可见，诉权和执行请求权调整的关系和应用的程序不同，不可混淆。

2.与强制执行权的区别

强制执行权是执行机关行使国家强制力，强制债务人履行义务，而实现债权人私法上请求权的权力。[①] 由此可见，强制执行权是一种公权力，与执行请求权在本质上的差异如同权力和权利的区别一样。权利人行使执行请求权是执行机关启动执行程序、行使强制执行权的先决条件。

3.与执行依据所载请求权的区别

执行依据确定的债权人对债务人享有的请求权，如偿还债务，所指向的义务主体是债务人，他与债权人间是私法上的法律关系。而执行请求权所指向的义务主体是执行机关，两者之间是公法上的法律关系。从德国、日本和韩国的法律规定来看，它们均将执行请求权与执行依据所载请求权即私法上的请求权之间的关系定位为抽象关系，前者不以后者是否存在为成立要件，只要形式上存在执行依据，债权人即可请求执行机关执行。执行机关不能在执行程序中审查执行依据所载请求权是否存在，而是由债务人提起后交审判机关经诉讼程序解决该实体争议。《中华人民共和国民事诉讼法》(以下简称《民事诉讼法》)并未规定债务人异议之诉，按照《最高人民法院关于人民法院办理执行异议和复议案件若干问题的规定》第 7 条第 2 款的规定，对于债务人异议，人民法院参照《民事诉讼法》第 225 条的规定，适用执行行为异议审查程序予以处理。

---

① 杨与龄:《强制执行法论》，中国政法大学出版社 2002 年版，第 4 页。

(三)执行请求权的组成

《最高人民法院关于适用〈中华人民共和国民事诉讼法〉的解释》(以下简称《民诉法解释》)第519条规定:"经过财产调查未发现可供执行的财产,在申请执行人签字确认或者执行法院组成合议庭审查核实并经院长批准后,可以裁定终结本次执行程序。依照前款规定终结执行后,申请执行人发现被执行人有可供执行财产的,可以再次申请执行。再次申请不受申请执行时效期间的限制。"

上述条文首次正式以司法解释的形式确立了"终结本次执行程序"这个概念和结案方式。在此条文与《民事诉讼法》第239条的共同作用下,我们将强制执行程序时效制度划分为两个阶段进行规制:第一阶段,为债权人依据判决、裁定、调解书、仲裁裁决、公证债权文书等具有强制执行力的生效法律文书,初次申请执行机关实施强制执行行为的首次执行阶段;第二阶段,为已经通过申请方式启动过首次执行程序的申请执行人,凭终结本次执行程序裁定申请执行机关恢复强制执行程序的再次执行阶段。

终结本次执行程序结案需要制作执行裁定书,该裁定与我国台湾地区的债权凭证和瑞士的执行无结果证明在本质上相同,均指经过一定执行程序、采取一定执行措施后,在债务人确无财产清偿债务或者财产不足以清偿全部债务的情况下,执行机关签发的法律文书。我国执行实务中制作的终本案件执行裁定书主要载明了本次执行案件的查人找物情况、实际履行情况以及对被执行人的惩戒措施等内容,其作为终结本次执行程序的结案文书,用于证明债权债务关系和述明履行情况。债权人可在一定条件下以该法律文书作为原法律文书的补充文书,与原法律文书一并作为执行依据,再次请求执行机关执行。综上,执行请求权在两个阶段内可以分别表述为首次执行请求权和再次执行请求权(亦可称之为恢复执行请求权),前者以初始法律文书为执行依据,请求执行机关强制执行;后者以终结执行程序裁定书和初始法律文书作为共同执行依据,请求执行机关恢复强制执行。

二、我国执行请求权消灭时效制度的反思

(一)执行请求权消灭时效制度的现状检视

时效是指因一定期间权利之行使或不行使的状态之继续,而为发生权利取

得或者请求权消灭原因之法律要件，包括消灭时效和取得时效。[①] 本文仅讨论其中的消灭时效。消灭时效历史悠久，起源于两千多年前的罗马法[②]，是指根据法律的规定，某种法律关系在经过特定的时间期限以后归于消灭的制度。那么消灭时效经过后，消灭的是何种权利？大陆法系主要有三种观点，即法国民法的诉权消灭说、德国民法的请求权消灭说和日本民法的权利消灭说。但上述观点均承认消灭时效经过后实体权利或者自然法上的权利基础仍然存在，只不过该权利变成了不被国家强制力保护的自然权利。换言之，消灭时效消灭的是私法上的请求权。作为公法上请求权的执行请求权是否适用消灭时效，需要考察公法上请求权消灭时效的规则。我国台湾地区对公法上的请求权区分行政机关和人民作为请求权人，对消灭时效作出了不同规定：行政机关为请求权人的，消灭时效为 5 年；人民为请求权人的，消灭时效为 10 年。[③] 我国行政法上并未对自然人作为请求权人时的消灭时效作出规定，但并不等于我国法律没有关于公法上请求权消灭时效的规定。如上诉权明显属于公法上的请求权，无论民事诉讼法、行政诉讼法还是刑事诉讼法均规定了上诉的期限，超过上诉期限则上诉权消灭，当事人无权请求人民法院启动第二审程序。

由此可见，私法上请求权的消灭时效与公法上请求权的消灭时效应当是可以在实体法和程序法中分别予以规定的。进一步考察我国民事实体法和民事诉讼法的相关规定，不难发现，我国在《民法通则》、《民法总则》和《民法典》中对诉讼时效作出规定的同时，《民事诉讼法》也对申请执行时效作出了不同规定。1982 年《民事诉讼法(试行)》第 169 条(为 1991 年《民事诉讼法》第 219 条沿用)规定的申请执行期限，双方或者一方当事人是公民的为一年，双方是法人或者其他组织的为六个月；1986 年《民法通则》第 135 条规定的诉讼时效为两年。2007 年《民事诉讼法》第 215 条(为 2012 年、2017 年《民事诉讼法》第 239 条沿用)规

① 史尚宽：《民法总论》，中国政法大学出版社 2000 年版，第 620 页。

② 江平、米健：《罗马法基础》，中国政法大学出版社 2004 年版，第 458 页。

③ 我国台湾地区“行政程序法”第 131 条规定：“公法上之请求权，于请求权人为行政机关时，除法律另有规定外，因五年间不行使而消灭；于请求权人为人民时，除法律另有规定外，因十年间不行使而消灭。公法上请求权，因时效完成而当然消灭。前项时效，因行政机关为实现该权利所作成之行政处分而中断。”我国台湾地区“行政程序法”(2015 年 12 月 30 日修正)，https://law.moj.gov.tw/LawClass/LawAll.aspx? pcode=A0030055，访问日期：2020 年 4 月 25 日。

定，申请执行的期间为两年并适用法律有关诉讼时效中止、中断的规定；2017 年《民法总则》第 188 条（为 2020 年《民法典》第 188 条沿用）规定，向人民法院请求保护民事权利的诉讼时效期间为三年。

从法律规定的上述变化可以看出，我国对执行请求权消灭时效的认识，存在一个从公法请求权消灭时效到民法上消灭时效的变化过程。一是名称由“申请执行期限”改为“申请执行时效”；二是期间从因主体而异的一年或六个月统一改为两年；三是开始承认并适用诉讼时效的中断、中止等相应规定；四是从人民法院依职权审查、与被执行人无涉的“立案条件”改为可由被执行人提出的“时效抗辩”。有学者认为，理论界与实务界已经对申请执行期间正本清源回归其时效本源达成了一致，抛弃执行时效与诉讼时效的“二元并立”体例，实现诉讼时效的“一统天下”，建议借民法典制定之良机，取消执行时效概念，将执行时效一般性问题置于民法典总则编。① 本文的观点恰恰相反，认为在已颁布的《民法典》并未确立域外消灭时效制度，更未规定经生效判决确定债权消灭时效的背景下，将申请执行期间与诉讼时效予以区分，回归其执行请求权消灭时效的属性，才是拨乱反正。众所周知，我国民事诉讼法源于对苏俄法律的学习、借鉴。《俄罗斯苏维埃联邦社会主义共和国民事诉讼法典》（以下简称《苏俄民事诉讼法典》）第 345 条规定：“法院对案件的判决，只要案件当事人中有一方是公民，可从该判决发生法律效力之时起三年内提交强制执行，而对其他所有案件的判决，如果立法未规定其他期间，则在一年之内可提交强制执行。”②1982 年《民事诉讼法（试行）》及 1991 年《民事诉讼法》关于申请执行期限的规定带有鲜明的苏俄民事诉讼法特色。1997 年通过、2008 年 2 月 1 日失效的《俄罗斯联邦执行程序法》与 2007 年通过且现行有效的《俄罗斯联邦执行程序法》（以下简称新《俄罗斯联邦执行程序法》）对此均有相应的规定。《俄罗斯联邦执行程序法》第 14 条（新《俄罗斯联邦执行程序法》第 21 条）继承了《苏俄民事诉讼法典》关于申请执行期限的规定，对不同执行依据规定了最短三个月、最长三年的申请执行期限，并规定了期限的起算规则。同时，该法第 15 条和第 16 条（新《俄罗斯联邦执行程序法》第 22 条和第 23 条）分别规定了“申请执行期限的中断”和“申请执行期限的恢

① 霍海红：《执行时效性质的过去、现在与未来》，载《现代法学》2019 年第 2 期。

② 中国人民大学苏联东欧研究所：《苏俄民事诉讼法典》，梁启明、邓曙光译，法律出版社 1982 年版，第 119 页。

复”;第 9 条关于“执行程序的提起”的规定(新《俄罗斯联邦执行程序法》第 31 条关于“拒绝启动执行程序”的规定)中,将未超过执行期限作为启动执行程序的要件;第 10 条(新《俄罗斯联邦执行程序法》第 18 条)关于“不符合执行文件要求的后果”的规定中,将超过执行期限作为司法警察——执行员将执行依据退还申请执行人的事由之一。① 由此可见,苏联和俄罗斯仍采取了“二元制”的立法模式,在强制执行法上独立规定了不同于民法上消灭时效的执行期限,作为公法上执行请求权的消灭时效。

采取“二元制”立法模式能够有效地区分执行依据所载债权请求权时效和执行依据本身公法上执行请求权的消灭时效。质言之,执行请求权消灭时效是指债权人依据执行依据请求执行机关启动执行程序、采取强制执行措施以实现其实体法上请求权的公法上的请求权,因时效期间经过归于消灭。也就是说,在审判程序中上诉权消灭时效经过会导致法院驳回上诉;同理,执行程序中的执行请求权也会因为超过了消灭时效而丧失,人民法院可以驳回债权人的执行申请。有不少人认为,将执行请求权消灭时效变为私法上的消灭时效并统一规定于民法典,作为一种经生效判决确定的请求权,享有长达 10 年、20 年的消灭时效,更有利于发挥时效制度保护债务人的作用,而且无须将自然债权排除在执行程序之外,启动执行程序后由债务人提出债务人异议即可实现完美的救济。② 但这可能忽视了近年来执行信息化和执行联动机制建设一日千里的发展,殊不知在债务人以超出时效为由提出债务人异议前,通过自动化的、广泛连接各协助执行单位的财产查控系统,执行法院已经将款项扣缴到位并发放到债权人账户。质言之,在今日中国,人民法院审查是否超过申请执行期限,审查执行请求权是否消灭,又再次具有了现实的必要性。根据前文探讨,执行请求权可以分为首次执

---

① 参见 РОССИЙСКАЯ ФЕДЕРАЦИЯ ФЕДЕРАЛЬНЫЙ ЗАКОН ОБ ИСПОЛНИТЕЛЬНОМ ПРОИЗВОДСТВЕ(1997)《俄罗斯联邦执行程序法》(1997),载俄罗斯联邦的法律、法规和法律法规网站,https://legalacts.ru/doc/federalnyi-zakon-ot-21071997-n-119-fz-s/,访问日期:2020 年 7 月 24 日。РОССИЙСКАЯ ФЕДЕРАЦИЯ ФЕДЕРАЛЬНЫЙ ЗАКОН Об исполнительном производстве [Федеральный закон от 02.10.2007 г. № 229-ФЗ (в редакции от 08.06.2020)]《俄罗斯联邦执行程序法》(2007 年 10 月 2 日第 229-FZ 号联邦法,2020 年 6 月 8 日修改),载俄罗斯联邦官方互联网法律信息门户网站,http://ips.pravo.gov.ru:8080/document/582/,访问日期:2020 年 7 月 24 日。

② 霍海红:《执行时效期间的再改革》,载《中国法学》2020 年第 1 期。

行请求权和再次执行请求权,那么其消灭时效也应分阶段分别进行讨论,本文着重讨论再次执行请求权的消灭时效。

(二)执行请求权消灭时效制度的境外经验

1.首次执行请求权的消灭时效

消灭时效虽能产生程序法上的抗辩效果,但通说认为其属于实体权利,故许多大陆法系国家是在民法典中对其作出统一的规定。

德国没有单独规定执行请求权的消灭时效,而是将经过判决等生效法律文书确定债权的消灭时效规定在《民法典》第197条第(1)款第4~6项,适用30年的消灭时效。①

法国也未单独规定执行请求权的消灭时效,而是区分不同的实体法上的权利,规定了5年、10年、20年、30年四种不同的消灭时效。②

《日本民法典》规定了1年、2年、3年、5年的短期消灭时效和最长10年的长期消灭时效,并以第174条第2项专门规定了判决确定的权利消灭时效,确定由判决或与判决有同一效力程序所确定的权利,即便有短于10年的消灭时效也延长适用10年的长期消灭时效。③

我国台湾地区"民法"在规定了15年最长消灭时效的基础上又针对不同的请求权规定了2年和5年的短期时效,并以第137条第3项规定了经判决或与判决具有同一效力的执行依据确定的请求权,消灭时效不足5年的,以5年计算。我国澳门特别行政区《民法典》第304条也有类似规定,将经判决等执行依据确定且已届给付期限的请求权时效延长至一般时效期间15年。④

由此可见,上述国家和地区,均采取"一元制"模式,并未单独规定执行请求权的消灭时效,而是统一适用民法上的消灭时效制度。换言之,不超过申请执行期限并非启动执行程序的要件,执行机构并不能够将在民法上的自然债权阻拦

---

① 《德国民法典》,陈卫佐译注,法律出版社2015年版,第68页。

② 《法国民法典》,罗结珍译,北京大学出版社2010年,第496页。

③ 《日本民法典》,王爱群译,法律出版社2014年,第37~39页。

④ 我国澳门特别行政区《民法典》第302条规定的一般时效是15年,第303条规定了6种债权的时效为5年,第309条和第310条规定了更短的6个月和2年时效。第304条第2款规定,未届给付期限的债权,即使为判决等执行依据确定,也适用原较短的时效。参见澳门特别行政区印务局网站,https://bo.io.gov.mo/bo/i/99/31/codcivcn/codciv0001.asp,访问日期:2020年4月25日。

在执行程序之外，债权人仍可启动针对自然债权的强制执行程序，须由债务人提出时效抗辩阻却执行。

英美法并无大陆法系的公法、私法之分，自然也不存在公法请求权和私法请求权消灭时效之别。但从相关规定来看，似乎其对执行请求权消灭时效的规定更接近于前述的苏联-俄罗斯模式，即将申请执行期限作为启动执行程序的要件。美国的消灭时效长短不一，判决在作出后必须在一定期限内申请执行，否则就判决失效或者不能强制执行。这一期限可通过申请或诉讼的方式加以延长。如在加利福尼亚州，判决的有效期为 10 年，并可在 5 年以后 10 年以前申请更新，更新后有效期可再延长 10 年。[①] 而同是英美法系的澳大利亚新南威尔士州也有类似的规定："判决执行期为 12 年，除非获得法院的许可(《诉讼时效法 1969(NSW)》第 17 条和《新南威尔士州民事诉讼法》第 134 条)。"[②]

2.再次执行请求权的消灭时效

英美法系国家强制执行制度围绕着一个个具体的执行行为展开，通过签发不同的执行令状来实施执行行为，当一个具体的执行令状，如动产扣押令状，因被执行人无财产可供执行时，执行官员只能将令状交还申请执行人或签发法院，且令状的有效期一般较短，只有数月。而我国是以案件为中心的，在一个案件中依据一个执行依据展开若干执行行为。在执行不能情况下作出终结本次执行程序裁定的行为与令状的到期失效或退还有本质区别，难以作出制度比较借鉴。因此，本文主要以大陆法系存在类似我国再次执行程序的俄罗斯、瑞士两国和我国台湾地区的立法为比较对象。

新《俄罗斯联邦执行程序法》第 22 条第 3 款规定："因无法执行而将法院命

---

① 黄金龙：《美国民事执行制度介绍》，载《强制执行指导与参考》2003 年第 3 辑，法律出版社 2003 年版，第 368～369 页。

② Florence T Thum Com：《澳大利亚新南威尔士州法院判决的强制执行》，邵夏红、郑颖译，载《执行工作指导》2008 年第 1 辑，人民法院出版社 2008 年版，第 208 页。

令发还追讨人的,提交执行令执行的期限,自法院命令发回追讨人之日起计算。"①这说明俄罗斯也有执行不能后执行程序阶段性终结的制度,且将再次执行请求权消灭时效归于首次执行请求权消灭时效轨道。

《瑞士联邦债务执行与破产法》第149条和第149a条对金钱给付不能的案件规定了执行无结果证明。该证明具有以下6个特点:(1)债权人在超过6个月

① РОССИЙСКАЯ ФЕДЕРАЦИЯ ФЕДЕРАЛЬНЫЙ ЗАКОН Об исполнительном производстве [Федеральный закон от 02.10.2007 г. № 229-ФЗ (в редакции от 08.06.2020)]《俄罗斯联邦执行程序法》(2007年10月2日第229-FZ号联邦法,2020年6月8日修改) Статья22. Перерыв срока предъявления исполнительного документа к исполнению1. Срок предъявления исполнительного документа к исполнению прерывается: 1) предъявлением исполнительного документа к исполнению; 2) частичным исполнением исполнительного документа должником. 2. После перерыва течение срока предъявления исполнительного документа к исполнению возобновляется. Время, истекшее до прерывания срока, в новый срок не засчитывается.3. В случае возвращения исполнительного документа взыскателю в связи с невозможностью его исполнения срок предъявления исполнительного документа к исполнению исчисляется со дня возвращения исполнительного документа взыскателю.3-1. В случае, если исполнение по ранее предъявленному исполнительному документу было окончено в связи с отзывом взыскателем исполнительного документа либо в связи с совершением взыскателем действий, препятствующих его исполнению, период со дня предъявления данного исполнительного документа к исполнению до дня окончания по нему исполнения по одному из указанных оснований вычитается из соответствующего срока предъявления исполнительного документа к исполнению, установленного федеральным законом. (Часть введена - Федеральный закон от 28.05.2017 № 101 ФЗ)4. Если исполнение судебного акта, акта другого органа или должностного лица было отсрочено или приостановлено, то течение срока предъявления исполнительного документа к исполнению возобновляется со дня возобновления исполнения судебного акта, акта другого органа или должностного лица.5. В случае, если должнику предоставлена рассрочка исполнения требований, содержащихся в исполнительном документе, такой исполнительный документ может быть предъявлен к исполнению без соблюдения правил, установленных частью 9 статьи 21 настоящего Федерального закона, если должник более двух раз не исполнил часть требований, содержащихся в исполнительном документе, по которому ему предоставлена рассрочка. (В редакции Федерального закона от 08.03.2015 № 57-ФЗ)6. Действие частей 1 - 4 настоящей статьи не распространяется на судебные акты, акты других органов и должностных лиц по делам об административных правонарушениях.俄罗斯联邦官方互联网法律信息门户网站,http://ips.pravo.gov.ru:8080/document/582/,访问日期:2020年7月24日。

后凭执行无结果证明要求法院继续执行的,需要新支付令。(2)该证明被视为第82条意义上的债务认可,债权人可以依据第82条临时性撤销债务人对支付令的异议,再依据第83条、第162条,直接进入破产中的编制债务人全部财产目录程序。(3)债权人可以凭借该证明依据第271条第5款和第285条,申请冻结令和提起无效诉讼。(4)债务人无义务支付该证明上载明债权的利息,即债权利息自该证明签发后不再增加。(5)债务人未履行的情况登记造册,在债务清偿后涂销。结合该法第8a条,能表面证明享有正当利益的任何人均可查阅该登记,即便债务清偿后5年内也可以了解这一情况。(6)规定了未获清偿债权最长20年的消灭时效。① 而最后这点正是该证明的最大特点。

我国台湾地区"强制执行法"规定了在执行不能的情况下法院签发债权凭证的制度。债权人以债权凭证和执行依据申请再执行的时效,即再执行请求权的消灭时效,受"民法"第137条第3项规定的规制。

---

① Bundesgesetz über Schuldbetreibung und Konkurs vom 11. April 1889 (Stand am 1. January 2020)《瑞士联邦债务执行与破产法》(1889年4月11日通过,截至2020年1月1日文本) Art. 149 Verlustschein a. Ausstellung und Wirkung 1 Jeder Gläubiger, der an der Pfändung teilgenommen hat, erhält für den ungedeckten Betrag seiner Forderung einen Verlustschein. Der Schuldner erhält ein Doppel des Verlustscheins. 1bis Das Betreibungsamt stellt den Verlustschein aus, sobald die Höhe des Verlustes feststeht. 2 Der Verlustschein gilt als Schuldanerkennung im Sinne des Artikels 82 und gewährt dem Gläubiger die in den Artikeln 271 Ziffer 5 und 285 erwähnten Rechte. 3 Der Gläubiger kann während sechs Monaten nach Zustellung des Verlustscheines ohne neuen Zahlungsbefehl die Betreibung fortsetzen. 4 Der Schuldner hat für die durch den Verlustschein verurkundete Forderung keine Zinsen zu zahlen. Mitschuldner, Bürgen und sonstige Rückgriffsberechtigte, welche an Schuldners Statt Zinsen bezahlen müssen, können ihn nicht zum Ersatze derselben anhalten. Art. 149a b. Verjährung und Löschung 1 Die durch den Verlustschein verurkundete Forderung verjährt 20 Jahre nach der Ausstellung des Verlustscheines; gegenüber den Erben des Schuldners jedoch verjährt sie spätestens ein Jahr nach Eröffnung des Erbganges. 2 Der Schuldner kann die Forderung jederzeit durch Zahlung an das Betreibungsamt, welches den Verlustschein ausgestellt hat, tilgen. Das Amt leitet den Betrag an den Gläubiger weiter oder hinterlegt ihn gegebenenfalls bei der Depositenstelle. 3 Nach der Tilgung wird der Eintrag des Verlustscheines in den Registern gelöscht. Die Löschung wird dem Schuldner auf Verlangen bescheinigt. 载瑞士联邦法律数据库网站,https://www.admin.ch/opc/de/classified-compilation/18890002/index.html,访问日期:2020年7月24日。

(三)我国再次执行请求权消灭时效制度的反思

《民诉法解释》第519条第2款第2句实际上确立了我国再执行请求权超越一切时效的超然地位,即"再次申请不受申请执行时效期间的限制"。这实际上赋予了再执行请求权与物权一样不受消灭时效限制的特殊时效,有债权物权化的倾向,值得反思。

首先,从再次执行请求权的本质来看,它与首次执行请求权并无不同,区别仅体现在阶段性差异上,它是执行不能导致执行程序终结后的阶段性产物。然而,它和首次执行请求权一样,均为基于执行依据确定的实体法上的请求权而产生。一般来说,实体法上的请求权有债权请求权和物权请求权,债权请求权应受消灭时效限制,这自然无须赘述。从实体法来看,我国《民法典》第196条仅明确了请求停止侵害、排除妨碍、消除危险和请求返还财产,请求支付抚养费、赡养费或者扶养费等不适用诉讼时效。综上所述,赋予基于债权请求权产生的再次执行请求权超越消灭时效的"特权",既没有法理基础也缺乏实体法支持。

其次,从强制执行的目的来说,执行程序的最终目的是实现法的安定,包括法律程序的安定和实体法律关系的安定①,而不是为了兑现执行依据②。对权利进行时间限制本身就是权利内容限制的一个维度,时间限制可以充分维护当事人之间的利益平衡,法律一方面要保障债权人有充分的时间和机会实现其债权,另一方面又必须防止债务人频繁遭受陈年旧债的反复干扰。另外,从证明责任分配的角度来看,债权人经过首次执行程序后已经基本将可提供的被执行人财产线索查找殆尽,提供新财产线索的可能性会随着时间流逝逐步降低;而处于相对面的债务人,则需要对权利的瑕疵或消灭承担证明责任,这有利于债务人的证据也可能随着时间的经过荡然无存。由此可见,无论是对申请执行人还是对被执行人来说,时间隔得越久,举证的难度就越大,案件的相关事实就越难以认定。在此种情况下,对再次请求权进行时间限制,可以避免或减少执行法院对陈旧的事实作出判断、对不明朗的财产线索重复核查,降低多次恢复执行后又反复

① 谭秋桂:《民事执行原理研究》,中国法制出版社2001年版,第57页。

② 对于什么是强制执行的目的有这几种观点:强制债务人履行义务说、实现生效法律文书内容说、实现债权人债权说、满足强制执行请求权说、保护私权和维护公共秩序双重目的说。这五种观点被有的学者称为"债务目的论",认为这迫使法院丢弃公正中立地位,变成"义务兑现者",且为了兑现义务而乱执行,进一步变成违法者。参见霍力民主编:《强制执行的现代理念》,人民法院出版社2005年版,第46页。

终结本次执行程序的可能性。总之，再执行请求权不受消灭时效限制无法实现法的安定的目标，可能会导致债务人终身受累，不利于诚实守信的债务人获得“重生”，限制了市场经济的活力，破坏了营商环境，难以让市场参与者真正意识到市场风险。

再次，通过执行实务界产生的数据来看，对再次执行请求权不设定消灭时效制度，并未达到立法目的和预期效果。对再次执行请求权不进行消灭时效规制，是我国基本国情决定的，是当前社会管理水平较低、缺乏统一的财产登记和个人征信查询制度、尚未建立个人破产制度等众多原因导致的。立法机关基于上述因素，考虑到无论是执行法院还是申请执行人均在短期内难以有合法、有效的手段查询被执行人的财产，因此对终结本次执行程序后的案件的恢复执行申请并未做时间和次数限制。上述考虑的出发点是好的，但是在司法实践中是否达到了预期效果呢？

以B市Y区为例，据不完全统计，2015年系统有执行恢复案件录入以来，法院依职权或依当事人申请共新立恢复执行案件1779件，并全部执结。在这1779件案件中，以首次执行案件结案日期为年度周期起算点，第一年内恢复执行的案件共计522件，占全部执行恢复案件的29.3%；第二年进行恢复执行的案件有360件，占全部执行案件的20.2%；第三年进行恢复执行的案件有217件，占全部执行案件的12.2%；第四年恢复执行的案件有145件，占比8.2%；第4至10年恢复执行的案件及其所占比例分别为119件(6.7%)、87件(4.9%)、69件(3.9%)、62件(3.5%)、49件(2.8%)、31件(1.7%)、36件(2.0%)；第11年至18年恢复执行的案件及其所占比例分别为35件(2.0%)、23件(1.3%)、7件(0.4%)、7件(0.4%)、3件(0.2%)、3件(0.2%)、2件(0.1%)、2件(0.1%)；首次执行程序终结本次执行程序结案后的第19年往后没有恢复执行的案件产生。另外，我们再来看一下终本案件结案后的统一管理数据。Y区法院在终结本次执行程序结案后5年内，通过最高人民法院执行查控系统每6个月查询一次被执行人财产，有记录以来共发给银行类协执单位70344笔查询申请，有开户信息和财产反馈的仅19583笔，按照标的额维度统计，协执单位反馈回的信息中账户余额大于100元的5860笔，其中余额大于1000元的2019笔，余额大于10000元的仅有800笔。另根据最高人民法院指挥管理平台建设后的统计数据，Y区法院2015年至今结案的终本案件，通过最高人民法院总对总查控系统核查后，有财产需处理案件仅为16件，因财产过少无须恢复的1372件。

通过上述数据可以清楚地看到：一是案件因执行不能终本报结后的恢复执行请求申请大概率发生在结案后的10年内，且呈现出随着案件终本结案时间流逝而越来越少的趋势，终本结案后第10年开始恢复执行案件显著减少，第19年起则未见恢复执行案件；二是执行案件终本后，对被执行人发起财产统查的效果很不理想，有财产并且满足恢复条件的案件只占全部终本案件的1.2%。由此可见，对再次执行请求权不进行时效规制，赋予其永久效力的立法目的并未在司法实务中得以体现。

最后，首次执行请求权尚且受消灭时效制度规制，而再执行请求权则不受制于此，没有逻辑基础。前文已述，赋予再执行请求权永世续存的效力固然有针对我国目前强制执行措施乏力和债务人转移财产、规避执行情况突出的良好出发点，但实际上意义不大。随着终结本次执行程序结案要求被逐步规范严格，对被执行人财产查控措施的逐渐完善、对未履行义务被执行人和失信被执行人联合信用惩戒机制的全面建立和落实，基本上可以解决上述问题。因此，本文认为，在进行合理制度设计的基础上，再执行请求权应和首次执行请求权一并进行消灭时效规制。

三、我国执行请求权消灭时效制度的重构

执行请求权的消灭时效是时效制度的重要组成部分，按照大陆法系国家的一般做法本应统一规定在民法典中。但考虑到我国《民法典》已经颁布，仍保持了以“诉讼时效”为特点的时效制度，并未规定经生效判决确定债权的消灭时效问题，将执行时效纳入诉讼时效的“一元制”美好设想已经落空。并且，执行时效期间应在坚持“时效”身份的前提下“独特化”，在民法典总则部分对“判决确认之请求权”规定10年的特别诉讼时效期间①，也显然没有实现。而通过上述考察可以发现，执行请求权消灭时效的特有价值在构建民事强制执行法律体系、完善诉讼法上请求权消灭制度、建立终本案件退出机制和保护诚信善良债务人方面具有重要作用。因此，将执行请求权消灭时效在民事强制执行法上作出不同于民法典的“二元制”规定是必要并且可行的。在讨论执行请求权消灭时效的制度构造设计前，本文首先讨论应在立法上进行哪些设计作为该制度的必要前提。

① 霍海红：《执行时效期间的再改革》，载《中国法学》2020年第1期。

(一)执行请求权消灭时效制度重构的基础

执行请求权的消灭时效同样需要建立在以下基础之上：

1.建立未履行义务债务人权利限制制度

限制债务人有关权利的时限与再执行请求权的时效期间一致。因为按照再执行请求权消灭时效制度的设计，未履行义务债务人经过一定期间仍无能力履行债务，且诚实守信，没有规避执行、逃避债务的行为，法律将给予其重生的机会，即因再执行请求权的消灭时效完成，债权人无权再请求国家执行机关强制执行。这种可以产生与破产类似效果的制度自然也需要借鉴破产制度中对破产人的权利限制措施。如《英国破产法》对破产人在破产期间内的行为进行了严格限制，如有违反即应承担刑罚后果，如未告知他人自己破产情况取得500英镑报酬或更换名称从事经营或新开银行账户并透支；未经法院许可发起、组建、管理公司或担任董事；担任某些公共职务等。① 官方接管人经过调查，认为破产人缺乏诚信，具有可责性的，会向法院申请破产限制令，由法官经过庭审决定是否签发一份在破产解除后的2到15年内对破产人某些权利进行限制的限制令。② 在建立我国的再次执行请求权消灭时效制度前，我们也应借鉴域外这种权利限制立法，限制未履行义务债务人高消费和进行相关市场经济行为，禁止其担任国家公职人员和从事特定职业等。

2.建立未履行义务债务人定期报告财产制度

在再次执行请求权未因时效消灭前，未履行义务债务人应向执行法院和债权人详细报告基准日的财产情况和自前次报告后的财产变动情况，至少每年一次。债权人可以自行核实或者请求执行法院调查核实。拒不报告或虚假报告的，除中断再执行请求权的时效外，还应依据情节严重程度惩处该债务人，直至追究其刑事责任。

3.执行法院建立依债权人申请定期调查债务人财产情况制度

债权人向执行法院提供明确财产线索的，执行法院自然应当立即调查核实。但囿于现状，债权人往往无力自行调查，因此有必要赋予债权人定期请求执行法院调查被执行人财产的权利。为避免浪费执行资源，该期限可定为一年一次。待我国社会诚信体系更加完善、法律服务中介组织更加发达、民众法律能力和素

① 张永红:《英国强制执行法》，复旦大学出版社2014年版，第338页。

② 张永红:《英国强制执行法》，复旦大学出版社2014年版，第343页。

养更高后,我们可以借鉴域外国家和地区的做法,完全由债权人自行调查。

4.明确债务人实施一定行为的刑事责任

债务人制造无财产可供执行假象的、违反权利限制规定的和拒绝定期报告或虚假报告财产的,应以"拒执罪"追究刑事责任。强制执行只有以周密且罚当其过的刑罚作为后盾才能体现其强制性。如《瑞士联邦债务执行与破产法》有 9 个条文规定了债务人及相关人员妨碍执行、拒不协助执行、拒不报告财产、拒不交出财产等行为应当受《瑞士联邦刑法》相关条文惩处。[①] 我国现有"拒执罪"应用范围过窄,难以起到威慑和惩处债务人规避执行、转移财产逃避债务行为的作用。如果要建立执行请求权消灭时效制度,应明确在整个执行请求权时效期间内,一旦发现债务人制造无财产可供执行假象的、违反权利限制规定的和拒绝定期报告或虚假报告财产的,以"拒执罪"追究其刑事责任。

(二)执行请求权消灭时效制度重构的规则

在进行了相关制度准备后,我们即可结合我国实践状况将首次执行请求权和再次执行请求权一并考虑,设计统一的消灭时效制度。

1.对获得强制执行力的债权赋予统一且较长的时效

我国现行立法对首次执行请求权的消灭时效规定为 2 年,并且可适用中止、中断规则,而赋予再次执行请求权永久性时效,将其分开进行规制。本文认为,我们考虑执行请求权消灭时效时,应将首次、再次执行请求权统一考虑,不应割裂开来,所有可执行债权都应适用相同的时效期间,即使作为其前身的尚未获得强制执行力的债权时效期间是不同的。

德国虽未单独规定执行请求权消灭时效,而是在《德国民法典》第 197 条第 1 款中赋予经判决确定债权 30 年时效期间的优待,但该立法精神仍可供我们在设计执行请求权消灭时效之际予以借鉴。对未经过法院审理确定的债权,法院对其成立要件及阻碍或消灭要件均需要进行审查,但对已获得生效执行依据的

---

① 参见 Bundesgesetz über Schuldbetreibung und Konkurs vom 11. April 1889 (Stand am 1. January 2020)《瑞士联邦债务执行与破产法》(1889 年 4 月 11 日通过,截至 2020 年 1 月 1 日文本)第 57a 条【第三方的信息提供义务】、第 91 条【债务人和第三方的义务】、第 92 条【不能扣押的财产项目】、第 96 条【扣押的效力】、第 164 条【效力 a)债务人的义务】、第 222 条【B.提供信息和交付资产的义务】、第 229 条【II.债务人的合作与生活】、第 232 条【A.公告】、第 324 条【典当】,载瑞士联邦法律数据库网站,https://www.admin.ch/opc/de/classified-compilation/18890002/index.html,访问日期:2020 年 7 月 24 日。

债权,法院则只需审查发生于执行依据之后的排除执行要件,而无须再次审查权利成立要件,故赋予执行请求权更长的时效期间不会过分增加法院审查事实部分的工作量和工作难度。另外,赋予执行请求权较之于私法上请求权更长的消灭时效,可以避免债权人因害怕时效期间经过,一拿到生效文书,在未进行任何自觉努力就立刻诉诸强制执行的情况,造成有限的执行资源更加紧张。当然,我们也不能因此就将执行请求权设置过长甚至永久的时效期间,因我国现在尚未建立个人破产制度,那样会使债务人终身受累。综上所述,对执行请求权设定一个相对较长的时效期间,既有助于平衡当事人利益,又有助于节约相关司法资源。

2.我国执行请求权消灭时效期间的设计

在我国强制执行立法中,执行请求权的消灭时效应包括以下主要内容:第一,不再区分首次执行请求权和再次执行请求权,而是将二者合一,在强制执行法中进行统一规定,执行请求权消灭时效为10年,可以适用中断、中止,但最长不得超过执行依据确定的履行期限届满之日起20年;第二,因被执行人无可供执行财产,人民法院裁定终结本次执行程序后,债权人再次申请强制执行的,适用10年的消灭时效,自终结本次执行程序裁定生效之日起算,最终亦不得超过执行依据确定的履行期限届满之日起20年。

之所以将执行请求权消灭时效确定为10年,主要是考虑到我国当前社会诚信体系不健全、被执行人逃避执行情况比较突出的实际情况。将执行请求权的一般消灭时效确定为10年,既不会使法律关系长期处于不稳定状态,又不会让债权人过早失去公力救济的权利,令债务人轻松地获得类似破产般债务免除的结果,能够更好地平衡债权人和债务人的权益,也更容易被社会公众接受。

最长时效确定为20年并且是不变期间的理由主要有三点:第一,这是对我国《民法典》第188条第2款规定的20年最长时效的呼应。强制执行法上执行请求权的消灭时效与民法上的最长消灭时效相呼应,既可以体现公法权利与私法权利的对应,也有利于保持部门法之间时效利益的均衡。第二,这参考了我国《刑法》第87条规定的20年最长追诉时效。按照该条的规定,一个人即便犯有死罪,只要经过20年不再犯罪,没有逃避侦查、审判的行为,就可以不受追诉。举重以明轻,一名诚实守信的债务人确无履行能力,经过20年方可不受国家机关的强制执行,这又有何不可呢?第三,根据司法实践经验,执行依据经过20年仍申请恢复执行的案件占比很小,随着近年来执行工作的开展,特别是终结本次执行程序规范化水平的日益提升,将来终结本次执行程序案件在一二十年的时间维度下,恢复执行的可能性微乎其微,而债务人重获新生的需求却越来越大。

四、结语

本文主张,执行请求权消灭时效是在执行程序中针对债权人请求国家通过强制力实现私法上请求权的期限限制,超过一定期间的债权变为不再具有强制执行力的自然债权,执行法院可以不再启动执行程序。这并非对 2007 年民事诉讼法以来申请执行时效期间改革的倒退,而是对执行请求权消灭时效诉讼时效化的反思,是对执行请求权消灭时效制度在苏联法上缘起和生生不息的思考,是对我国民事强制执行法与民法典关于公法请求权消灭时效和私法请求权消灭时效继续“二元制”模式的一种探索性重构,更是对我国民事强制执行立法如何走出一条不同于德国、日本的,植根于过去、立足于当下、着眼于未来的,具有新时代中国特色之路的大胆假设和小心求证。

职能廓清:执行法官助理的职权配置与运行

——以执行团队办案模式为视角

奚国华* 周青松**

摘要:《人民法院执行工作纲要(2019—2023)》提出,实行以法官为主导的团队办案模式,但既有司改文件中并未涉及执行法官助理的职权配置问题。地方各级法院结合执行实际,探索了不同的执行法官助理职权配置模式,但仍存在问题与困惑。执行裁判权与执行实施权分离不断成熟,再以分权理论考察执行实施权,执行实施权可以进一步分解为执行命令权和实施事务权。执行命令权是签发执行裁定书、执行决定书、执行令等执行文书的权力;实施事务权是具体实施执行命令和办理执行事务的权力。执行命令权应该由法官行使,实施事务权则可以由执行法官助理行使。当前执行实施权分段集约改革,存在过度分段和整体效能不佳的情况,而合理发挥执行法官助理的职权,则可以有效化解。执行法官助理职权的运行模式可以分为两个层面:一是可以独立行使实施事务权,办理简易执行案件;二是在有限集约化的改革中,参与执行团队化办案,与执行法官、法警、书记员协作分工。

关键词:执行法官助理;执行命令权;实施事务权;执行团队

2019年6月11日,最高人民法院(以下简称最高法院)发布了《人民法院执行工作纲要(2019—2023)》(下文简称《纲要》),提出实行以法官为主导的"法官+法官助理(执行员)+法警+书记员"团队办案模式,优化团队之间、团队内部

* 作者系上海市闵行区人民法院执行局法官,法学学士。

** 作者系上海市闵行区人民法院执行局法官助理,上海财经大学法学院2020级民商法学博士研究生。

的任务分工和职权划分,完善“人员分类、事务集约、权责清晰、配合顺畅”的执行权运行模式。然而,在司法改革中,对法官助理的职权划分和配置集中于审判领域,执行法官助理的职权划分则付诸阙如。

法官助理的概念首次出现在《人民法院第四个五年改革纲要》。2015 年 9 月出台的《最高人民法院关于完善人民法院司法责任制的若干意见》第 19 条对法官助理的职责作出了明确的规定,包括庭前证据交换、庭前调解等审判事务。此后也有多份司法改革文件涉及法官助理①,但是都没有明确执行程序中法官助理的职权究竟为何。

司法实践中,执行法官助理在不同法院所扮演的角色与行使的职权存在较大差异,工作职责随意、权责配置错位,甚至存在与司法改革精神相违背的情况。合理定位执行法官助理职权,方能深化执行机制改革,构建执行团队办案模式。

一、实践考察:执行法官助理职权配置的样本分析

实践中,不同法院在执行法官助理职权设置上呈现出“百花齐放”的景象,本文选取具有代表性的几个样本加以分析。

(一)各地探索实践

通过互联网公开资料检索,我们得到如下具有代表性的执行法官助理职能配置规范,以此作为本文分析的起点。

表 1 执行法官助理职权配置情况

序号	法院/文件名	法官助理职权	职权配置特点
1	辽宁省新民市人民法院《关于进一步深化执行实施改革的工作方案》	执行助理岗位职责:协助执行长、执行员处理执行案件:(1)协助执行长、执行员接待当事人及利害关系人,办理调、退卷事宜;(2)办理通知、委托、移送、评估、拍卖等程序性事务;(3)办理执行法律文书打印、复印、盖章等事务;(4)协助送达法律文书、传唤当事人;(5)负责制作执行笔录;(6)负责办公系统执行案件信息的录入、核对、修改;(7)整理执行卷宗、进行归档等工作;(8)其他执行工作。	程序性及纯粹事务性工作

① 如最高人民法院配合中组部等部门出台《法官助理、检察官助理和书记员职务序列改革试点方案》、最高人民法院印发《关于进一步全面落实司法责任制的实施意见》等文件。

续表

序号	法院/文件名	法官助理职权	职权配置特点
2	黑龙江省大庆让胡路法院《法官助理运行规则》	按庭长或主审法官的要求,办理查封、扣押、查询、冻结、扣划存款等事项。	按照法官的要求办理事项
3	山东省滕州市人民法院《执行岗位分类职责规定(试行)》	第十条　法官助理及执行员办理执行实施案件,依法履行法律规定的执行职责,制作相关的执行文书,履行以下工作职责: (一)按照办案团队负责人的安排和命令实施执行阅卷、制定执行实施方案、执行送达、调查被执行人及其财产、网络查控和处置等执行实施工作并全程留痕,对团队队长负责。 (二)参加本团队或执行局"大团队"实施的重大执行行动,并全程留痕。 (三)起草准备好上级执行监督、团队长联席会议以及审判委员会研究讨论案件的汇报材料; (四)及时履行好执行实施法律文书、失信被执行人名单等上网的审批、报送手续,规定时限内对符合上网条件的执行实施法律文书、失信名单按照规定要求进行文本纠错、格式处理和组织上传; (五)办理办案团队负责人安排交办的其他辅助事项和事务性工作。	执行辅助事项和事务性工作

续表

序号	法院/文件名	法官助理职权	职权配置特点
4	云南富宁县人民法院《规范执行权运行机制实施细则(试行)》	第九条　执行局法官助理职责包括: (一)审查执行异议、财产保全异议等案件材料,归纳、摘录证据,提出异议争议焦点; (二)协助执行法官召开执行案件听证会; (三)协助执行法官组织执行和解工作,达成和解协议的,草拟和解文书; (四)接待、安排执行当事人、执行代理人和其他相关人员的来访和阅卷等事宜; (五)受执行法官指派或者协助执行法官办理财产保全措施等; (六)受执行法官指派,办理委托鉴定、评估、审计、拍卖等工作; (七)根据执行法官的要求,准备与案件执行相关的参考资料,研究案件涉及的相关法律问题; (八)在执行法官的指导下草拟裁判文书; (九)指导书记员办理案件执行过程中的有关事务; (十)完成执行法官交办的其他与审判执行业务相关的辅助性工作。	职权分为三个层面:一是协助法官办理工作;二是在法官指派下独立办理执行事务工作;三是指导书记员工作
5	辽宁省大连市甘井子区人民法院《执行工作管理规定(试行)》	执行局局长、副局长、庭长、副庭长的基本职责是依法办理执行案件及相关执行事务,同时行使相应的执行管理权。 法官及执行员的基本职责是依法办理执行案件及相关执行事务。 执行辅助人员的基本职责是办理执行法官交办的执行事项、草拟法律文书等工作。	提出执行辅助人概念,并明确执行法官助理办理执行法官交办的事项

续表

序号	法院/文件名	法官助理职权	职权配置特点
6	山东省淄博市博山区人民法院执行岗位分类职责规定(试行)	第十八条　从事执行实施岗位的法官助理和执行员在执行实施法官的统一指挥下,负责执行送达、调查被执行人及其财产、强制执行实施等安排交办的辅助事项和事务性工作,并全程留痕。	将执行实施工作纳入职权范围之中
7	安徽省宿州市泗县法院《执行局法官助理工作导则》	制定执行方案、与当事人谈话、进行线下查封、扣押、冻结、及时告知财产查控情况、外出执行相关工作、处置查封、扣押、冻结的被执行人财产;(有些事项需要审批)将对当事人异议材料的审核移送立案、终本约谈,在法官的指导下独立承办简易执行案件。	职权配置详细明确,贯穿执行全过程,亮点是在法官指导下独立承办简易执行案件。
8	上海市高级人民法院《上海法院推进执行体制改革试点工作实施方案》	执行法官助理的基本职责是依执行法官的指令实施具体的执行行为,完成执行法官交办的财产调查、财产变现、草拟法律文书等辅助性工作。	在法官指令下完成执行辅助工作
9	北京市门头沟法院	法官助理主要负责草拟法律文书、财产调查、流程审批、实地调查等53个节点104项具体事项。	执行辅助工作,并且结合了团队化执行模式的特点
10	江苏省高级人民法院《关于推行执行团队办案模式的指导意见》(试行)	第六条　法官助理根据法官的指令履行以下职责:(一)受法官委托,代行除本《意见》第五条第一款第(四)(五)(七)(八)(九)项之外的其他法官职责;(二)在法官指导下办理执行实施案件;(三)在法官指导下办理执行和解、外出查控财产、采取强制措施、司法网络拍卖前的准备工作等事项;(四)办理法官交办的其他事项。	在法官指导或委托下办理执行业务性工作

(二)职权配置类型

上述规范样本,是在顶层设计阙如背景下,执行改革探索的成果,在一定程度上体现了执行法官助理的实践需求。分析上述规范样本可以发现,执行法官助理的职能配置"百花齐放",呈现出不同的配置模式。

1.独立办理简单案件模式

安徽省泗县法院执行局制作的《执行局法官助理工作导则》规定,法官助理在法官的指导下独立承办简易执行案件,只是重要事项向法官汇报。该种模式将执行法官助理的职权充分释放,在充分考虑案件执行难度与执行法官助理职权限定的基础上赋予其办理简单案件的职权。

2.办理业务性工作模式

执行工作的主要工作是财产调查、财产处置以及财产分配,上述规范样本中,一部分法官助理可以接受法官的指令或者委托,办理执行案件中的财产调查、财产处置以及财产分配工作。在这种模式之下,法官助理相当于办理了执行业务工作。典型的代表是江苏省高级人民法院《关于推行执行团队办案模式的指导意见》(试行)、上海市高级人民法院《上海法院推进执行体制改革试点工作实施方案》。

3.办理事务性工作模式

执行工作中除了执行权的行使之外,执行人员还需要从事诸多事务性工作,如文书的打印、复印、盖章,执行卷宗整理和归档工作,办案系统信息录入、校对、修改。这些工作是纯粹事务性工作,与执行业务工作有所区别。上述规范中,有一些法院将执行法官助理的职权定位于办理事务性工作,最典型的是辽宁省新民市人民法院《关于进一步深化执行实施改革的工作方案》。

(二)实践状况分析

上述三种模式,执行法官助理的职权自主性从强到弱,逐渐递减,执行工作范畴由业务性到事务性辅助工作到纯粹性事务工作,大致反映出了实践现状。三种典型工作模式,体现出司法改革过程中,不同法院对执行法官职权认识的差异。分析执行法官助理职能配置规范可以发现,执行法官助理职能配置存在一定的问题和困惑。

1.职权划定与司改精神不符

在司法改革过程中,我们将法院人员进行了分类管理,形成员额法官、审判辅助人员与司法行政人员三类。对于法官助理的职权定位问题,经过不断的实践探索,其逐渐明晰起来。法官助理是协助法官从事审判业务的辅助人员,书记员是审判工作的事务性辅助人员。法官助理的工作更侧重"业务性",书记员的工作更侧重"事务性"。[①] 虽然没有关于执行法官助理职权问题的定位,但参照审判程序来看,执行程序中法官助理的职权亦应该更侧重于"业务性",诸多法院将执行法官助理的职能配置为办理纯粹性事务性工作,这与司法改革的精神有所出入。

2.工作职责随机性强

执行法官助理的职责在顶层设计中付诸阙如,仅有少量法院对执行法官助理的职责作出了规范。即便如此,在实际操作中,法官助理的工作内容大多由庭长或审判长根据工作需要进行调配,业务性和事务性工作界限不明,工作随意性较大。有人曾调研,整个法官助理群体所从事的大量工作都是事务性工作,实际上扮演着书记员的角色。单纯从事业务性辅助工作的不足五分之一,过半数的法官助理直至遴选为入额法官才不再承担书记员工作。[②]

3.审执差异未体现

审判权与执行权运行规律和行使特点存在一定的差异,审判权是一种判断权,执行权则带有浓厚的行政强制性。在司法改革过程中,我们将审判权是判断权和裁量权的权力运行规律作为指导原则[③],并在此基础上配置了员额法官、法官助理及书记员的职权。判断权与裁量权对专业化有更高的要求,而执行权则多为按照规范操作实施,司法专业性要求相对较低。那么,执行法官助理的职能配置则具有更加广泛的空间,现有的执行法官助理职能配置则没有充分体现这一审执差异。

4.权责配置存在错位

"权""责""利",相互制约,又相互促进,共同作用于高效、公正的司法体

① 李少平:《深刻把握司法责任制内涵 全面、准确抓好〈意见〉的贯彻落实》,载《人民法院报》2015年09月25日第2版。

② 郭伟清:《法官助理制度的实践状况与改革进路》,载"中国上海司法智库"微信公众号,2019年3月6日。

③ 《最高人民法院关于全面深化人民法院改革的意见——人民法院第四个五年改革纲要(2014—2018)》法发〔2015〕3号。

系。[①] 在人员分类管理过程中亦是如此。员额法官,对案件的公正审理承担办案责任,辅助人员只是在职权范围内承担相应的责任。对不同人员,配置不同的职权和责任。实践中,法官助理名义上只是在法官的指挥下开展工作,而实质上是独立办理一定的执行事务。一旦出现履职不力或者渎职等违法违纪行为,从制度上应该是由法官承担责任,助理并不承担相应的责任。这就导致法官承担了无法预测、也无法控制的超出自身行为之外的责任,这显然是违背"权""责""利"相统一的原则。

二、分权与再分权:执行权属性与执行权运行方式剖析

按照强制执行法理论,执行权,也称强制执行权,是执行机关行使国家强制力,强制债务人履行义务,从而实现生效法律文书所判定权利的一种国家公权力。[②] 执行法官助理职权的配置,归根到底是执行权如何科学运行、由谁行使的问题。因而,在科学配置执行法官助理职权之前,我们需要对执行权的内在特点和运行方式进行剖析探讨。

(一)执行权分权理论之下的再分权

1.执行分权理论

执行分权理论对执行权的改革产生了重要影响,该理论认为民事执行权是由若干子权力构成的,应该由不同的主体行使,进而相互监督,保障执行权的公正运行。[③] 但对于民事执行权包括哪些子权力的问题,学界主要有二分说、三分说、四分说等不同观点。目前来看,多数学者主张二分说,认为执行实施权和执行裁决权共同构成了完整的民事执行权。这一点,学界达成了共识,民诉法和最高人民法院司法解释也对此予以肯定。[④] 执行裁判权与审判权并无差异,都是对实体性问题进行审查处理。法官助理在执行裁判权中扮演的角色,可以参照审判权处理。本文主要研究法官助理在行使执行实施权中的问题,因而主要考察执行实施权。

---

① 任容庆:《司法责任制下法官"权""责""利"的统一》,载《云南大学法律评论》2017年第1期。

② 肖建国主编:《民事执行法》,中国人民大学出版社2014年版,第20页。

③ 童兆洪、唐学兵:《我国民事执行改革实践演进及理性思考》,载《法律适用》2005年第6期。

④ 肖建国:《民事审判权与执行权的分离研究》,载《法制与社会发展》2016年第2期。

2.分权之下的再分权

将执行权分为执行裁判权与执行实施权,主要解决的是执行权的监督问题。以此为灵感,我们对执行实施权的运行特点和属性进行分析以后,认为执行实施权亦可以再分权。这次分权的主要目的是解决执行实施权由谁运行、如何运行的问题。

在执行实施过程中,执行权的运作模式:一是,通知被执行人履行义务、查询被执行人财产状况;二是,对被执行人的责任财产进行认定和作出处置的决定;三是,具体实施财产处置行为,包括财产处置参考价确定、委托拍卖机构进行拍卖,等等;四是,对执行过程中违反法律规定、抗拒执行的行为进行处罚、制裁;五是,根据执行情况,作出执行结案的处理。① 即执行实施权的范围主要是财产调查、控制、处分、交付和分配以及罚款、拘留措施等实施事项。②

梳理上述执行实施的运行模式及法律法规对每一执行节点的规范后可以发现,在执行实施过程中,其存在执行判断性权力和执行事务性权力。而执行判断性的权力是以执行裁定书、执行决定书为载体呈现的,执行中作出上述执行命令,也是与审判组织一样,组成合议庭或由独任制审判员作出。执行事务权,则由执行公务人员,按照法律法规的程序、方式和方法开展工作即可,比如向协助执行机构发出协助执行通知书,委托评估、拍卖机构对财产进行变价。也就是说,执行实施依据工作性质的不同,可分为判断性工作与事务性工作。判断性工作是指以制作法律文书为核心的执行决定性与命令性工作;事务性工作是指外出查控、委托评估、归档结案等执行辅助性工作。③

3.执行命令权与实施事务权

执行实施中的判断性权力系执行命令权,而执行中的事务权则可以称之为实施事务权。执行命令权涉及对被执行人责任财产的控制和处分权,是民事执行权的核心,直接决定执行当事人的合法权益和执行程序的顺利进行。其范围主要包括财产控制权(作出查封、扣押、冻结、扣划等裁定书)、处分权(作出拍卖、

---

① 王亚新:《通过强制执行的权利实现——执行程序的实际操作及其功能》,载《当代法学》2018 年第 1 期。

② 最高人民法院印发《关于执行权合理配置和科学运行的若干意见》的通知(法发〔2011〕15 号)。

③ 余庆、李梦瑶:《分段集约执行机制的实证分析与反思重构》,载《法律适用》2017 年第 11 期。

变卖、以物抵债、价款分配等裁定书)、制裁决定权(作出限制消费、信用惩戒、罚款、司法拘留的决定书)等重大执行事项的权力,体现于执行法官签发相应法律文书。① 实施事务权,则是对执行命令权所作出的执行命令的具体实施,包括对被执行人财产的查询、执行查控系统节点操作、信息录入、执行约谈、执行和解、实施司法拍卖、实施强制腾退等具体执行事务。

至此,我们可以用如下图表展示执行权在司法权之中的地位以及执行权在分权与再分权后的权力体系。

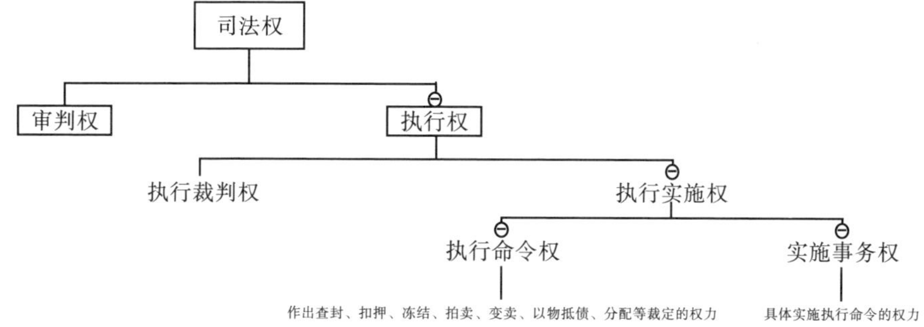

图 1 司法权体系与执行权的构成

(二)执行命令权与实施事务权的行使主体

1.执行命令权的行使主体

《最高人民法院关于执行工作若干问题的规定》(试行)第 26 条第 3 款规定,人民法院采取执行措施,应当制作裁定书,送达被执行人。它概括地规定了人民法院在具体实施执行措施之前,要作出执行命令,即执行裁定书,执行裁定书是开展执行措施的概括依据。

除此之外,具体的执行措施,还有更为细化的执行命令。拍卖变卖被执行人财产时,首先要制作查封、扣押裁定书,发出采取查封、扣押的执行命令。② 在具体拍卖过程中,起拍价、降价幅度等事宜,要组成合议庭评议决定。③ 如果要对被执行人采取司法拘留、罚款、限制出境等制裁措施,则要由院长批准后作出执

① 肖建国:《民事审判权与执行权的分离研究》,载《法制与社会发展》2016 年第 2 期。

② 《最高人民法院关于执行工作若干问题的规定》(试行)第 38 条。

③ 《最高人民法院关于人民法院网络司法拍卖若干问题的规定》第 27 条:"起拍价及其降价幅度、竞价增价幅度、保证金数额和优先购买权人竞买资格及其顺序等事项,应当由人民法院依法组成合议庭评议确定。"

行命令[①],而后方能实施。

从上述规范文本分析可以看出,在执行法律法规中,其广泛存在执行命令权。执行命令权的体现是签署裁定书、作出决定书、批准罚款、拘留等处罚决定。行使执行命令权的主体往往是院长、执行局局长、执行法官。

2.实施事务权的行使主体

执行中的实施事务权究竟由何主体行使,在现行法律、司法解释中并没有明确的规定。从办理执行事务性工作的侧面文件规范中可以看出,办理实施事务权的外在标准则是拥有执行公务证和工作证。

例如,最高人民法院《关于人民法院执行工作若干问题的规定(试行)》《关于依法规范人民法院执行和金融机构协助执行的通知》等规定,人民法院执行人员执行公务时应出示本人工作证和执行公务证。然而,根据最高人民法院《关于加强执行公务证管理使用相关问题的通知》(法〔2009〕4 号),执行公务证发放人员范围是人民法院正式在编且具有公务员身份的人员,即具有公务员编制的书记员、法官助理以及法官。

这只是从现行的事务角度进行的分析,并不当然就能明确实施事务权的行使主体归属问题。近年来,执行实施权的改革,主要集中于实施事务权。实施事务权的改革,是我国执行体制和机制改革的重点、难点和瓶颈。[②] 因而,实施事务权的行使主体问题与法官助理职责之间的联系,就显得尤为重要。

三、制度构建:执行法官助理职能定位与执行机制改革

经过前文的分析可以得出,现有规范中存在法官助理职能配置不合理之处,经过对执行权分权和执行权运行方式的剖析,笔者认为执行法官助理的职权可以配置为实施事务权,法官助理在执行中的角色应该定位为执行员,并在执行团队建设中发挥重要作用。

(一)职权配置:法官助理行使实施事务权的证成

将法官助理的职权范围配置为实施事务权,与近年来执行工作的深刻变革具有密切关系,也与执行权内在规律相联系。

---

① 《民事诉讼法》第 116 条:“拘传、罚款、拘留必须经院长批准。”

② 肖建国:《民事审判权与执行权的分离研究》,载《法制与社会发展》2016 年第 2 期。

1.执行规范化,明确操作规则

最高院近年来密集出台执行司法解释和规范性文件,细化执行工作要求,明确工作规范,已经对执行的每个环节、每个步骤都作出了相当细致明确的规定。而实施事务权主要是包括财产调查、控制、处分、交付和分配以及罚款、拘留措施等实施事项,没有复杂的法律判断,大多数案件只需要按照执行命令要求和法律规范程序完成即可。

2.执行信息化,筑牢数据牢笼

四级法院统一办案平台全面上线,执行案件办理都要在执行系统中根据执行的节点要求办理。执行程序的手续、数据、财产查控对象、查控范围和执行措施,都受到执行系统的严格限制。比如冻结被执行人案款,只能按照系统中的申请金额冻结;终结本次执行以后,不能再采取限制高消费和纳入失信名单的操作;查控的范围仅限于案件被执行人,案外人不能查、冻、扣;案款管理"一案一号",案款发放有明确时点要求,杜绝徇私舞弊。诸如此类,大大规范和明确了执行承办人的执行行为。相较于传统的执行程序,信息化之下的执行更多的是按照规定完成规定动作,是"戴着镣铐按照指定剧本"跳舞。也正是因为如此,规范执行权的"制度铁笼"和"数据铁笼"不断扎紧。①

3.队伍专业化,提供履职支持

从理论研究上来看,在借鉴域外的立法规定和我国试点经验基础上,我们可以将执行命令权授予执行法官来行使。② 将弱裁判性和事务性的执行实施工作,即实施事务权交由非法官执行人员办理,③或者在法官的委托和指令之下完成。④《纲要》将法官助理后用括号注明执行员,将法官助理与执行员并列,或者将法官助理与执行员作为同义语来使用,从一个侧面体现了执行法官助理承担实施事务权的改革精神。

法官助理是本轮司法改革人员分类管理的重要内容,经过几年以来的推进,法官助理在全国已经普遍推开了。虽然法官助理的职责划定、晋升模式仍然有

---

① 《周强在全国法院执行工作座谈会上强调 坚决如期打赢基本解决执行难这场硬仗》,载《人民法院报》2018 年 2 月 6 日第 1 版。

② 肖建国:《民事审判权与执行权的分离研究》,载《法制与社会发展》2016 年第 2 期。

③ 雷彤:《执行体制改革背景下"执行员"的再解读》,载《当代法学》2019 年第 1 期。

④ 江必新、贺荣主编:《强制执行法的起草与论证 3》,中国法制出版社 2014 年版,第 196～197 页。

争议,尚在探索之中[①],但随着法律教育和法律职业制度的发展完善,近年来法官助理队伍的素质不断提升。招录法官助理,具备全国统一法律职业资格已经是基本要求,法官助理的职业化、专业化不断提升。近年来,一大批专业化的法学人才充实到司法工作中,大大提高了法官助理的专业化水平。法官助理专业素质的提升和不断职业化,提高了法官助理的履职能力,为妥当履行实施事务权提供了人力支持。

(二)执行机制改革与法官助理职权

1.分段集约的改革趋势

当前执行机制改革的重点在于实施事务权,具体做法是对实施事务权优化配置,实现执行实施机制专业化,建立分段集约执行工作机制。[②] 比如,江苏法院探索"854 模式",执行指挥中心建设通过模块化运作,建立核对立案信息和初次接待、制作发送格式化文书、网络查控、收发委托执行请求、录入失信被执行人信息、网络拍卖辅助工作、接待来访、接处举报电话 8 个工作单元,集约化实施各类辅助性事务。[③] 其实现了重复工作集中处理,同类事项合并办理,有效地节约了司法资源。

2.分段集约出现的问题

执行实施事务权的上述改革,其背后的法理基础在于诉讼案件与执行案件的差异性,即:执行案件具有同质性和可分割性,而诉讼案件则具有个性化和不可分性。[④] 需要注意的是,尽管执行工作具有可分性,如果将执行程序划分得过分细化,将会影响执行实施工作的连续性、全局性与灵活性。在分段执行模式下,执行员变成流水线上简单重复劳动的工人,其只需按照要求做好每阶段的工作即可,由于每个执行员无须对案件整体负责,也就不会从案件整体进行考虑,[⑤]这就必然会影响执行的整体效果。而且执行案件被分段以后,责任就分散化了,执行工作中便会出现敷衍塞责、相互推诿的情况。

---

① 刘练军:《法官助理制度的法理分析》,载《法律科学》2017 年第 4 期。

② 肖建国:《民事审判权与执行权的分离研究》,载《法制与社会发展》2016 年第 2 期。

③ 程洁、朱嵘:《江苏法院:整合与优化　执行指挥中心的"854 模式"》,载《人民法院报》2019 年 2 月 20 日第 7 版。

④ 肖建国:《民事审判权与执行权的分离研究》,载《法制与社会发展》2016 年第 2 期。

⑤ 余庆、李梦瑶:《分段集约执行机制的实证分析与反思重构》,载《法律适用》2017 年第 11 期。

3.法官助理职权对分段集约改革的调和

分段集约具有提高执行效率、减少重复事项以及相互制衡的制度目的,但是分段集约又不能沦为车间式的流水线作业。对二者有效调和的方法便是采取有限的分权,对能够切实提高效率和重复性事务予以集约化处理,而关乎案件整体质量和司法责任的权力,则应该集中行使,确定明确的责任主体。

笔者认为,在案多人少的情况下,充分发挥执行法官助理的职能作用,强化执行法官助理的职能配置和责任义务,是可行的选择。一方面,强化执行法官助理的职权,可以有效提高执行案件的人力资源;另一方面,在增加职权的同时,强化责任的承担,倒逼法官助理提高工作质量,提高司法质效和公信力。

(三)执行法官助理职权运行模式设想

在将实施事务权赋予执行法官助理的基础上,结合执行改革中的问题和调和方案,笔者对执行法官助理职权的运行提出如下设想。

1.繁简分流——办理简易执行案件

审判程序中有简易程序和普通程序之分,并设置了不同的审理程序和审判组织。执行案件也存在简易案件与复杂案件之分,根据执行案件的情况,其也可以划分为简易案件与复杂案件。复杂案件由员额法官负责执行,简易案件由法官助理负责执行。执行案件难易的分类标准要考量涉案标的、执行措施复杂性、执行难度等因素。

涉案标的方面,可以全国法院执行案件的涉案标的为样本,按照50%的案件数量划分界限,该标的额之下的,则可以确定为简易案件。执行措施方面,简单执行案件,只需要通过简单的扣划银行存款、执行约谈、执行督促等执行方法就能执行完毕,只要是执行措施限于简单的执行措施之内,就可以被认定为简易案件。执行难度方面,执行难度虽然难以事先判断,但是实践中,强制腾退类案件、探视权案件、公证债权文书类案件,通常执行难度较大,应作为普通案件执行。

简易案件所涉及的执行措施较少,而且基本属于一般执行实施权,通常可以通过执行管理系统、总对总或者点对点系统实现,可实现全程留痕、全程控制、全程监督,自由发挥的空间非常小,而且不需要执行命令权的适用。在此情况下,执行法官助理可以独立办理简易执行案件,这既可以提升办案效率,又不至于导致权力失控或者滥用。

2.有限集约——执行团队协作办案

执行命令权和重大的实施事务权，法律判断复杂、涉及利益重大，对执行人员的素质提出了更高的要求。为保证执行的公正、合法、有效，我们应该将该实施事务权赋予执行法官，由法官决定或者指挥实施。法官助理在法官的指导之下，与法官一并完成重大执行实施事项，发挥法官助理辅助办案的作用，缓解人案矛盾。《纲要》提出，要全面推行执行团队办案模式，实行以法官为主导的“法官＋法官助理(执行员)＋法警＋书记员”团队办案模式，优化团队之间、团队内部的任务分工和职权划分，完善“人员分类、事务集约、权责清晰、配合顺畅”的执行权运行模式。①

在执行团队办案模式之下，执行法官助理职权的具体运作方式，是法官助理职权重构以后需要面临的新课题。组建执行团队的目的在于，团队成员分工负责、相互配合，打破以往“一人一案一包到底”的传统模式，努力实现“1＋1＞2”的团队整体效能。要实现“1＋1＞2”的效果，就要团队成员之间相互分工，共同协作。在团队中，员额法官担任组长，负责团队内部关系的协调，案件分配，组织重大问题的讨论，作出执行命令、签发法律文书。执行法官助理(执行员)及法警是执行事务和执行措施的具体负责人，开展财产调查、财产查控、变现、分配等事宜，行使执行实施事务权。书记员是执行辅助人员，负责事务性工作，包括文书签章、内部事务流转、文书送达、档案规整等相对集约的事项。而在团队外，我们还可以建立集约化中心，集中统一办理执行团队中承办人交办的事务性工作，比如不动产登记中心调查、边控等事项。如此一来，这既实现了一定事项的分段集约办理，提高了执行效率；又兼顾了明确办案责任和案件执行情况的整体效果。

四、结语

执行法官助理的职能定位与职权配置，既是执行权配置的分权表现，又是执行权运行模式变革的载体。本文通过实践考察，对执行权的内在机理加以分析后，提出了执行法官助理行使实施事务权的制度构造，并在此基础上，对当前推进的分段集约化改革进行调和，提出了两种执行法官助理职权运行模式的设想，以期对实践和改革提供参考。

---

① 《最高人民法院关于深化执行改革　健全解决执行难长效机制的意见》，即《人民法院执行工作纲要(2019—2023)》。

智能技术与“流水线”执行模式再造

——以“易判”智慧执行系统设计运行为例

赖华平* 刘林艺**

摘要:优化司法职权配置,是党的十八大以来党中央对司法体制改革的重要要求。而职权配置的优化,是以科学合理的分工为基础的。民事诉讼执行权中的实施权在与裁决权分离之后,能够附带地将大量的司法权属性不强烈的事务性工作从执行法官的工作任务中分离出来,为人工智能的介入提供了空间。而人工智能技术在法院执行事务上的探索和尝试,也有着深刻的社会需求背景和法律准入基础,这就为人工智能技术在诉讼执行领域的发展完善扫除了后顾之忧。民事判决的执行是落实民事司法公正的最后一公里,通过人工智能技术,解决执行难问题,建设完善立审执司法体系,有利于树立我国社会主义法治的制度自信、理论自信、道路自信。

关键词:人工智能;智慧执行系统;司法体制改革

随着国民经济的发展和民众法律意识的增强,我国法院民事诉讼案件开始爆发式增长。以2018年为例,当年全国法院受理民事案件超过1430万件,同比2017年增长11%,而2017年相较于2016年,受理案件的增长率更是达到了30%①,民事诉讼数量的爆发性增长考验着各级法院的应对处理能力。在完整的民事诉讼流程中,庭审程序和最终的一纸判决往往是人们关心的焦点。然而,

* 作者系厦门能见易判信息科技有限公司总经理,原厦门市中级人民法院法官,法律硕士。

** 作者系厦门大学法学院法律硕士。

① 陈羽、张雨:《陈志远:今年最高法工作报告特点是“三新”“三多”“四紧”》,http://legal.people.com.cn/GB/n1/2019/0312/c42510-30972434.html,访问日期:2019年03月12日。

要实现司法所追求的公平正义,不仅需要关注案件的审理阶段,更需要关注执行阶段。大量的案件即便经过法庭审理、宣判,并进入了执行阶段,其难度也丝毫不会减少。财产查证困难、被执行人难以联系等现象,都严重影响着执行程序的进度和质量,司法正义落实过程中的"最后一公里"问题日渐凸显。

中国传统的执行模式可以被概括为"一人负责、包案到底",这种模式在执行效率和规范性上存在巨大的缺陷。多来年的司法实践证明,包案到底模式对于法官能力、案件处理速度都有影响。而在司法资源相对紧缺的当代中国,这种模式已经逐渐无法适应当前经济社会发展对公正司法的现实需求,亟待升级。以2009年10月29日最高人民法院向全国各级法院下发的《关于认真贯彻落实全国人大常委会审议意见　进一步做好人民法院执行工作的通知》为时间节点,中国各级司法系统开始改革传统的"包案到底"模式,推广"分段集约"等新型模式①。经过10年探索,分段集约执行模式解决了不少传统方式的难题,但是还未能对司法诉讼的执行程序起到令人满意的改善效果,仍然存在着信息冗余、责任推诿、无法形成有效激励等突出问题②。

为化解日益突出的执行难问题,人们不仅要在制度创新上进行探索,也要在技术创新上寻找突破口。人工智能技术在2016年以后进入了飞速发展的阶段,这种海量数据集(大数据)、智能算法为核心的技术手段,凭借其出色的延展性、适用性、高效性重构着人们的生活,在网络社交、工业制造等行业都能看到人工智能技术活跃的身影。司法领域也同样如此,人工智能和司法的结合让广大的司法工作者看到了司法系统的全新未来。2016年,中共中央办公厅、国务院办公厅联合印发的《国家信息化发展战略纲要》③中,明确将"智慧法院"建设列入国家信息化发展战略。在2020年发布的"新基建"战略中,它也明确了要将人工智能同多种行业结合,建设"人工智能+"行业生态。人工智能的巨大潜力得到了国家战略的支撑。在此背景下,人们通过多种方式将人工智能技术与司法系统进行结合,进行了各有特色的"智慧法院"的探索。在民事诉讼、执行领域,都成果颇丰。厦门"易判科技"总结福建石狮法院等法院的经验做法,开发出"易判

① 张宝山:《向着"切实解决执行难"目标迈进》,载《中国人大》2019年第9期。

② 宁亚伟:《颍东区法院分段集约执行制度浅析》,载《人民司法》2011年第3期。

③ 陆茜:《中共中央办公厅、国务院办公厅印发〈国家信息化发展战略纲要〉》,http://www.gov.cn/xinwen/2016-07/27/content_5095297.html,访问日期:2016年07月27日。

智慧执行管理系统”,运用智能技术就化解执行难进行了有益的探索。

一、传统执行模式的核心问题

2019年10月15日,最高人民法院召开“全国法院审判执行工作推进会”,提出要深入推进司法体制综合配套改革,加强审判管理,集中开展“巩固基本解决执行难工作成果”专项执行行动①。十多年来,中国各级法院几乎无时无刻不提民事诉讼中的执行难问题,这种解决执行难问题的决心展现出了司法政策制定者的良苦用心,但同时也反映出了另一个事实,无论是包案到底还是分段集约,都没有解决民事诉讼执行程序中的核心难题。因此,结合当前的时代、技术背景来探讨执行难问题的成因,并对症下药,意义重大。

(一)信息遗漏与冗余

由于中国在信息化建设的初期,采取了各个企事业单位自建服务器、自建内部网络的战略,所以尽管各地银行、法院、公安机关以及工商登记部门几乎都已经在21世纪的头十年就完成了内部网络的组建,并具有了一定的信息化规模,然而,因各自组网,所以数据信息不能互通,即便是在实现数据互通之后,也往往因部门利益的冲突而导致数据不能互认,数据接口的权限开放也不够到位②,所以各个机关在彼此之间相互请求数据的时候,非常容易造成遗漏或者冗余。

所谓遗漏,就是本来能够获得的信息因为人为或者非人为的原因出现缺失③,这种情况在传统的包案到底模式下,体现得非常明显,执行法官需要到各个机关的数据端口请求数据,而部分数据可能因机关之间的授权不明确而导致无法获取,比如部分银行账户数据不能开放,或者被执行人采取了某种特殊方式使得相应的信息无法通过常规的渠道进行申请。

而所谓冗余,就是信息的来源量过于丰富,信息量过大,反而妨碍了对信息的正常摄取和判断④。这种情况在法院信息化逐步推进的过程中,也越来越明显。比如,在集约分段执行模式下,前一阶段的负责人已经完成了一部分信息的

---

① 杨佳佳、岳弘彬:《全国法院审判执行工作推进会召开》,http://legal.people.com.cn/n1/2019/1016/c42510-31403061.html,访问日期:2019年10月16日。

② 余祖坤、许景楠、郑小林:《基于信任的真实数据判定方法》,载《系统工程理论与实践》2013年第9期。

③ 何本芳:《由非人为原因导致的会计信息失真》,载《财会月刊》2003年第5期。

④ 蔡意同:《正确看待增期扩版与加大信息量的关系》,载《传媒观察》1997年第8期。

整理,而下一阶段的负责人可能因为某些原因又不得不重新向数据接口申请数据信息,这些数据集有着不同的单位,不同的编码格式,重复度因此也极高。本来,人们为了完成任务,必须要收集一定量的多余信息并从中筛选和判断,以便决策与执行。但是信息的数量也必须适度,因为,甄别并摄取有用信息是需要花费时间成本的。而信息冗余度过高的问题就在于,它将过度放大执行过程中的时间成本。当该阶段负责人在面对过度冗余的信息时,时间成本的增加将使其应接不暇,并最终造成案件堆积的恶性循环。所以,无论是遗漏还是冗余,都是执行过程中需要解决的难题。

(二)案多人少

案多人少,也是被执行程序中被严重低估的问题。中国司法系统在进行员额制改革以后,有大量的法官脱离了司法队伍,其中基层的人才流失极为严重。这种案多人少的现象,也自然表现在了民事诉讼的执行中。以 2018 年为例,中国各级法院受理的民事诉讼案件共占到总案件受理量的 57.3%,各类民事案件中直接与执行相关的又占到了 53.22%①,而判决或者仲裁的执行,最终几乎都要落到基层法院的头上,案多人少,矛盾突出。

员额制改革本来的目的是要打造一支专业化的司法人才队伍,其在长期而言是有利于中国的法治建设的,但是目前的员额制探索却一定程度上造成了法院系统尤其是基层法院系统人才短缺的现状。所以这种案多人少的局面在一个较长的周期内会持续存在,民事诉讼的执行也会长期面临这种压力。人少而任务多,势必会容易造成案件的积压,或者为了完成结案而潦草地完成执行任务,这对打通“执行”这一公正司法的最后一公里非常不利,我们需要探索合理的机制进行化解。

(三)责任不清、时效混乱

2009 年之后我国司法系统大面积地进行了集约分段执行模式的探索,各地模式不一,既有三段式,也有四段式,但是万变不离其宗②。其主要的分层依据都是执行启动、财产查控、财产处置、终本结案,然后在组合、运作方式上进行一些变化。

① 魏悦:《2019 最高法工作报告:2018 年主要工作》,https://www.chinacourt.org/article/detail/2019/03/id/3754119.shtml,访问日期:2019 年 03 月 12 日。

② 王亚明:《分段集约执行的问题及破解》,载《人民司法》2015 年第 5 期。

尽管这种流程化、模块化的执行模式清晰明了,运行起来似乎能够减少责任推诿的现象,并有利于缓解执行难问题,但实则不然,2013 年《中国法律年鉴》的执行相关统计数据显示,在案件数量增加的背景下,2013 年全国执行案件的实际执结率,却比 2012 年下降了 3.14%①。这对刚刚经历了集约分段改革的各级法院而言,无疑是一个巨大的阴影。甚至在 2012 年之后,国内有不少进行分段集约执行模式探索的地区又黯然回到了传统的包案到底模式。分段集约模式是否真的走出了传统包案到底模式的弊端,抑或是说过去的改革成果只是行政压力下的虚假繁荣?引人深思。

其实分段集约的模式问题非常明显,即该模式只解决了分工的结构问题,却没有解决分工之后的责任衔接问题。各个负责人只需要负责自己对应的某个阶段,只需要将本阶段的工作做到合格便算到位了。然而,这种阶段式的划分却往往忽略了在实际工作中,下一个阶段工作的开展往往依赖着上一个阶段工作质量的情况。比如,财产查控阶段的负责人只查不控,或者只能查控一部分财产,那么这对下一阶段的财产处置工作的开展,无疑是难上加难。另外,在分段集约模式下,由于各个阶段的责任人或者负责小组之间只存在时序上的先后,而无组织上的隶属,只对相应的法院执行局领导负责,这种平行的小组关系无疑会进一步扩大分段集约模式所带来的责任不清的问题。

时效混乱的问题也同样如此,因为民事诉讼所涉及的财产、人物关系极为复杂,于是各个阶段的时效、期限设置变得非常重要。期限设置短了,可能造成法官潦草地进行工作,而导致本应被查扣的财产被遗漏;而设置过长,一是会造成案件的积压,二是会影响下一阶段工作的开展,三是会影响人民群众对于司法公正的信赖。于是,这种本应当清晰明确、权责分明的执行模式就可能演变成一种负面效应的放大器。用四段式模式打个比方,假如每一段的负责人都只将工作完成到及格状态 60%后就戛然而止,移交下一阶段,那么最终的执行成果经过 4 次累乘之后就变成了 12.96%,即严重不及格。尽管这样的说法有一些夸张,但是却足以说明集约分段模式下权责不清所带来的严重后果。

(四)分工不合理

在中国目前的法院执行模式下,执行的裁决与实施权主要是由执行法官与

---

① 陈磊:《执行信息化背景下分段集约执行的实效偏差与模式重构》,载《河北法学》2019 年第 9 期。

书记员、法警共享。然而,对执行法官而言,执行裁决的行使往往没有什么难度;而行使执行权,需要的往往并不是作为一个法官所倚仗的专业法律知识,而是会计、网络通信甚至话术等技能。从人力资源的角度而言,这无疑是一种因分工不合理而造成的浪费。在人少案多的大背景下,这种分段集约的模式势必会在扩充工作模块的过程中又变相地增加人员缺口,造成人力资源的二次浪费。

另外,执行权本身其实是一种性质相当模糊的权力,其既源于司法权,又在形式上表现为执法权。因此,从合理分工上来讲,执行事务的主体其实应当下沉到行政机关,或者说执行实施权应当适度下沉。但是这种下沉可能又会走入中国改革"一收就死、一放就乱"的怪圈。无法放权,因而也就无法合理分工。

二、核心问题的智能化解

人工智能是"第四次工业革命"的典型产品[①],在与人们的社会生活进行深入嵌套之后,其有望给世界带来根本的变化。——至少从目前来看,人工智能仅仅在十年间,就比工业革命更进一步地改变了劳动的格局,人工智能让机器能够承担更多的劳动(包括大量的体力劳动和一些简单的脑力劳动);同时,依靠复杂算法的数据分析和反复的逻辑训练可以让智能终端形成多元化的决策程序,并且让这些程序反向地改变脑力劳动的本质。

而民事诉讼的执行,在大多数情况下,恰恰都是一些相对简单的脑力劳动——当然,之所以说简单,是必须要以银行、土地登记、公安等部门同法院间的数据互联互通,也就是网络组建为前提要件的。而恰恰在世纪初,中国在互联网建设进程中已经实现了从中央到基层的政府、法院等各个部门的组网工作[②],商事主体之间的组网也在电商平台的推动下完成。因此,中国的各级司法、行政和商业部门具有网络建设的硬件基础,这也就为人工智能在民事诉讼执行程序中的介入带来了广阔的空间。

当前,已经有不少关于人工智能辅助执行程序的实例,并且在法院工作实践中,有着良好的运行效果,比如厦门"易判"智慧执行系统,已经投入全国40余家

---

① 肖吉德:《人工智能引领第四次工业革命　美国创新领先处爆发临界点机器人产业》,载《电器工业》2016年第4期。

② 张春波:《法院的"互联网+"时代——当法院"遇上"互联网》,载《中国审判》2015年第11期。

法院使用,在提高法院民事诉讼执行程序的工作效率、准确性上有着相当优异的表现,对人工智能技术在民事诉讼执行程序中的运用,甚至立案、审判等程序中的扩展都起到了启示作用。

(一)信息遗漏、冗余问题之解

归根到底,人工智能技术的普遍应用,还是要归功于当前所处的数据时代的大背景。在传统互联网模式下,人们也能够实现信息的互联互通,但是由于网络架构、端口权限的不同,以及大量的内部服务器的存在,导致信息数据在各个机构、部门单独存放,这样的现状带来了两方面的问题:一方面造成数据的冗余、存储资源的浪费;另一方面使得需要信息数据的人不得不向各个数据源进行数据申请,耗费大量时间。两个问题无法解决,则执行程序效率严重低下的问题同样无法解决。

但是,大数据技术的推广让中国社会进入了数据时代,人们开始了数据接口的整合工作,让不同来源的信息数据能够实现联动,让数据成为推动新时代发展的石油。在这样的大环境下,司法系统也开始和政府机关、银行、电商平台等架设数据端口,实现数据的实时查询和共享。比如 2018 年 6 月 28 日,杭州互联网法院就对外发布上线了一个可对接多个数据接口的电子证据平台①,该平台可以对接第三方数据持有者(如电商平台等)、第三方数据服务提供商(如运营商平台、电子签约平台、存证机构平台)等多个电子数据来源接口,让法院的信息查询工作变得简便而快捷。

数据接口的互联互通是实现智慧执行系统的第一步,"智慧"目标的进一步落实则需要智能程序的参与。以"易判"智慧执行系统为例,在执行法官授权,并导入相应案号等信息后,系统就能够自动向各个商业银行、第三方支付平台的数据接口等发送查询请求序列。这段序列中,包含着不同的被执行人、协助执行人的组合。而整合后的数据接口能够几乎即时地作出反馈。系统在接收到相应数据端口的反馈结果后,便能够自动将反馈回来的信息打包保存在智慧执行系统的数据终端中。

最后,"易判"系统将根据不同接口反馈回来的账户信息、财产信息,根据不同地区的不同冻结标准,逐一生成对被执行人的每一项银行账户资金或者已经

---

① 岑冬玲、陈儒敏:《完善大数据时代的电子证据取证工作》,载《人民法治》2018 年第 22 期。

登记的资产的冻结申请,并将冻结申请提交到银行、第三方支付平台的接口上,同时,智慧执行系统还会生成相应的执行文书。

通过这一整套查控流程,人们不难发现,在传统的查控模式下,执行法官需要在不同平台的前台窗口请求进行数据查询操作,而"大数据+人工智能"方式下的查控业务中的核心点转向了通过预先设定的网络协议以及网络传输接口向不同的数据接口请求数据并记录,然后向接口发送冻结资产的请求。这一套流程并不存在过多的创造性思维的参与,而单单只需要按部就班地走程序就可以实现,这种特点为查控程序的人工智能实现带来了充足的可行性。而当人工智能参与到查控工作中后,一方面,多次、不间断的查询可以不再受到人类工作时长的限制;另一方面,经过预先设置好的算法过滤之后,冗余的信息会被筛除,从而方便了法官的审核和比对,最终使得查控程序的效率化、准确化得以实现。如东莞市第一人民法院引入智能执行系统后,通过对被执行人信息的总对总、网络查询,自动识别被执行人户籍所在地以及对省外银行提起查询请求,自动确认传统查控程序中的一切节点。法院数据显示,在 2019 年东莞一法执行案件立案总数为 5 万件的基础上,智能执行系统以每 3 分钟完成一件案件的效率,节约了高达 40 万分钟的系统操作时间(约 2500 小时),大大缩减了执行程序中的时间成本。

智能化技术不仅能在程序流转的过程中发挥作用,在中国内地已经普遍实现大数据接口整合的背景下,还能够辅助现实中的查控措施的落实。比如广东禅城法院将智能查控平台同辖区内各个智能停车系统进行接口整合后,只要被发出查控指令的车辆进入停车场,智能执行系统的管理后台便能立即进行预警,将停车场的位置、案件信息等进行回馈,执行中心的值班人员便能够即刻前往布控。因此,智能执行在数据关口打通后的前景可谓无限宽广,司法系统在整合公共信息部门的接口资源后,最高人民法院多年来一直想要推进落实的"总对总"和"点对点"财产查控网将不再空谈。

(二)送达难题之解

传统法院执行模式中,另一大难点是送达困难,尤其是在进入高铁时代之后,传统的法院送达模式在个别被执行人面前显得苍白而无力——找不到人、电话不接、地址不对、公告时间过长等问题普遍存在,极易导致执行效率低下,案件积压,并进一步加剧了案多人少的局面,严重妨碍了司法公正的最终实现。

但是危机也是转机,"大数据+人工智能"为这种危机的转化提供了极好的

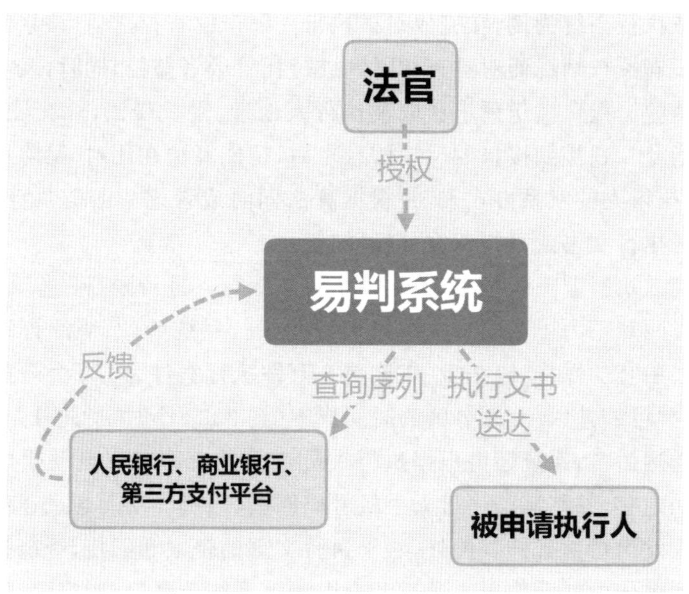

图 1 "易判系统"智能流程原理图

切入点。比如当前发达的网络商务系统(包括但不限于网络购物、移动支付),通过网络商务的普及,人们的地址信息能够被记录在相应的网络平台上,而法院可以与这些网络商务平台建立起数据接口,从而通过被执行人的身份信息找到其留存在商务平台上的地址信息,实现执行文件的邮寄送达。

以上只是智慧执行系统的初级模式,当人工智能深度参与到送达程序中之后,送达难问题又将得到进一步化解。首先,归功于商事主体的主观能动创造,大多数的银行和网络商务平台会在用户注册的合同中设计有关电子送达的条款,而根据《民事诉讼法》第 87 条规定:"经受送达人同意,人民法院可以采用传真、电子邮件等能够确认其收悉的方式送达诉讼文书,但判决书、裁定书、调解书除外……",执行文书不属于三类不允电子送达的法律文书的范围,只要用户签订了相应的同意电子送达的条款①,法院便有了另一种更加快捷,更加有效的文书送达途径。

电子送达方式为人工智能技术在执行程序上的大显身手铺平了道路。以

① 鞠海亭:《电子方式送达法律文书问题研究》,载《人民司法》2006 年第 5 期。

"易判"智慧执行系统为例,在完成对被执行人财产的查控之后,该系统会根据各个法院的不同授权情况而对被查扣财产进行托管或者监控,同时,又会进一步向多个平台的数据接口发送请求获取被执行人地址、手机号码、社交账号、邮箱信息数据的指令。在接到接口的反馈信息之后,智能算法在比对、筛除掉冗余信息后,生成被执行人的联系方式表,并根据算法同时或者逐一向被执行人的邮箱、手机等发送执行文书或者拘留、两限通知等。

在传统的执行业务系统中,若是逐个对被执行人进行限高操作,需要花费法官大量的时间和精力。东莞一法在采用智能执行系统后,系统的自动化运作可以直接省去法官的操作,以 2019 年该院 5 万件执行案件、10 万个被执行人的基数计算,总共可缩减约 10 万分钟的时间成本(约 3333 小时)。此外,对于手机短信方式的送达而言,系统还可根据执行人员选择的流程节点自动生成对应的执行信息告知内容,并将其与当事人手机号码匹配,一键导出后通过通信运营商批量向当事人发出短信告知。此外,对于执行文书的备案和回传,智能执行系统同样能够起到极佳的辅助作用。通过和全国法院系统的联网、对接,其能够实现备案、回传的自动化。东莞一法在 2020 年 1 月 10 日处理了 800 件案件,生成了 1600 份文书,在智能系统的辅助下,在当天就实现了向全国法院执行案件管理系统的全部回传、留底。

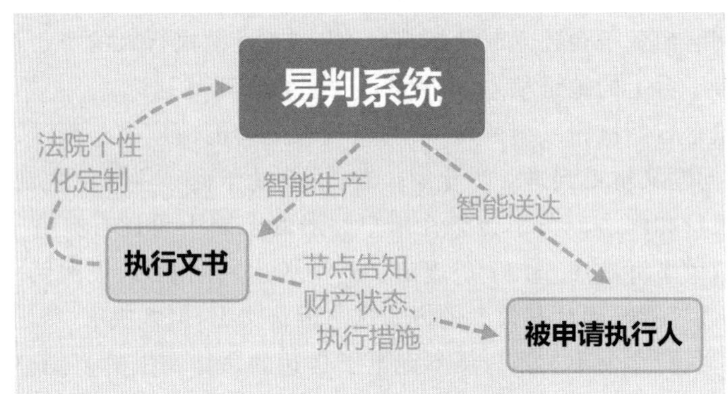

图 2 "易判系统"智能送达原理图

送达过程中的难点之一还在于被执行人信息的不公开、不透明。但是经过大数据的整合,人民法院获取到信息的难度大幅度减小,从而为人工智能的介入提供了空间。不难发现,执行文书、行政处罚决定的送达,其本质仍是不需要太多创造性思维活动的程序化行为,量大且同质化,非常适合发展人工智能应用。同时,人工智能+电子送达的方式也反向促进了人们对电子证据的认同,这为日后的司法变革带来了相当光明的未来。

(三)责任、时效问题之解

在中国当前的司法环境下,尽管可以通过人工智能实现查控、送达的快捷化、效率化,但是由于从查控、送达到最终相关财产的被执行,还有着相当长的一段时间,产生这种现象的原因有很多,其中可能涉及多个债权人利益的纠葛,债务人的申诉或者财产本身存在着其他的权利瑕疵。因此,传统法院模式下,执行法官就算实现了查控,其后还会存在一段时间的争议期、空白期。而此时,对于执行期限的管理极易出现混乱,从而导致执行期限无限制地拖长,判决、裁定无法得到有效执行[①],从而严重影响人民群众对司法公正的信心。

同样不难发现,对于执行程序的时效管理,尽管相对烦琐,但其本质仍旧是一种非常程序化的运转过程,从而为人工智能的参与提供了空间。以"易判"智慧执行系统为例,该系统可对执行过程中期限将届满的案件、财产超期未转处置、评估后超期未进入一拍等关键流程节点进行监测,并在节点界临时发送预警信息给执行法官,从而避免执行过程中出现过失性的疏漏。

当然智能化预警的意义不止体现在避免程序性疏漏上。预警功能结合智能执行系统的数据记录功能,能够让集约分段模式下的各个阶段的负责人明确时限和责任,通过可视化的方式实现互为平行关系的阶段负责人之间的价值共识,从而为负责人之间的责任共担、绩效共享机制的建立提供了基础,反过来缓解因为责任不清导致的执行难问题,也为法院员额制改革后的内部治理提供了一种新的思路。

(四)分工难题之解

由于执行权是一种兼具司法权和执法权特性的派生权力[②],因此,执行权的行使对法官、司法系统的应对能力提出了极高的要求。在包案到底的执行模式下,过于集中的权责对执行法官的能力和精力的考验近乎压榨;而在集约分段的

① 杨士富、赵立敏:《论执行期限的若干法律问题》,载《辽宁师范大学学报》2004年第3期。

② 李培才:《裁判执行权的再思考——从权力的个性考察》,载《河南社会科学》2004年第3期。

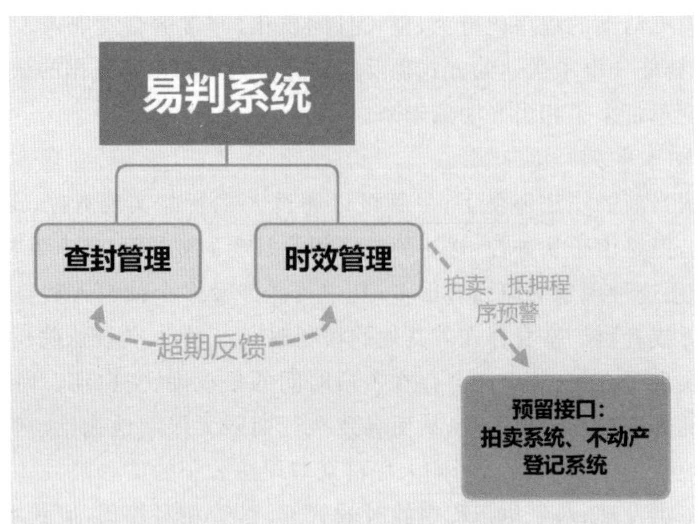

图 3 “易判系统”智能预警原理图

模式下，尽管进行了分工的细化，但却只是将复杂而烦琐的执行程序在时间结构上进行了分段，没有做到实质权责上的分工——所谓实质权责上的分工，指的是执行裁决权同执行实施权的分离，更进一步说，是执行过程中查控、送达、处置等各个阶段裁决和实施权的分离。而执行实施权在被分离出来后，原本相对独立于执行决策的工作就能够被归类到辅助事物之中，而大量的、同质化的事务需求就能够为人工智能提供操作的空间。

以“易判”为例，该系统能够在集约分段模式下，以台账式的方式可视化管理，并且针对执行程序中的不同时间节点，进行模块化整合；再针对不同的模块嵌套不同的法律文书模板，以供执行法官从数据端口导入数据后，自动生成相应的文书和公告——包括冻结、解冻，拍卖公告都能以智能化方式实现，并自动随着流程节点流转。自动且智能的辅助功能不仅通过高效的技术缓解了案多人少的难题，还在实质上解决了执行过程中的分工难题，裁断的归入裁断，辅助的归入辅助。比如，泉州中院在执行程序中引入智能模式之后，案件自分案伊始就统一到集约账号下，进行流程化处理，执行通知，查询、批量冻结(包括已审结的案件)、失信限高程序分工明确，权责流畅衔接。

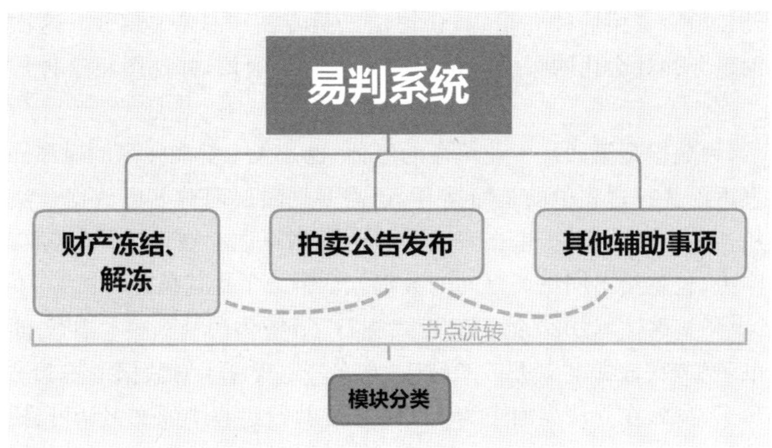

图 4 “易判系统”辅助功能原理图

三、人工智能介入司法的合法性解释

其实近乎所有的有重大革新意义的技术创新,都会给社会带来被动适应的问题,都会给社会的原有结构带来动荡,但人工智能仅用了十年不到的时间就嵌入了医疗、法律、商业、政府治理等多个领域。这项普及过快的技术,究竟将会给人们带来怎样的影响,尤其是法律、社会治理等领域,人工智能技术究竟是否可以介入,还不得而知,尚且需要人们对其合法性进行探索和解释。

就当前中国民事诉讼执行中的人工智能技术实践而言,法院进行采购、负责授权,技术公司负责提供技术服务。这种智慧法院的建设模式可以被概括为“社会化购买”方式,在中国司法体制改革的大背景下,通过“社会化购买”来升级司法系统,是一个应然且实然的选择。

(一)实然解释

党的十八届三中全会提出了“使市场在资源配置中起决定性作用”的改革深化方针①,而改革,不止指向市场经济,也指向国家机关。如何运用市场力量提升为人民服务的能力,是包括法院在内的众多国家机关都需要思考的问题。在后来的司法体制改革中,各级人民法院在司法服务的社会化购买上进行了多种方式的探索,比如 2018 年中央政法工作会议明确提出,要把适合的司法辅助事

① 高尚全:《使市场在资源配置中起决定性作用》,载《前线》2013 年第 12 期。

务集中外包给有资质的社会组织，让司法人员专注于核心业务①。这次会议对司法辅助事务的社会化购买机制探索成果进行了确认，并试图将这种成果进一步推广。

当然，大数据是第四代工业革命的原油，也是人工智能技术的血液。人工智能在民事诉讼执行过程中的全面铺开，还需要立法层面对电子数据合法性的承认和应用性的支持。毕竟，来自不同接口的数据可能存在虚假、被窃取、被篡改等多种隐患，也就给不同机关之间的数据互认带来了责任风险。而2019年我国修正了《电子签名法》，2020年初又正式施行了《密码法》，这些法律文件对不同来源的电子签章、数据电文进行了确认，并在一定程度上对数据泄露和被篡改的风险作出了背书，在立法层面上为人工智能在执行过程中的文书认可、授权许可问题作出了背书，为智慧执行系统的进一步推广扫清了障碍。

2020年，中国在面对新冠疫情的打击下，积极应对经济下行压力，推出了"新基建"计划，人工智能是其中的重大项目，这表明，国家高层对人工智能技术的推广进行了肯定。尽管社会对人工智能的迅速推进存在着被动适应的现象，但是从当前的实践效果来看，推动人工智能，塑造新业态的正向效应，显然大于其给社会带来不适应性的负面效应。人工智能在辅助民事诉讼执行程序上亦是如此，智能化执行系统的推广，不仅缓解了传统法院在执行程序中案多人少、信息遗漏、冗余等难题，还反向促进了银行、第三方支付平台以及政府部门同法院之间的数据互通和共识机制的形成，对互联网法院的建设、电子证据的认定和执行方式的创新起到了非常积极的作用。

(二)应然解释

尽管在需求层面，传统法院的审判业务中简单、琐碎且重复度高的工作与需要高度专业技术知识的工作混杂在一起。法官们在繁杂的业务压力下需要人工智能的介入以减轻工作压力。同时，从政策要求的角度来看，在信息化、数据化背景下，司法工作将越来越依赖科技技术的辅助，将一些专业性不强但又与法律相衔接的事务交由社会主体来完成，能有效弥补法院人力资源上的缺口，实现司法体制改革的目标，满足社会公众日益增长的对司法公正的需求。但是法律毕竟是一种不能够盲目进行市场化的社会调控工具，因此，将人工智能引入法律领

① 张玲:《案多人少怎么破？深圳法院全面实施购买社会化服务》，https://new.qq.com/omn/20180912/20180912A1FO3H.html? pc，访问时间:2018年09月12日。

域,引入民事诉讼执行领域,还需要进一步在法理上理清关系。

1.授权代理理论

亚当·斯密在《国富论》中提到,提高劳动生产率的方式之一就是合理地深化社会分工①。分工理论构成了委托代理的合理性基础,一方面,科学技术的发展细化了社会分工,工作的性质开始变得复杂,因此产生了授权代理的需求;另一方面,因为授权代理需求的产生,又反向促进了代理人行业的发展。从某种程度上来讲,法院本身就是一种典型的代理组织,它的表现形式是"人民授予司法权—法院行使裁判权",即宪法层面上,人民和法院之间的授权代理关系。所以,随着社会生产力的进一步发展,这种基本的授权、分工也可以进一步细化,形成再授权、再分工的局面。因为民事诉讼中执行类案件不断增加、金融市场扩宽之后个人资金的账户关系更加复杂,传统执行模式已经难以应对新环境的挑战,同时,数据技术的高速发展带来公众需求的增长又反向要求法院必须提供更加优质的服务,但是相应专业技术力量的缺乏迫使法院必须要寻求社会力量的支持以缓解执行难的矛盾,这就需要将执行权中的一部分从传统的司法职权中分离出去,进行一次"转授权"。以智慧执行系统为例,其背后体现的就是"人民法院委托辅助事务—社会组织(科技公司)进行专业服务"的理论思想。经过两级授权,这实际上就形成了"群众—司法系统—社会组织"的双重代理关系。

我们通过执行权的部分转授权,可以实现司法资源同社会资源的合理化配置,尤其是在购买人工智能的司法服务上,更是如此。人工智能相比传统的人力资源,维护成本低,工作时间长,能够填补法院系统中大量的劳动力缺口②;而在民事诉讼的执行程序中引入人工智能,无疑能够最大限度地发挥法院资金的购买力,从中长期来看,能够有助于司法系统以最合理的资金获得最高质量的执行辅助服务,从而提高工作效率。

同时,由于目前智能技术都是以大数据技术为支撑的,而大数据技术本身具有的效率、公开的特点与司法的效率、公开要求高度契合。同时,智能技术还能够通过数据留痕的方式,倒逼法院等司法职能部门规范业务操作流程,进而以技

---

① 刘洁:《浅析经济法背后的经济原理及其限度》,载《太原城市职业技术学院学报》2013年第1期。

② 涂永前、于涵:《司法审判中人工智能的介入式演进》,载《西南政法大学学报》2018年第3期。

术理性的方式从根源上解决中国司法部门面临的公信力缺失问题,重塑中国人民对中国社会主义法治的理论自信、制度自信。

2.智慧司法的运作实际

当然,所有关于执行问题授权法理的讨论,最终还是需落实到中国法律规定和实践的基础上。对民事诉讼的执行程序而言,其关键点在于查扣,以及对被执行人进行“两高限制”,而查扣和“两高”都可以落入司法强制措施的范围,但我国对司法强制措施的转授权,并未作出规定,因此,执行权的转授权,看起来似乎无迹可寻。然而,并非如此,执行权中,大量的具体事务所体现出的并不是司法属性,而是行政属性、执法属性,所以人们可以从行政法领域入手,在行政强制措施中找到参照。

对于部分执行事务的“授权”,我国法律体系中,行政强制措施中的查封、扣押可以由地方性法规及其以上级别的规范性文件进行设定,同时,还准许了行政强制措施的授权实施,相应的执行强制措施的权力可以被授予无行政权能的组织,被授权组织因而可以获得行政主体资格。因此,在取得地方性法规对查封扣押行为的“授权许可”之后,科技公司所提供的人工智能产品可以参与到法院的民事诉讼执行程序中来。

当然,这种“授权”理论尽管从民事执行的行政属性来解释了智能程序参与执行制度的资格问题,但方法未免有些乖巧。其实,司法部发布的《“数字法治、智慧司法”信息化体系建设指导意见》①中明确指出,包括智能执行等在内的众多智慧司法程序,都是需要以信息整合共享、安全可控的司法公有云、数据以及服务平台等基础设施为前提的。因此,从整个司法系统运作和中国社会主义法治文化培育的角度来讲,智能执行的探索同智慧司法的基础硬件的探索是要放在同一个时间序列进行的,在社会逐步进行去中心化和碎片化的信息时代,通过建立智慧司法的基础、配套设施,通过技术理性重聚共识,形成科学、理性又具有人性温度的社会主义法治文化,才是当下真正所需。

当然,由于当前人工智能技术发展水平的限制,智慧司法离最终实现还是具有很长远的距离的。以“易判”智慧执行系统为例,该系统最核心的功能是通过替代执行法官、执行人员进行查控,这种“流水线”式执行模式的打造,为司法系

① 中华人民共和国司法部:《“数字法治、智慧司法”信息化体系建设指导意见》,载《中国司法》2018年第11期。

统实施执行活动提供决策参考、时效预警与文书定制服务。而智慧司法的最终诉求是要实现司法数据整合后的大数据慧治,以及各个司法系统联通后的大系统共治,这种慧治、共治的根本考察要素并不在于个性化,而在于统一化、标准化。因此,智慧执行的推进、智慧司法的规划还需要中国法律工作者们继续进行理论、实践探索。

四、结语

英国著名法学家 Robin Widdison 在 21 世纪初就曾预测,未来的 20 年间 IT 技术的发展和信息革命将完全颠覆法律行业的业态①。20 年后的今天往前看,我们不得不佩服大师的远见卓识,包括 IT 技术、人工智能在内的多种技术创新的确改变了法律行业的面貌,大量的法院开始升级数据库,在法院内部甚至上下级法院之间实现了对电子签章、数字案件文件的统一管理,在审判方式上,允许证人以电子影像方式出庭作证,以及在民事诉讼执行领域,通过人工智能和数据技术缓解了案多人少的尴尬局面。

法律制度的设计和运转对维护社会稳定、保障民生具有重要作用。传统模式下,法院体系效率低下,负担过重,在经济发展和需求增多的背景下将难以应对爆发的诉讼压力。因此,通过人工智能等技术手段提高法院工作效率绝非只是提高法院的诉讼效率这么简单,其在增强人民群众对法律制度的信任、增强人们对司法公正的信仰、构建社会主义法治文化等方面具有更广泛的社会效益。因此,对于公共部门和社会大众而言,适应智能化应用并通过智能化实现司法系统等多个社会职能部门的升级换代是非常有必要的。同时,人们有理由相信,智能技术将会塑造未来生活的全新局面。

---

① Robin Widdison, Electronic Law Practice: An Exercise in Legal Futurology, *Modern Law Review*, 2003, Vol.60, No.2.

论我国民事执行中的善意执行理念

刘耕蒲*

摘要：善意执行是在解决“执行难”和新时代国家经济发展、社会治理新需求的双重背景下提出的理念，主要目的是解决过度执行的问题，协调债权人与债务人、其他相关人、社会、国家之间的利益冲突。善意执行应当包括四个方面的内涵：遵循比例原则、关注利益的外部联结、优化效果的实现方式、完善执行监督和救济机制。善意执行理念丰富了民事执行的理论研究内容，提供了执行制度和措施整体性反思、评价、指导的工具，对完善和细化立法，指导和规范司法发挥着重要作用。从外部视角和内部视角两个方面思考，比例原则都应当在民事执行中加以适用。比例原则应是善意执行原则的一个子原则，并且善意执行具有更丰富的内涵、更全面的视角、更多元的功能，应当成为民事执行法的基本原则。我们应当以善意执行理念为指导，完善和建构更加体系化、精细化的民事执行规范体系，提高适用民事执行制度和措施的水平。

关键词：民事执行；善意执行；利益衡量

“执行难”是长期困扰我国民事执行的难题，[1]1 我国民事执行领域在下大力气完善执行手段和增强执行力度以求解决“执行难”的过程中，呈现出了值得思考和关注的新局面。一方面，我国民事执行理论研究相对薄弱，对司法实践和立法发展支撑不足；[2]民事执行法律体系性不足，在立法滞后与现实需求强烈的矛盾面前，只能靠最高人民法院不断出台司法解释和规范性文件来加强对执行

* 作者系北京大学法学院诉讼法学方向 2018 级硕士研究生。

① 赵秀举：《论现代社会的民事执行危机》，载《中外法学》2010 年第 4 期；栗峥：《中国民事执行当下的境遇》，载《政法论坛》2012 年第 2 期。

② 黄忠顺：《中国民事执行制度变迁四十年》，载《河北法学》2019 年第 1 期。

工作的指导,效果并不理想。另一方面,民事执行实践中存在着过度执行、执行措施适用不当、缺乏整体利益衡量等问题;现实探索混乱,各式各样新的执行措施和规则层出不穷,合法性、合理性受到质疑,如冻结驾照的方式于法无据,也不符合比例原则。[①] 在保护申请执行人的权利实现、提高法院的执行能力和效率与适当保护被执行人的合法权益之间,如何实现良法善治与民事强制执行的长效化机制的建构,一直是困扰实务与理论界的重大课题。

有鉴于此,2019年年底出台的《最高人民法院关于在执行工作中进一步强化善意文明执行理念的意见》(法发〔2019〕35号,以下简称《善意文明执行意见》)所提倡的善意执行的理念对民事执行体制具有整体性的反思、评价和指导意义,该文件对部分执行措施的细化和强调对规范解决"执行难"和"执行乱"过程中存在的问题具有积极作用。为了推动该理念的研究不断深化,更好地发挥指导立法和司法的效能,我们有必要明确善意执行的内涵、善意执行理念在民事执行中的地位,进一步利用善意执行理念分析现有的制度规范、分析其在具体案件中的适用。

一、什么是善意执行理念?

(一)善意执行理念的脉络

在十八届三中全会提出的推进国家治理体系和治理能力现代化的大背景下,善意执行理念与所追求的"良法善治"的理想目标紧密相连。[②] 善治要让法律止于至善,让社会臻于至善,做到善待个人、善待社会、善待自然。[③] 在良法善治的宏大目标下,民事执行的发展当然也要努力达到"善"的标准。在"执行难"的主要矛盾得到基本缓解之后,我们自然会有余力和必要兼顾到次要矛盾的解决。同时,在我国发展进入新时代的历史方位后,经济增速放缓,在"创新、协调、绿色、开放、共享"的新发展理念下,经济发展需要向内涵式、创新驱动式转变,需要扩大内需,营造良好的营商环境,保护产权制度,支持民营企业,因此迫切需要相应的司法上的理念指导和制度保障。善意执行理念在这种需求背

① 《冻结驾照是治赖的有效方式》,载《人民法院报》2011年4月29日第2版。

② 江必新:《国家治理现代化背景下的善意执行》,载《中国应用法学》2017年第1期。

③ 张文显:《和谐精神的导入与中国法制的转型——从以法而治到良法善治》,载《吉林大学社会科学学报》2010年第3期。

景之下诞生,对减少执行阻力,规范执行行为,加强利益平衡表现出重要的积极意义。

2016年9月29日,时任中央政法委书记孟建柱在全国法院执行工作会议上提出了三大理念,即公正执行、善意执行、文明执行,在国家层面最早明确提出了善意执行理念。此后,《关于在执行工作中规范执行行为切实保护各方当事人财产权益的通知(2016)》和《关于认真贯彻习近平总书记在民营企业座谈会上重要讲话精神的通知(2018)》等文件都提到了善意执行理念,但是均没有具体的说明。2019年12月16日最高人民法院发布的《善意文明执行意见》,是第一次以专门的规范性文件的形式对其加以强调和细化。

如果说将各种财产查控机制、惩戒机制等制度建设看作是解决执行难的第一阶段的特点,那么"善意执行、文明执行、公正执行"的理念和相关文件的出台则预示着解决执行问题的第二阶段的到来。民事执行领域又走上了一个新的台阶,相较于以往比较一元化地追求执行目标的实现,在这一阶段,执行机关开始注重利益的权衡,防止执行权的滥用;一方面是要继续加强执行的手段、力度,另一方面要保障执行的善意、文明和公平,保障被执行人的合法权益和社会公共利益。

(二)善意执行理念的内涵

从文义解释的角度,"善"有两种意思:第一是好、好的,第二是擅长;"意"有意念、揣度、思考的意思,那么善意执行可以被理解为带有善心的、善良好意地开展执行,或者是擅长思考地执行。显然,前一种理解更加合理,偏重于某一种价值和目标。善意与恶意相对,善意执行就是要以最好的意念、意愿实现生效法律文书,不能因主观的不善对当事人或其他主体造成不必要的损害。

接下来,我们回归到涉及善意执行理念的规范性文件、讲话等资料中,梳理其在不同语境中表达了哪些内涵。我们以"善意执行"为关键词在北大法宝进行全文精确检索,一共找到9个相关中央层级的党内法规、司法解释性文件和工作文件,其中8个为最高人民法院发布,1个是中央政法委发布。我们分别将该关键词所在文段的相关内容列表展示如下。

发布时间	名称	内容
2016年11月22日	《最高人民法院关于在执行工作中规范执行行为切实保护各方当事人财产权益的通知》(法[2016]401号)	第1条:在执行工作中牢固树立依法保护产权的理念。……要牢固树立依法执行、文明执行、善意执行理念,在充分考虑和保护债权人合法权益的基础上,统筹兼顾相关方利益,把握执行时机,讲究执行策略,注意执行方法,努力实现执行的法律效果与社会效果有机统一,加大执行力度与保护各方合法权益有机统一,履行职责与服务大局、促进发展有机统一,努力让人民群众在每一个执行案件中感受到公平正义。
2018年10月24日	《最高人民法院关于人民法院解决"执行难"工作情况的报告》	第4部分,"切实解决执行难"要做到的6个结合的第2个:把强制执行与规范执行结合起来,既要对规避执行、干预执行、抗拒执行行为零容忍,又要坚持公正执行、善意执行、文明执行理念,依法保护产权,推动营造更加公平、透明、可预期的法治化营商环境。
2018年11月6日	《最高人民法院关于认真学习贯彻习近平总书记在民营企业座谈会上重要讲话精神的通知》(法[2018]297号)	第4条:……强化公正执行、善意执行、文明执行理念,依法审慎适用强制措施,禁止超标的、超范围查封、扣押、冻结涉案财物,最大限度减少司法活动对涉案民营企业正常生产经营活动的不利影响。
2019年1月24日	《2019年人民法院工作要点》(法发[2019]7号)	第23条:……强化公正执行、善意执行、文明执行理念,实现执行工作精准化、精细化,严格依法公正执行,确保执行工作更加规范有序。

续表

发布时间	名称	内容
2019年7月14日	《关于加强综合治理从源头切实解决执行难问题的意见》(中法委发[2019]1号)	第3条第2款:树立依法执行、规范执行、公正执行、善意执行、文明执行理念,依法保护产权;依法严格区分个人财产和企业法人财产,严格区分非法所得和合法财产,最大限度降低对企业正常生产经营活动的不利影响;拓宽执行监管渠道,健全执行监督体系。
2019年11月8日	最高人民法院关于印发《全国法院民商事审判工作会议纪要》的通知(法[2019]254号)	第96条:……信托公司作为被告,确有必要对其固有财产采取诉讼保全措施的,必须强化善意执行理念,防范发生金融风险;要严格遵守相应的适用条件与法定程序,坚决杜绝超标的执行;在采取具体保全措施时,要尽量寻求依法平等保护各方利益的平衡点,优先采取方便执行且对信托公司正常经营影响最小的执行措施,能采取"活封""活扣"措施的,尽量不进行"死封""死扣";在条件允许的情况下,可以为信托公司预留必要的流动资金和往来账户,最大限度降低对信托公司正常经营活动的不利影响。
2019年12月16日	《最高人民法院关于在执行工作中进一步强化善意文明执行理念的意见》(法发[2019]35号)	第2条:……执行工作对各方当事人影响重大,人民法院在执行过程中也要强化善意文明执行理念,严格、规范、公正地保障各方当事人合法权益;要坚持比例原则,找准双方利益平衡点,避免过度执行;要提高政治站位,着眼于党和国家发展战略全局,提升把握司法政策的能力和水平,实现依法履职与服务大局、促进发展相统一;要采取有效措施坚决纠正实践中出现的超标的查封、乱查封现象,畅通人民群众反映问题的渠道,对有关线索实行"一案双查",对不规范行为依法严肃处理。

续表

发布时间	名称	内容
2020 年 1 月 2 日	《最高人民法院发布 7 起善意文明执行典型案例》	7 个关于"换封"、分割登记、引入投资者盘活资产、腾退、积极化解纠纷等方面的案例。
2020 年 3 月 24 日	全国法院服务保障疫情防控期间复工复产民商事典型案例(第一批)	案例 9:徐某某诉义乌市百灵医疗器械有限公司合同纠纷案。疫情防控期间,义乌法院坚持统筹防控疫情和复工复产,审慎采取执行措施,全面贯彻善意执行理念,是加强司法服务职能作用的生动实践。人民法院对因处于失信被执行人名单导致融资困难、原料库存短缺等防疫物资供应企业提出的信用修复申请,经审查有正当事由并符合相关条件的,应暂时解除对其信用惩戒,促进企业复工复产,保障企业防疫紧缺物资的正常生产,服务疫情防控大局。

通过中国知网检索,得到的较为权威的资料中 2016 年时任中央政法委书记孟建柱《在全国法院执行工作会议上的讲话》将善意执行阐释为:"在不损害债权人利益的前提下,尽量优先采取方便执行且对当事人生产经营影响较小的执行措施,尽可能保全资产的市场价值,努力实现多方共赢"。[①] 2017 年,最高人民法院副院长江必新发表文章,将善意执行理念概括为:"在执行工作中,秉持善良好意,以科学、高效、经济、合理的执行措施和方法实现执行目的,同时有效平衡被执行人和其他社会主体的利益,实现好的社会效果。"[②]2019 年最高人民法院审委会副部级专职委员刘贵祥指出,要强化善意执行的文明理念,避免因查封影

① 李阳:《主动作为 综合治理 全力解决执行难 切实维护人民群众合法权益 维护法制尊严》,载《人民法院报》2016 年 9 月 30 日第 1 版。

② 江必新:《国家治理现代化背景下的善意执行》,载《中国应用法学》2017 年第1 期。

响财产效用的发挥,能"活封"的不"死封"。[①]

通过对以上文件的梳理,可以得出"善意执行"涉及了以下具体要点:第一,依法保护产权。依法严格区分个人财产和企业法人财产,严格区分合法所得财产和非法所得财产。第二,坚持比例原则。找准利益平衡点,审慎适用强制措施,执行措施要适度、合理、必要,避免过度执行。不能随意扩大执行范围,禁止超标的、超范围查封、扣押、冻结涉案财物。第三,提高政治站位,服务大局,改善营商环境,实现执行法律效果与社会效果的统一。避免因查封影响财产效用的发挥,最大限度降低对企业正常生产经营活动的不利影响,推动营造更加公平、透明、可预期的法治化营商环境。第四,执行工作更加精准化、精细化。第五,在充分保护债权人合法权益的基础上,尽量降低对债务人及其生产经营活动的不利影响,统筹兼顾相关方的利益,严格、规范、公正地保障各方当事人的合法权益,努力实现多方共赢。第六,把握好执行的时机、策略、方法,尽可能以科学、合理、经济、高效、方便的措施实现执行目的。第七,畅通监督和救济机制,及时纠正不规范的执行行为。

以上七点是所检索的资料中,对善意执行最原始的解读。通过这七点及其在文件中所包含的内容,我们可以将"善意执行"的内涵概括为三个方面:第一,遵循比例原则。善意执行要在民事执行过程中平衡好债权人利益实现与被执行人的利益减损之间的关系,要遵循比例原则,避免过度执行。该原则最早在行政法中适用,《善意文明执行意见》第 1 条和第 2 条对"善意执行"的重要意义和精神实质的阐释直接将比例原则作为其中一点。第二,考虑利益的外部联结,即,执行引起的其他相关方的利益的影响,以及与产生的社会效果、国家发展的统筹。比如,抗击疫情、防范金融风险、改善营商环境等。第三,优化效果的实现方式。这里的"效果"就是指民事执行的目的、价值和功能,如权利的安定、程序安定。[②] 实现目的的方式、手段、途径,决定了实现的效果。善意执行包含了对目标实现方式的不断优化的内涵,这种优化不同于比例原则中仅仅考虑减少被执行人损失的实现方式的优化,而是所有围绕实现执行目标的各个环节、各个阶段的实现方式的优化。比如,利用信息化手段加强"点对点"司法网络查控系统的

---

① 王祎:《最高法:强化善意执行 查封财产能"活封"的不"死封"》,载中国新闻网:http://www.chinanews.com/gn/2019/08-22/8934448.shtml,访问日期:2020 年 3 月 27 日。

② 谭秋桂:《民事执行法学》,北京大学出版社 2015 年版,第 30~40 页。

建设,更好地实现财产查询、控制;全国统一的司法拍卖平台的建设,增强财产处分的公开、公平、公正和权威性。第四,完善执行监督和救济机制,及时纠正不规范的执行行为。该部分是对善意执行理念真正实现的制度保障,在《善意文明执行意见》第 2 条、《关于加强综合治理从源头切实解决执行难问题的意见》(中法委发[2019]1 号)第 3 条均有规定。

善意执行常常与文明执行、公正执行、依法执行等理念相伴出现。善意执行与依法执行、文明执行、公正执行有交叉重叠之处,善意本身包含了文明和公正的要素,善意又蕴含于文明和公正之中,依法也是善意、文明、公正的体现。公正执行强调执行的不偏颇,依据实际情况开展执行活动;依法执行强调对法律规范的严格适用,如查询、冻结、扣押的法律程序和条件的严格适用;文明执行强调要做好法律政策解释、思想疏导、说服教育等工作,以提高司法公信力,不能过于粗糙、武断。每个概念各有其侧重之处,但是本文认为这些概念的交叉意义大于其独立意义,而且善意执行更能直接、概括性地表述问题的实质。比如,《善意文明执行意见》中,虽然它将善意与文明并列作为标题,但是实际上我们讨论时"善意"吸收了"文明",因此以善意执行为统一指代,本文以该理念作为研究对象。

二、善意执行理念的地位

在提及善意执行的相关文件中,[①]比例原则常与善意执行相伴出现,显示出一种天然的密切关系。虽然有学者对本属于行政法领域的比例原则的扩张持质疑态度,[②]但其在不同部门法的扩张适用已经是一个不争的事实。我国学者肖建国、邵明、占善刚等人均发表过将比例原则运用于民事诉讼的相关论文,呼吁学界关注比例原则在民事诉讼领域的潜在价值。[③] 善意执行理念的出现,解决了比例原则在民事执行领域的适应性问题,作为上位概念的"善意执行"应当成为民事执行法的基本原则写入未来的立法。

---

① 除了前文列表中 9 个中央层级的文件外,还有地方性文件《中共浙江省委全面依法治省委员会关于加强综合治理从源头切实解决执行难问题的实施意见》(浙委法发〔2020〕2 号)。

② 戴昕、张永健:《比例原则还是成本收益分析——法学方法的批判性重构》,载《中外法学》2018 年第 6 期。

③ 邵明:《论民事诉讼的比例性》,载《贵州民族大学学报》(哲学社会科学版)2016 年第 5 期;占善刚:《比例原则在民事诉讼中的适用与展开》,载《学习与实践》2019 年第 1 期。

(一)比例原则作为善意执行的子原则

善意执行囊括了比例原则,但是除此之外还具有更加丰富的内涵。整理涉及善意执行的现有规范和文件,善意执行包括了其他一些具体内涵。如《善意文明执行意见》第13条,"充分利用好执行和解和破产重整制度",虽然在有些情形下,利用好该制度是维护执行当事人权益的最佳方案,与比例原则的必要性原则相关联,但是该条实际上已经超出了比例原则"手段—目的"的限权模式。因为执行和解和执行转破产制度将执行法律关系之外的相关人利益纳入利益衡量中,为了追求整体利益或社会利益的最大化,法官会积极地谋求双方当事人和解,而此种情形下,与比例原则的视角对比,这种和解和转破产的方式未必会给被执行人或申请执行人带来更大的利益。再如,《善意文明执行意见》第18条"畅通惩戒措施救济渠道",对制度的监督救济属于善意执行的内涵之一,无救济则无权利,好的制度应当具备相应的救济机制。比例原则虽然也可以用来评价一种救济机制是否合理,但只是工具性的,而非"善意执行"这样体系性的概念。《善意文明执行意见》第21条"建立守信激励机制",也非比例原则所能完全涵盖的。守信激励是通过对自动履行的被执行人增加正向的权益来实现激励目标,而比例原则往往通过限制对被执行人的损害的方式减少对被执行人的不必要的损害,两者处于不同的维度。另外,《善意文明执行意见》第22条所提到的"一案一账户"系统的推行,是执行机关为优化执行效果进行的自我约束,符合善意执行的理念,但是并非比例原则所指向的内涵。

比例原则的视角偏向微观的层面,缺乏对整体利益、外部利益的关照。合目的性、适当性、必要性三者皆聚焦于被执行人和执行目标的实现。均衡性的考量主要评判的是执行带来的收益与被执行人的损失之间是否具有合理的均衡性。而善意执行要求在执行过程中,不能仅仅考虑执行当事人,还要将所联结的相关人、社会和国家发展需求、政策导向等因素考虑进来。实际上,将外部因素纳入执行的考虑中来,是对既有的民事执行引发的现实冲突的缓和,而对执行当事人来说它比不纳入这些因素的解决方案至少应是没有更多损害的。如《善意文明执行典型案例》第7个案例"土地腾退案",在腾退租借给园林公司和驾校的土地和违法占地之前先分流了驾校的教练和学员,排除了矛盾风险点,然后再通过强有力的执行措施最终顺利实现执行目标。在实现方式上,比例原则主要是对民事执行措施具有较大的适用空间,在执行措施之外的其他执行制度上也有适用场合,但是并不能比较契合地对应。善意执行在实现方式上不仅限于"控权",而是开放性的、多样化的。因此，从善意执行的角度，我们还能考虑如何使用执行和解、何时推动执行和解，从而带来整体利益的最大化。

善意执行还具有主观教育和引导功能。相比比例原则，善意执行有更能直达人心的能力，它敦促人从原始的动机开始就牢固树立实现执行效果的目标，努力从相关方利益和社会利益角度出发从事执行工作，精心选择最有利的执行手段和时机。相比于具体规则的刚性，善意执行对主观之善的倡导具有制度的柔性，具有更大程度上的职业道德观念的引导作用。“法安天下，德润人心”，依法治国和以德治国是我国坚持的并行不悖的两条国家治理主线。在法律体系内，也有一些道德原则，如民法的诚实信用原则就具有广泛的适用。在民事执行中，虽然比例原则也能映射出主观之善，起到道德规范的作用，但是其程式化的逻辑与善意执行相比就相当逊色了。因此，善意执行被纳入民事执行法律体系有利于发挥道德规范的作用，有利于在纷繁复杂的执行过程中约束和指导执行主体的执行行为。善意执行还具有抽象指导价值，能在更广阔的领域发挥为制度创新、实践创新提供理论指导的功能。当下我国民事执行规范体系的发展还不充分，失信被执行人名单制度、分级分类惩戒制度、司法拍卖制度等都在不断发展的过程中。在这种情况下，我们正需要“善意执行”这样的理念作为统一的指导，确定制度发展的方向，在面对新的情况或既有情况时能根据该原则创造性地解决问题。

总体来说，善意执行作为一个综合的概念，既包含了比例原则的内涵，又超越了比例原则，倡导在更广的视野上进行利益衡量，在更广的领域里运用更多的方式谋求执行效果的优化。

(二)善意执行是民事执行的基本原则

民事执行法的基本原则是指民事执行法所规制的对人民法院和当事人在整个民事执行程序中起指导作用的准则，它不同于民事诉讼法的基本原则，特别是像言词主义、公开主义和辩论原则等在民事执行程序中便不能适用。[①] 民事执行法的基本原则体现了民事执行的基本法理，是在制定民事执行法和实施民事执行的整个过程和各个阶段起指导作用的根本规则。这些基本原则可以作为民事执行机关及其人员的一切行为的基础和出发点，在立法时成为统帅民事执行

① 肖建国主编：《民事执行法》，中国人民大学出版社 2014 年版，第 34 页。

法的总依据。①

学界对民事执行法基本原则提出了诸多观点,多达十数种。根据民事执行基本原则的根本性、全程性、统帅性、抽象性的要求,很多"基本原则"过于具体或者政策性比较强,应被排除在基本原则之外。如,肖建国认为强制执行与说服教育相结合原则就是其中一个,"说服教育"纯粹是一种政策性行为,不是法律行为,是一种工作方法,而不是必经程序,不能上升为基本原则。谭秋桂认为,根据民事基本法理和现有法律相关规定,民事执行法基本原则有:依法执行原则、执行高效原则、执行标的有限原则、全面保护当事人合法权益原则、强制执行与说服教育相结合原则。② 谭秋桂的观点中虽未明确提出以比例原则或善意执行为基本原则,但是提出的其他原则实质上可以被精简归纳在比例原则或善意执行原则之中。如执行标的有限原则属于比例原则中的必要性,要求以实现执行目的为限,不能超标地查封和执行;全面保护当事人合法权益原则体现的是比例原则之均衡性,要衡量和统筹债权人与债务人的利益,不能偏重一方而造成过度执行的后果。执行高效原则在于提升执行的效率,属于效果优化的范畴,可以归入善意执行;强制执行与说服教育相结合的原则亦可纳入善意执行的范畴。

学界对民事执行中比例原则的重要性的认识有一个逐步深化、发展的过程,早期的民事执行学者研究基本原则要么是未对比例原则予以关注,要么是关注其一部分而未能概括上升到比例原则的维度。③ 随着民事执行实践的发展和理论研究的推进,比例原则的重要性逐渐显现,并且已经明确被写入了我国民事执行法的立法草案(第六版)。与之相似,人们对"善意执行"可能也会经历这样的不断深化的认识过程。善意执行伴随着司法实践的发展而被提出,其内涵涵盖了比例原则,且具有更丰富的内涵、更全面的视角、更多元的功能。笔者认为应当明确将比例原则纳入善意执行的范畴,并将善意执行作为民事执行的基本原则写入民事执行法。类比诚实信用原则的发展,诚实信用起初是市场经济活动中形成的道德准则,后来成为私法领域的"帝王原则",我国于 2012 年将该原则

---

① 谭秋桂:《民事执行法学》,北京大学出版社 2015 年版,第 55 页。

② 谭秋桂:《民事执行法学》,北京大学出版社 2015 年版,第 58 页。

③ 谭秋桂:《民事执行法学》,北京大学出版社 2015 年版,第 56 页列举的相关专著和观点,如:常怡主编:《强制执行理论与实务》,重庆出版社 1990 年版;孙加瑞主编:《强制执行实务研究》,法律出版社 1994 年版;杨荣新主编:《民事诉讼法学》,中国政法大学出版社 1994 年版;等等。

引入《民事诉讼法》,成为在审判程序、执行程序、破产程序等中广泛适用的原则。[①] 善意执行原则可以作为制定、解释和适用民事执行法的基本依据,可以作为民事执行机关及其人员的行动准则,为其指明方向。它具有高度抽象性,可以在民事执行全阶段、全过程中发挥统帅作用,因此,我们应当确立其在民事执行立法中的基本原则的地位。

三、民事执行措施中的善意执行

《善意文明执行意见》的出台,呼应了现实的需求,对善意执行的理念作了详细介绍,对相关的规则制度作了细化和强调,其中绝大部分规范是针对民事执行措施的。在新冠肺炎疫情期间,社会生产和经济运行受到了严重冲击。在此背景下,最高人民法院发布了《关于依法妥善办理涉新冠肺炎疫情执行案件若干问题的指导意见》(法发[2020]16 号,以下简称《涉疫情执行案件指导意见》),全国法院系统也陆续发布了疫情期间的诸多典型案例,对善意文明执行理念进行了明确化和适用指导,[②]下面将结合有关法律文件和案例进行讨论。

(一)控制类执行措施

控制债务人的责任财产是实现债权人金钱债权的基础,其基本功能是限制或禁止债务人转移、处分、毁损财产,为下一步执行措施做准备。《善意文明执行意见》第二部分的第 3~7 条对应的是控制类执行措施的内容。

1.执行财产的选择

《善意文明执行意见》中关于执行财产的选择问题,分为三个层次。第一,所执行的财产必须归属于被执行人。这是最基本的要求,但是在实践中产生了混淆,导致控制和执行了案外人财产的现象也不少见。执行人员应先明确法律关系,理顺哪些财产是属于被执行人的责任财产。以信托财产为例,根据《信托法》第 17 条的规定,它不同于受益人固有财产,也非委托人和受托人的财产,不应被纳入执行财产的范围,受益人对信托财产享有的权利仅是信托受益权。除非因

---

① 刘荣军:《诚实信用原则在民事诉讼中的适用》,载《法学研究》1998 年第 4 期;张卫平:《民事诉讼中的诚实信用原则》,载《法律科学》2012 年第 6 期。

② 唐力:《强化善意文明执行理念 为加快恢复生产生活秩序保驾护航》,载人民法院微信公众号 2020 年 5 月 27 日;谭秋桂:《善意文明执行理念的新发展》,载人民法院报微信公众号 2020 年 5 月 26 日。

优先债权、缴纳税款等法定因素,否则,信托财产不得因委托人、受托人、受益人的自身债务而受保全或者强制执行。其次,要加强财产查明的深度。在财产调查范围不断扩大的情况下,要深入查明被执行人名下或账户中的财产具体归属,以及涉及特定案外人时的财产归属。① 实践中因公司债务查封股东财产或者因股东债务查封公司财产的错误做法屡见不鲜,因此,我们要严格区分企业法人财产和股东个人财产,区分被执行人与其他人的财产。

第二,有些财产是不能被执行的财产,又称为豁免财产。《查封、扣押、冻结财产的规定》第 5 条予以详细列举,主要是生活保障、义务教育、未发表著作以及精神荣誉奖励等。《善意文明执行意见》中规定的"被执行人及其所扶养家属所必需的生活费用"只是其中一项,起到强调的作用。豁免财产的规定,主要是考虑民事执行的后果不能严重影响到被执行人及其所扶养人的基本生活,所实现债权的方式要与外部相关人的利益联结考虑。豁免财产所代表的生存权和受教育权要高于债权人之普通债权。更加清晰地界定豁免财产的范围是完善该项制度的关键。这涉及两个问题:一方面是对豁免财产需进一步类型化,如对被执行人的人寿保险应如何处理;另一方面是根据各个地区的实际生活条件设置特定类型的财产豁免的最低和最高额度,这样可以进一步指导民事执行中豁免财产的确定。② 此次抗击疫情中对疫情防控所需的资金和物资的豁免,也是遵循善意执行原则、平衡维护社会公共利益的一项例证。③

第三,被执行人有多项财产时的选择应善意地考虑,在满足债权的情况下尽量减少被执行人损失,尽可能维护相关人的利益。我国现有法律、司法解释,对被执行人的多项财产如何选择的规定甚少。根据《善意文明执行意见》和《财产保全规定》第 13 条第 1 款,将对生产生活的影响、执行的便利性作为重要参考因素,并且以被执行人的选择为一般标准,这种指导性的方式有利于应对执行中的复杂局面,是比较明智的选择。比如,《善意文明执行典型案例选编》第一个案例中,审理法院作出保全裁定,明确冻结被保全人名下 2 亿股票,此后第三人提出以其所有的等值土地作为担保,请求解除被申请人的股票冻结。对于上市公司

---

① 苏福:《民事执行中"完成财产调查"的认定标准与运用向度》,载《东方法学》2017 年第 5 期。

② 胡利玲:《论个人破产中豁免财产范围的确定》,载《经贸法律评论》2019 年第4 期。

③ 上海市高级人民法院:《上海高院发布十起涉新冠肺炎疫情典型案件》案例 7。

来说,股票的冻结所造成的利益损失和市值波动影响很大,而土地担保相对影响较小,在保证实现债权的情况下换封是更符合善意执行的做法。再比如,账户的冻结可以比较高效地保障债权的实现,相比于查封财物之后再采取变价措施更加简便易行。但是对于一个企业,账户往往是生产经营所必需的与其他经营主体金钱流通的媒介,企业账户一旦被查封,维系生命的现金流被阻断,很容易造成经营困难。因此,法院在执行过程中应根据具体情形慎重采取冻结账户的措施,如果被执行人可以提供担保财产或其他对生产经营影响较小的财产,应当灵活采取或变更为其他措施。以 2020 年 2 月 21 日《法制日报》相关报道中的案例为例,[①]为了更好地促进福建泉州某医疗器械生产企业复工,生产抗疫物资,泉州市丰泽区法院及时解除了对该企业银行账户的保全,保障了其生产运行。

2.严禁超标的执行

民事执行控制措施的采取应以标的额为限,这是保护被执行人合法权益的应有之义,也是必要性原则的体现。采取冻结账户措施的应以生效法律文书认定的债权额为限,不能影响冻结金额之外资金的流动和账户的正常使用。现实中存在"简单粗暴"地将账户直接冻结的现象,对被执行人生产生活可能造成了不当的限制。上市公司股票的冻结具有特殊性,无法精确地控制债权额度内的股票。因为,股票的价值具有波动性,一般没有一个确定的价值,因此设置一定的查封浮动比例且赋予当事人根据价值变化申请追加或解除冻结的权利是合理的。

不动产经常是连接在一起的整体,如房屋,或附着其上的物体是一个整体,因此对不动产按标的额查封的难点之一在于如何分割查封。《财产保全规定》第 15 条第 2 款规定,"可供保全的土地、房屋等不动产的整体价值明显高于保全裁定载明金额的,人民法院应当对该不动产的相应价值部分采取查封、扣押、冻结措施,但该不动产在使用上不可分或者分割会严重减损其价值的除外"。《善意文明执行意见》中也有对不动产相应价值查封和分割登记的规定。不动产查封应以分割为原则,但是应是在保护其基本单元和独立使用价值的基础上,否则会造成被执行人财产的不合理损失。具体操作方式,应继续在现有法律法规、规章制度的基础上加强细化。如:最高人民法院《善意文明执行案例选编》中的第 2

---

① 《法院善意执行让受困企业起死回生》,载《法制日报》2020 年 2 月 21 日第 1 版、第 3 版。

个案例“北京某房地产公司申请执行北京某生物科技公司等股权转让纠纷案件”。该案中，被执行人名下有一座共20层的大厦(估值20亿元)，但只有一个产权证，整体查封明显超过了本案执行标的额(债权6亿元)。执行法院协调住建委、登记中心等各登记管理机关，完成对不动产的分割登记，随后查封了大厦1～10层，避免了明显超标的查封。

除了对财产进行分割查封，现实中仍然存在着对本身就是独立的不同的不动产标的物超额查封的现象。这是更加明显的执行中对必要性原则的违反的情况，当事人对这种现象的无力，暴露出执行法官缺乏善意执行理念，当事人权利救济机制不足的问题。如：郑州市金水区法院审理的一起民间借贷纠纷[(2017)豫0105民初17368号民事判决书]，借款本金216万元(月息按2%计算)，强制执行过程中先后于2019年3月查封债务人房产一套、5月限制债务人高消费、6月又查封债务人房产一套。根据执行裁定书所示房产的具体位置，通过常用的购房App搜索估计其市场价值，第一次查封的房子户型现实价款已经超过了判决当时的本息和，第二次所查封的房产市场价值粗略估计为本息和的2～3倍。该案件中执行法院不断地增加查封房产数量，同时也使用了限制消费令，所查封的标的金额远远高出债权额。根据《善意文明执行意见》在这种情况下法院至少应当解除当事人的限制消费令，但是我们并未检索到相关的进展，可见现实中债务人的维权之路应该也不是一帆风顺的。执行人员要认清查封、扣押、冻结的措施的性质。这些手段是控制型措施，而非保障型措施。如前述金水区法院的案例中很有可能执行法官把查封当成了和限制消费一样的具有惩罚意味的措施，违背了比例原则的合目的性。

(二)处分类执行措施

采取控制性措施之后，如果是非金钱类财产，还需要变价处理，这类措施都是处分类措施，又称变价性措施。《善意文明执行意见》第8～12条是处分类执行措施，涉及了五个方面的内容，参考价的确定、变卖程序适用、吸收更多主体参与竞买、尽可能实现财产的真实价值、不动产收益质权的变价。本文节选了前两个问题作分析。

1.合理确定参考价

对于非金钱类财产，公平、公正、高效地确定其处置参考价有利于维护当事人、利害关系人的合法权益，推动民事执行的高效实施。确定处置参考价的标准是，能最大限度地反映财产的真实价值。在适当性的要求上，其不能导致民事执行的过度拖延,要维护当事人的期限利益。根据《最高人民法院关于人民法院确定财产处置参考价若干问题的规定》(简称《财产处置参考价规定》),我国法院确定处置参考价的主要方式是当事人议价、[①]定向询价、[②]网络询价、[③]委托评估[④]。法院应根据所针对的对象的不同,适用不同的参考价确定方式,选择最契合的一种。不同方式之间应有衔接途径,若一种途径不能畅通,便切换到可以接受的合适途径,从而保障公平和效率。当前参考价确定的方式中,当事人意志因素由少到多排列,当事人议价为最多,委托评估为最少,网络询价和定向询价处于二者之间,当事人主观因素逐步减少。一般来说,当事人议价效率最高,委托评估最耗时,效率较低。所有方式中并无最优,而应当视具体情况而定,针对不同的变价财产选择最合适的一种。比如说,对于需要专业技术评估,并现场实地查看的,适用委托评估比较合适;对于双方当事人没有争议的,适用当事人议价最合适。

《财产处置参考价规定》的出台,极大地优化了财产处置的效果,体现了善意执行的原则。在该财产处置规则出台之前,我国主要以委托评估方式确定参考价,周期长、费用高。该规定增加了当事人议价、定向询价、网络询价三种方式,前两种是零费用的,网络询价也只收较低的费用,这不仅提高了效率,而且减轻了当事人和法院的负担。[⑤] 尤其是网络询价这一新机制的建立,顺应了大数据、信息化的发展趋势。通过建立网络询价名单库,按次收费,无论多少家平台出具评估结果,费用最终只给最接近成交价的一家。这种计费方式,将分散的资源与需求对接起来,并且激励询价平台尽可能去出具财产的最真实价值。规则还确

① 根据《财产处置参考价规定》第4条,当事人议价是指在法院通知或组织下,当事人协商并在指定期限内将结果提交给法院作为参考价的决定方式。当事人议价需要当事人取得一致意见,且不损害他人合法权益。

② 根据《财产处置参考价规定》第5条、第6条,定向询价是在有计税基准价、政府定价或政府指导价的前提下,人民法院向确定参考价时财产所在地的有关机构进行的询价方式。

③ 根据《财产处置参考价规定》第7条,网络询价是在定向询价不成或不能,且财产无须专业人员现场勘验或鉴定时,人民法院向具有司法网络询价资格的平台进行询价的方式。

④ 根据《财产处置参考价规定》第14条和《人民法院委托评估规范》(法办[2018]273号)第9条,委托评估是根据法律或行政法规特别规定的事项(如涉及国有资产或公共利益的事项)、双方当事人要求或网络询价不成的情形,要求法院向有资质的评估机构委托评估。

⑤ 孙建国:《〈最高人民法院关于人民法院确定财产处置参考价若干问题的规定〉的几个亮点问题》,载《人民法院报》2018年9月19日第8版。

立了不同参考价确定方式的使用条件和顺序,并明确约定了各个环节的时限,保障了有序、高效。

2.财产的变价方式

恰当地选择变价方式,关系到财产真实价值的实现以及执行工作的效率。合理运用司法拍卖、自行变卖、强制变卖、以物抵债的方式将财产变价,是加强善意执行的重要途径。2012年时任最高人民法院常务副院长沈德咏表示,人民法院违法违纪案件中民事执行领域有70%发生在财产处置领域。① 随着相关司法解释的出台,虽然我国已经形成了比较齐全的变价体系,但是在公开性、竞价性、随意性、有效监督、规则程序等方面仍然需要加以完善。

根据《善意文明执行意见》第9条,②对执行债权人、第三人和社会公共利益的考虑,体现了善意执行原则的外部联系性。首先,在确定参考价的基础上,适用当事人合意和拍卖的变价方式应优先于强制变卖的方式。财产的处置应当遵循民法的意思自治原则,并且合意的方式有利于减少强制执行的阻力。③ 比如,《涉疫情执行案件指导意见》第3条,允许债务人自行通过被查封财产融资或者自行变卖被查封房屋的方式实现债权,即是遵循善意执行原则对处分措施的适当选择。拍卖最具有公开性,尤其是在网络司法拍卖比较成熟的情况下,有利于降低成本,获得有效监督,应当是变价的首选方式。其次,适用直接变卖和强制变卖不能仅关注某一民事执行目标的实现,还应考虑变卖是否对其他执行债权人造成了不当的损害,以及是否对社会公共利益造成影响。如,三鹿奶粉事件中三鹿集团等22家企业的破产和赔偿,涉及职业工资发放、受害人医疗赔偿,金额巨大,人数众多,此种情况下的财产处置方式就必须与公共利益的维护密切结合。

根据《民事诉讼法》第247条规定,法院拍卖权是民诉法赋予法院行使的一项独立的司法权。网络司法拍卖作为越来越普及的变价方式,将会占据主体地位,具有公开、透明、受关注度高等众多优势,如淘宝、京东司法拍卖平台具有较

---

① 中国政府网:http://www.gov.cn/jrzg/2012-02/08/content_2061611.htm,访问日期:2020年3月23日。

② "综合考虑变价财产实际情况、是否损害执行债权人、第三人或社会公共利益等因素,适当采取直接变卖或强制变卖等措施"。

③ 孟祥:《论民事执行中财产变价制度的改革和完善》,载《法律适用》2015年第1期。

广的受众和较大的影响力。[①] 但是网络拍卖也有自身的局限性,在虚拟的网络空间里,竞拍人无法实地了解物品的实际状况。因此,组织方应当切实履行信息披露的义务。比如,车辆拍卖时,要查验并公布车辆有无发生过重大交通事故、实际里程数、是否存在抵押等情况。其次,应当明确适用于拍卖的物品种类,比如字画类的需要现场感知、评价的物品,若仍采取网络拍卖形式便不利于债权人利益的实现。我们要把组织方的权力关进制度的笼子,让拍卖流程在阳光下运行,防止在拍卖流程中滋生腐败和产生内幕交易的空间,损害执行当事人的合法权益。

此外,在变价的具体操作上,我们也应当考虑实现财产价值的最有利方式,灵活采取分批次或整体变价的方式。《善意文明执行意见》中第 11 条提到,对于楼盘、商铺、别墅等不动产,一般采取分批变价较为合理,应当在合理期限内允许分批变价。分批次变价过程中,价款已经足以清偿债务的,应当及时停止变价剩余财产。同时,我们也要掌握财产变价的时机,尤其是在疫情期间,市场行情受到了较大影响,应审慎进行财产处置,有效防止财产被低价处置。[②] 在财产的处分领域,我们应加强善意执行原则的约束和指导,一方面可更好地实现债权,平衡当事人、第三人和社会公共利益,另一方面也有利于防止司法腐败的发生,维护司法权威性。

四、结语

善意执行是在解决“执行难”“执行乱”和新时代国家经济发展、社会治理新需求的双重背景下提出的理念,主要目的是解决过度执行的问题,协调债权人与债务人、社会、国家之间的利益冲突,获得保障债权实现基础上的社会整体利益的最大化。善意执行是基于我国自身的司法实践、政策导向、文化土壤所产生的理念,既具有鲜明的中国特色、丰富的理论内涵,又符合当下的现实需求,相信该理念在我国未来民事执行中一定能越来越显现出其独特价值。

囿于文章容量的局限,本文主要讨论了善意执行的基本内涵以及善意执行视角的规范分析,仍有很多问题无法展开探讨。有关善意执行未来的研究方向,

---

① 肖建国:《法院自行拍卖原则下的司法网拍规则创新》,载《人民法院报》2013 年 9 月 5 日第 5 版。

② 最高人民法院《涉疫情执行案件指导意见》第 4 条。

笔者初步认为应从四个方面展开:加强理论研究,进一步明晰善意执行理念的适用重点、边界,分析其与其他民事执行原则的关系;完善立法状况,整合、完善现有规范体系,及时改良不合理的制度设计,及时将成熟经验上升为法律;提高善意执行理念的运用水平,从执行人员、律师、普通公民三类主体出发,有针对性地细化研究;健全研究方法,除了规范分析,还应当注重比较法研究和实证研究,为论证提供更加多元的视角。明确了善意执行的内涵和地位只是迈出万里长征的第一步,未来之路仍然任重而道远。

审执分离视角下执行当事人变更与追加的困境及出路

曲晓莹*

摘要:关于执行当事人变更与追加,尽管2016年最高人民法院颁布的《变更追加当事人规定》已有专门规范,但由于在申请、审查及救济等制度内容上规定得不清晰,导致执行实践中做法不统一,引发"执行乱"的现象。从本质来看,相关问题乃是源于审判权与执行权权限的界分不明。在审执分离模式的选择上,我国应当坚持"深化内分"模式。在此模式背景下,变更与追加执行当事人的申请应仅允许当事人采用书面形式提出。在审查程序上,应由执行审查部门行使执行审查权,组成合议庭对案件进行公开听证审查,但对事实清楚、权利义务关系明确、争议不大的案件可采取书面审查。对审查结果不服的当事人,原则上通过提出复议寻求救济,若属于《变更追加当事人规定》第32条所列6种情形,则可提起执行异议之诉维护自身权益。

关键词:执行当事人;变更;追加;审执分离

引　言

强制执行是债务人未自愿履行债务时,国家以公权力强制其履行债务。换个角度说,强制执行乃是源于债务人缺乏履行债务的意愿,因而必然伴随着一定的难度,由此便产生了"执行难"。在全国四级法院的同心协力、攻坚克难下,截止到2018年年底,"基本解决执行难"的阶段性目标如期实现。尽管如此,由于现实中债务人不愿履行债务的现象不可能根绝,因此,建立健全解决执行难长效机制,乃势在必行。于是,2019年最高人民法院发布了《关于深化执行改革健全

* 作者系北京航空航天大学法学院2020级诉讼法学专业硕士研究生。

解决执行难长效机制的意见——人民法院执行工作纲要(2019—2023)》(法发〔2019〕16号),其中指出,"坚决打击规避执行行为",对其"依法以变更追加被执行人……等方式予以惩戒"。可见,解决执行难在未来相当长的一段时间内依然是人民法院的工作目标,而变更追加被执行人则是实现这一目标的必要手段。因此,可以说执行当事人的变更与追加制度具有重要意义。

对于执行当事人的变更与追加,最高人民法院曾于2016年发布了《关于民事执行中变更、追加当事人若干问题的规定》(法释〔2016〕21号,以下称为《变更追加当事人规定》),进行系统性的规定。其突出特点在于,针对变更或追加执行当事人的申请,由执行法院经审查后裁定是否变更或追加。① 然而,伴随我国审执分离模式的深化,执行实际情况的日趋复杂,现行的执行当事人变更与追加程序的缺陷逐渐显现,司法实践中争议的情况越来越多。鉴于此,本文将以我国审执分离模式的深化落实为背景,分析我国执行当事人变更与追加程序在立法上与实践中的不足,考察先行研究和比较法经验,并在此基础上针对我国现存不足提出改进建议,以期促进我国变更与追加执行当事人制度的完善。

一、审执分离对执行当事人变更与追加的意义

(一)审执分离的改革历程

纵观我国审执分离模式的改革,大致经历了以下两个阶段:

第一阶段的"审执分离"发生于20世纪90年代。在此之前我国一直采用"审执合一"模式,然而,随着经济社会的飞速发展,案件数量的增多,审执合一的问题日渐显现。于是我国开启了审执分离模式的改革实践,即实现民事审判权与民事执行权的分离。② 1991年颁行的《中华人民共和国民事诉讼法》(以下称为《民事诉讼法》)明确规定,基层法院和中级人民法院可设立执行机关。之后,《最高人民法院关于人民法院执行工作若干问题的规定》等法律、法规进一步明确了执行程序中审判权与执行权的界分。

第二阶段的"审执分离"主要体现于执行权的内部分化,即实现执行实施权与执行审查权的分离。《人民法院第三个五年改革纲要》提出,建立执行权的分

① 参见《变更追加当事人规定》第28条。

② 褚红军:《推动实行审判权与执行权相分离体制改革试点的思考》,载《法律适用》2015年第6期。

权制约体制,为第二阶段改革奠定了理论基础。[①] 2011年颁布的《最高人民法院关于执行权合理配置和科学运行的若干意见》(以下称为《执行权意见》),则通过列明权限范围的方式进一步实现了两者分离,逐步推进改革进程。[②]

(二)审执分离的存在意义

我国执行领域共有两个难点:一是执行难问题的久悬未决;二是执行乱问题的举步维艰。

执行难不仅是法律问题,更是社会难题,主要体现在被执行人、执行财产难寻等方面。[③] 其源头之一即审判权与执行权的分界不明。若执行权无法具备独立性、权限范围不清晰,则执行效率无法保证,将严重阻碍我国执行工作的推进。而审执分离模式的发展可解决执行权限划分等问题,缓解案多人少的困境,符合解决执行难的急迫需要。

执行乱则主要体现在执行时的消极、拖延等严重损害司法公信力的现象上,概括而言,包括违法执行与不当执行两个方面。[④] 导致执行乱的原因之一,即审执分离模式不明。执行纠纷何时由执行权负责,何时通过审判程序解决,这个问题的答案的不确定,引发了执行领域的违法与乱象。理清审判权与执行权的权力边界,推进审执分离模式发展,是解决执行乱的重要路径。

综上,审执分离模式的落实对解决执行的两大难题具有重要意义,并且对于执行领域相关制度与规范的涉及也有重大影响。

(三)审执分离对执行当事人变更与追加的影响

我国审执分离模式的选定,会影响执行当事人的变更、追加程序的构建,具体而言,两者关系体现在以下两个方面。

从目的与意义出发,两者都是缓解执行问题的有力武器。审执分离模式通过划分审判权和执行权的权力界限,提高执行效率,整顿执行乱象。而执行当事人的变更与追加制度,在出现法定阻碍执行进行的情况下,通过变更与追加执行当事人,缓解执行困难,加速实现当事人合法权益。

---

① 朴顺善:《试论司法权控制下的审执分离模式选择》,载《中国政法大学学报》2019年第3期。

② 褚红军:《推动实行审判权与执行权相分离体制改革试点的思考》,载《法律适用》2015年第6期。

③ 岳彩领:《论强制执行审执分离模式之新构建》,载《当代法学》2016年第3期。

④ 谷佳杰:《中国民事执行年度观察报告(2017)》,载《当代法学》2018年第5期。

从内在关联出发，执行当事人变更与追加程序的构建完善，是在审执分离模式深化落实的大背景下推进的，换言之，变更与追加程序的改进是审执分离模式不断发展的重要体现。以审执分离模式对现行程序的影响为例，执行权的性质与职能，影响着变更与追加执行当事人之申请主体的范围。审执分离模式下民事执行权与民事审判权的权限区分，决定着变更与追加之审查主体的选择，也与救济程序中实体性救济、程序性救济的规定息息相关。另一方面，变更追加执行当事人程序的改良，也对促进审执分离模式发展有积极意义。

综上，我国审执分离模式的落实与推进，关乎执行当事人变更与追加程序的完善，而程序的更新也将有利于审执分离模式的深化发展，两者存在相互促进的内在关系。同时，两者的优化升级，又可共同推进执行难与执行乱问题的缓和与破解。

二、我国执行当事人变更与追加的立法现状与实务困境

为明确本文在审执分离模式下研究执行当事人变更与追加程序构建的必要性与探讨核心，我们首先需要对其立法现状与实务困境进行梳理。

(一)执行当事人变更与追加程序的立法经纬

从我国民事诉讼法的立法沿革来看，首次出现变更与追加执行当事人的内容是在 20 世纪 80 年代后期。此后的相关法律、法规多注重规范变更与追加的情形。直到《变更追加当事人规定》出台，我国才有了较全面的程序规定。一般认为，执行当事人变更与追加制度主要包括三方面内容，即申请、审查与救济。

在申请程序上，《变更追加当事人规定》第 28 条第 1 款规定的申请流程为，由当事人通过书面申请的方式启动程序，并提交相关证据材料。

在审查方面，根据《变更追加当事人规定》第 28 条第 2 款，“除事实清楚、权利义务关系明确、争议不大的案件外”，执行法院应当通过合议庭的方式审查，并公开听证。自收到申请之日起 60 日内对审查结果作出裁定。

在救济程序上，《变更追加当事人规定》确定了执行复议为主，执行异议之诉为辅的救济规则。在作为执行债权人的有限合伙企业责任财产不足以清偿债务等 6 类情形中，申请人或被申请人对作出的裁定不服的，可直接提起执行异议之诉。除此之外，其都应向上一级执行法院申请复议，自收到申请之日起 60 日内作出裁定。此种救济程序的设置，旨在将执行当事人变更与追加的大多数争议较小的情形通过复议的方式予以解决，少数争议较大、较为复杂的情形通过执行

异议之诉提供救济。[①]

(二)审执分离下探究现行程序规定的争议

首先,就申请程序而言,依照《变更追加当事人规定》第 28 条第 1 款的规定,变更、追加程序的启动,需要申请人向法院提交书面申请,但在申请人未提出或拒绝提出申请的情形下,执行法院可否在发现法定情形时依职权主动变更、追加,对此我国并无明确规定,引发学界众多争议。[②] 其实,问题的根本焦点是在我国审执分离模式下,执行当事人的变更与追加问题属于执行权中的哪一具体权能,该权能性质如何,是否具备主动变更、追加的可能。

其次,就审查程序而言,其一,审查主体存在争议,部分学者认为审查主体应是作出判决的审判机关,而非执行法院。这实质上是审执分离模式下执行权与审判权的界限问题。其二,在审查方式方面,应当采用形式审查还是实质审查,观点不一。[③]

最后,在救济程序规定上,以执行复议为主的救济途径,复议结果是否具有终局性?如果对复议结果仍不满意,又该如何救济自身权益?对此法律未规定。这涉及审执分离模式中执行权与审判权权能划分的问题。而从救济主体的角度,我国提供的实体性救济仅局限于变更、追加执行债务人的情况,对案外权利人和原执行债务人对变更与追加执行债权人有异议时,未提供诉讼救济途径。相比较其他主体,对上述两者的保护是否不够到位,对此学界也存在众多质疑。

(三)审执分离下司法实践中程序适用的对立

上述规定的不明导致在司法实践中理解和做法出现了较大分歧:

对上述申请主体的争议,实务中各地法院的观点不一:部分法院仅允许执行当事人启动程序,例如,河北省沧州市中级人民法院在审理的某案件中明确提出,对于追加被执行人应当由当事人提出申请,“而非法院依职权调查”。[④] 而也有部分法院认可了依职权启动程序的权力。例如,《上海市高级人民法院关于变更、追加被执行主体的规范》第 12 条规定:“一定情形下,执行机关可以依职权进

① 阚梓冰:《执行程序中变更、追加当事人制度的价值理念与具体适用》,载《人民法院报》2019 年 8 月 1 日第 5 版。

② 谭秋桂:《论民事执行当事人变化的程序构建》,载《法学家》2011 年第 2 期。

③ 单重庆:《民事执行变更、追加当事人程序探讨》,载《人民法院报》2019 年 12 月 25 日第 7 版。

④ 河北省沧州市中级人民法院(2018)冀 09 民终 6071 号。

行变更或追加当事人。”该观点在实务案例中也有体现，如江苏省徐州市中级人民法院在某案中明确指出，我国现行法律、法规并未明文禁止法院依职权追加当事人，所以复议申请人提出的关于原审法院依职权变更、追加执行当事人属于程序违法的主张不成立。①

在审查程序方面，以审查方式为例，广东省高级人民法院审理的某案件中，采用形式审查的方式，②另有江苏省泰州医药高新技术产业开发区人民法院认为有义务进行实质审查。③

在救济程序方面，如上文所述，我国现行规定对复议的效力并未言明，导致实务中含糊其词。例如，在江苏省上饶市中级人民法院某案中，只能提示通过复议或自寻其他途径以救济。④

在执行难与执行乱的背景下，执行当事人的变更与追加在实务中应用得愈发广泛，而现行程序的缺陷与不足会造成实践中的随意与乱用，不仅制造司法秩序混乱，而且导致制度运行卡顿，削弱了变更与追加之作用与优势的有效发挥。⑤

三、比较法上执行当事人变更与追加的经验考察

对于我国在执行当事人变更与追加上已经出现的困境，考察比较法的先进经验，无疑有助于探寻解决方案。

（一）德国与日本

1.德日的审执分离模式

德国采用审执分离的权力结构，改变了普通法时期强制执行主要属于受诉法院任务的情况，开始设有多元化的执行机关，以处理不同的执行事务。1879年德国《民事诉讼法》决定将强制执行交由独立的机构即法院执行员负责，除依法特殊分配以外的所有执行行为都属其职能范围，但其权力行使受执行法院的监督。⑥ 而执行法院在部分法定特殊执行中仍享有管辖权，如命令鉴定人估价

① 江苏省徐州市中级人民法院(2018)苏03执复230号。

② 广东省高级人民法院(2018)粤执异4号。

③ 江苏省泰州医药高新技术产业开发区人民法院(2019)苏1291执异60号。

④ 江西省上饶市中级人民法院(2018)赣11执异3号。

⑤ 肖建国主编：《民事执行法》，中国人民大学出版社2014年版，第88页。

⑥ 江必新：《比较强制执行法》，中国法制出版社2014年版，第134～138页。

物品等。[①] 此外,不作为的强制执行等个别执行情形仍由受诉法院负责,[②]被学者认为属于德国审执分离的例外。[③] 另有土地登记所负责的不动产登记的执行事务。综上,德国主要设有四类机关各自负责相应的执行事务。

日本与德国一致,适用审执分离原则,但机构设置相对简洁,由执行法院与执行官负责强制执行,属于二元制执行模式。执行法院主要负责"观念性的处分"活动,包括不动产执行等;而执行官则从事"事实性的行为",即相关需莅临现场发挥强制力的执行行为。[④]

2.德日审执分离模式下的执行当事人变更与追加

德日同属实行执行文制度的大陆法系国家,其制度设置极为相似。执行当事人变更与追加属于适用承继执行文的情形,其授予须先经申请人提出书面申请,并同时提交确定证明书。[⑤] 申请发出后,执行文授予机关将就一般要件与特别要件进行形式审查,若具备全部授予要件将授予执行文,否则将驳回申请。此时,若对执行文授予机关作出的审查决定不服,德日的民事诉讼法规定了两类救济途径:当事人可以向作出该决定的书记官所在法院或管辖作出决定之公证员所属的公证处所在地法院申请异议,此即程序性救济。[⑥] 另设有实体性救济,即债权人可提起执行文授予之诉,债务人亦可提起对授予执行文的异议之诉。[⑦]

(二)我国台湾地区

1.我国台湾地区的审执分离模式

我国台湾地区也奉行审执分离模式,设有"强制执行法"规范执行程序。在台湾地区负责处理执行事务的机构为地方法院及民事执行处,包括法官、司法事务官、书记官、执达员。[⑧] 主要的执行工作由执行法官负责,实质上除"拘提、管收"外,均由司法事务官具体办理。书记官依照执行法院或司法事务官的命令执

① 参见德国《民事诉讼法》第 813 条第 1 款。

② 参见德国《民事诉讼法》第 890 条。

③ 江必新:《比较强制执行法》,中国法制出版社 2014 年版,第 143 页。

④ 江必新:《比较强制执行法》,中国法制出版社 2014 年版,第 202 页。

⑤ 刘颖:《执行文的历史源流、制度模式与中国图景》,载《中外法学》2020 年第1 期。

⑥ 参见《德国民事诉讼法》第 732 条第 1 款、《日本民事诉讼法》第 32 条第 1 款。

⑦ 刘颖:《执行文的历史源流、制度模式与中国图景》,载《中外法学》2020 年第1 期。

⑧ 参见我国台湾地区"强制执行法"第 1 条、第 2 条。

行事务,而执达员需在书记官的督同下履行职能。[①]

2.我国台湾地区审执分离模式下的执行当事人变更与追加

我国台湾地区在执行当事人的变更与追加程序的规定上,与德日存在较大差异。主要原因在于台湾并没有实行执行文制度,因此程序方面的制度设计并非围绕执行文展开的。依照我国台湾地区"强制执行法"的相关规定,执行当事人变更与追加的程序基本可归纳为:申请人向执行法院提出书面申请,由执行机关进行审查。审查过程中,若非有必要需调查关于执行的法定要件或标的物之外,不应传讯当事人。[②] 执行机关作出决定后,若执行当事人对此不服,可通过救济程序维护权益。其包括程序性救济,即声请、声明异议与抗告,另设实体性救济,即债务人之异议之诉与债权人可提起的许可执行之诉。[③]

综上,德日是大陆法系国家,实行执行文制度,因此,其变更与追加执行当事人的程序设置也是执行文程序。程序的推进由执行文赋予机关负责,从而在贯彻落实审执分离模式的基础上,最大限度地实现审查的效率,加之后续设置完善的救济程序,进而在审执分离模式下平衡了审判权与执行权、公平与效率的冲突,是一种独具特色的制度安排。而我国台湾地区不同于德日,并不适用执行文制度,其执行机关的设置仍遵循审执分离的原则,由执行法院负责审查,且并无独立于执行法院的执行员行使具有行政性的执行权。不过,在救济程序上的设置各地相似度较高。

四、审执分离视角下我国执行当事人变更与追加的出路

(一)审执分离模式的选择

如上文所述,审执分离模式会影响执行当事人变更与追加程序的构建,因此,我们需先明确我国审执分离模式的选择,再在此基础上解决上述程序难题。选定审执分离模式,首先需要了解民事审判权与民事执行权的性质与权能构成,从而进一步探讨两者的分离。

1.民事审判权与执行权的性质及权能

民事审判权与民事执行权是国家在民事诉讼领域的两项基本权力。民事审

---

① 参见我国台湾地区"强制执行法"第 3 条。

② 参见我国台湾地区"强制执行法"第 9 条。

③ 参见我国台湾地区"强制执行法"第 13 条、第 14 条。

判权是审判机关代表国家依法对民事案件进行审理并作出裁判的权力。[①] 民事执行权,又称强制执行权,是执行机关通过行使法律赋予的国家强制力,促使当事人一方履行义务,从而实现生效法律文书确定的另一方当事人合法权利的权力。[②]

一般而言,要探讨审判权、执行权在国家权力架构中的配置,应先研究两者的性质。审判权的性质,毋庸置疑属于我国司法权。而对于执行权的性质,学界争议较大,主要有三种学说:其一,司法权说。此学说认为,司法权是涵盖审判权与执行权的上位概念,执行权是区别于审判权、具有独立性的强制性权力。[③] 从权力目的出发,审判权的目的是确定当事人的实体权利义务、解决争议与纠纷,而执行权则力求保障审判确定的权利予以实现,两者结合方可真正起到维护当事人合法权益的作用,因此,两者应并列同属于司法权的内容。另外,执行权带有强制执行力,从国家权力配置的角度来说,若将其归为行政权,将增加公民的不安感,解释为司法权更为合适。[④] 其二,行政权说。持有此种观点的学者认为,执行工作本质上属于行政行为,具有行政的特性。[⑤] 首先,执行权具有司法权本身不具备的一些特征,例如,执行权具有主动性与单方面性,可以强制地干预社会生活;其次,司法权属于判断性权力,而行政权是实施权,执行权从权力外观上明显更符合行政权的特质。[⑥] 其三,复合权说。赞同复合权说的学者认为执行权中的部分职权具有司法权的特点,例如,对执行中的某些情况作出裁决等,另有部分职权带有行政权的特征,例如,调查被执行人的财产等。执行权既有被动性的判断职能,又存在主动性的实施权能,属于复合性的权利。[⑦]

---

① 潘剑锋:《从民事审判权谈民事审判方式改革》,载《法学家》2000 年第 6 期。

② 肖建国:《民事审判权与执行权的分离研究》,载《法制与社会发展》2016 年第2 期。

③ 江伟、赵秀举:《论执行行为的性质与执行机构的设置》,载陈光中主编:《依法治国,司法公正——诉讼法理论与实践》,上海社会科学出版社 2000 版。

④ 朴顺善:《试论司法权控制下的审执分离模式选择》,载《中国政法大学学报》2019 年第 3 期。

⑤ 肖建国:《民事审判权与执行权的分离研究》,载《法制与社会发展》2016 年第2 期。

⑥ 朴顺善:《试论司法权控制下的审执分离模式选择》,载《中国政法大学学报》2019 年第 3 期。

⑦ 朴顺善:《试论司法权控制下的审执分离模式选择》,载《中国政法大学学报》2019 年第 3 期。

对此笔者认为：司法权说仅关注到执行权的主要职能，忽视了其不同于司法权性质的其他权能；仅认定执行程序属于诉讼程序的子程序，忽略了执行程序独立的价值和特点。而行政权说中，仅提出执行权有行政权的某种特性就认为其属于行政权的理由是不充分的：首先，行政方面的“主动性”与执行权的“主动性”并不完全一致。行政权的主动性大多属于其职责和义务，若没有做到，属于行政不作为，而执行中的主动仍需要执行当事人的申请等作为前提。此外，仅评价为行政权会忽视执行权中存在的裁判性行为，对执行权的定位不够全面。因此，笔者赞同复合权说。

根据上述执行权的复合性，可以基本确定其权能构成主要包括两个部分。《执行权意见》第 1 条指出，执行权包括执行实施权和执行审查权；第 3 条规定了执行实施权的权力范围，即财产调查、处分等实施类事务。而执行审查权主要是处理执行异议、复议等审查问题。

2.我国审执分离模式

(1)审执分离模式的选择

根据学界通说，我国审执分离共存有三种模式：第一种是“彻底外分”模式，即将执行权与审判权在机构上实现分离，执行工作整体脱离法院，建立其他司法或行政部门负责行使执行权。[①] 支持者认为，法院行使执行权是我国司法资源配置不合理的表现之一，会进一步加剧执行难的困境。且内置式改革经过长时间的实践，仍未能完全解决执行问题，因此，彻底外分式是此阶段我国民事执行体系与机制构建完善的必然选择。第二种是“深化内分”模式，即以在法院内部分离审判权和执行权为重点，设置不同的机构分别行使两种权力。[②] 支持者认为，深化内分模式符合执行程序中效率优先的价值选择，有利于实现有序的立审执协调，且改革成本最低。第三种是“深化内分，适当外分”模式，属于上述两种模式的折中，即在深化内分的同时，将部分执行工作交由法院外的其他部门完成。有论者指出，上述彻底外分的模式过于激进，不仅改革成本大，且一旦失败，将严重加剧执行难与执行乱的现状。而简单的深化内分，改革力度不够充分，因

---

① 马登科：《审执分离运行机制论》，载《现代法学》2019 年第 4 期。

② 褚红军：《推动实行审判权与执行权相分离体制改革试点的思考》，载《法律适用》2015 年第 6 期。

此,我们可依据执行权的性质与权能构成进行折中安排。[①]

笔者主张采用"深化内分"模式,另两种模式都涉及"外分"的问题,从我国执行实践的现状来看,并不适合将全部或部分执行工作交由新设立的独立于法院的部门负责,理由主要有以下几点:首先,执行效率或会降低。执行权的外分,会增多程序流程,增加时间成本,降低执行效率。且若职能划分不明,还容易出现互相推诿工作的情况。越南曾将原本由法院掌控的执行权划分给行政机关,但结果并不理想,执行效率大幅下降。[②] 其次,不利于改进地方保护主义司法。若由行政部门行使执行权,则对于涉及地方利益的案件,执行难度会愈发增大。[③] 最后,外分式改革成本过大,不仅涉及原有执行人员的安置、新机构内部构建等人员机构重建问题,还涉及至少两大诉讼法、法院组织法等众多法律、法规的修改,基于我国目前执行领域案件众多,执行难、执行乱问题亟待解决的现状,并不适合在此时外设新的执行机关。

(2)模式具体落实与试点

根据"深化内分"的基本内容与要求,各级法院结合自身实际进行积极探索,在实践中形成了几种不同的机制模式,主要有以下几类:

以江苏省法院为代表,采用执行局内部分权模式,即在原本执行机关之外,又根据执行权的职能构成分设执行裁判庭,针对执行程序中出现的涉及实体争议、审查和监督的情况进行处理,原执行局则负责其他处分、交付、分配等执行事项。[④] 其二为法院内部分权模式,以广东省法院为例,将执行程序中涉及实体权利义务审查的事项交由法院民事审判部门进行审查,其余执行权内容仍由执行部门负责办理。[⑤] 其三是跨区域执行局模式,代表性法院是浙江省绍兴市中级人民法院,采取中级人民法院与基层法院的执行局分工负责执行事务的模式。中级人民法院执行局负责有关执行裁决、审查、监督的执行事务,而简单的执行裁决和全部执行实施行为都由基层法院负责。

笔者赞同执行局内部分权模式,其理由在于:法院内部分权模式将实体审查

---

① 谷佳杰:《中国民事执行年度观察报告(2017)》,载《当代法学》2018 年第 5 期。

② 肖建国:《民事执行权和审判权应在法院内实行分离》,载《人民法院报》2014 年 11 月 26 日第 5 版。

③ 岳彩领:《论强制执行审执分离模式之新构建》,载《当代法学》2016 年第 3 期。

④ 谷佳杰:《中国民事执行年度观察报告(2017)》,载《当代法学》2018 年第 5 期。

⑤ 谷佳杰:《中国民事执行年度观察报告(2017)》,载《当代法学》2018 年第 5 期。

交由审判机关完成,乃是审判权与执行审查权的融合,但如后所述,这两者不可直接合为同一机关行使。而跨区域执行局模式,程序较为烦琐,效率相对较低。从这个意义上说,执行局内部分权模式,依据执行权的性质与权能构成在执行局内部继续细化职能划分,相比其他模式更为合理。根据《执行权意见》第 2 条的规定,地方法院的执行局,也应依照分权的体制,建立执行实施、审查的部门,分别负责执行实施权和执行审查权。此条规定便体现了执行局内部分权模式的基本要求。

(二)执行当事人变更与追加的申请

明确了我国审执分离模式后,接下来的问题便是如何构建执行当事人变更与追加的程序,其又分为申请、审查、救济三方面内容。

在申请方面,据上文所述,目前争议较大的是申请主体。既有论者支持法院职权论,即执行法院可依职权直接裁定能否变更或追加案外主体为执行当事人。① 社会中部分群体对法律的基本规定仍不了解,此时法院应为执行当事人提供便利条件,同时这也符合执行程序注重效率的价值选择。也有论者主张应当仅允许当事人提出申请,即当事人申请论。② 在知晓存在可变更、追加执行当事人的情形后,是否启动变更、追加的程序,基于当事人对自身民事权利义务的处分权,应当交由其自己决定。

对此,笔者认为,结合我国执行实践和比较法经验,执行当事人变更与追加的申请主体应仅限于执行当事人。根据我国现行审执分离模式中认定的执行权性质与权能构成,执行当事人的变更与追加属于执行机关行使执行审查权的情形。主动性是执行实施权的特征,而执行审查权则具有被动性,因此,执行当事人的变更与追加也应符合被动性的特点,不应由法院主动开启。③ 另外,民事执行的目的是实现执行债权人的权利,属于私权,应由当事人自行处分,未经当事人申请,不应随意变更、追加。

---

① 卢君、马登科:《民事执行当事人变动的程序完善》,载《法律适用》2013 年第1 期。

② 肖建国主编:《民事执行法》,中国人民大学出版社 2014 年版,第 89 页。

③ 肖建国、刘文勇:《论执行力主观范围的扩张及其正当性基础》,载《法学论坛》2016 年第 4 期。

(三)执行当事人变更与追加的审查

1.审查主体

依照《变更追加当事人规定》第 28 条第 2 款的规定,执行当事人的变更与追加由执行法院负责审查。对此,理论界提出了颇多质疑。关于执行当事人的变更与追加的审查主体,主要存在两种观点,即原审判机关说和执行机关说。其中,原审判机关说认为审查能否变更、追加执行当事人的职责应由作出判决的原法院审判机关负责。"执行文模式"即属此类。[①] 据上文可知,以德日为代表的大陆法系国家就采取了此种学说,由原审判机关在签发执行文时同时解决执行当事人确认和适格两大问题。[②] 支持者认为,首先,原作出执行依据的审判人员对案情及证据的了解更为全面,在审查上具有效率高的优势;其次,变更与追加会涉及当事人的实体利益,若未经审判机关直接到执行程序,则当事人利益无法得到完全保障。[③] 而执行机关说则坚持执行机关是审查主体。支持者认为,该审查属于执行权的作用范围,在执行程序中变更与追加执行当事人可以省去申请执行人在诉讼中请求执行依据的步骤,减少诉累,缓解审判机关的压力,更及时地兑现当事人的合法权利。[④]

由此可见,原审判机关说与执行机关说都有各自的优劣之处。其实问题的本质在于,在我国现行审执分离模式下,执行当事人的变更追加,是属于审判权的判决范围,还是执行审查权的裁决范围,即我们需要进一步探讨审判权与执行审查权的关系问题。

有观点认为两者差异不大,可将执行审查权从执行权中分离,并入审判权中。[⑤] 这种观点属于上述"深化内分"审执分离模式中的法院内部分权模式。由于变更、追加的结果会影响执行当事人及案外人的实体权利,为保障当事人的权益,我们应当把审判权合并执行审查权,由审判机关担任审查主体。另有观点认

① 马登科:《审执分离运行机制论》,载《现代法学》2019 年第 4 期。

② 肖建国:《执行当事人变更与追加的程序研究——基于德、日、韩执行文制度的比较研究》,载《法律适用》2011 年第 9 期。

③ 高明:《错位与归位:审执分离改革中执行审查权的重构初探》,载《法律适用》2017 年第 21 期。

④ 肖建国:《执行当事人变更与追加的程序研究——基于德、日、韩执行文制度的比较研究》,载《法律适用》2011 年第 9 期。

⑤ 肖建国:《民事审判权与执行权的分离研究》,载《法制与社会发展》2016 年第2 期。

为两者之间的差异较大,不能简单合并。仅从权力位阶来看,执行审查权是执行权的权能构成之一,而审判权与执行权属于并列包含于司法权的权力,因此,两者处于不同的权力位阶,不可随意跨越,将执行审查权并入审判权中。①

对此笔者赞同第二种观点,其理由在于:首先,在权利的性质方面,审判权具有中立性、双向性、被动性等性质特点,其权力运行的模式是"两造对立、法官居中裁判",属于"等腰三角形"的结构构架;然而,执行审查权则具有偏向性、单向性的特征,运行模式包括"等腰三角形"或"直线式交互"等。② 其次,在价值取向方面,审判权属于判断性权力,其根本的价值取向在于公正。而执行审查权最直接的目的就是实现当事人的合法权益,因此更注重效率价值。③ 因此,两种权力存在较大差异。而从审查程序本身出发,据上文域外研究,鉴于我国并未如德日一般建立执行文制度,因此并不适宜由执行文赋予机关来担任审查主体,而是应当与我国台湾地区的规定类似,由执行机关负责审查。结合上文笔者选择的执行局内部分权模式,由于执行当事人的变更与追加属于执行审查权的范围,因此,进一步而言,审查主体为执行局中的执行审查部门。

2.审查方式

执行当事人变更与追加之审查方式的选择,主要有两种观点:一为实质审查,二为形式审查。有观点主张应采用实质审查的方式,并加入言辞辩论的环节。虽然执行程序中应当以效率作为首要价值选择,但审查的结果将影响当事人的实体权益,因此应当采用言辞辩论的方式,以防止出现差错,确保执行进行的正当性与有效性。④ 也有观点坚持形式审查,认为如果适用实质审查的方式,执行效率将会大大降低,不利于快速实现当事人权益。特别是在双方当事人与案外人都没有异议的情况下,审查程序就会显得有些烦琐。⑤

对此,笔者认为最合适的方案,是我国《变更追加当事人规定》第 28 条的规

① 高明:《错位与归位:审执分离改革中执行审查权的重构初探》,载《法律适用》2017 年第 21 期。

② 谭秋桂:《再论民事执行权的配置——以审执分离体制改革为中心》,载《民事程序法研究》2016 年第 2 期。

③ 岳彩领:《论强制执行审执分离模式之新构建》,载《当代法学》2016 年第 3 期。

④ 谭秋桂:《论民事执行当事人变化的程序构建》,载《法学家》2011 年第 2 期。

⑤ 高明:《错位与归位:审执分离改革中执行审查权的重构初探》,载《法律适用》2017 年第 21 期。

定,即原则上适用听证审查的方式,组成合议庭公开听证,但对于“事实清楚、权利义务关系明确、争议不大的案件”,可通过查阅案卷和材料等方式进行审查。如此不仅保证了执行效率,不在无异议、较为简单的案件上耗费资源,而且也保障了当事人权利,高效精准地解决了问题。

具体而言,针对《变更追加当事人规定》第 2 条至第 27 条所列情形,如何选择审查方式,还需结合变更与追加执行当事人事由的类型化研究进一步分析。为此,笔者试图以执行当事人变更与追加的理论基础为依据,对《变更追加当事人规定》中的列举式事由进行类型化重组。通过对比分析学界各类学说观点,笔者选定了四类理论基础,包括两个程序性理论依据,即执行力主观范围扩张和主体同一性理论,另有两个实体性理论依据,即责任财产恒定性与连带责任的不可分割性理论。

(1)执行力主观范围扩张类

执行力是通过法院的强制执行来实现生效法律文书确定的权利义务之效力。[①] 而执行力的主观范围是上述执行力所及的主体界限,涉及对何主体发生执行约束力的问题。通常情况下,受执行力影响的范围仅限于执行依据确认的执行当事人,但在特定情况下,可扩张及于执行依据以外的民事主体,此即执行力主观范围的扩张。结合我国《变更追加当事人规定》所列事由,它主要包括两类主体。

其一,一般继受类,主要发生于作为执行当事人的自然人死亡、被宣告死亡或失踪,以及法人或其他组织终止、分立、合并等情形,其继受人可概括性地继受原当事人的全部权利义务,进入执行程序,成为执行当事人。[②] 对此类变更与追加执行当事人的情况,审查方式的选择需具体分析。对于部分事实清楚、权利义务关系明确、双方争议不大的案件,可以通过形式审查进行裁定。而若证据与事实较为复杂,双方各执一词,仍需设置合议庭审查。例如,在北京市东城区人民法院审理的某案件中,由于执行债务人死亡后对其继承权争议较大,因此,法院组成合议庭审查,最终驳回了申请人变更执行当事人的请求。[③]

① 肖建国、刘文勇:《论执行力主观范围的扩张及其正当性基础》,载《法学论坛》2016 年第 4 期。

② 相关法条参见《变更追加当事人规定》第 2 条、第 4~8 条、第 10~12 条。

③ 北京市东城区人民法院(2019)京 0101 执异 459 号。

其二为特定继受类,是案外人基于当事人的法律行为如买卖、赠与等或其他法律规定而继受权利义务的情况。例如,《变更追加当事人规定》中第25条,法人或其他组织作为执行当事人,若“财产依行政命令被无偿调拨、划转给第三人”,使得其财产不足以清偿涉案债务,则可变更、追加该案外人为执行当事人,在其继受的财产范围内承担责任。① 对于此类事由,若事实清楚、异议不大,则书面审查即可;而对实践中法律关系混乱、事实不清的案件,则需组成合议庭进行公开听证审查。

(2)主体同一类

当案外人和执行依据记载的执行当事人基于人格与财产的混同等情况,即实质上属于同一主体,且原当事人不具有独立的归责主体地位,此时可变更、追加具有同一责任主体地位的案外人进入执行程序,此类事由的理论基础即主体同一性理论。《变更追加当事人规定》第13～15条规定的个人独资企业、合伙企业以及法人分支机构不能清偿债务的情况,即属于此类。由于需审查原执行当事人与案外人的主体地位,事实与证据相对较复杂,一般情况下采用实质审查的方式。例如,江西省上饶市中级人民法院在某案件中,针对此情形,法院最终决定组成合议庭公开听证。②

(3)责任财产恒定类

责任财产是指由债务人用以履行其义务的财产,其由生效法律文书确定,只要未经法定情形和程序改变其所属,则不论其流转于何处,都可被执行力所及,此谓责任财产恒定性理论。③ 在执行当事人的变更与追加事由中,其多体现于非善意而取得责任财产的情形,例如《变更追加当事人规定》第14条第2款,有限合伙企业财产不足以清偿债务,可变更、追加未按期足额缴纳出资的有限合伙人为执行当事人。④ 在实务中,对此类事由的审查方式,因现实情况的复杂度,多以实质审查为主。例如,广东省深圳市龙华区人民法院在某案件中,对未按期足额缴纳出资的有限合伙人,经合议庭审查,追加为执行当事人。⑤

---

① 相关法条参见《变更追加当事人规定》第9条、第14条第2款、第24～25条。

② 江西省上饶市中级人民法院(2018)赣11执异3号。

③ 谭秋桂:《论民事执行当事人变化的程序构建》,载《法学家》2011年第2期。

④ 相关法条参见《变更追加当事人规定》第17～19条。

⑤ 广东省深圳市龙华区人民法院(2019)粤0309执异54号

(4)连带责任不可分割类

连带责任是指两个或两个以上民事主体须对全部债务承担清偿责任的特殊责任制度,而连带责任的不可分割是指,债权人有权同时或分别向全部或部分债务人提出偿还债务的要求,此时每一位债务人都有偿还全部债务即清偿的责任与义务。[①]《变更追加当事人规定》第20条、第21条的事由即属于此类。广东省广州市中级人民法院在审理某归属此类的案件时,选择组成合议庭审查相关证据是否符合该条款规定,最终作出追加执行债务人的裁定。[②]

综上所述,结合执行当事人变更与追加事由的类型化研究,以理论基础为划分依据,其可具体分为四种类型。对此,实务中法院常用的审查方式按类型划分有所不同。由于实务中现实情况通常较为复杂,多数法院为确保当事人权益,选择组成合议庭进行实质审查,而对部分"事实清楚、权利义务关系明确、争议不大的案件"采用形式审查的方式,同时确保当事人有提出复议等寻求救济的权利。

(四)执行当事人变更与追加的救济

研究执行当事人变更与追加的救济程序,可遵循从问题到理论的探讨路径,由此构建的救济程序是具备正当性和适用价值的。因此,我们先将实务中可能出现的情况进行分类,需要寻求救济以保护自身权利的情形可归纳为两种:其一,执行违法。执行权属于国家强制性的权力,法律会明确规定执行权行使的范围、形式与具体程序等。[③] 若执行机关违背了相关法律规定,即属于执行违法的情形。对此,应依法当予以撤销。[④] 针对执行违法需设置一种救济途径即程序性救济,是指当事人或利害关系人对执行机关违背执行程序规定的执行行为之救济方法。[⑤] 如上文所述,对程序性救济在域外存在异议、抗告等多种形式。其二为执行不当,是指执行结果与实际上的实体权利义务关系不相符的情况。对此需提供实体性救济,即基于实体法律关系争议,请求作出裁判以维护自身权利的救济方式。[⑥] 根据域外规定,一般是通过向审判机关提起诉讼的方式解决。

针对执行违法行为,根据《变更追加当事人规定》第30条,我国应采取执行

① 谭秋桂:《论民事执行当事人变化的程序构建》,载《法学家》2011年第2期。

② 广东省广州市中级人民法院(2019)粤01执异598号。

③ 张卫平:《执行救济制度的体系化》,载《中外法学》2019年第4期。

④ 张登科:《强制执行法》,三民书局有限公司2014年版,第141页。

⑤ 谭秋桂:《民事执行法学》,北京大学出版社2015年版,第248页。

⑥ 孙家瑞:《中国强制执行制度概论》,中国民主法制出版社1999年版,第315页。

复议的程序性救济方式。就行为性质而言,执行违法行为的本质是执行机关程序上的瑕疵,是公权力与当事人私权之间的矛盾。因此,我们可通过提供执行复议的救济方式,对执行审查权进行横向的监督。① 而且,复议可防止救济程序的过分繁复,保证执行效率。

在执行不当的救济上,根据《变更追加当事人规定》第 32 条,对于特别规定的 6 种情形,可通过提起执行异议之诉的实体性救济方式维护自身的权利。对于涉及当事人实体权利义务的争议,是权利与权利之间的矛盾,通过民事诉讼的方式解决是较为合理的方式。② 一般的执行不当,目前继续适用执行复议的方式。结合变更与追加执行当事人事由的类型化研究,其中责任财产恒定类与连带责任不可分割类中的 6 种情形,可直接通过执行异议之诉寻求救济,其余情形则需先申请复议解决。对此,有学者提出救济不够充分的异议,③但笔者认为我国现行救济程序规定是符合我国目前司法实践情况的,且适用至今并无太大的纰漏。具体而言:首先,对于事实清楚、证据确实充分的情况,再经历审判程序,有浪费司法资源之嫌,且无法实现执行程序对效率的要求。其次,其余的情况由执行复议解决,虽然其无法与审判程序一样完全且充分地保障当事人的程序权利,但执行复议具有简便性、高效性的优势,这与我国“执行难”“执行乱”的现实急迫困境相适应。这种救济安排可做到执行程序中在效率基础上的公平。④ 最后,两种救济途径,各有其可适用的范围。此制度设计可在提高执行效率的同时,避免因救济措施交叉重复而造成的实务中同案不同判的情况,确保执行当事人权利的有效保护。

结　语

执行当事人的变更、追加对高效实现当事人合法权利、缓解执行难与执行乱的困境有着重要意义。但我国现行的程序制度由于立法规定的模糊与不完善,引发实践中各级法院适用的争议,因此,执行当事人变更与追加程序的改进具备

① 朱新林:《论民事执行救济制度体系》,载《法律适用》2015 年第 7 期。

② 朱新林:《论民事执行救济制度体系》,载《法律适用》2015 年第 7 期。

③ 肖建国:《执行当事人变更与追加的救济制度研究——基于德、日、韩执行文制度的比较研究》,载《法律适用》2013 年第 7 期。

④ 阙梓冰:《执行程序中变更、追加当事人制度的价值理念与具体适用》,载《人民法院报》2019 年 8 月 1 日第 5 版。

研究的重要性与必要性。与此同时,我国审执分离模式进入新的发展阶段,执行案件的复杂多变,使得执行当事人变更与追加面临的外部环境更为严峻复杂。

为解决上述困境,上文在我国审执分离模式深化的背景下,探究了执行当事人变更与追加程序的构建。通过分析审判权与执行权的性质及权能,对比各审执分离模式的优劣,最终笔者选定深化内分模式,并进一步在实践中适用执行局内部分权模式予以落实。在此审执分离模式背景下,针对立法规定模糊与司法实践中的突出争议,笔者结合我国实体事由类型化研究、相关实务现状与域外经验,深入探讨申请、审查、救济三大程序具体构建,以期对相关制度研究,以及执行当事人权益的保障、执行难与执行乱等问题的解决有助益。

法学教育改革

“刑事法一体化”研究生培养模式的改革探索*

——以西南政法大学法学院课程实践为中心

潘金贵** 王志坚***

摘要:刑事法研究生的传统分化培养模式会导致理论和实践的脱节、实体和程序的脱节。西南政法大学法学院自2016年起开始探索“刑事法一体化”的研究生培养模式,在理论知识建构、实务能力锻炼、学术兴趣培养、科研能力提高等方面取得了显著成效,为研究生培养积累宝贵经验。当然,西南政法大学法学院的“刑事法一体化”培养模式还在初期探索阶段,还存在一定的问题,需要及时反思并完善。事实证明,“刑事法一体化”培养模式符合刑事司法人才成长规律,应当全面推广。

关键词:刑事法一体化;研究生培养;改革实践

党的十八大以来,习近平总书记站在党和国家事业全局的高度,明确提出要“推进教育改革,提高教育质量,培养更多、更高素质的人才”,①要“深化人才培

---

* 本文系重庆市研究生教育教学改革研究项目“刑事法学学术型研究生‘一体化’培养模式改革与创新研究”(项目编号:YJG173002)、重庆市研究生科研创新项目“刑事案件事实认定中的经验法则研究”(项目编号:CYB19128)的阶段性研究成果。

** 作者系西南政法大学法学院教授、博士生导师,法学博士。

*** 作者系西南政法大学法学院2018级刑事诉讼法博士研究生。

① 《习近平会见清华大学经管学院顾问委员会海外委员》,载《人民日报》2013年10月24日第1版。

养模式、教学内容及方式方法等方面的改革,使各级各类教育更加符合教育规律,更加符合人才成长规律”。① 2014年12月,教育部印发了《关于改进和加强研究生课程建设的意见》,要求研究生培养单位“立足研究生能力培养和长远发展,加强课程建设”。为了贯彻落实党中央和各部委的文件精神,西南政法大学于2014年7月出台《西南政法大学研究生课程教学改革办法(试点)》,并设立专项资金,启动了研究生课程教学改革试点工作。2015年9月,西南政法大学法学院刑法学专业、刑事诉讼法学专业率先针对学术性硕士实行“多师同堂专题研讨式”教学模式,取得显著成效,形成师生多维互动、教学持续相长的良性循环。② 在此基础上,西南政法大学法学院发现刑事法学研究生的传统分化培养模式存在理论与实践脱节、实体法与程序法脱节的弊端,③并大胆探索实行“刑事法一体化”的研究生培养模式。“刑事法一体化”培养自2016年实行以来至今已有4年,“一体化”范围逐渐扩大,培养模式也逐渐成熟。事实证明,“刑事法一体化”培养是符合刑事司法人才成长规律的,应当予以推广。

一、“刑事法一体化”研究生培养模式的改革背景

(一)现代刑事司法实务亟须“一体化”人才

随着程序正义理念的不断发展以及证据制度的不断完善,现代刑事司法对实体公正和程序公正表现出同等重视。法律工作者办理刑事案件,需要同时具备实体法知识和程序法知识,现代刑事司法逐渐显现出对“一体化”人才的需求。主要有三个方面的原因:其一,刑事司法实践中,存在诸多实体与程序互动融合的具体制度。如2018年刑事诉讼法新增的“认罪认罚从宽制度”,虽然被规定在刑事诉讼法中,但同时涉及程序从简和实体从宽,前者是程序问题,后者是实体问题。另外,量刑制度被规定在刑法中,而量刑建议却成为认罪认罚从宽制度的中心枢纽。因此,要想正确理解和适用认罪认罚从宽制度,司法工作人员必须同时具有刑法和刑事诉讼法的理论功底。又如追诉时效制度,这是典型的实体与

---

① 《习近平在北京市八一学校考察时强调:全面贯彻落实党的教育方针,努力把我国基础教育越办越好》,载《人民日报》2016年9月10日第1版。

② 孙长永、李燕:《建设一流研究生课程,培养一流法治人才——西南政法大学法学专业研究生课程改革实践探索》,载《学位与研究生教育》2017年第8期。

③ 李昌林:《诉讼法学硕士研究生培养质量保障机制研究》,载《西南政法大学学报》2011年1期。

程序交织的问题,日本将追诉时效规定在刑事诉讼法中,而我国的追诉时效则被规定在刑法中的。其二,某些刑法实体疑难问题运用程序法思维即可迎刃而解。例如,在"昆山反杀案"中,有的刑法学者质疑:"是否属于正当防卫属行为性质认定范畴,公安机关有权决定撤案吗?"事实上,这一问题运用无罪推定原则即可解释清楚,该学者就是缺乏实体程序一体化的思维。① 其三,证据作为实体法和程序法的"连接点"是刑事司法的基础。刑事司法是一个事实认定到法律适用的过程,实体公正有赖于准确认定事实和准确适用法律两个方面,而"证据""证明"又被规定在刑事诉讼法中,因此可以说,在刑事司法内部,实体和程序本身就是统一的,统一于证据证明的过程。教育的变革源于社会发展对人才培养的需要,② 现代刑事司法实务已展现出对"一体化"人才的需求,研究生培养模式也应顺势作出调整。

(二)"刑事法一体化"研究视角逐渐受到学界重视

"刑事法一体化"的概念最早由储槐植教授在 1989 年提出,他主张刑事法学研究应与有关的刑事学科(诸如犯罪学、刑事诉讼法学、监狱学、刑罚执行法学、刑事政策学等)知识相结合,疏通学科隔阂,彼此促进,实现"刑法与刑法运行处于内外协调状态",才能实现最佳社会效益。③ 自此,"刑事法一体化"已成为我国刑事法领域中一项新的研究视角。④ 2000 年,汪建成教授提出"兼顾功利与公正是刑事法治的最终追求,这一目标在刑事一体化进程中主要是靠刑事司法来实现的,而刑事司法又主要是刑法和刑事诉讼法的运作过程"。⑤ 2016 年,《政治与法律》第 7 期更是开设专栏对"刑法与刑事诉讼法一体化研究"问题展开讨论,编者提出,"刑事法的理论体系和实务运作是一个相互关联的整体,刑法和刑事诉讼法的关系甚为紧密……希望将刑事一体化的理论研究引向深入,以沟通理论研究和司法实务、程序法与实体法的良性互动。"直至今日,仍有不少学者

① 李勇:《跨越实体与程序的鸿沟——刑事一体化走向深入的第一步》,载《法治现代化研究》2020 年第 1 期。

② 高澍苹:《网络环境下成人在职教育教学改革探索——来自北京大学医学网络教育学院的实践报告》,载《中国远程教育》2015 年第 9 期。

③ 储槐植:《建立刑事一体化思想》,载《中外法学》1989 年第 1 期。

④ 高维俭:《刑事学科系统论》,载《法学研究》2006 年第 1 期。

⑤ 汪建成、余诤:《对刑法和刑事诉讼法关系的再认识——从刑事一体化角度观察》,载《法学》2000 年第 7 期。

在呼吁“刑事法一体化”的建设，在此研究思潮下，我们自然应当反思当下刑事法研究生的培养模式。我们将刑事实体法和刑事程序法的科研资源和教学资源整合起来，设立涵盖刑事法一体化学科，逐步深化至硕士研究生、博士研究生、师资培养层面，最终收获于刑事司法有益的“一体化”人才。

（三）传统研究生分化培养模式的弊端逐渐凸显

我国传统研究生教育模式脱胎于苏联，是一种专业分化式培养。将刑事法分为刑事实体法和刑事程序法两个专业独立招生、培养，有违实体法和程序法的统一联系，其具有三个方面的弊端：其一，学生的知识掌握存在偏差。专业分化以后，程序法的学生认为实体法不是本专业而不重视，实体法的学生则不重视学习程序法，导致学生“偏科”严重，懂程序的不懂实体，懂实体的不懂程序。然而，实践中的刑事案件，不能仅从实体角度观察，更不能仅从程序角度观察，需要同时注重程序正义和实体正义。可以说，传统分化式培养为现代司法提供的人才只能算是半成品。其二，学生的思维模式受到限制。刑事实体法的学生习惯使用犯罪构成四要件理论分析定罪处罚，却常常忽视案件证据存在的瑕疵漏洞，刑事程序法的学生则一直在寻找人权保障和惩罚犯罪的平衡点，却很容易忽视是否构成犯罪这一根本问题。刑事实体法和刑事程序法具有不同的理念、思维，专业分化培养不能使学生同时兼具程序法和实体法的理念、思维，无法客观全面地看待问题。其三，学生的科研能力难以提高。研究生教学应重点培养学生的思维能力、科研能力和创新能力。① 传统研究生课堂同本科生一样，属于“讲授型课堂”，不是“研究型课堂”，学生只能被动地接受授课教师的知识灌输，缺乏主动查找研究资料的能力，更不论开创自主研究范式。

二、“刑事法一体化”研究生培养模式的实践方案

下面以 2018 级研究生为例，介绍西南政法大学法学院“刑事法一体化”培养模式的实践方案。

（一）“刑事法一体化”的培养目标

首先，推进实体程序“一体化”融合，帮助学生建构刑事法理论体系。传统研究生的分化培养模式导致许多实体法研究生不懂程序，程序法研究生不懂实体，

① 杨正文、刘敏昆：《研究生专业课程“研究性课堂”教学机制探析》，载《研究生教育研究》2016 年第 2 期。

属于“偏科型”人才，难为刑事司法所需。“一体化”改革通过促进实体法研究生和程序法研究生的课前讨论、课上交流，使其同时重视对实体法和程序法的学习，使实体法和程序法的思维、理念能够有机融合，形成刑事司法真正需要的刑事法思维、理念。

其次，促进理论实践“一体化”结合，提高学生的法律运用能力。传统研究生培养以教师“填鸭式”灌输知识为主，学生很少了解实践状况，致使学生所学理论犹如“空中楼阁”，不接地气且毫无现实意义。“一体化”改革通过引入实务教师、进行案例讨论等形式，帮助学生了解实践、重视实践，要知道，服务实践才是人才培养的最终目的。

最后，培养硕士博士“一体化”交流，实现互利共赢。传统的研究生培养模式中，博士生和硕士生是独立培养的，二者几乎无任何交流。“一体化”改革实现硕博同堂教学，硕士生人数较多，思维不易陷入定式，能对博士生的研究起到开拓思维的效果，而博士生具有较高的理论水平和较成熟的学术研究思维，参与讨论能对硕士生起到引导作用。另外，一些在职博士生还具有丰富的实践经验，可以填补硕士生的实践短板，避免“空想”。

（二）“刑事法一体化”的课程安排及人员分组

目前实行“刑事法一体化”改革的课程有四门：刑法学总论、刑法学分论、刑事诉讼法学总论、刑事诉讼法学分论。刑法学总论和刑事诉讼法学总论为研一第一学期的必修课程，每门课程每周一次，每次四个课时。刑法学分论和刑事诉讼法学分论为研一第二学期的必修课程，也是每门课程每周一次，每次四个课时。“一体化”改革后学生数量过多，为了保证教学效果，法学院将两大专业的学生分为两个教学班进行上课，两个教学班级只有上课时间不同，教学内容以及授课教师都是相同的。另外，为了给学生提供充分的准备时间，两门改革课程一般会间隔一天，如教学1班的刑法学总论课程安排在周一晚上，刑事诉讼法学总论课程安排在周三上午，刑法学分论课程安排在周四晚上，刑事诉讼法学分论课程安排在周六上午。

目前“刑事法一体化”改革只针对学术型研究生进行，不包含专业型硕士。2018级刑法学硕士研究生有76人，刑事诉讼法学硕士研究生有51人，为了实行“刑事法一体化”改革，刑法学教研室和刑事诉讼法学教研室根据专业、导师、性别等因素将127名学生分为16个组,[①]每组8人。前8组为教学1班,后8组为教学2班。此外,刑法学教研室要求2018级刑法学博士研究生参与刑法学总论课程,[②]13名博士生被随机分配到教学1班的8个小组中,实行博硕同堂。

(三)"刑事法一体化"的课堂教学

"刑事法一体化"改革课程基本延续了"多师同堂专题研讨式"的课堂教学模式,[③]同时也针对"一体化"特征进行了些许调整:其一,为了更好地融合刑事实体法和刑事程序法,刑法学分论课程采用案例研讨的形式,每一堂课都会邀请一名兼职教师(实务专家)参与讨论。其余课程虽然以理论知识讨论为侧重点,但在实践性较强的专题中也会邀请实务专家参与课堂。其二,主讲教师在引导性讲授过程中,会提示学生尝试从实体法和程序法两个不同角度思考问题。其三,在课堂交流环节,责任教授会有意安排不同专业的学生进行辩论,引起实体法思维和程序法思维的碰撞。另外,责任教授在点名提问时会有意点非本专业学生来回答,是为了防止学生因是非本专业课程而懈怠。以刑法学总论课程中"量刑方法与量刑规范化的疑难争议问题"专题为例,主讲教师在引导性教授过程中会将实体法层面的量刑方法、量刑规范化等问题和程序法层面的认罪认罚从宽制度中量刑建议的效力、量刑建议的精准化等问题结合起来供学生思考、讨论。责任教授首先会要求程序法专业的学生表达观点,再点一位实体法专业的学生对该观点进行点评、反驳,如此往复,形成课堂辩论。

(四)"刑事法一体化"的课后考核

"刑事法一体化"改革课程的考核规则由课程责任教授自行决定。

刑法学总论课程对刑法学专业和刑事诉讼法专业的学生设置了不同的考核规则:要求刑法学硕士生完成"两篇学术论文、两篇学习总结、一篇不少于两万字的文献综述",并按照"4222"的权重打分,即平时成绩占40%(40分)、论文成绩

---

① 12个组中有3名刑诉学生和5名刑法学生,3个组中有4名刑诉学生和4名刑法学生,1个组中有3名刑诉学生和4名刑法学生。

② 由于2018级刑事诉讼法学博士研究生中,大部分已在硕士阶段参与本校的"多师同堂专题研讨式"改革课程,故不再要求其参与"刑事法一体化"改革课程。

③ 首先由一名主讲教师进行引导性讲授,再由学生进行主题发言,另一名主讲教师进行评论发言和深度追问,接着组织进行师生交流发言,最后责任教授进行总结发言。参见孙长永、李燕:《建设一流研究生课程,培养一流法治人才——西南政法大学法学专业研究生课程改革实践探索》,载《学位与研究生教育》2017年第8期。

占 20%(10 分/篇)、学习总结成绩占 20%(10 分/篇)、文献综述成绩占 20%(20 分);要求刑事诉讼法学硕士生完成“两篇文献综述、两篇学习总结”,在第 6 周和第 16 周提交,并按照“433”的权重打分,即平时成绩占 40%(40 分)、文献综述成绩占 30%(15 分/篇)、学习总结成绩占 30%(分别记 10 分和 20 分);要求刑法学博士生完成三篇学术论文,在第 6 周、第 10 周和第 16 周提交,并按照“46”的权重打分,即平时成绩占 40%(40 分)、论文成绩占 60%(20 分/篇)。

刑事诉讼法学总论课程对两个专业的学生适用相同的考核规则,分为“小组成绩和个人成绩两部分”。每组在每个专题授课前需提交一份发言提纲,并结合课堂研讨发言情况,考核全组同学的平时成绩,共 40 分。每位同学在期中和期末需提交两篇读书报告,考核个人平时成绩,共 30 分。每位同学在寒暑假期需提交一篇与刑事诉讼法学总论相关的论文,考核个人期末成绩,共 30 分。三项成绩累加为个人最终成绩。

刑法学分论课程以案例研讨为主,其考核方式也充分体现出理论和实践的结合。刑法学分论课程要求每一小组在每个专题上课之前提交一份案例分析报告,学生若与小组意见不同,亦可自愿提交一份“不同意见报告书”。课程考核采用“扣分制”,每名同学基础分为 50 分,期末闭卷考试为 30 分,案例分析报告为 10 分,剩余 10 分根据学生的“不同意见报告书”和课堂表现灵活控制。

三、“刑事法一体化”研究生培养模式的改革成效

为了直观了解“刑事法一体化”研究生培养模式的改革成效,课题组针对参与过改革的研究生们展开问卷调查。调查共收回有效问卷 339 份。当问及“当前实行的‘刑事法一体化’研究生培养模式是否有必要”时,294 名(86.73%)学生选择“有必要”,30 名(8.85%)学生选择“不确定”,仅 15 名(4.42%)学生选择“无必要”,可见,“刑事法一体化”改革已获得绝大多数学生的肯定和支持,具有多方面成效。

(一)学生的知识储量更加深厚扎实

学术型研究生以“理论研究”为培养导向,在“知其然”的基础上还需要“知其所以然”,这就要求学术型研究生首要应当具备深厚扎实的理论知识。调查显示,有 274 名(82%)学生认为“刑事法一体化”改革丰富了其知识储量。

其一,“刑事法一体化”改革能大幅提高学生的阅读量。传统的研究生培养模式是教师单方面讲授、学生被动听课,与本科生培养并无二异,这决定了绝大

多数研究生的知识来源限于课堂，课外几乎不会阅读其他专著、论文等，自然缺乏学术创新之源泉。“刑事法一体化”改革中，主讲教授在课前需要针对研讨专题精心挑选最具代表性、权威性的专著、论文，形成必读文献目录和选读文献目录，供学生课前阅读。据统计，平均每个专题学生至少需要阅读 12 篇论文，阅读量达到 12 万字以上，刑法学总论、刑事诉讼法学总论、刑法学分论、刑事诉讼法学分论四门课程下来，每位学生的专业阅读量至少达到 480 万字以上，可想而知这其中能包含多少有利知识。其二，“刑事法一体化”改革能使学生紧跟学术前沿和实务前沿。一方面，授课专家组会根据学术热点、制度改革等及时调整课程的研讨专题，使学生掌握的知识始终处于前沿；另一方面，改革课程特别强调学生不能仅关注理论动态，而忽视对规范文件的理解、对实践状况的理解。只关注理论而忽视文本是“无源之水”，只关注理论而忽视实践是“空中楼阁”。通过“刑事法一体化”改革，学生能够紧密结合现有规范性文件和理论知识，从中发现问题、思考问题、解决问题，其所收获的知识是完整且高质量的。

（二）学生的知识体系更加全面系统

知识体系的完善优化有助于梳理学生的知识储量，提高知识运用能力，这也是研究生人才培养的目标之一。调查显示，有 234 名（69%）学生认为“刑事法一体化”改革能使其知识体系更加全面系统。

首先，“刑事法一体化”改革课程的研讨专题的确定体现了系统性。如刑法学课程的研讨专题基本是按照基础理论——犯罪论——刑罚论的顺序安排，如此有助于学生对刑法学知识体系的整体架构。其次，每个研讨专题中的研讨提纲也具有逻辑性和代表性。以刑事诉讼法学总论课程的第四专题“以审判为中心的刑事诉讼制度改革”为例，研讨提纲的第一部分是对该专题内容的概述，讨论“以审判为中心的含义和意义”，便于学生厘清相关概念和内涵。第二部分讨论“以审判为中心诉讼制度的实现路径”，依次从“侦查和公诉方面、审判方面、证据制度方面、辩护制度方面、其他方面”五个方面展开讨论。第三部分挑选几个争议较大的问题展开讨论，“以审判为中心是否要求统一刑事诉讼各阶段的证明标准？是否要求统一取消人民检察院的法律监督权？是否要求废止案卷移送制度？”，等等。同时其也会将观点相左的论文一起放在文献目录中便于学生比较，促使课堂辩论氛围的形成。可见，研讨提纲条理清晰、结构合理，不仅具有逻辑性，而且还具有代表性，这对学生系统掌握本专题知识具有重大意义。最后，“刑事法一体化”教学能使刑事实体法知识体系与刑事程序法知识体系互相交叉，形成更高层面的刑事法知识体系。"刑事法一体化"改革使刑事法学研究生同时注重实体法和程序法的学习,改变以往刑法学研究生不懂程序,刑事诉讼法学研究生不懂实体的尴尬局面,促成统一的刑事法知识体系,而这一知识体系才是刑事司法人才所必备的。

(三)学生的实务能力得以锻炼

曾有不少实务部门的工作人员反映,新晋的实习生或者毕业生中普遍存在"理论偏离实际、刑法研究生不懂程序法、刑诉法研究生不懂实体法"的问题。为了解决这些问题,"刑事法一体化"改革会组织刑法学和刑事诉讼法学的研究生针对某一实务案例进行课堂讨论。学生不能仅仅局限于自己专业的理论知识,需要将视野扩展至整个刑事法。例如,刑法学研究生以往习惯通过违法性、有责性、刑事政策等方面讨论是否构罪,而刑事诉讼法学研究生则习惯通过证据能力、证明力角度论证是否构罪。在"一体化"改革课程中,学生需要兼顾实体法和程序法的知识来解决实务案例。另一方面,学生需要同时运用理论、规范、判例、域外规定等各方面论据论证自己的观点,达到理论和实践的全面融合。"刑事法一体化"改革使学生理论联系实践、实体结合程序的能力得到了有效锻炼,因此,学生可以更加客观、辩证地解决实务案例。

(四)学生的科研能力显著提高

传统研究生培养模式仅注重知识的灌输,不重视学术兴趣和学术能力的培养,以至于研究生毕业时,对毕业论文的选题、资料收集、写作捉襟见肘,学位论文不仅缺乏新意,还存在诸多学术不规范和学术不端的问题。"刑事法一体化"改革能够有效挖掘学生的学术兴趣,提高学生的科研能力。

调查数据显示,有 132 名(38.9%)学生认为"刑事法一体化"改革使其产生了学术兴趣。一方面,"一体化"改革十分重视培养学生的问题意识和独立思考意识,要求学生辩证地看待他人观点,不盲目相信权威。在两个意识的作用下,不同专业的学生会针对同一问题各抒己见,据理力争,良好的课堂辩论氛围将学生的求知欲和好胜心转化为学术兴趣,进入良性循环。另一方面,改革课程为学生提供展现自己的舞台,增强学术自信。事实上,传统研究生教学课堂中不少学生在台下也有思考,也有自己的观点,只不过缺乏表达观点的渠道和自信,使一些学术兴趣无法燎原。"一体化"改革秉持"自由发言为主、点名发言为辅"的理念,促使学生在课堂上"开口说话",逐渐营造出轻松自在的学术探讨氛围。学生的观点、思维方式获得教师、同学的认可时,会极大增强其学术自信,进而焕发学术兴趣。再一方面,课后不少学生还会针对自己感兴趣的问题展开进一步讨论、研究,完全实现学术自主。“刑事法一体化”改革使实体法学生具有了程序法思维,程序法学生具有了实体法思维。为了更加全面地理解某一问题,课后学生会主动学习非本专业的知识,形成刑事法一体化的研究范式,实现“1+1>2”的研究效果。

在学术兴趣的指引和支撑下,学生的科研能力自然得到了显著提高。以刑事诉讼法学专业的研究生为例,一方面,学生发表论文数量明显增加。截止到2019年年末,2015级硕士研究生已发表文章25篇,2016级硕士研究生已发表文章56篇,2017级硕士研究生已发表文章24篇。另一方面,不少硕士研究生选择继续读博。2015级硕士研究生中有4位同学继续攻读博士学位,2016级硕士研究生中有7位同学继续攻读博士学位。再一方面,学生的论文选题也呈现出“一体化”的趋势。受“刑事一体化”培养模式的影响,学位论文出现更多与实体程序结合的选题,如“认罪认罚案件中被害人权利保障机制研究——以涉众型经济犯罪为视角”,此类型选题具有很强的实践意义。在该类论文写作的过程中,学生需要具有全面收集资料、思考和交流探讨问题的能力,这些都是“刑事一体化”模式下养成的技能,可见“刑事法一体化”培养模式具有持续性的影响力。

四、“刑事法一体化”研究生培养模式的问题反思

改革期间,“刑事法一体化”培养也暴露出一定的问题,需及时反思完善。

(一)课程时间安排不够合理

目前来看,“刑事法一体化”改革课程主要集中在第一学年,上学期开设刑法学总论、刑事诉讼法学总论,下学期开设刑法学分论、刑事诉讼法学分论,每门课程每周有六个课时。调查数据显示,188名(55.5%)学生认为改革课程的时间安排一般或是不合理,具体表现在以下几个方面:第一,因为改革课程需要充分的课前准备、深入的课堂讨论和及时的课后反馈,有的学生认为一学期安排两门改革课程,学习任务过重;第二,有的学生认为各改革课程的间隔时间较短,课前准备有些仓促;第三,还有学生认为各专题的讨论时间不够充分,研究深度、广度有所欠缺。课程时间安排不合理,导致学生的学习任务过重,学生的学习精力自然向本专业倾斜,对本专业课程进行“应付式”课前准备。调查数据显示,仅有136名(40.1%)学生认为自己对非本专业课程的投入同样充足,其余203名学生认为对非本专业改革课程的投入一般或不足,这与“刑事法一体化”改革目标存

在根本冲突。

（二）博硕同堂效果不够理想

改革引入“博硕同堂”的目的是形成“博士生引导硕士生，硕士生影响博士生”的良性循环，既锻炼博士生观点论证的全面性，也锻炼硕士生的独立思考能力，然而，实际效果并不理想。调查数据显示，有16.52%的学生认为博士生在改革中未发挥作用，有14.16%的学生认为不清楚博士生在改革中有何作用。究其原因：其一，博士生较硕士生而言有较为明确的研究方向和发展道路，其学术导向鲜明，在与自身研究无关联的专题上，博士生并无研究热情和动力；其二，博士生和硕士生同一小组，容易产生博士生主导讨论，硕士生盲目屈从的不利局面，硕士生缺乏自主思考，得不到应有的锻炼。如此看来，“刑事法一体化”改革还需要进一步思考是否需要继续实行博硕同堂以及如何实行的问题。

（三）研讨资料还需精炼筛选

目前来看，研讨资料存在以下两方面的不合理之处：其一，典型性不足。有93名学生认为“研讨资料内容较多且不区分难度和重点”。研讨资料过于繁杂会影响学生的学习兴趣和学习精力，进而影响学习效果。因此，研讨资料必须要进一步精炼筛选，区分重难点，实现数量和质量的平衡，实现学习效果最大化。其二，全面性不够。有63名学生认为“资料缺乏理论和实务的结合”，有的专题侧重对实务案例的评析，如刑法学分论第三章的“生产、销售伪劣商品犯罪疑难问题研究”，有的则过于注重理论探讨，忽视实证研究，如刑事诉讼法学总论的“取保候审与监视居住”专题。另外，有53名学生认为“资料未实现实体法和程序法的结合”。究其原因，主要是因为目前研讨提纲的拟写由授课教授单独负责。刑法学课程的研讨资料由刑法教研室教授负责筛选，刑事诉讼法学课程的研讨资料由刑事诉讼法学教研室教授负责筛选，教授往往习惯按照自己的研究思维拟写研讨提纲，那么研讨资料也就容易缺乏“一体化”特征。另外，每个教授的研究领域、研究习惯也有所不同，有的教授习惯进行理论性思辨，有的教授习惯进行实证研究，因此，研讨资料存在理论和实践的差距也能够理解。可见，下一步课程改革的目标应当是优化研讨资料筛选机制，尽可能实现“刑事法一体化”。

（四）课前讨论效果参差不齐

调查数据显示，195名学生认为在课前讨论中参与度较高，135名学生认为参与度一般，有9名学生认为参与度低。在深入调查之后发现，各个小组采用的课前讨论模式有所不同，主要有以下几种：第一，定期讨论式。有的小组会按要求定期召集讨论会，大家会针对研讨提纲各抒己见、侃侃而谈，产生较好的讨论效果。第二，分专业讨论式。由于两大专业其他课程的安排不一致，讨论时间难以协调，有的小组就采用刑事诉讼法学课程由刑事诉讼法学研究生讨论负责，刑法学不参与或是形式化参与，反之亦然。这导致很多课程的课前讨论成为本专业学生的内部交流，与“刑事法一体化”的改革预期相悖。第三，各自负责式。有的小组为了减少负担，采用每人负责一个专题的形式，其余成员可以不参与这一专题。其中，有的小组还会召开课前讨论会，非负责成员帮助负责成员补充观点，有的小组甚至直接不进行课前讨论，非负责成员全当看客。显然，定期讨论式才是改革预想的讨论模式，能够收获最佳的讨论效果。经过反思，课题组认为讨论模式主要受小组成员之间的感情氛围、小组组长的组织协调能力、成员各自的文献阅读情况以及性格、能力等方面的影响，后续就努力从这几方面着手矫正不正确讨论模式，实现课前讨论的预期效果。

（五）课堂“一体化”特征不够明显

“刑事法一体化”改革不仅要求实体法和程序法的理论结合，还需要重视二者在实践层面的结合。数据显示，目前改革课堂缺乏理论与实务的交互，有 101 名学生提出“学理和案例相结合的教学欠缺”，有 110 名学生提出“未安排配套的实务教学和操作指导”，有 64 名学生认为“实务教师的参与度不高”。据观察，四门改革课程中，仅刑法学分论课程以案例研讨为基准，其他课程均集中于理论探讨。在引入实务教师的情况下，校内教师和实务教师的衔接配合不足，有时候会因为校内教师时间把握不当导致实务教师没有充足时间介绍实践情况和办案思路，有时候实务教师会囿于理论知识的欠缺难以抽象解释实践问题，有时候校内教师会因对实践情况不了解而空谈理论，总体而言，改革课堂中理论与实践的结合还不顺畅，比例还不协调，需要进一步改革完善。

另外，“刑事法一体化”改革过程中实体法与程序法结合的程度也不够高。一方面，目前还未实施“双专业教师同堂”，刑事诉讼法学课堂由刑事诉讼法学教师讲授。受研究思维、研究方式固化的影响，很多教师在引导课堂讨论时会不自觉地约束学生的思考范围，影响学生运用“刑事法一体化”的发散思维讨论问题。另一方面，由于学生对本专业课程具有较强的主动性，而有的教师在课堂抽点时也没有兼顾“刑事法一体化”的要求，致使课堂讨论完全以本专业学生唱主角，非本专业学生毫无参与感，与“刑事法一体化”初衷相悖。

五、"刑事法一体化"研究生培养模式的完善计划

(一)完善课程安排计划

调研发现,课程安排不合理会导致学生学习负担过重而被迫转为"应付式学习",直接影响教学效果。因此,完善"刑事法一体化"研究生培养模式首当其冲应是完善课程安排计划。课题组在讨论时,曾提出三种方案:方案A:每学期安排一门改革课程,即第一学期安排刑法学总论、第二学期安排刑事诉讼法学总论、第三学期安排刑法学分论、第四学期安排刑事诉讼法学分论;方案B:分三学期安排:第一学期安排刑法学总论和刑事诉讼法学总论、第二学期安排刑法学分论、第三学期安排刑事诉讼法学分论。其他公共必修课和专业必修课相应调整至二、三学期;方案C:将现行四门课程彻底整合,形成"刑事法一体化课程体系",具体分为三个部分:刑事实体法理论课程、刑事程序法理论课程、刑事法一体化实践课程,并在三学期分别行课。

方案A虽然能够大大减轻学生的负担,但存在两个弊端:第一,总论和分论课程间隔过久,不利于理论体系的整体建构;第二,分四学期安排课程,战线拉得太长,可能影响学生实习、写论文、找工作等。方案B目前来看较为合理,但需要教研室与教务处等行政单位进行沟通,协调其他课程的时间。方案C是最契合"刑事法一体化"精神的课程安排,但改革步子迈得太大,短期无法实现。最终课题组统一认为,暂时通过调整其他公共必修课和专业必修课的时间来安排改革课程,待条件进一步成熟时再形成"刑事法一体化"课程体系。学校分三学期开授刑事实体法理论课程、刑事程序法理论课程、刑事法一体化实践课程,理论课程以研讨式教学的方式授课,实践课程以案例讨论为基础,拓展至庭审观摩、模拟法庭、法援中心等形式,全面提高刑事法研究生的法律运用能力。

此外,为了减少学生负担,保证充分的课前准备,每周至多安排两次改革课程,且要确保两次课程的相隔时间。同样,为了保证每一个研讨问题都能获得讨论,为了保证每一位同学都能发表意见,课堂时间安排也应优化并严格执行,主持教授要控制每部分讨论的时间以及每位同学发言的时间,保障课堂讨论的有序进行。

(二)探索师资队伍融合

调研发现,目前"刑事法一体化"改革的最大障碍是师资还未融合,实体法教师不关注程序法,程序法教师不关注实体法,校内教师不了解实务,实务教师不

精通理论，这直接影响到研讨资料的质量以及课堂“一体化”效果。可见，完善“刑事法一体化”培养模式必须要积极探索师资队伍的融合建设。课题组认为，可以从三个方面着手：

首先，加强实体法教师与程序法教师之间的沟通、合作。其一，刑法学教研室和刑事诉讼法学教研室需要共同组织，确定研讨专题、研讨提纲以及研讨资料，两大教研室的教师充分交换意见。其二，实行“双专业教师同堂”制度，在刑事实体法理论课程中引入刑事程序法教师，在刑事程序法理论课程中引入刑事实体法教师，在刑事法实践课程中双师同堂交锋，如此才能真正实现课堂的一体化。

其次，加强校内教师与实务教师之间的沟通、合作。课前，负责专题的校内教师需积极联系实务教师，针对研讨提纲、研讨资料交换意见，并协调课堂教学的授课计划。实务教师需要收集真实案例、实践数据、操作指引等素材供大家课上讨论。课外，促进学校与实务部门的人才交流。一方面，聘请实务专家作为学校兼职教师，邀请其定期授课，提高其教学水平和理论能力，另一方面，学校应积极促成校内教师到实务部门挂职锻炼，了解实践状况，提高实践能力。

最后，逐渐打破专业壁垒，培养“刑事法一体化”教师。“刑事法一体化”的目标是培养“一体化”的学生，需要“一体化”的师资和课程体系做支撑。受目前专业壁垒的影响，“一体化”师资短期内很难实现，需要秉持“刑事法一体化”的理念不断优化教师结构，鼓励刑事实体法教师研究程序法，鼓励刑事程序法教师研究实体法，在条件成熟时整合两大专业教研室，形成刑事法一体化的教学单位。

（三）推进资料的精细筛选

研讨专题决定教学的方向，具有指引意义，需保持前沿性；研讨提纲决定讨论的焦点，具有建构意义，需保证逻辑性；研讨资料决定学生研究的范围，具有基础意义，必须同时保证全面性和代表性。从这个意义上来说，专家组要特别重视研讨资料的筛选，必须注意四个方面：第一，体现理论和实务的结合。在搜集基础理论文献的同时，需要注意搜集实证调研文献；在搜集实证资料时，尤其要注意文献的时效性和准确性，谨防数据造假误导学生。第二，体现实体与程序的结合。即使在刑事程序法理论课程中，也不能毫不关心实体法内容，事实上，许多案件的程序问题都是由实体原因所致。专家组能以实务案例为基础，探讨其中的程序问题的同时分析实体问题与程序问题的联系，则会使“刑事法一体化”课程更具实效。第三，突出学界争议观点。人文社会科学无客观答案，言之成理即可,故针对某一问题经常会出现百家争鸣的盛景,教师在选取相关文献资料、实务案例时要注意把握不同观点之间的平衡,便于学生比较,进而引发个人思考。第四,精细筛选资料。为了减轻学生的负担,实现学习效果最大化,专家组需要对研讨资料进行精细的筛选,最具代表性的文献要求学生必读,可有可无的文献则放入选读,不具有代表性、笼统阐述基础理论的文献可以不读。切忌一个专题"填鸭式"地罗列数十篇文献却要求学生必读,这只会让学生产生厌学情绪,进而转化为"应付式"学习。

另外,专家组筛选研讨资料的同时需要注重"授渔",教会学生自主查找有用的资料,例如,学会在知网、west law、HeinOnline 等电子数据库搜集中英文文献,学会在裁判文书网、法信、聚法案例等网络平台上搜索裁判案例,学会在北大法宝等平台上搜集法律法规,等等。在学会查找资料以后,教师还需进一步指导学生消化、使用资料,如指导学生进行文献综述的写作。

(四)保障课前充分讨论

调研组已经发现许多小组在课前并未进行充分的讨论,这将直接影响课程改革的实施效果。课题组认为"刑事法一体化"改革需要从三个方面保障课前充分引导。首先,协调实体法专业和程序法专业的课程时间。许多小组是因为两大专业的课程安排不一致,讨论时间难以协调,才采用分专业负责的方案。对此,刑法学教研室和刑事诉讼法学教研室应当沟通协调,为学生保留共同的课余时间。其次,分配小组成员和指定小组组长需考虑性格平衡。小组氛围直接影响课前讨论的模式,因此,主持教授在分配小组时可将性格活泼的和内向的放在一组,达成中和。另外,主持教授要指定组织协调能力强、性格相对外向、做事认真负责的学生作为小组长,小组长需要积极组织小组成员讨论,调动小组讨论气氛,缓和成员间的矛盾。最后,教师不定期观摩小组的课前讨论。对于课前讨论效果不佳的小组,授课教师可以要求其观摩课前讨论,促进小组形成定期讨论的习惯。为了保持学生在课前讨论的主导作用,观摩教师一般不发表具体观点和意见,只针对讨论过程中反映出来的文献阅读情况、思维方式等提出指导意见,

(五)优化课堂教学方法

考虑到"刑事法一体化"的特殊性,课堂教学方法也应有所变化。

一方面,重视对非本专业学生的授课引导。由于存在专业的混同,学生对非本专业的理论知识并不熟悉,直接进入课堂讨论难免会形成"本专业学生积极主动、非本专业学生消极被动"的局面。因此,授课教师在课堂开始时对相关基础

知识进行梳理与回顾,把专题的知识背景、重要理论、发展趋势讲清楚,使非本专业学生能快速地了解该专题的知识框架和知识脉络。

另一方面,重视组织“一体化”研讨互动。首先,主持教授要注意组织实体法学生和程序法学生进行互动。在程序法学生主讲之后,其可点实体法学生进行提问或提出不同意见,推动学生在非本专业课堂上由“失语”走向“参与”,逐渐实现“打成一团”的课堂氛围。其次,主持教授要注意学生和实务专家的互动。当学生提出实践相关的问题时,主持教授可邀请实务专家予以回应,在实务专家解答完毕后,校内教师也可进行补充。必要时,校内教师还可以和实务专家展开辩论,更能提高学生对此问题的理解,激发学生的研究兴趣。最后,主持教授要把控研讨方向和节奏。讨论应始终围绕主题展开,若学生的发言内容偏离论题或陷入某些枝节问题,主持教授应及时扭转。[①] 另外,学生发言要观点鲜明、简明扼要,若发言过于冗长或不断重复,主持教授应适时打断,并帮助学生总结观点。当课堂讨论陷入死角,主持教授应及时总结,转入下一个研讨话题。[②]

---

① 潘懋元:《高等学校教学原理与方法》,人民教育出版社 1970 年版,第 195~196 页。

② 张轶、李炎清:《文科研究生研讨式教学探析》,载《湖北师范大学学报》2017 年第 4 期。

法律职业资格考试改革与“开放式—启发式”法科教学*

曾令健**

摘要：完善法律职业资格考试可以秉持以下思路：一是采取“三阶段”考试模式，以完整地、全面地、针对性地发挥其法律职业准入功能作为制度改革的基本目标；二是争取实现资格考试与法律职业的全面、无缝对接；三是长远目标旨在构建中国特色的国家统一法律职业资格考试制度，打造实质性的法律职业准入、选拔机制，并通过考试制度改革及其运行迈向法律职业“共同体”的建构之路；四是改革应涉及立法、司法、行政诸层面，且坚持渐进式改革道路。“开放式—启发式”法科教学是回应“三阶段”考试模式需求的极佳选择。“开放式—启发式”法科教学是在法学课程设置、课堂教学、学校学习与司法实践之衔接等层面、环节注重课程的实用性、针对性，注重教学方法的启发性、灵活性，重视学校教学与司法实践的互动性、衔接性的教学理念及其方法的总称。具言之：一是确立整合理论与实务的开放式法科教学理念；二是采取实践导向型法科教学模式；三是设置法学实践课程；四是运用启发式法科教学方法；五是实施富有“想象力”的法科教学检验。

关键词：法律职业资格考试；“三阶段”考试模式；“开放式—启发式”法科教学；实践导向型法科教学模式

---

* 本文系2018年重庆市高等教育教学改革研究一般项目“新时代法治人才法律技能培养机制研究”的阶段性成果。

** 作者系西南政法大学教授、硕士生导师，法学博士。

一、作为问题的"考试"与"教学"

无须讳言,关于国家统一法律职业资格考试(前称"国家统一司法考试")改革、法学教育改革、法律从业人员养成及彼此关系之论述,可谓汗牛充栋、不胜枚举。① 之所以"再作冯妇",重提法律职业资格考试改革与法科教学,主要是基于如下考虑:其一,尽管法律职业资格考试脱胎于司法考试,且二者在内容、题型等许多方面保持着极高的承继性与同质性,但毕竟在考试方式、考生资格、适用对象等方面有实质性调整。其二,《国家统一法律职业资格考试实施办法》(下称"《办法》")之颁布,尤其是考试资格之类规定,激起新一轮研讨热潮。私认为,考试资格之类改革固然重要,却完全没有必要作为改革重点,法律职业资格考试制度完善的重点应当是考试内容、方式及研修,且实现法律职业资格与职业岗位的衔接,从而打造中国特色法律职业"共同体"。② 其三,拙文拟将法律职业资格考试改革、法律从业人员养成以及法科教学置于同一话题下讨论,既抓住"关键问题"又兼顾研讨之系统性与全面性。

诚然,完善法律职业资格考试是我国法律制度改革之一重大举措,也是保

---

① 关于法律职业资格考试(司法考试)改革的文献,如潘剑锋:《论以法律职业精英化为目标的法律职业资格考试》,载《现代法学》2019年第5期;潘剑锋、刘哲玮:《司法考试改革导向初步研究——以法律职业为视角》,载《法律适用》2008年第4期。有关法学教育改革的讨论,如季卫东:《我国法学教育改革的理念和路径》,载《中国高等教育》2013年第12期;王晨光、陈建民:《实践性法律教学与法学教育改革》,载《法学》2001年第7期。探讨法律职业资格考试(司法考试)改革与法律从业人员养成的作品,如张泽涛:《司法资格考试与我国法官选任制度的改革》,载《法学家》2003年第2期;姚建宗:《国家统一司法考试与我国司法官遴选:基本认识与框架设计思路》,载《法制与社会发展》2002年第2期;霍宪丹:《建构和完善法律人才培养体制的关键环节——论司法考试制度在法律人才培养中的地位与作用》,载《法学评论》2002年第4期。关于法律职业资格考试(司法考试)改革与法学教育改革的研究,如潘剑锋、陈杭平:《再论法学教育与司法考试之关系》,载《法律适用》2008年第12期;霍宪丹、王红:《建立统一的国家司法考试制度与法学教育的改革》,载《法学》2001年第10期;曾令良:《统一司法考试与我国法学教育发展的定位》,载《法学评论》2002年第1期。

② 拙文更多的是在隐喻的层面上使用法律职业"共同体"一词。关于中国法律职业共同体的更多、更为热情洋溢的论争及展望,可参阅张文显、信春鹰、孙谦主编:《司法改革报告:法律职业共同体研究》,法律出版社2003年版。刻下的中国法律职业、职业群体、职业人员之间,更多地处于撕裂的"割据"状态。个中缘由是多方面的,但其一定程度上与法律职业人员的养成模式及职业经历有关。对此,本文有所关照。

证、提高法律职业人员素质，加强法律职业人员管理，确保法律职业人员依法履行职责，保障“全面推进依法治国”的基础性制度。不无遗憾的是，现行制度仍然存在五大主要不足：其一，作为法律职业准入机制，在考查应试人员的法律职业知识与能力方面尚“力有不逮”；其二，作为法律职业准入机制，考试制度与法律职业的衔接亟待完善；其三，作为统一的法律职业资格考试，在处理统一考试与法律职业分工方面尚未给予足够注意；其四，作为统一的法律职业资格考试，在应对统一考试与中国地域差异问题上仍需努力；其五，考试制度的立法位阶不高、体系化不强，与其基础性法律制度的地位不匹配。

仅就考试制度之完善而言，私以为，可以秉持四个基本思路：其一，以完整地、全面地、针对性地发挥其法律职业准入功能作为制度改革的基本目标；其二，争取实现资格考试与法律职业的全面、无缝对接；其三，长远目标旨在构建中国特色国家统一法律职业资格考试制度，打造实质性的法律职业准入、选拔机制，并通过考试制度改革及其运行迈向法律职业“共同体”的建构之路；其四，考试制度改革应涉及立法、司法、行政诸层面，且坚持渐进式的改革道路。

最后，极为重要的是，法律职业资格考试改革势必会对法科教学提出新要求、新期待，法科教学也完全有必要回应法律职业资格考试改革。否则，缺乏法科教学支撑的法律职业资格考试改革势必将难以为继。毕竟，法律思维之养成，绝非半年一载的备考可以达成的(笔者没有丝毫贬低考生自学备考、培训机构辅助备考的价值，这是截然不同的话题)，更不可将法律思维养成全然交由考后的实务实习便悠哉乐哉。职是之故，法律职业资格考试制度走向何方？法科教学如何回应考试制度改革？这是拙文关注的两个重要且彼此攸关的核心议题。

二、法律职业资格考试的“三阶段”模式

私以为，完整意义上的法律职业资格考试制度改革应当顾及考试资格、考试模式、考试内容、人事录用、职业转换和地域差异应对诸方面，且最终应当由全国人大出台《国家统一法律职业资格考试法》，巩固既有改革成果、指引后续改革方向、策划未来改革蓝图。

(一)强调法学教育的背景

考试原则上面向法学本科以上学历者，并鼓励非法学专业者学习法律知识。《办法》第9条第5项强调应试者的法律专业背景或法律工作经历，实属可赞，但“全日制”的限定有待商榷。依据有限的了解，目前相当比例的法律从业人员拥

有高等教育法学自学考试背景,[①]且《宪法》的规定“鼓励自学成才”,而国家自学考试显然是最重要的自学形式之一。此外,非法学类本科及以上学历者须“从事法律工作满三年”,其认定及操作的难度不小,极可能成为潜在争议点。质言之,仅规定“具备国家承认学历的法学本科以上学历”,则前述问题均能得到较好的解决。[②]

(二)“三阶段”考试模式

考试模式是考试的方式(书面、口头)、形式(开卷、闭卷)、次数,各种方式、形式、次数的组合情况,以及各种方式、形式、次数在考试中之特定功能及意义的总称。《办法》第 13 条将考试分为主、客观题考试两部分,相比此前做法确有进步,但因缺乏研修环节而意义极为有限(在制度改革的角度上)。当前的两次考试的做法,除了增加考生的备考周期和心理负担,另一个实质性影响则是将考试的一部分国家成本分散、转移至考生。其中,部分考试成本之节省更是以考生考试机会之丧失来实现的。[③]

所谓“三阶段”考试模式,是指一次完整的考试由三个测试阶段组成,分别为初试、研修和复试。其中,初试采取书面的考试方式和闭卷的考试形式;研修阶段采取实习、培训和考核的结合;复试采取书面与口头并行的考试方式、开卷的考试形式。“三阶段”考试模式可概括为“统一初试、分开研修、集中复试”,通过层层测试、层层培训、层层筛选,最终将具备法律职业资格的考生选拔出来。

(三)初试

初试侧重考查考生的法律知识运用能力、法学理论修养和法律职业伦理。

---

① 有必要明确一点,作为准入型考试,把握考试“出口”比严控考试“入口”更为有益。譬如,取得某直辖市 2005、2006 年司法考试最高分数的两位考生均系中专毕业的法学自考生,后均攻读法学博士,分别从事法学教研、法律实务。

② 基于制度的导向功能,非法学类本科以上学历者可通过自学法学本科取得应试资格,从而化解“从事法律工作满三年”的认定、操作难题。巧合的是,依现行情况来看,通过自考获取法学本科学历也大约需要三年时间。

③ 一个有力的相反说,可能是客观卷测试分数未通过者顺利通过主观卷的可能性很低,或更严谨地说,客观卷成绩未通过者即便参加主观卷测试,其总分达标的比例也极低。对此,笔者拟从事实与价值两个层面予以简述:其一,该假设可以借助法考改革前的确切数据予以验证,据笔者掌握的有限资料,未看到这方面的确切数据;其二,退一步言,即便前述假设成立,这与考生参加一次相对完整的测试也不矛盾,至少应保证考生在考试形式、过程及机会上的平等。

考试内容以常见的10余门法学主干课程为依托,并充分考虑课程内容在法律实务中的适用频率。坚持此前的四张试卷的做法,前两卷为客观题,后两卷为主观题。虽然客观题在判卷效率与准确性方面有优势,但客观题的不足也较为明显,考生往往可以凭借应试技巧掩饰其法律运用能力的薄弱,这在单项选择题上体现得尤其明显。故而,客观题应当以多项选择、不定项选择作为基本题型。提升主观题的比重,并在前两卷中也尽量坚持客观题主观化,以利于实质性地检测考生的案件分析能力和法学理论修养;避免主观题出现"一设问对应一法条"等主观题客观化的现象。前两卷的测试范围大体上对应整个考试大纲,后两卷根据知识的适用频率按比重设题。初试设置过关率,通过者方可参加研修。①

(四)研修

缺失研修环节的法律职业资格考试改革是缺乏实质性的。研修是在考试过程中加入技能培训与经验积累等实践环节,并对考生的研修情况进行考核。研修既有培训考生实务能力的功能,更是评价考生法律实务能力的重要手段。研修是许多国家和地区选拔法律职业者的通例。

研修采取"分散实习"与"集中培训"相结合。初试通过者须到法院、检察院、律师事务所、仲裁机构及公证处等实习一年,并定期参加集中培训,期满考核合格者方可参加复试。在顾及考生意愿的基础上,国家统一安排实习地点及单位,原则上在初试考区内统一调配,鉴于不同考区的过关情况差异很大(个别省市的过关率和过关人数均很低),可跨考区调配。国家可以按区域每年度定期举行6～8次集中培训,由各法官学院、检察官学院及指定法学院校实施培训。

初试成绩设两年有效期,未参加研修的,成绩不予保留。有正当理由者可申请延期研修,如在读研究生、服现役者等。研修原则上采取全日制,所在单位应允许考生脱产研修。研修届满,由实习单位、培训单位及司法行政部门共同考核。研修考核不设置过关率,仅排除法律职业能力较差、法律职业伦理考核不合

① 无疑,"一次相对完整的测试"的价值诘难同样适合"三阶段"考试模式。这首先涉及如何理解"一次相对完整的测试"。依多年以来施行的律考、司法而言,"一次相对完整的测试"应从主观、客观等方面进行较为全面的测试。"三阶段"考试模式是针对固有模式的变革,研修、复试,更是增加的考试内容。其中,初试之目的是选拔适合研修的考生,且较之既有考试,在机会上业已作出较大的保障。质言之,本文在机会保障上乃立足制度发展及其实践,此前的法考改革相对于律考、司考,属于"做减法","三阶段"考试模式相对于现行法考乃"做加法"。总体上,本文立场乃"两害相权取其轻"。

格者。考核合格者方可参加复试。除因犯罪等原因导致考生不适格，初次研修不合格者可申请再次研修，但再次研修只得进行一次。未申请再次研修或再次研修仍然不合格者，其初试成绩不予保留。

（五）复试

复试以检测考生的法律适用、职业技能、法律语言及法律思维为主。复试由笔试和口试两部分组成。前者开卷作答，后者面试作答。笔试均为主观题，重点测试案例分析能力、法律文书写作能力以及时事评论能力，考生利用工具书现场作答。笔试可分两卷：卷一为必答题，对应整个考试大纲；卷二乃选择性答题，根据业务类型划出若干试题方向，考生须在复试前选定某几个应试方向。选择性答题旨在培养考生的专业特长，毕竟法律职业之间存在分工，且考生日后亦将面临职业选择（即便同一法律职业内也有专业侧重），同时考生在研修阶段也往往表现出了专业倾向。笔试旨在确保考生全面掌握法律知识的前提下有所专攻。口试以“案例分析为主、法务时评为辅”。案例分析试题应具有可选择性，考生根据考前选择的应试方向参加面试。案例分析采取“抽题＋现场准备（查阅工具书）＋口头作答”的流程；法务时评采取“限时阅读（聆听）材料＋即时作答＋考官追问＋即时回复”的流程。复试成绩由复试阶段的笔试成绩和口试成绩组成，其中，笔试成绩占复试成绩的80％，口试成绩占复试成绩的20％。研修合格者须于两年内参加复试，否则视为放弃本次考试，其初试成绩与研修考核结果均不予保留。有正当理由者，可申请延期复试。除因犯罪等情形导致考生不适格之外，初次复试不过关者可申请再次复试且应当被允许，但再次复试只进行一次。未申请再次复试或再次复试仍未通过的考生，其初试成绩与研修考核均不予保留。鉴于口试环节的技术要求高、成本需求大、耗时多，因而我们在制度改革之初可暂不设置口试，待条件成熟后再予施行。

（六）成绩

考试总成绩由初试成绩和复试成绩组成，各占50％。[①] 考试总成绩是授予

① 亟须指出，当出现延期研修、复试等特殊情形时，本文主张的加权计分法极可能受到考生临场发挥、试题难度控制等主、客观因素之影响（即便出题的标准化程度随制度运行而更趋完善），而引发不同年度间的公平性诘难。如采取三个考试阶段分段淘汰、“打怪升级”，又面临总成绩无法综合反映考生各阶段、各方面测试水平的弊病。故而，加权计分法下的试题难度把控是一个极为关键的问题。

法律职业资格的核心依据。考试过关率的高低对考试权威性和社会认可度有影响,其设置往往受法律职业队伍建设规划、社会经济发展状况、法律职业人员需求量、既有法律职业人员年龄结构等诸多因素影响,故过关率不宜一概而论。原则上,过关率应保持在一定限度内,其变化也应控制在一定幅度内。过关率及其变化幅度应形成惯例,并出台指导性规范。参考历年律师考试和司法考试的过关率,初试过关率原则上不宜超过初试实际应试人数的10%,复试过关率不宜低于复试实际应试人数的80%。

(七)考期

考试按年度举行,考试时间理应形成惯例。《办法》第11条的规定相对灵活。建议初试定于每年9月第3周星期六、星期日;研修于当年12月至次年11月间完成;复试定于次年12月第3周星期六、星期日。

三、从职业准入"共同体"建构:选拔、转换与统一考试

(一)选拔模式

改革之一重要任务,在于实现法律职业资格与法律职业岗位的有效衔接。除了特别规定外,法官、检察官、律师、公证员等原则上从具有法律职业资格的人员中择用。其中,法官助理、检察官助理的选拔应当与法律职业资格考试相结合。

刻下的法官助理、检察官助理招录机制与公务员招考无异,建议改为选拔模式。基层法院、检察院的年度选拔面向该年内通过法律职业资格考试者,选拔的法官助理、检察官助理人数不应少于该院该年度该职位拟招人数的二分之一,其余名额则面向社会公开招考具有相应工作年限的法律职业人员。

选拔仅组织面试即可。选拔成绩由选拔时的面试成绩与法律职业资格考试成绩两部分组成,其中,前者占20%,后者占80%。不符合选拔条件、放弃选拔以及未通过选拔者,可直接申请律师执业,或应聘法律顾问,或报考仲裁秘书、公证员助理等,或通过公务员考试从事行政执法、行政复议等公职。

(二)职业转换

通过法律职业资格考试改革推进法律职业"共同体"建构。建构法律职业"共同体"是国家统一法律职业资格考试的应有之义,但迄今"共同体"的建构仍然缺乏有效途径。我们通过法律职业转换机制可达至法律职业"共同体"建构。除了上述选拔机制,我们应建立"共同体"内部的职业转换机制,从具有一定工作

年限的法律职业人员中直接遴选初任法官、检察官。结合当下相关实践，应当把握好初任任职单位层级及任职职级。这也契合当代中国的科层制司法体制。

(三)统一考试

通过统一法律职业资格考试减缓法律职业地域差异。当前设置放宽区域、放宽报考条件、放宽过关分数、限制报考者户籍及其法律从业区域等均系权宜之计。这些措施不仅面临“想走的人留不住”的难题，还可能引发“想来的人进不了”的尴尬。我们应当逐步摒弃这些权宜措施，最终回到统一考试标准、统一合格分数的立场。

部分中西部法院、检察院的人员断层及流失问题可通过自愿报考与依职权调配相结合、发放特殊津贴等方式寻求减缓。其他法律职业应由个人意愿、服务市场来决定。因为法律职业地域差异本质上是一个社会经济发展问题，而国家统一法律职业资格考试并非“万能钥匙”，尽管研修制度可能在一定程度上会产生调配法律职业人才资源的实际效果。

四、迈向“开放式—启发式”法科教学

(一)“三阶段”考试模式之于法科教学

尽管法律乃至法学知识的培养途径甚多，譬如自我学习，但法学本科教育仍然是一条培养法律职业资格考试应试考生的最主要的路径。同时，尽管法学本科教育具有多种功能，但法科教学之首要任务仍在于培养合格的法律职业人才。从本质上讲，法学乃实用之学，系经时济世之道。至于法学研究者甚至纯粹的法律爱好者，虽然也是法学本科教育的重要对象，但没必要作为法科教育人才培养的首要目标(纵然笔者一贯认为，本科教育较之专科教育的区别恰在于学术性、反思性)。或许，有论者认为，即便以法律职业人才培育作为法科教育之首要目标，但现实情况是，相当部分法科毕业生与法律职业是“情深缘浅”，可谓“一入红尘深似海”“从此法门是路人”。实际上，这是不同层面的话题：一为法科教学尤其是本科教学的价值取向，一为法科毕业生的职业选择及其现实局限。

“三阶段”考试模式强调考查考生的法律思维尤其是法律适用思维，[①]这也是法律职业资格考试的应有之义。单纯的法律条文或法律知识记忆、重现等考查形

① 关于法律适用及其思维的讨论，可参阅曾令健等编：《法律适用学讲义》，法律出版社2020年版，第2～5、146～149页。

式早已被实践证明是无甚意义的。这在早期的律师资格考试中较为明显,而后的司法考试在这一点上做了较大突破。这一方面提升了考试难度,另一方面也突显了考试的职业准入特性。尽管此前的司法考试较为注重法律知识的运用能力,但仍然存在诸多不足,尤其是题型设置在一定程度上限制了对法律适用思维的考查。故而,方有前议。事实上,当下法律职业资格考试辅导机构更多的是从知识点的记忆及理解,具体审题、解题技巧诸方面入手,这也是众多考生选择此类辅导机构之一重要原因,即培训项目往往可以直接提升考试分数。显然,此类辅导机构与通常的法学本科教育在出发点、关注点及培训内容、教学内容方面存在截然不同的分殊。同时,法律思维尤其是法律适用思维训练是一个相对漫长的过程,也不可能由辅导机构完成,何况该类机构原本对这些内容也不感兴趣。

法科教学应当承担起对法科学生的法律思维尤其是法律适用思维的培养任务。这不仅缘于"三阶段"考试模式的考查要求,也缘于法科教学本身的功能所在。在此意义上,甚至可以说,为法律职业资格考试提供适格考生俨然间接地成为法科教学之一重要目标,尽管法学本科院校并非考试培训机构。但亟须澄清一点,从事法科教学的教师们有一个共识,即相当长时期以来,司法考试、法律职业资格考试已然给法学本科教学造成了很大的"困扰"。① 此言不虚! 但是,问题之症结在于考生资格设置的不合理(这些已在最近的考试制度改革中得到了较为妥当的解决),而不应该走向另一个极端,以致由此否定"法科教学应当充分考虑法律职业资格考试之所需"这一核心要义。

无疑,为了回应"三阶段"考试模式,法科教学首当其冲的一个教学目标就是培养学生的法律适用思维,同时,法学素养尤其是法学基础理论修养也不可或缺。显然,缺乏法律适用思维,就无所谓法律职业、法律职业资格考试、法律从业人士乃至法律职业"共同体"。但是,仅有法律适用思维,对于法学教育、法律职业资格考试而言,也远远不够。这一点,不言而喻。法学基础理论本身也应该成为法律职业资格考试的核心内容之一,纵然其在考查的方式、比重诸方面有所区

---

① 有学者警示到,司法考试不是法学教育的全部,应当注重发挥其正面、积极功能,而消减其负面、消极影响。详见方有林:《王立民:司法考试不是法学教育的全部》,载《上海教育》2002 年第 10 期。还有学者旗帜鲜明地主张,司法考试对法学本科教育造成了危害,所以应当淡化司法考试,强化法学素质教育。详见王宏军:《淡化司法考试 强化法学素质教育——兼论过分强调司法考试对法学本科教育的危害》,载《求索》2009 年第 S2 期。

别。毕竟,缺乏深厚法学理论功底的法律从业者只能是法律“工匠”。在任何时代、任何法律体系中,引领法律意识及法律体系自身发展的核心力量之一,正是那些拥有丰富法学理论功底的法律实践者。

概言之,“三阶段”考试模式对法科教学提出了更高的教学要求,既要满足法律职业从业所需,也要契合法学理论培养尤其是法学本科教育的教学功能多元化需求。当然,就“三阶段”考试模式而言,法律职业能力培育——尤其是法律适用思维训练——与法学基础理论学习之间存在相当程度的重合。但是,仅就法律职业能力培育而言,如何培养符合法律职业资格考试要求、适合法律职业需要的法学本科毕业生,仍是一个亟须从理念到方式予以全方面考量的问题。否则,关于法律职业资格考试改革的所有设想均将成为“无根之木、无源之水”。

(二)为什么是“开放式—启发式”法科教学

“三阶段”考试模式需要新型法科教学模式,这涉及教学理念、方法的全方位革新。私以为,“开放式—启发式”法科教学是充分兼容法律职业资格考试与法学本科教学多元化的教学模式。所谓“开放式—启发式”法科教学即开放式法科教学理念与启发式法科教学方法构成的一套法科教学方法论体系。其中,“开放式法科教学”是与“封闭式法科教学”相对应的,是指法学课程设置、课堂教学、学校学习与司法实践之衔接等层面、环节均打破固有的“你讲、我学”模式,强调课程设置的实用性、针对性,注重课堂教学的启发性、灵活性,重视学校教学与司法实践之间的互动、衔接,从而培养富有法律思维、专业知识扎实、实务能力突出的高层次法律人才。这套教学体系,即所谓开放式法科教学机制;对该套机制及其运行之认知,即所谓开放式法科教学理念。① “启发式法科教学”是与“注入式教学方法”(也称“填鸭式”教学)相对应的,是指教师根据教学目标、教学内容、学生心智,因材施教,引导学生积极思维、主动参与知识获取的双向、互动式教学方法。与注入式教学方法相比:后者往往强调讲授者的“讲”与接受者的“听”,更多的是一种单一式教学模式与信息传递方式;前者以接受者之学习主观能动性为出发点,通过启发接受者的思维,调动其学习积极性。② 概言之,所谓“开放式—启发式”法科教学即在法学课程设置、课堂教学、学校学习与司法实践之衔接等层面、环节注重课程的实用性、针对性,注重教学方法的启发性、灵活性,重视学

① 曾令健:《论开放式法科教学》,载《学理论》2013年第6期(下)。

② 曾令健:《论启发式法科教学》,载《学理论》2013年第6期(中)。

校教学与司法实践的互动性、衔接性的教学理念及其方法的总称。

“开放式—启发式”法科教学与“三阶段”考试模式具有天然的亲和性。总体上,当下法科教学更多地依循传统的封闭式教学理念与注入式教学方法。其中,封闭式法科教学主要呈现出以下特征:其一,理论与实践的隔膜化,即传统的法学课堂教学与现实的法律实践操作之间存在知识体系“不对路”“不搭界”的状况,这种理论与实践之间的相对隔离不仅体现了知识体系之间缺乏充分的交流,也折射出传统的法学教学理念没有做到“走出去”,没有“拥抱”法律实践;其二,部门与机构之间的间距化,即从事法科教学的大学院校与从事法律实践的实务部门之间缺乏充分、有效的互动机制,这很大程度上导致了前述理论与实践的“隔膜化”现象。有学者甚至将法学教学、法学研究与司法实践之间的“泾渭分明”表述为“理论反对实践”,[①]这一表述不可谓不深刻。其三,传统的法学教育理念更倾向理论型人才的培养而相对忽视应用型人才的塑造。这在不同法学院校、不同学科中略有差异。“三阶段”考试模式强调对考生法律思维尤其是法律适用思维的考查,这对传统的封闭式法学教学理念可谓是一种颠覆式冲击。法律适用思维的培养,首在法科教学的课程设置、教学内容均应当具有鲜明的实践导向。换言之,“螺蛳壳里做道场”式的封闭式教学完全无法满足法律职业资格考试的基本需求。

传统的注入式法科教学与“三阶段”考试模式的人才选拔宗旨也是背道而驰的。这体现在以下三个方面:其一,注入式法科教学在知识讲授的体系方面存在天然的局限性。由于传统教学强调教师讲解,学生被置于一个被动的接收者的地位,因此,教师本身的法学知识体系基本决定了讲授的广度与深度。简言之,缺乏对学生知识需求的关注,是法科教学的某种“一厢情愿”。其二,注入式法科教学中的“学生”实质上是“缺位”的。由于教师单向度地灌输知识,难以培养学生的主动性,从而严重降低了教学效率。其三,“三阶段”考试模式强调考生的法律适用能力,换言之,要求考生具备“举一反三”的基本素质。这在注入式法科教学中基本上无法实现,唯有充分调动学生主动性的教学方法,才可能培养学生主动、积极的学习能力,才可能促使学生主动、积极地运用法律思维分析法律问题,而所谓的“举一反三”的能力正是蕴藏于这一主动、积极的学习过程中。

相反,打破法学理论体系与法律实践技能之间的界限、强调教学单位与实务部门之间的互动的开放式法科教学理念,无疑契合“三阶段”考试模式需要。为

① 龙宗智:《理论反对实践》,法律出版社2003年版,第1页(自序)。

将开放式法科教学理念“落地”，启发式法科教学方法正是解决学生主动性、避免学生在教学互动中“缺位”、培养学生“举一反三”地积极、主动从事法律适用思维训练的极佳选项。

（三）“开放式—启发式”法科教学之于法律职业资格考试

“开放式—启发式”法科教学如何回应法律职业资格考试的需求？笔者曾在一般意义上探讨开放式法科教学的理念、模式、课程，以及启发式法科教学的具体方法。① 于此，笔者仅讨论如何在法科教学中凭借“开放式—启发式”法科教学回应法律职业资格考试尤其是“三阶段”考试模式的需求。

其一，整合理论与实务的开放式法科教学理念。开放式法科教学理念之一显著特征在于教学的系统性，强调法科教学与法律实务的无间隔化，故而在教学机制、教学理念、授课模式诸多层面均注重将法学理论体系与法律实践技能相结合。很大程度上，脱离法律实践体系的法学理论往往会有意无意地沦为“屠龙术”，以致在教学内容与法律实践、法律职业资格考试之间诱发知识“割据”。

其二，实践导向型法科教学模式。“说一千、道一万”，在法律职业资格考试中，最有价值的考查内容不外乎考生以现行法律体系为依托、在法学理论的引领下、分析现实法律问题的能力。这也是“三阶段”考试模式尤为倚重的。将真实的法律问题以恰当方式导入法学课堂，这是实践导向型法科教学模式要解决的首要问题。换言之，将学生“真切地”置身于真实世界的法律问题之中，从而激发其学习兴趣、潜能。尤为重要的是，真实的法律问题更利于全面地培养学生的法律适用思维。只要稍稍回顾通常教学时的设例及解答情形，对于这一点就会有深切的感受。教师的案情介绍及问题提取往往在很大程度上“帮助”学生“跳过”生活事实与法律事实之建构、问题症结之发现等法律适用的核心环节。这在讲授实体法律知识时（囿于学科特点）往往更加明显。

其三，设置法学实践课程。尽管不同法学院校、不同法学专业、不同学历层次的人才培养方案有别，但是，当前中国法科教学中的一个共同之处是实践性课程普遍缺乏。个中原因，不一而足。有意识缺乏而导致实践课程缺位的，有缺乏有效的、妥当的课程实施条件的，也有院校在具备相应意识也拥有实施条件时仍对此类课程“顾虑再三”。笔者早年曾经亲历了一次教学研讨，其中，一个不倾向

① 曾令健：《论开放式法科教学》，载《学理论》2013 年第 6 期（下）；曾令健：《论启发式法科教学》，载《学理论》2013 年第 6 期（中）。

或说不乐意加大法学实践课程比重的缘由,却是"畏难"于学生参加实践课程的人身安全保障。这确实是一个极具现实性的"中国问题"。在一个貌似简单的课程设置背后,潜藏的却是一个关乎法律制度、社会治理、民众意识等多重因子的实际问题。

其四,启发式法科教学方法。简单地说,启发式法科教学就是教师通过适当的教学方法让学生积极、主动地学习。一般意义上讲,启发式法科教学涉及课前准备、课堂讲授方法与技巧、课后答疑及辅导等环节,兹不赘述。从回应"三阶段"考试模式的角度而言,启发式法科教学首在设疑,通过不同形式的发问,激发学生寻找并适用法学理论、制度条文的能力。设疑教学,常见形式往往是教师提供真实案例、分析素材以及若干问题,以问题为导向,引导学生主动积极地寻找"答案"。私以为,设疑教学的"反向运用"往往更加考验学生的功力,即抛出若干命题或主张,让学生"回过头"去寻找相应的真实案例或素材,并予以系统性证成。这一反向操作要求学生对法律实践的热点、难点随时保持相当程度的关注度和敏感度,不至于整日里"守着那张安静的书桌"。

其五,富有"想象力"的法科教学检验。① 学习效果检验是教学之一重要环节,而检测学生法律适用思维能力也是法科教学检验的重中之重。在前述基础之上,强调富有"想象力"的检验往往更加紧要。尽管实践导向的测试内容可以较客观地测评学生对法学理论、法律体系及法律适用能力的掌握程度,但检测内容、方式是否具有"想象力"却是举足轻重的。所谓富有"想象力",即确定试题内容及方式时,强调不同课程、法律制度甚至学科知识的融会贯通。笔者曾将这种富有"想象力"的教学测试,通俗地表述为"将死读书的考清醒,把不读书的考崩溃"。当然,这对教师提出了更高要求,即应当对学生业已学过的课程内容、知识体系等有较好的了解,同时,这种跨课程、跨法律制度乃至跨学科的考题,其自身合理性及难易程度均应当契合测验需要。否则,为了培养或检测所谓的"想象力"而"胡乱结合""乱跨一气",不仅无法催产学生的好奇心、训练学生的知识整合能力,还可能打击学生的积极性,从而与启发式法科教学之初衷"背道而驰"。

---

① 此处借用米尔斯"社会学的想象力"表达。基于对传统学科界限僵化、研究过度抽象的批判,米尔斯强调"社会学的想象力"之重要性,希望在生活事实与宏大的社会、历史间建立联系,从而利用信息增进理性。[美]C.赖特·米尔斯:《社会学的想象力》,陈强、张永强译,生活·读书·新知三联书店2005年版,第1~24页。

民事法律专论

《九民纪要》"后时代"的公司对外担保效力分析

——以最高人民法院及广东省二审案件为视角

饶晓敏* 戴余芳**

摘要:《九民纪要》发布后,从最高人民法院及广东省范围内二审案件裁判文书来看,对于公司越权担保,仍存在依据《公司法》第16条性质展开分析并予以裁判的情形。然而,《九民纪要》确定的"越权代表+相对人善意判定"的效力认定路径已经成为司法审判中的主流裁判思路。对于公司担保认定无效后公司责任如何承担,法院认定公司内部管理不当或法定代表人越权即存在过错,由此裁决公司对主债务人不能清偿的债务的1/2承担赔偿责任。此外,司法裁判中关于公司担保的效力涉及"法定代表人与执行董事身份重合时内部决议的必要性及适格性""无内部决议时如何证明公司具有真实担保意思"以及"上市公司担保"等特殊问题,需要债权人给予足够的重视,以最大限度地确保公司担保有效,从而维护自身利益。

关键词:公司对外担保;九民纪要;《公司法》第16条;适格决议

《全国法院民商事审判工作会议纪要》(以下简称"《九民纪要》")发布前,《公司法》并未对法定代表人违反《公司法》第16条擅自实施的对外担保行为的效力

---

* 作者系北京市中伦(深圳)律师事务所权益合伙人,法学硕士,高级管理人员工商管理硕士。

** 作者系北京市中伦(深圳)律师事务所律师,法学硕士。

作出规定，在长期的司法实践中，不同法院对于《公司法》第16条属于管理性强制规定还是效力性强制规定理解不同，相应地对公司人员越权担保的效力主要存在两种裁判观点：一种裁判观点为担保合同经公司法定代表人签字或公司盖章即有效，公司内部管理问题不影响担保合同的对外效力，公司作为担保人需承担担保责任；另一种裁判观点则认为，法定代表人未经公司内部决议签署的担保合同因违反《公司法》第16条这一效力性强制规定而无效，公司无须承担担保责任。2006年到2015年全国法院审结的455件公司未经法定程序对外担保的商事案件中，认定担保合同有效的判决占49.8%，而认定担保合同无效的判决占50.2%；在担保合同被认定无效的案件中，判令公司对担保相对人承担部分责任的占67.4%，承担连带责任的占23.6%，公司不承担责任的占9%；各地法院对公司越权担保的裁判标准较为不一致。①

《九民纪要》并未将《公司法》第16条简单地认定为管理性强制规定或效力性强制规定，而是采用代表权限制规范说，认为其属于组织规范的范畴，目的在于限制规范法定代表人的权限，即公司担保行为不是法定代表人所能单独决定的事项，而必须以公司股东(大)会、董事会等公司机关的决议作为授权的基础和来源，法定代表人未经授权擅自为他人提供担保构成越权代表。对于法定代表人的越权代表行为，人民法院应当根据《合同法》第50条的规定，区分订立合同时债权人是否善意来认定合同效力：若债权人为善意的，担保合同有效；反之，担保合同无效。《九民纪要》最终确定了以“越权代表＋相对人善意判定”作为判断法定代表人未经内部机关决议对外实施担保行为效力的裁判思路。

为了了解《九民纪要》确定的裁判规则在司法实践中的实际运用，我们对《九民纪要》发布后的案件进行了检索，并基于判决的可参考性及我们所处的地域，最终以最高人民法院裁判文书及广东省范围内二审案件裁判文书作为样本进行分析，探析《九民纪要》的实施效果，加深对公司对外担保效力判定思路的理解。

① 最高人民法院民事审判第二庭编：《〈全国法院民商事审判工作会议纪要〉理解与适用》，人民法院出版社2019年版，第179页。

一、《九民纪要》后公司对外担保裁判数据分析

(一)检索说明

为获取分析样本,使用的检索方法及要素如下:

表 1 获取样本的检索说明

数据库	"威科先行"法律信息库
检索方式	法条检索,检索引用《公司法》第 16 条的裁判文书
检索条件	裁判日期:2019 年 11 月 14 日(《九民纪要》发布日)至 2020 年 3 月 8 日(样本检索日)
	法院/审级:"最高院""广东省"+"二审"
检索结果	最高院案件 6 例,广东省二审案件 22 例,共计 28 例

在根据以上方式检索到的案例样本中,有 3 例最高院案件、5 例广东省范围内二审案件(以下简称"广东省二审案件")与公司对外担保争议无关,故最终有效检索案件样本数量为 20 例,其中最高院案件 3 例①,广东省二审案件 17 例②,下文相关数据及法律问题分析均以 20 例有效检索案件样本(以下简称"案件样本")作为统计基础。

(二)数据分析

案件样本中认定公司对外担保无效的案件为 6 例,包括最高院案件 2 例、广东省二审案件 4 例;认定公司对外担保有效的案件为 12 例,其中最高院案件 1 例,广东省二审案件 11 例;1 例案件虽涉及公司担保纠纷,但二审法院最终未对担保效力作出认定,而是根据《最高人民法院关于审理民间借贷案件适用法律若

① 案号分别为(2019)最高法民终 1524 号、(2019)最高法民申 4849 号、(2019)最高法民终 451 号。

② 案号分别为(2019)粤 03 民终 14995 号、(2019)粤 03 民终 14995 号、(2019)粤 03 民终 26416 号、(2019)粤 03 民终 22752 号、(2019)粤 03 民终 902 号、(2019)粤 03 民终 4910 号、(2019)粤 01 民终 16058 号、(2019)粤 01 民终 10037 号、(2019)粤 01 民终 10036 号、(2019)粤 01 民终 10035 号、(2019)粤 01 民终 10034 号、(2019)粤 01 民终 10041 号、(2019)粤 01 民终 10040 号、(2019)粤 01 民终 10039 号、(2019)粤 01 民终 10038 号、(2019)粤 01 民终 4924 号、(2019)粤 01 民终 23891 号。

干问题的规定》第 23 条第 2 款①判决公司承担清偿责任;另 1 例广东省二审案件被判决发回重审,二审法院未对公司担保效力作出最终判断。

以下将以上述公司对外担保有效案件、公司对外担保无效案件为分析样本,对公司对外担保效力认定理由、担保无效的赔偿责任进行数据分析。

1.公司对外担保效力认定理由

(1)认定公司对外担保有效的理由

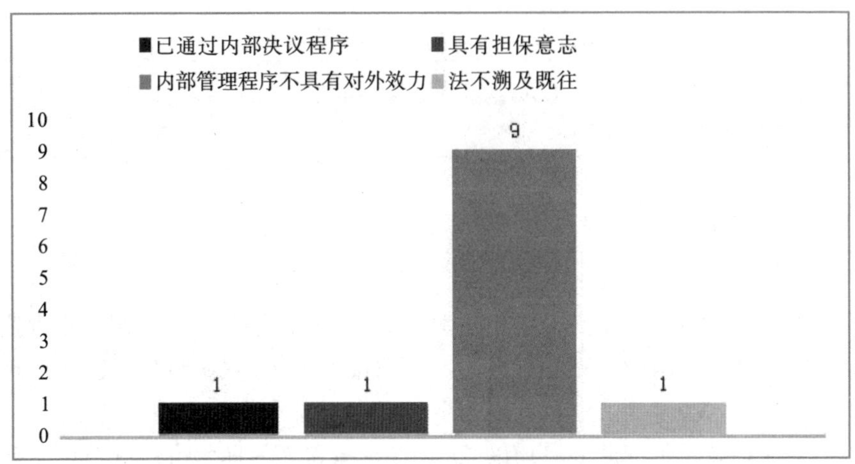

图 1 认定公司对外担保有效理由分布图

在认定公司对外担保有效的 12 例案件中,合议庭裁判认定有效的理由主要有以下三类:公司对外担保已经过担保人内部决议程序②;虽无公司内部决议,但公司具有对外担保意志③;公司用章行为未履行内部审批手续属于公司内部管理问题,不得对抗合同相对方④。

① 《最高人民法院关于审理民间借贷案件适用法律若干问题的规定》第 23 条第 2 款规定:企业法定代表人或负责人以个人名义与出借人签订民间借贷合同,所借款项用于企业生产经营,出借人请求企业与个人共同承担责任的,人民法院应予支持。

② 案号为(2019)最高法民申 4849 号。

③ 案号为(2019)粤 01 民终 16058 号。

④ 案号分别为(2019)粤 01 民终 10037 号、(2019)粤 01 民终 10036 号、(2019)粤 01 民终 10035 号、(2019)粤 01 民终 10034 号、(2019)粤 01 民终 10041 号、(2019)粤 01 民终 10040 号、(2019)粤 01 民终 10039 号、(2019)粤 01 民终 10038 号、(2019)粤 01 民终 21459 号。

对以上统计结果需进行说明的是，认为“公司用章内部审批手续属于公司内部管理问题，担保人不得据此对抗合同相对方”的案件有 9 例，其中 8 例系列案例均由广州中院同一合议庭作出裁决，该系列案占案件样本比例较大，可能会与整体司法审判实务中作出公司担保有效的认定理由占比存在一定偏差。

(2)认定公司对外担保无效的理由

在认定公司对外担保无效的 6 例案件中，合议庭认定无效的理由存在以下三类：法定代表人越权代表且相对人不属于善意相对人①；公司担保合同因违反《公司法》第 16 条第 2 款强制性规定而无效②；公司担保行为违反《公司法》第 16 条第 2 款而无效③。

其中，最高院在认定公司担保无效的 2 例案件中的理由均为“法定代表人越权代表且相对人不属于善意相对人”，前述最高院两个合议庭的裁判思路均遵循了《九民纪要》确定的裁判思路，这 2 例案件对公司担保实践更具有参考意义。

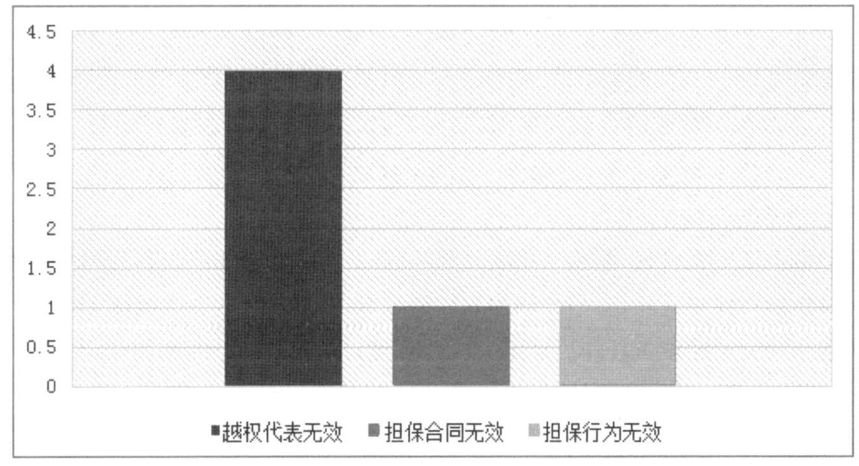

图 2　认定公司对外担保无效理由分布图

① 案号分别为(2019)最高法民终 1524 号、(2019)最高法民终 451 号、(2019)粤 03 民终 14995 号、(2019)粤 01 民终 23891 号。

② 案号为(2019)粤 03 民终 4910 号。

③ 案号为(2019)粤 03 民终 26416 号。

2.公司对外担保无效时的赔偿责任

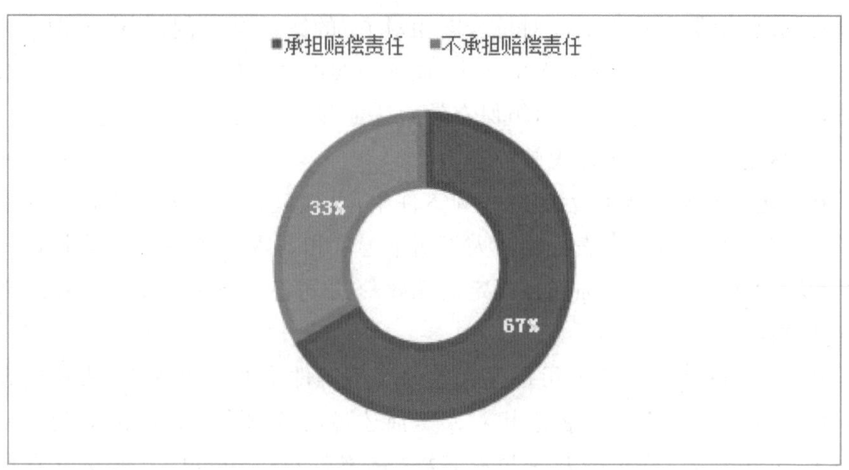

图 3 担保承担赔偿责任比例图

在认定公司担保无效的 6 例案件中，4 例案件（包括最高院的 2 例案件）的合议庭认为，公司存在过错，需向债权人承担赔偿责任，过错的情形主要包括：公司内部管理和印章使用方面管理不善；公司法定代表人的越权行为导致担保合同无效。在该 4 例案件中，担保人应承担的赔偿责任均为债务人不能清偿主合同项下债务的二分之一。

除以上 4 例案件外，剩余 2 例案件情形为，1 例为二审法院改判公司担保无效时未对赔偿责任进行认定；另 1 例为案件一审及二审均判决公司担保无效但两级法院均未对公司赔偿责任作出认定。由此可见，在司法实践中，法院认定公司担保无效时并不一定会进一步对担保无效时公司的赔偿责任作出裁判。因此，在公司担保效力作为案件争议焦点时，债权人须在法院审理过程中补充提出“即使担保合同无效，公司亦应承担缔约过失责任”的主张，以便及时维护自身权利。

二、《九民纪要》后公司对外担保裁判思路分析

（一）公司越权担保效力认定

经归纳分析案件样本裁判文书中的说理部分，多数合议庭已参照《九民纪要》确定的“法定代表人越权代表＋相对人善意判定”的裁判思路对公司对外担保的有效性进行审查。尤其是案件样本中最高院的 3 例案件更具有示范意义，

均否定了一审判决中"《公司法》第16条的规定属于管理性规范，意在强调公司章程可以对公司的担保能力作出权利安排和限制规定，其对于法定代表人签约代表权等方面的限制和分配，属于公司内部事务，对公司以外的第三人不具有约束力"的说理。

但广东省二审案件中仍存在通过确定《公司法》第16条属于效力性或管理性强制性规定并相应地认定担保效力的情形。比如，广州中院在(2019)粤01民终10035号、(2019)粤01民终10036号、(2019)粤01民终10037号、(2019)粤01民终10038号、(2019)粤01民终10039号、(2019)粤01民终10040号、(2019)粤01民终10041号系列案中，合议庭认为，荔湾工业公司与原广州城市合作银行光扬支行签订借款合同和保证合同，广州城市合作银行光扬支行履行了划款义务，合同已实际获得了履行；至于荔湾工业公司在保证合同中盖章确认承担连带保证责任，该盖章行为及之后在催收函中的用章行为是否履行了其内部审批手续，是其内部管理问题，对外不能约束合同相对方，不得据以对抗合同相对方，故担保有效。

（二）赔偿责任

在案件样本中，法院判决公司担保无效并涉及公司赔偿责任的4例案件中，各法院对公司对担保无效是否存在过错及应承担的赔偿责任认定具体如下：

表2　法院对公司对担保无效是否存在过错及应承担的赔偿责任认定情形

序号	案名/二审法院/案号	担保人过错及赔偿责任认定
1	安通控股股份有限公司、安康营业信托纠纷二审民事判决书，最高人民法院，(2019)最高法民终1524号	安通公司时任法定代表人郭东泽以安通公司名义与安康签订案涉《担保合同》，该合同上加盖了安通公司公章并有郭东泽签名。案涉《保证合同》签署年度《2017年度控股股东及其他关联方资金占用情况专项审核报告》，明确表示没有发现存在上市公司违反章程规定对外出具担保的事实。《内部报告》亦没有发现内控重大缺陷。上述事实证明，安通公司内部管理不规范，对于案涉《担保合同》无效，有重大过错。根据《担保法》司法解释第7条，综合考虑双方当事人过错和全案情况，安通公司应对郭东泽不能清偿在案涉《差补和受让协议》项下债务的二分之一向安康承担赔偿责任。

续表

序号	案名/二审法院/案号	担保人过错及赔偿责任认定
2	亿阳信通股份有限公司、安徽华地恒基房地产有限公司企业借贷纠纷,最高人民法院,(2019)最高法民终451号	涉案担保行为虽系无效,但亿阳信通公司相关董事就涉案担保事项出具了董事会决议,曲飞作为亿阳信通公司时任法定代表人在涉案担保协议上加盖了私章及公司印章;对于上述对外实施损害公司利益的行为,亿阳信通公司均未能及时发现和制止,存在管理不当的过错责任,应就因担保合同无效导致华地公司信赖利益受损承担赔偿责任。根据《担保法》第5条第2款,《担保法司法解释》第7条,双方均有过错,亿阳信通公司承担赔偿责任的范围为亿阳集团不能清偿债务部分的50%。
3	北海银河生物产业投资股份有限公司与深圳国投商业保理有限公司、原审被告银河天成集团有限公司、潘琦借款合同纠纷,深圳中院,(2019)粤03民终14995号	本案中主合同有效而担保合同无效,债权人深圳国投公司未尽到审慎注意义务,对担保合同的无效存在过错,担保人银河生物公司因其法定代表人的越权行为而导致担保合同无效,银行生物公司对担保合同无效亦存在过错,银河生物公司应对深圳国投公司的经济损失,承担赔偿责任。
4	中饰正力装饰工程有限公司、深圳市贝尔信智能系统有限公司与杨勇坤、郑长春、邓惠玲民间借贷纠纷,深圳中院,(2019)粤03民终4910号	杨勇坤在接受中饰正力公司和贝尔信公司的担保时,未要求郑长春提交相应的股东会决议,未尽到应尽的注意义务,对担保无效存在过错。中饰正力公司和贝尔信公司在公司管理和印章使用方面管理不善,在未经股东会同意的情况下,为郑长春提供担保,也具有相应过错。

上述案例中,最高院/广东省深圳市中级人民法院(以下简称“深圳中院”)认为,公司法定代表人越权代表并且在担保合同上盖章,或者公司出具不适格内部决议且公司未及时予以制止,即可以表明担保人公司内部管理制度、内部风险控

制制度以及用章用印制度不完善，从而认定公司对担保无效存在过错，应承担的赔偿责任为主债务人不能清偿债务的二分之一。

就前述裁判思路，除非担保人可以提供证据证明“债权人明知公司法定代表人超越权限或公司决议系伪造或变造的”，即证明越权代表人与债权人恶意串通，否则公司需为法定代表人的越权行为承担责任。但对作为担保人的公司而言，提供证据证明债权人存在恶意的难度较大，故公司难以避免承担相应的赔偿责任。

此外，案件样本中合议庭均认为公司需承担的赔偿责任为主债务人不能清偿债务的二分之一，即主合同有效而担保合同无效且债权人和担保人均有过错时的责任承担范围上限①，并没有依据债权人、担保人的过错程度对赔偿责任如何划分进行论证。在《九民纪要》发布后，担保合同因法定代表人越权代表被认定无效时，法院对担保人、债权人的过错程度及担保人赔偿责任大小可能会进行更为精确的论证和认定，如法院认定债权人的过错大于担保人的过错，担保人的赔偿责任将小于主债务人不能清偿债务的二分之一。

三、《九民纪要》后公司对外担保特殊法律问题

（一）法定代表人与执行董事身份重合

在公司因规模较小等原因并未设置董事会而仅设立执行董事时，如执行董事同时担任法定代表人，即执行董事与法定代表人身份重合，仅有其作为公司法定代表人签署的担保合同，而无其作为执行董事签署的公司的担保合同或公司内部决议文件，此时能否认定其同时行使了相当于董事会的职权？

在案件样本广州盛贤鸿运实业有限公司、范桂贤民间借贷纠纷一案②中，二审法院广州中院认为，盛贤房地产公司出具《担保函》时法定代表人为执行董事张志忠，即该公司当时未设立董事会，执行董事的法律地位类似于设立了董事会的公司的董事会，并集董事会、董事长职权于一身，既拥有董事会的职权，又具有

① 《最高人民法院关于适用〈中华人民共和国担保法〉若干问题的解释》第7条，主合同有效而担保合同无效，债权人无过错的，担保人与债务人对主合同债权人的经济损失，承担连带赔偿责任；债权人、担保人有过错的，担保人承担民事责任的部分，不应超过债务人不能清偿部分的二分之一。

② 广州市中级人民法院，(2019)粤01民终16058号。

董事长的地位,即使公司章程对执行董事未赋予其代表公司对外担保的职权,也不能以此对抗善意相对人。因此,相对人有理由将执行董事的行为等同于董事会决议,并理解为公司意志。即在法定代表人同时为执行董事时,对于债权人而言,法定代表人的行为同时为执行董事的行为,基于执行董事的法律地位与董事会类似,故判定法定代表人签署合同的行为可以被理解为公司意志,公司担保有效。

对于“法定代表人与执行董事身份重合”情形下法定代表人签署的公司担保合同的效力问题,《九民纪要》并未予以明确。撰写《九民纪要》第 18 条“善意的认定”条款的作者倾向于认为,如果法定代表人在缔约时表明执行董事身份,此时没必要另行签字;如果未亮明身份的,原则上需另行签字。[①] 我们倾向于认为,债权人通过公司章程、国家企业信用信息公示系统能够确认公司法定代表人与执行董事身份重合时,法定代表人的签字行为应具有双重意义,如公司主张该人员仅作为法定代表人签字而否认其作为公司执行董事同意签署担保合同,逻辑难以自洽。故在担保合同签署时,如公司章程、工商登记公示信息显示公司法定代表人亦为执行董事,则法定代表人签署的担保合同,在无其他合同不成立或无效事由的情形下,应属有效。实践中,为最大限度地保证公司担保有效,建议债权人要求担保人提供现行有效的公司章程、同意公司担保的执行董事决定或在担保合同中增加执行董事签署栏并由其签署/股东会决议(章程规定对外担保必须由股东会决议的情形下),从而避免产生争议。

(二)上市公司对外担保

上市公司违规担保问题一直是资本市场的顽疾,也是人民法院重点审判规范的现象。2017 年被曝光的上市公司亿阳通讯违规担保案,公司控股股东迫使董事长以上市公司名义签字为其违规关联担保 44.82 亿元,最终导致公司被证券监督部门行政处罚,公司被实施退市风险警示,给包括资本市场投资者在内的多方造成不利影响。根据《九民纪要》的规定,在担保人上市公司时,债权人负有更多的注意义务。

1.上市公司对外担保中债权人的善意认定

在案件样本亿阳信通股份有限公司、安徽华地恒基房地产有限公司企业借

---

① 最高人民法院民事审判第二庭:《〈全国法院民商事审判工作会议纪要〉理解与适用》,人民法院出版社 2019 年版,第 187 页。

贷纠纷一案(以下简称“亿阳信通担保案”)[①]中,最高院对“债权人的善意认定”进行了论述,具有较高的借鉴意义。

(1)债权人根据章程规定审查决议作出的适格主体

亿阳信通担保案一审法院认为《亿阳信通公司章程》第55条虽规定公司为股东、实际控制人及其关联方提供担保须经股东大会审议通过,但该章程第129条第8项亦规定董事会在股东大会授权范围内,决定公司的对外担保等事项,华地公司有理由充分相信该董事会决议足以代表公司的真实意思,主观上构成善意。对于一审法院前述观点,最高院认为,虽然亿阳信通提供了董事会决议,但该决议不符合《公司法》第16条第2款的规定,且公司章程第55条也规定,为股东担保必须经股东大会审议通过;此外,根据华地公司作为商事主体,其明知案涉担保事项应股东大会审议通过,且《亿阳信通公司章程》第129条第8项规定董事会“在股东大会授权范围内,决定公司的对外担保等事项”,但华地公司未要求亿阳信通提交相关股东会决议,未尽到必要的审查义务,主观上具有过错。

根据以上最高院说理,对于关联担保,即使上市公司章程中存在授权董事会决定公司对外担保事项的条款,但由于《公司法》第16条第2款规定关联担保需由股东大会决议通过,债权人仍应要求上市公司提供相应的股东大会决议并审查上市公司担保公告,方可视为债权人已经履行了必要的审查义务。对于非关联担保,如果上市公司章程中对担保事项的内部决议机关作出了规定,债权人需要特别注意章程中的前述条款是否存在矛盾,同时在董事会被授权决定公司担保事项时,需确认授权范围是否明确以及是否有其他股东大会书面授权,如经股东大会授权董事会决定对外担保事项的公告,从而确认相应董事会决议是否为适格决议。

此外,前述债权人注意事项在债权人接受非上市公司的担保时同样适用。相对于上市公司而言,非上市公司章程中条款不规范、前后条款不一致的情形更为普遍,债权人应仔细甄别和审查公司章程关于对外担保决策授权的规定,以获取适格决议。

(2)债权人公告审查义务

最高院认为,与一般有限责任公司或未上市的股份公司具有的“人合性”“封闭性”特征不同,上市公司股东人数分布广、资合性强,涉及众多股民利益保护、证券市场秩序维护等公共利益问题,若未经股东大会决议同意即为股东或实际

① 最高人民法院(2019)最高法民终451号。

控制人提供担保,将会给上市公司及其股东甚至整个证券市场带来潜在风险,一旦债务人未按期清偿债务,上市公司作为担保人就必须以其资产代为履行清偿义务,这势必会侵害其他股东及投资者利益。同时,基于上市公司属于公众性公司又具有资合性的结构特性,决定了在对外担保的纠纷中应当倾向于保护股东特别是中小股东的利益。同时,根据信息披露相关规则,上市公司提供担保应该及时披露。故接受上市公司对外担保时,债权人被要求承担公告审查义务,以达到善意相对人的认定标准。

最高人民法院民事审判第二庭倾向于认为,“凡是上市公司没有公开披露的担保,债权人都不是善意的”是很有道理的①,在涉及上市公司担保时,债权人应审查上市公司是否已公告担保事项。在上市公司违规担保的情况下,债权人未审查上市公司公告便与上市公司签约代表签署担保合同,债权人将不构成善意。

在上市公司涉及众多股东利益且合规担保均会公告的背景下,如上市公司对担保事项未予以公告、仅向债权人提供内部决议,债权人对公司决议的形式审查义务可能将转变成实质审查义务,即债权人需要确认上市公司确实召开了会议并通过了同意担保的决议方可构成善意。需要注意的是,在发生前述“有决议无公告”情形时,如为上市公司违规担保,债权人将难以证明上市公司确实已召开相应的会议;如为上市公司合规担保,上市公司没有理由不予以公告,债权人完全可以在公告审核后再接受上市公司的担保,并无必要使自身承担更为严苛的决议实质审核义务。故对债权人而言,为了最大限度地确保担保合同有效,债权人应遵循《九民纪要》体现出的最高院司法倡导——“看到上市公司公开披露的信息才与上市公司签订担保合同”。

2.上市公司控股子公司对外担保中债权人善意认定

在案件样本中深圳市保千里电子有限公司(以下简称“保千里”)、深圳南山宝生村镇银行股份有限公司确认合同无效纠纷②一案中,保千里主张案涉《最高额保证合同(公司类)》无效,理由是宝生银行与庄敏共同串通,没有经过股东会及董事会以及保千里集团(股份有限公司,上市)的同意。一审法院深圳市南山区人民法院认为,保千里公司作为上市公司控股子公司,对外担保时仅需其董事

① 最高人民法院民事审判第二庭编著:《〈全国法院民商事审判工作会议纪要〉理解与适用》,人民法院出版社 2019 年版,第 199 页。

② 深圳市中级人民法院(2019)粤 03 民终 902 号。

会或股东大会作出决议后，通知上市公司进行信息披露，并未强制要求上市公司控股子公司对外担保须经上市公司的股东大会决议，况且该规范并非法律或行政法规，其各项规定为管理性规定，即使违反相关规定亦不能据此认定合同无效。但由于该案已被深圳中院基于其他原因[①]发回重审，目前在有效案件样本中对这一问题尚无生效判决加以论述。

我们理解，根据《关于规范上市公司对外担保行为的通知》第1条第7款规定，上市公司控股子公司的对外担保，比照上述规定[②]执行，上市公司控股子公

① 该案件最终因"为查清事实，应追加债务人晶锐显公司为本案第三人参加诉讼……另，在本案二审审理期间，案外人上海佰晟企业管理咨询合伙企业因本案所涉《授信额度协议》《最高额保证合同》等将晶锐显公司、深圳市图雅丽特种技术有限公司、保千里公司、深圳市同威盛世科技有限公司、庄敏、保千里集团诉至深圳市南山区人民法院，请求晶锐显公司还本付息，晶锐显公司、深圳市图雅丽特种技术有限公司、保千里公司、深圳市同威盛世科技有限公司、庄敏承担连带清偿责任，保千里集团在其抽逃出资的4.8亿元本金及利息限额内对保千里公司的上述债务承担补充赔偿责任。保千里公司可在该案中就《最高额保证合同》的效力问题提出抗辩，由法院通过全案审查作出认定"被深圳中院发回深圳市南山区人民法院重审。

② 《关于规范上市公司对外担保行为的通知》第1条规定："规范上市公司对外担保行为，严格控制上市公司对外担保风险：(一)上市公司对外担保必须经董事会或股东大会审议；(二)上市公司的《公司章程》应当明确股东大会、董事会审批对外担保的权限及违反审批权限、审议程序的责任追究制度；(三)应由股东大会审批的对外担保，必须经董事会审议通过后，方可提交股东大会审批。须经股东大会审批的对外担保，包括但不限于下列情形：1.上市公司及其控股子公司的对外担保总额，超过最近一期经审计净资产50%以后提供的任何担保；2.为资产负债率超过70%的担保对象提供的担保；3.单笔担保额超过最近一期经审计净资产10%的担保；4.对股东、实际控制人及其关联方提供的担保。股东大会在审议为股东、实际控制人及其关联方提供的担保议案时，该股东或受该实际控制人支配的股东，不得参与该项表决，该项表决由出席股东大会的其他股东所持表决权的半数以上通过；(四)应由董事会审批的对外担保，必须经出席董事会的三分之二以上董事审议同意并作出决议；(五)上市公司董事会或股东大会审议批准的对外担保，必须在中国证监会指定信息披露报刊上及时披露，披露的内容包括董事会或股东大会决议、截止信息披露日上市公司及其控股子公司对外担保总额、上市公司对控股子公司提供担保的总额；(六)上市公司在办理贷款担保业务时，应向银行业金融机构提交《公司章程》、有关该担保事项董事会决议或股东大会决议原件、刊登该担保事项信息的指定报刊等材料；(七)上市公司控股子公司的对外担保，比照上述规定执行。上市公司控股子公司应在其董事会或股东大会作出决议后及时通知上市公司履行有关信息披露义务。

司应在其董事会或股东大会作出决议后及时通知上市公司履行有关信息披露义务。由上述规定可见,上市公司控股子公司,对外担保时仅需其董事会或股东大会作出决议后,通知上市公司进行信息披露,并未强制要求上市公司控股子公司对外担保须经上市公司的股东大会决议。但担保人为上市公司控股子公司的,债权人以《公司法》第16条第1款规定对公司机关决议在形式上进行审查即可构成善意,为了最大限度地确认担保行为的合规性,避免未来发生纠纷,我们建议债权人仍应注意审核对上市公司关于控股子公司担保事项的公告。

(三)公司未出具内部决议时的担保意思

《公司法》第16条的目的在于限制公司法定代表人提供担保的权限,通过法律规定说明以公司财产为他人提供担保并不是法定代表人或代理人可以单独决定的事项,而必须经过公司内部机关决议通过。最高人民法院民事审判第二庭认为,《公司法》如此规定,实际是以公司意思作为代表权的基础和来源,相对人在接受担保的时候,依法应当负有甄别法定代表人或公司代理人实施的担保行为是否符合公司真实意思的注意义务;也就是说,债权人只要有证据证明法定代表人以公司名义签订担保合同符合公司的真实意思,该担保行为就符合民事法律行为的有效要件。[①] 公司内部决议属于能直接体现公司具有担保意思的书面证据,在缺乏该类意思表现载体时,《九民纪要》仅明确列明了判定担保有效的四种例外情形,分别为:其一,公司是以为他人提供担保为主营业务的担保公司或者是开展保函业务的银行或者非银行金融机构;其二,公司为其直接或者间接控制的公司开展经营活动向债权人提供担保;其三,公司与主债务人之间存在相互担保等商业合作关系;其四,担保合同系由单独或者共同持有公司三分之二以上有表决权的股东签字同意。

对于已与公司签署担保合同但并未获取公司内部决议,并且不属于《九民纪要》规定的决议例外的四种情形之一时,债权人如何通过其他事实来证明公司具有真实担保意思,尽量争取法院认可己方提出的担保行为有效的主张或在担保无效时在最大范围内争取担保人承担更多的赔偿责任?前述案件样本中广州盛贤鸿运实业有限公司、范桂贤民间借贷纠纷一案[②]二审法院的说理部分可以给

① 最高人民法院民事审判第二庭编:《〈全国法院民商事审判工作会议纪要〉理解与适用》,人民法院出版社2019年版,第188页。

② 广州市中级人民法院(2019)粤01民终16058号。

予一些启示。

1.公司存在反复担保行为

广州中院认为，盛贤房地产公司从在《借据》保证人签章处署名，到另行出具《担保函》，历时六年多，法定代表人多次更换，但从反复提供保证的行为来看，该公司为案涉借款的借款人盛贤鸿运公司提供保证的基本态度一以贯之，明显不是哪一任法定代表人个人的行为，甚至其在收到《律师函》被追索保证债务时，也未向杨耀红表明该公司保证行为系法定代表人越权作出，因此相对人对此具有信赖利益，有理由相信盛贤房地产公司后来出具的《担保函》系其真实意思表示。因此，即便出具《担保函》系法定代表人越权行为，也构成表见代表。

2.公司的主张与越权代表存在冲突

广州中院认为，在双方六年多的磋商中，并无证据显示盛贤房地产公司曾经向相对人主张过该公司保证行为系法定代表人在欠缺授权的情况下对外作出，而且从本案一审诉讼到二审提交上诉状，盛贤房地产公司均主张其保证行为系受杨耀红及案外人谢娟欺骗而作出，完全没有主张过其法定代表人越权提供担保；而依据常理，法定代表人是否擅自对外提供担保是一个客观事实，如公司发现法定代表人擅自对外提供担保的事实，不可能不向相对人主张，也不在诉讼一开始就提出，仅在二审庭询阶段才第一次主张。

此外，从盛贤房地产公司的答辩内容来看，其反复表示其是受欺诈而作出保证担保，意即为盛贤鸿运公司提供保证担保是公司因受欺诈而作出的决策，是公司自身的意志，而无论受欺诈的主张是否成立，公司是否被欺诈，都不能以此认定是法定代表人个人的越权行为。

最终，广州中院结合盛贤房地产公司法定代表人同时为执行董事、公司存在反复担保行为、公司的主张与越权代表存在冲突的理由，综合认定公司应当承担担保责任。虽然从裁判文书中无法判断法定代表人同时为执行董事、公司担保意思表现形式对法官影响的权重比例，但基于《公司法》第16条的目的在于限制法定代表人或代理人在违背公司意志的情形下作出越权代表行为，如果债权人有证据证明担保行为确为公司的真实意思，在《九民纪要》发布后无法与公司协商一致获取确认担保为公司意思的内部决议时，可以借鉴样本案件尝试提供可以证明公司具有担保意思的证据，在缺少公司内部决议的情形下尽可能地维护自身利益。

四、结语

通过对案件样本整体进行分析，《九民纪要》发布后，在认定公司越权担保的效力时，司法实践中仍存在以《公司法》第16条属于效力性或管理性强制性规定为角度并相应地认定担保效力的裁判思路，但“法定代表人越权代表＋相对人是否善意”已逐渐成为主流裁判思路；在越权担保无效时，担保人内部管理不当/法定代表人越权即可证明公司存在过错，公司需承担主债务人不能清偿的债务的二分之一的赔偿责任。基于前述裁判思路，我们建议债权人在接受公司担保时，应取得担保人的公司章程及同意担保的内部决议，并根据《公司法》第16条及《九民纪要》的规定，结合公司章程以及工商登记公示信息审查内部决议的适格性及内容，以确保即使公司人员属于越权代表时，债权人亦符合善意之标准。

根据现有案例，在公司并未设立董事会且法定代表人与执行董事为同一人时，债权人基于对公司章程及工商登记公示信息的信赖，法定代表人的签字行为即可表明执行董事同意公司担保，在无其他影响担保行为效力事项时，公司担保应属有效。但为避免发生纠纷，建议债权人要求其提供同意公司的执行董事决定/同时以执行董事之身份签署担保合同或股东会决议或根据章程的规定取得股东会决议。在担保人为上市公司或者上市公司控股子公司时，债权人除了履行一般公司提供担保时的注意义务外，还应注意审查上市公司担保公告，确认担保的合规性。对于已与公司签署担保合同但并未获取公司内部决议，并且不属于《九民纪要》规定的应取得公司机关决议例外情形的，债权人可以尝试通过公司反复担保行为、公司历史主张等其他事实证明公司具有真实担保意思，争取公司担保行为有效的主张得到支持或在公司担保被认定为无效时要求担保人承担更多的赔偿责任。

抵押权存续期限及相关问题探析

——兼评《九民纪要》第59条

赵 佳*

摘要:《九民纪要》第59条从解决实际问题出发,对《物权法》第202条作出了解释,认为抵押权人在主债权诉讼时效届满前未行使抵押权的,抵押权归于消灭,抵押人有权请求涂销抵押登记。法律明确规定主债权诉讼时效届满前未行使的,抵押权消灭,可以有效地促使抵押权人及时行使抵押权,加快物之流转,以充分发挥物之效用,亦可避免在诉讼时效届满后主债权和抵押权因不同的强制力保护,而导致权利行使中的矛盾,终结了多年以来因主债权罹于时效抵押权存废之争。但是,将《物权法》第202条解释为抵押权的除斥期间,已超出法条文义范围,在《物权法》体系中缺乏逻辑上的一致性,事关一项物权的存、灭,应当立法解决。实践中须要对抵押权的行使确定一个"最终期限",赋予抵押人催告的权利,若抵押权人经催告后在法定期限内仍不行使的,抵押人可以向人民法院请求涂销抵押登记,彻底从抵押关系中摆脱出来,实现抵押物之效用。

关键词:抵押权;诉讼时效;除斥期间;法律修正

一、从《担保法》到《九民纪要》:我国有关抵押权存续期限的立法沿革

1995年《担保法》颁布,该法规定:抵押权与其担保的债权同时存在,随债权的消灭而消灭。我国民法未设债法总则,实务上多将合同法总则关于合同权利

---

* 作者系江苏省南京市玄武区人民法院法官助理,法律硕士。

义务终止的规定,作为债的消灭事由,根据《合同法》第91条所列举的情形,所谓“债权的消灭”并不包括主债权因诉讼时效期间届满丧失胜诉权的情形。因此,诉讼时效届满时主债权仍然存在,则抵押权也存在。但是,基于抵押权的从属性,抵押人应当享有主债务人的抗辩权包括时效抗辩,在主债权诉讼时效届满抵押人提出时效抗辩后,抵押权处于什么样的状态,该法未作规定。

2000年《担保法司法解释》出台,第12条第一次对担保物权的行使期间作出了规定:“担保物权所担保的债权的诉讼时效结束后,担保权人在诉讼时效结束后的两年内行使担保物权的,人民法院应当予以支持”。该条对担保物权的行使期间进行了规定,而非单独针对抵押权的特殊规定,它在法律上赋予了“主债权诉讼时效期间+2年”的行使期间。但该条法律条文只是规定“人民法院予以支持”,对“不予支持”会产生何种结果未作解释,是理解为“不受法律保护”还是“抵押权归于消灭”尚不明确。有学者认为,该条立法实际上是借鉴了我国台湾地区民法第880条之规定,而台湾地区民法明确规定“主债权诉讼时效期间+5年”即为抵押权的除斥期间,期间届满,抵押权归于消灭。

2007年《物权法》颁布,第202条对抵押权行使期间作出了规定:“抵押权人应当在主债权诉讼时效期间内行使抵押权;未行使的,人民法院不予保护”。相比担保法解释对担保物权行使期间的规定,物权法将主债权诉讼时效届满后两年缩短为主债权诉讼时效内。区别于担保法司法解释对所有担保物权作统一规定,物权法区分了以登记作为公示方法的抵押权和以占有作为公示方法的质权、留置权,并作出了不同规定。对于质权、留置权,其规定了出质人、债务人可以请求质权人、留置权人在债务履行期届满后及时行使权利,权利人不及时行使的,有权请求人民法院拍卖、变卖担保财产;而对于抵押权,则规定抵押权人应当在主债权诉讼时效期间行使抵押权。其实,在拟规范抵押权存续期间的过程中曾有四种版本①的争议,出于对市场经济快速运转需求的考虑,如果不对抵押权的行使期间作出一定的限制,势必会使抵押权人怠于行使权利,不利于充分发挥抵

---

① 王胜明主编:《中华人民共和国物权法解读》,法律出版社2007年版,第436～437页。第一种版本:抵押权所担保的债权的诉讼时效期间届满后,抵押权人在两年内不行使抵押权的,抵押权应当消灭。第二种版本:担保物权因其担保的主债权履行期间届满后四年内不行使而消灭。第三种版本:应当在担保物权“一般规定”一章中规定,主债权诉讼时效期间届满未行使担保物权的,担保物权消灭。第四种版本:抵押权人应当在诉讼时效期间行使抵押权;未行使的,人民法院不予保护。

押物的经济效用，故立法最终采纳了第四种观点。然而，该条规定，使得抵押权在司法实践中出现了一种尴尬的局面，即抵押权人未在主债权诉讼时效期间内行使权利，其后果是使抵押人产生时效抗辩，抵押权本身并未消灭，此时就会出现抵押权人不能行使抵押权，抵押人又不能请求涂销抵押登记的僵局，既不能使当事人从抵押关系中摆脱出来，也无法实现抵押权设定之目的，出现"双输"局面。

针对上述司法实践中产生的问题，2019 年 11 月 8 日最高人民法院《全国法院民商事审判工作会议纪要》(以下简称《九民纪要》)第 59 条对"抵押权在主债权诉讼时效届满的法律后果"作出了明确的规定："抵押权人应当在主债权的诉讼时效期间内行使抵押权。抵押权人在主债权诉讼时效届满前未行使抵押权，抵押人在主债权诉讼时效届满后请求涂销抵押权登记的，人民法院依法予以支持。以登记作为公示方法的权利质权，参照适用前款规定"。

我国台湾地区"民法"第 145 条第 1 款规定"以抵押、质押或留置担保之请求权，虽经时效消灭，债权人仍得就其抵押物、质物或留置物取偿"，第 880 条规定"以抵押权担保之债权，其请求权已因时效而消灭，如抵押权人于消灭时效完成后，5 年间不实行其抵押权者，其抵押权消灭"。对于第 880 条规定的 5 年期间，学者认为物权通常情况下不因除斥期间经过而消灭，唯第 880 条的规定"实乃物权因除斥期间经过而消灭之例外规定，良以抵押权系不占有标的物之物权，自不宜令其久悬，有害于抵押人之利益"①。

二、《物权法》第 202 条：抵押权存续期限的性质界定

根据《担保法》规定，抵押权是指债权人对于债务人或第三人提供的、不转移占有而作为债务履行担保的财产，在债务人不履行债务或出现双方约定情形时，可以对担保财产折价、拍卖或者变卖该财产的价款进行优先受偿的权利。作为"担保之王"的抵押权在维护交易安全及市场交易主体的权益方面发挥着重大的作用。明确抵押权存续期间的性质对充分发挥我国担保制度，保证市场经济秩序有效运行具有重要意义。

(一)主要观点检索

我国《物权法》第 202 条规定的抵押权行使期间性质应当如何界定，在我国

① 谢在全：《民法物权论(下)》，中国政法大学出版社 1999 年，第 682 页。

理论界存在着较大的争议,概括起来主要包含以下三种观点:

1.诉讼时效说

有些学者认为,《物权法》第202条规定的抵押权行使期间系抵押权行使的诉讼时效期间。因该条法律表述的是未在该期间行使抵押权的后果是"人民法院不予保护",这与《民法总则》第188条中对民事权利诉讼时效制度的表述相类似。诉讼时效说认为,抵押权的价值在于担保主债权的实现,债权人有权通过折价或者拍卖、变卖等方式,以抵押权的优先受偿性受偿。抵押权为担保主债权而设立,也应当随着主债权的消灭而消灭,而不应罹于主债权诉讼时效而单独归于消灭①。持此观点的学者亦认为,抵押权行使期间届满后,抵押权本身并未消灭,根据《物权法》第202条之规定,只是失去了请求人民法院保护的效力即胜诉权②。故根据胜诉权的性质可以推断,因主债权未消灭,抵押权亦未消灭,而是成为一种自然权利,又称"裸权利"。又因主债权的诉讼时效可以中止、中断或延长,故抵押权的行使期间亦可以中止、中断或延长。

2.除斥期间说

除斥期间是指依据法律规定或者当事人约定的某些形成权的预定存续期间,权利经过该期间即告消灭。除斥期间制度最早源于德国。持"除斥期间说"观点的学者认为,抵押权作为一种担保物权,而非请求权,当然不能适用诉讼时效制度。《物权法》第202条将抵押权行使期间与主债权诉讼时效相挂钩,并不意味着其应当和主债权一样适用诉讼时效制度③。然后,为了充分发挥抵押权的担保作用,防止抵押权人怠于行使抵押权,加快物权流转,抵押权不应永久性地存在,必须对抵押权行使期间作出限制,该限制在法律性质上即为除斥期间。该期间经过将导致抵押权的消灭④。《九民纪要》第59条亦是采用了此种观点,将《物权法》第202条理解为,主债权诉讼时效经过后,抵押权就因除斥期间的经过而消灭。实际上,关于抵押权行使期间为除斥期间的立法早有先例,如我国台湾地区"民法"第880条规定,抵押权人在主债权诉讼时效届满后的5年内不行

---

① 胡康生:《中华人民共和国物权法释义》,法律出版社2007年版,第441页。

② 江平、刘智慧:《中国物权法解释与应用》,人民法院出版社2007年版,第582~586页。

③ 梁慧星:《中国民法典草案建议稿及理由》(物权编),法律出版社2004年版,第343页。

④ 刘贵祥:《物权法关于担保物权的创新及审判实务面临的问题》,载《法律适用》2007年第9期。

使抵押权的，权利归于消灭。众所周知，《物权法》起草的过程中，梁慧星并未采用将抵押权的行使期间与诉讼时效挂钩的观点，认为应该以主债权的清偿期届满后4年或是抵押人的催告之后1年的期限来认定抵押权的行使期间。

3.从属性说

不同于以上两种观点，从属性说认为抵押权的行使期间既非诉讼时效亦非除斥期间，而是不同于诉讼时效和除斥期间的第三种期间①。《物权法》第202条规定的是主债权诉讼时效届满对抵押权的影响问题，是抵押权从属性的体现，设立此条的目的就在于督促抵押权人尽早地实现抵押权利。我国民法上，确实也存在着特殊的期间，例如《担保法》中的保证期间、《民法通则》第130条规定的最长保护期等②。另一方面，简单地将抵押权行使期间归入诉讼时效或者除斥期间的做法本身就存在逻辑错误。抵押权随着其所担保的主债权的成立、转让、消灭而成立、转让、消灭，当主债权诉讼时效届满时，主债权并未消灭，而是成为一种自然债权，故抵押权基于从属性仍然继续存在，只是失去了受人民法院保护的效力，同样沦为了一种自然权利。

（二）《九民纪要》采纳除斥期间说

《九民纪要》之所以作出如此解释，主要基于以下考虑：首先，抵押权属于物权，但抵押权本身的支配性却完全不及其他物权，故抵押权虽不似质权、留置权须转移占有，但必然也会对抵押物产生权能上的限制，即通过抵押登记的公示方法对抵押物之使用和流转产生影响。如果允许抵押人在主债权诉讼时效届满后行使抵押权，就意味着在主债权经过诉讼时效且债务人取得抗辩权后，债权人依然可以从抵押人处获得利益，从而在抵押人和债务人的追偿权和时效抗辩权之间产生矛盾，使得抵押人将长期处于一种不利益的状态，这对抵押人而言确实过于苛刻，违反了民法的公平原则；其次，抵押权设立之目的在于担保主债务之履行，抵押权系依附于主债权请求权之上的从权利。在主债权超过诉讼时效届满时，主债权即丧失了人民法院强制力的保护，抵押物上所负的抵押权也应随之失去保护，故《九民纪要》第59条采取了抵押权消灭说；再者，从《物权法》第202条的立法目的而言，抵押权行使期间的规定在于督促抵押权人积极行使权利，尽早

① 曹士兵：《中国担保制度与担保方法》，中国法制出版社2015年版，第41页。

② 高圣平：《担保物权的行使期间研究——以〈物权法〉第202条为分析对象》，载《华东政法大学学报》2009年第1期。

结束债权债务关系,故应当认定在法律已经设定行使期限后,抵押权人仍怠于行使权利时,法律再无对其加以保护之必要,此时赋予抵押人请求涂销抵押登记的权利,使抵押权归于消灭,更有利于解决司法实践中的诸多问题。

(三)"独立期间"更为客观

虽然《九民纪要》第59条从解决实际问题出发,认为《物权法》第202条规定的抵押权行使期间应当是除斥期间,抵押权因除斥期间的经过而归于消灭,但如果将该期间简单地划分为除斥期间确实存在不够周延之处,有违背民法一般法理之疑。故针对上述关于抵押权行使期间性质界定的三种观点,从属性说更符合法理,更为客观。

1.将抵押权行使期间认定为除斥期间不符合法理

众所周知,除斥期间为固定期间,经过该期间权利就归于消灭,而一个不确定的期间并不能起到上述效果。按照《物权法》的规定,抵押权的行使期间会随着其所担保的主债权诉讼时效的中止、中断而发生中止、中断,这明显与除斥期间的基本特征不符。另一方面,除斥期间的客体应当为形成权,如债权人的撤销权等,从除斥期间的形成渊源来看,物权并非除斥期间的客体,因为该制度是随着形成权制度的出现而出现的[①],将属于担保物权的抵押权归入形成权明显不符合一般法理。再者,如果将该行使期间认定为除斥期间,就意味着期间经过则抵押权归于消灭,如果此时抵押人基于诚信原则自愿承担担保责任后,债权人没有获得利益的正当性,抵押人反而可以以不当得利而请求返回,这与《物权法》规定的抵押权的设立初衷相悖。

2.将抵押权行使期间认定为诉讼时效易造成权利"僵局"

就我国民法体系而言,诉讼时效适用的客体是请求权[②],时效期间届满请求权消灭,但实体权利尚且存在。按照诉讼时效说,抵押权人未在主债权诉讼时效内行使权利,同主债权的状态一致,抵押权本身并未消灭,而抵押人享有时效抗辩。因为抵押权尚且存在,此时抵押人就不能申请涂销登记。如此便产生了权利"僵局":抵押权人不能行使抵押权,抵押人亦不能解除抵押物上的权利负担,抵押关系的当事人均不能从抵押关系中摆脱出来,抵押权将长期处于一种不确

① 付小川:《担保物权为除斥期间客体之质疑——兼评〈物权法〉第202条》,载《法学杂志》2009年第5期。

② 程啸、陈林:《论诉讼时效客体》,载《法律科学》2000年第1期。

定的状态,抵押物之效用亦不能得到发挥。换言之,抵押人因不能主动提出诉讼时效抗辩,不能根据该条规定而有所作为,无疑加重了抵押人的负担。如果此时抵押人主动履行抵押义务,将在抵押人的追偿权与债权人的时效利益之间产生矛盾,其结果是,对抵押人的保护还不如《担保法司法解释》第12条规定的周全,从而难以达到保护抵押人追偿权的立法目的①。

3.将抵押权行使期间界定为独立期间更为妥当

抵押权是基于主债权而产生的一种从权利,其成立、转让和消灭均以其所担保的主债权为基础,《物权法》第202条只是基于抵押权的从属性而在主债权诉讼时效届满时对抵押权行使期间产生影响的法律规定,无须将其机械地归入诉讼时效或者除斥期间中去。如前文所述,我国民法中,尚且存在既非诉讼时效亦非除斥期间的独立期间。根据我国民法的一般理论,主债权诉讼时效届满,主债权并未消灭,只是丧失了请求人民法院予以保护的权利。同样,抵押权作为从属于主债权的担保物权,由于其从属性,在主债权沦为自然权利的同时亦成为一种自然权利,不再受到人民法院的保护。当然,若此时抵押人自愿履行抵押义务的,抵押权当然能够得以实现。

三、抵押权存灭:对《物权法》第202条的修正

在《物权法》草拟过程中,学术界对抵押权的存续期间的讨论就已经智者见智,最终立法采用了"人民法院不予保护"这样的表述,此"不予保护"到底是指抵押权人丧失胜诉权还是抵押权随主债权诉讼时效期间的经过而归于消灭?司法实践中对于主债权诉讼时效完成后的抵押权存灭问题存在争议。

(一)两种结论检索

1.抵押权依然存续

《物权法》第202条规定,抵押权行使期间受主债权诉讼时效的影响仅仅是基于抵押权的从属性。抵押权的功能在于担保债权的履行,主债权经过诉讼时效后只是丧失胜诉权,主债权尚未实现清偿,继续存在,那么抵押权作为从权利也应继续存在②。全国人大法工委所编著的《物权法释义》中也认为:抵押权人

---

① 最高人民法院民事审判第二庭编:《全国法院民商事审判工作会议纪要理解与适用》,人民法院出版社2019年版,第360页。

② 崔建远:《物权:规范与学说(下)》,清华大学出版社2011年版,第494页。

丧失的是抵押权受人民法院保护的权利即胜诉权，而抵押权本身并没有消灭，如果抵押人自愿履行担保义务的仍可行使抵押权[①]。此时，因为主债权丧失胜诉权而沦为一种自然债权，抵押权作为主债权履行的担保同样也因超过行使期间而变成一种“自然抵押权”。

2.抵押权归于消灭

此观点坚持认为《物权法》第202条表述的“人民法院不予保护”的真实含义就是指抵押权罹于主债权诉讼时效归于消灭。虽然此条表述的法律效果为人民法院不予保护，但其内在含义并不是抵押权人仅仅丧失了胜诉权，而应当是抵押权消灭，该条的语言容易引起误解[②]。在裁判文书中法官对此应予明示，而不宜再模糊地判决“法院不予保护”，以利于抵押人持胜诉判决直接要求登记机构涂销抵押登记，真正实现第202条的规范目的[③]。另一方面，从立法例上看，很多规定抵押权受主债权诉讼时效影响的国家，均明确规定了抵押权消灭的情形。主张抵押权在主债权诉讼时效期间届满后消灭，以实事求是的态度思考主债权罹于时效之抵押权的行使问题，宜使抵押权随主债权时效的经过而消灭[④]。

(二)《九民纪要》系对《物权法》第202条的修正

《九民纪要》从实用主义出发，认为《物权法》第202条规定人民法院对抵押权不予保护，即抵押权已经因除斥期间归于消灭。“纪要”第59条对于抵押权除斥期间的规定，系最高人民法院以裁判指导的方式对《物权法》第202条的修正。

1.从司法适用角度

《九民纪要》并非司法解释，不能在裁判中援引，但纪要统一了裁判思路，规范了法官自由裁量权，增强民商事审判的公开性、透明度以及可预期性，对提高司法公信力意义重大。这一修正一方面遵循了诚实信用原则，实现了当事人之间的利益平衡；另一方面确定了预期，减少纷争。更为重要的是，“纪要”在法院就个案裁判中所具有的修正法律的职能和规范法官自由裁量权之间找到了一条最为适宜的途径：即由最高人民法院对法律现存之不宜照文义直接适用的条款，

---

① 胡康生：《中华人民共和国物权法释义》，法律出版社2007年版，第441页。

② 黄松有：《〈中华人民共和国物权法〉条文解释与适用》，人民法院出版社2002年版，第603页。

③ 孙超、杨留强：《法律解释方法在民法中的应用分析——以〈物权法〉第202条为对象》，载《湖北社会科学》2010年第9期。

④ 周德强：《论主债权罹于时效之抵押权》，载《金融理论与实践》2004年第8期。

统一修正,各级法院遵照适用。

2.用法律解释方法

我国民事法律中“人民法院不予保护”一语均用于对诉讼时效的效果的规定,如民法通则第137条,民法总则第188条,目前尚未发现“人民法院不予保护”导致权利消灭的规定。因此,《物权法》第202条语义并非不明确,“纪要”第59条的规定已超出了法条用语可能的文义范围,不属于法律解释范畴。同时,对于除斥期间及其法律效果的表述,在现行民法中也是统一的,如《合同法》第55条、第95条,《物权法》第202条文义中没有“除斥期间”“权利消灭”的意思,“纪要”完全改变了第202条原来的意思,因此也不属于法律漏洞的填补,而是对法律的修正。

3.防范削弱抵押权之担保功能

《九民纪要》这一规定毕竟只是对物权法中一个条款的修正,要保持体系上的自洽与圆满,还应当关注抵押权与其他担保物权间的合理区别,以及由此导致的当事人的选择改变。“纪要”规定的适用除斥期间的担保物权为“以登记为公示方式的担保物权”,即不占有担保物的担保物权,与此相对应的是占有担保物的担保物权。众所周知,抵押权之所以被称为担保之王,除了抵押物多为不动产、价值不菲、担保功能强大外,还具有不占有担保物、不影响担保人对物的利用、能更充分地发挥物的效能的优势。如若过于限制抵押权的存续期间,会不会导致债权人转而选择以占有为条件的担保方式,从而弱化抵押权的担保功能。同为物的担保,公示方式的不同决定了担保物权消灭条件的不同,在理由上是否足够充分合理,这些均是需要进一步探讨的问题。

4.从立法角度予以完善

权利的行使不是无期限的,“法律不保护躺在权利上睡觉的人”。按照《物权法》第202条的规定,在主债权诉讼时效届满后,抵押权将长期处于一种不确定的状态,而抵押人享有的时效抗辩又无法主动提出,抵押人亦处于长期不利益之中,确系违反了民法的公平原则。故参考我国台湾民法的做法,参照我国《物权法》中关于权利质权和留置权的规定,我们应当在此设定一个期限,即“抵押权人未在主债权诉讼时效期间内行使权利的,抵押人可以请求抵押权人在主债权诉讼时效期间届满后及时行使权利,权利人不及时行使的,抵押人有权请求涂销登记。”

四、司法适用：抵押权纠纷案件涉及的三个问题

(一)主债权诉讼时效届满后抵押人依然负有履行义务

主债权虽已过诉讼时效，但主债权尚未消灭，抵押权亦未消灭，抵押人的履行义务尚且存在，在没有法律规定的抵押人义务得以免除的情况下，抵押人基于诚实信用原则应当自觉履行抵押义务；从抵押权的设立目的来说，抵押权的从属性毋庸置疑，实际上正是因为主债权的存在，才会有产生抵押权之需要。故抵押权作为担保物权，本质上是抵押人自愿向债权人(抵押权人)提供的物之担保，实际上抵押权成立之际就是抵押人在抵押物上设立了权利负担，为自身设置了义务，是义务就应当履行。但是，权利的行使不是无止境的，正如上文所述，赋予抵押人催告权，督促抵押权人在一定期限内行使权利，如不行使，那么法律再也无保护抵押权之必要，抵押人就此可以申请涂销登记，彻底从抵押关系中摆脱出来，以实现物权法之“物尽其用”的立法目的，维护正常的市场经济秩序。

(二)《物权法》第202条规定的抵押权行使方式的理解

上述法条中规定的“在主债权诉讼时效期间行使抵押权”中的“行使抵押权”应为何种方式，是向人民法院提起诉讼主张抵押权，或是申请执行，还是只要向抵押人主张抵押权即可？对此，持“诉讼时效说”的部分学者认为抵押权人只要在主债权诉讼时效期间内向抵押人主张权利，或抵押人在此期间同意履行义务，就发生抵押权诉讼时效的中断。亦有学者认为：“如果抵押权人在司法保护期内与抵押人有过协商，在司法保护期间届满后才请求法院启动司法程序，法院不因抵押权人在司法保护期内向抵押人主张过权利而放宽限制，抵押权仍然不受法律保护”①。按照《物权法》第195条之规定，抵押权人行使抵押权的方式有两种：一种是“与抵押人协议以抵押财产折价或者以拍卖、变卖该抵押财产所得价款优先受偿”，另一种是“请求人民法院拍卖、变卖抵押财产”。因此，抵押权人与抵押人在诉讼之外向抵押人主张行使抵押权，或者抵押人承认抵押权的存在，均无法律上的意义，当然有一种例外，就是双方达成了实现抵押权的协议。综上，《物权法》第202条“行使抵押权”受到了如下限制：一是必须是在“债务人不履行到期债务或者发生当事人约定的实现抵押权的情形”之后至“主债权诉讼时效期间”届满之前行使抵押权；二是行使抵押权的方式仅限于达成实现抵押权的协议

① 曹士兵：《中国担保制度与担保方法》，中国法制出版社2007年版，第276页。

及向人民法院请求拍卖、变卖抵押财产。当然,在上述期间内抵押权人向人民法院提起抵押权诉讼自然是行使抵押权方式之一,并不一定以“请求人民法院拍卖、变卖抵押财产”为唯一的方式。

(三)主债权经法院生效判决确认情形下抵押权的行使

《物权法》第202条及《九民纪要》第59条规定,法律适用的前提是抵押权在主债权经过诉讼时效之后的状态,但是司法实践中尚且存在另外一种情形,即在主债权已经人民法院生效判决确认的情况下,抵押权的行使期间是否应当适用上述法律规定?这里包含两个问题:一是主债权已经生效判决确认的情况下,有无探讨主债权诉讼时效之必要?在主债权已经生效判决确认的情况下,主债权的诉讼时效就已经结束,此时的主债权已经受到法律的绝对保护(只要债权人依法申请执行),那么,在此情况下,就无探讨诉讼时效的必要。既然主债权已经得到生效判决的绝对确认,那么作为从权利的抵押权亦不会消灭。众所周知,抵押权作为从权利不会自然消灭(除非法律有明文规定),由于目前我国法律规定的缺失或者不明确,使得在该种情况下,抵押权处于一种不确定的状态,在司法实践中形成一种极为尴尬的局面:抵押权人不行使权利,抵押人亦无法涂销抵押物之上的权利负担,使得抵押物的正常流转受到了限制。二是既无探讨诉讼时效之必要,那么此时的抵押权处于什么状态?是否应当继续存在?一种观点认为,主债权只要经过人民法院的审判得以确认,那么,作为从权利的担保物权也是永久存在的,原因是,一方面,基于抵押权自身从属性的考虑,既然主债权尚且存在,那么作为从权利的抵押权依然存在,既然人民法院的生效判决使得主债权受到绝对的保护,那么抵押权也应当受到人民法院的保护;另一方面,基于诚实信用原则,抵押权尚且存在,那么抵押人的义务就未获免除,抵押人基于约定和诚实信用原则就应当履行抵押义务,以使得抵押物上的权利负担得以解除。如上文所述,最妥当的处理方式应当是在诚实信用原则与物的效用之间作出妥协,规定一个期限,赋予抵押人催告的权利,可以在主债权得以确认但抵押权人怠于行使权利的时候,规定抵押人可以催告抵押权人在一定期限内行使抵押权;如果抵押权人仍怠于行使权利的,便赋予抵押人请求涂销抵押登记的权利,使得抵押物能从这种担保物权的关系中解放出来,实现物的价值,便于物的流通。

五、结语

党的十九大提出“以良法促进发展、保障善治”,明确了社会主义法治的价值——良法善治,是社会治理现代化不可或缺的重要内涵。抵押权的存续期间,既关系到债权人对担保物权实现的合理期待,又关系到抵押人对物的正当利用,更关涉民事主体权利义务关系的稳定和可预期,《九民纪要》第59条对《物权法》第202条的修正在这一对矛盾中取得了平衡,若能更进一步完善催告履行、提示等规定,则更加圆满。

新冠肺炎疫情下民事案件在线诉讼的现状检视与路径完善*

西南政法大学大学生创新训练项目课题组**

摘要：在推进国家治理体系和治理能力现代化的背景下，智慧法院建设和三大互联网法院建成的司法现实使在线诉讼的推广成为发展所趋。新冠肺炎疫情期间，各地法院普遍开展民事案件在线诉讼，却暴露了在线审理案件的类型和程序适用标准不明、在线诉讼证据提交与审查困难以及在线诉讼的时间束缚与技术缺憾等问题。在线诉讼的发展，应从司法供给侧改革高度认识、立法层面予以重视以及将互联网法院经验与在线诉讼推广相结合的宏观视角予以设计；应从完善案件分流工作机制、提升证据提交与审查的司法智慧水平、规范异步庭审以及实现在线诉讼的技术保障的微观视角予以实践。据此，以自身情况为实际，未来普通法院线上庭审的建设路径将得以明晰。

关键词：在线诉讼；互联网法院；繁简分流；电子证据；异步庭审

引　言

在党的十八届三中全会上，习近平总书记提出，国家治理体系和治理能力现

* 本文系2019年“大学生创新创业训练计划”创新训练项目“司法供给侧改革背景下电子诉讼实践检视与前景探索——以我国三大互联网法院为中心”（项目编号：201910652016）的阶段性成果。

** 本课题组成员系姚歆玮，西南政法大学法学院2017级本科生；黄珂，西南政法大学行政法学院2017级本科生；周颖，西南政法大学国际法学院2017级本科生；况育宇，西南政法大学人工智能法学院2017级本科生。

代化是中国共产党的一项重大战略任务;[①]司法是国家治理的重要手段,司法人员应增强推进国家治理体系和治理能力现代化的责任感与使命感,积极探索顺应时代发展的新司法模式,推动健全完善中国特色社会主义法治体系。为贯彻落实党和国家的司法创新的要求,智慧法院建设顺时而生,成为司法领域改革的重要措施。在最高人民法院的号召下,各地智慧法院的建设卓有成效,其中首屈一指的,便是我国三大互联网法院的建立。互联网法院将涉及网络的案件从现有审判体系中剥离出来,充分依托互联网技术,完成起诉、审判、送达等全流程在线化,实现便民诉讼,节约司法资源。互联网法院时代至此来临。

2020 年伊始,新型冠状病毒肺炎在全国各地乃至世界各地传播,不仅给人民的生命安全带来了巨大威胁,同时封城、道路管制、社区隔离等抗疫措施也使得诉讼活动无法正常开展。在这场疫情阻击战中,如何确保疫情防控期间司法机关正常运行以及在线诉讼活动规范有序成了亟待重视和解决的问题。

最高人民法院于 2020 年 2 月 18 日发布的《关于新冠肺炎疫情防控期间加强和规范在线诉讼工作的通知》(以下简称"《疫情防控在线诉讼通知》")要求三大互联网法院充分利用先发优势,加大在办案平台建设等方面的探索力度,加速总结,形成可复制、可推广的先进经验。该通知不仅对三大互联网法院提出了具体要求,对已经在电子诉讼建设领域初有成效的各级普通法院也提出了要求:各级法院积极依托各类在线诉讼平台,全面开展网上立案等一系列在线诉讼活动,有效满足疫情防控期间人民群众的司法需求,确保人民法院审判工作平稳有序运行。

春节假期结束后,各级法院迅速进入工作状态,充分运用网上诉讼服务中心、移动微法院、人民法院多元调解平台乃至可以进行视频通话的微信群载体,将法庭搬到线上来,做到疫情防治和审判工作两不误。仅 2020 年 2 月 3 日至 3 月 11 日,全国法院共立案 291.8 万件,其中网上立案 70.6 万件,网上开庭 68.6 万件,较去年增幅 453.3%;调解 66 万件,网上调解就有 30.2 万件;网上证据交换达 20.1 万次,电子送达 245.3 万次。[②]

---

① 习近平:《完善和发展中国特色社会主义制度 推进国家治理体系和治理能力现代化》,载《人民日报》2014 年 2 月 18 日第 1 版。

② 柳杰、杨亚楠:《这些数据告诉你,疫情防控期间人民法院有多"智慧"》,https://mp.weixin.qq.com/s/_P5Cm3wPG21mCa5wUgiLpQ,访问日期:2020 年 4 月 20 日。

据此，我国审判工作正面临社会急剧转型、民事在线案件激增的现状，而司法资源有限与案多人少的尴尬现实导致公正与效率更加难以达到统一，司法矛盾更为突出。[①] 因此，在线诉讼机制的健全，将会对未来人民法院产生深远的影响。可是，由于经验的不成熟与软硬件建设的不完善，普通法院在试水在线诉讼的同时暴露出了一系列问题。本文将通过检视疫情期间普通法院开展在线诉讼的实际情况，结合互联网法院的建设经验，提出在线诉讼完善的实践路径，推动在线诉讼的完善与发展。

一、在线诉讼的现状检视

根据最高人民法院近期颁布的《疫情防控在线诉讼通知》：疫情期间，开展民事诉讼程序繁简分流改革试点工作的法院，应根据有关规定稳步推进在线诉讼。各级人民法院要积极推广和有序规范在线庭审，综合考虑技术条件、案件情况和当事人意愿等因素，确定是否采取在线庭审方式。然而，本课题组经过调查发现：在此特殊期间，各地人民法院由于在线庭审技术不成熟、适宜线上审理案件的类型不明确等原因，面临着即使当事人具有在线诉讼意愿，也很难顺利如期开展在线审理的工作。

（一）在线审理案件的类型和程序适用标准不明

从本次的《疫情防控在线诉讼通知》来看：原则上，民事案件均可以采取在线方式开庭。然而，由于案件类型不同，即使当事人全部同意，也很难确定所有民事案件都适合通过线上开庭审理。《疫情防控在线诉讼通知》中规定："各级人民法院推进在线诉讼，既要充分考虑案件类型、难易程度、轻重缓急等因素，又要切实维护当事人合法诉讼权益"，对于很多仍处于电子诉讼起步阶段、甚至在本次疫情期间才接触电子诉讼的普通法院而言，如何把握是否适宜采用在线庭审也成为决定案件能否及时得到办理的重要因素。

另外，《疫情防控在线诉讼通知》第 3 点也明确规定："开展民事诉讼程序繁简分流改革试点工作的法院，依法有序推进在线诉讼工作"，结合最高人民法院先前颁布的《关于民事诉讼程序繁简分流改革试点实施办法》，可以预见在线诉讼模式对繁简分流工作的积极意义。如何有效利用在线诉讼，推进人民法院的

① 王雷、闫琳特：《民事一审案件繁简分流的困境与路径——以河北法院改革为例》，载《华南理工大学学报(社会科学版)》2019 年第 6 期。

案件繁简分流工作成为本次《疫情防控在线通知》给予我们的新的思考。

(二)在线诉讼证据提交与审查困难

证据是整个诉讼的核心，当事人提出主张后，仅在证据的支撑下进行有效论证才能使审判人员认可自己的主张，所以，对于线上庭审，证据的提交与审核是庭审能否顺利进行的关键。但通过本课题组的调查，疫情期间，普通法院的线上庭审在证据方面同样暴露出不少弊病。

1.普通法院的线上审理难以保障当事人提交证据的真实性

一方面，由于普通法院受理案件类型纷繁复杂，涉及的证据种类多、数量大，部分证据难以通过电子扫描等形式转化为电子证据，法官难以核对原件，导致当事人提交的证据的真实性无法得到保证；另一方面，因电子诉讼建设的不充分，普通法院并无专门的电子证据平台，当事人仅能通过拍照、扫描等形式，将证据上传至微信等平台，上传的证据清晰度下降。同时，没有司法区块链等技术的辅助，证据真实性难以保证，当事人难以质证。大多法院索性放弃了线上举证质证环节，尽可能以调解的形式结案，对于难以调解的案件，只能被迫搁置。

2.普通法院难以在线上庭审中保障证人出庭

根据《最高人民法院关于民事诉讼证据的若干规定》(以下简称“《民事证据规定》”)第 68 条规定:“人民法院应当要求证人出庭作证，接受审判人员和当事人的询问。”“无正当理由未出庭的证人以书面等方式提供的证言，不得作为认定案件事实的根据。”原则上，书面证言只能被视为案件事实认定的一个参照，不具有独立的证明力，应当结合其他证据予以印证，方可构成对案情的证明。所以，证人应当出庭作证，其证言经法庭质证后方可采用。同时，依照《民事证据规定》第 72 条第 2 款规定:“证人作证前不得旁听法庭审理，作证时不得以宣读事先准备的书面材料的方式陈述证言。”而在大多普通法院的线上庭审中，通过微信平台，法官无法控制证人参与庭审与退出庭审的时机，更不论当事人对证人进行询问可以有序进行。另外，虽在线上庭审窗口中，除证人出庭环节外，看似仅有审判人员与当事人，并无证人参与，但审判人员无法确定证人在现实中是否与当事人处于同一地点或以其他方式间接地参与了庭审，旁听了整个案件审理，导致“证人不得旁听庭审”的规定被架空。

(三)在线诉讼的时间束缚与技术缺憾

借助于信息网络技术的快速发展，我国有关远程审判的探索正在持续进行，互联网法院的建立可以说是此种探索渐入高潮的标志。反观疫情期间普通法院的在线诉讼进展，基于现有制度的不完善与技术缺陷，审判的效率和正义未得到充分保障，当事人的纠纷解决仍存在相当大的阻碍，这不仅难以满足疫情期间各地法院井喷的在线诉讼需求，而且也未能实现在线诉讼高效便民的预期效果。

1.普通法院因时间限制案件审理受阻

在线面对面审理模式在一定程度上已解决了疫情期间足不出户的问题，然而，现实中双方当事人除了身居一国两地外甚至可能身居两国，针对这种处于不同国家、不同时区的情况，同步审理模式势必会给当事人的诉讼参与造成诸多不便。虽然最高人民法院此次下发的《疫情防控在线诉讼通知》中规定，人民法院的在线诉讼活动不得突破现行法律和司法解释规定，但这并不妨碍对此种问题解决的思考。

2.普通法院技术缺憾导致线上庭审难以开展

各地法院均已陆续开展智慧法院建设，以区块链平台等为代表的诸多便捷应用正是依托于电子技术而产生，然而，与此同时，这些司法实践也引发了人们关于网络技术安全问题的担忧。远程庭审中，多方通过不同的视频媒介、不同的诉讼环境进行诉讼，不健全的技术系统就会诱发视频中参与人非当事人本人、当事人的言行被篡改等问题，因此，为了实现审判的正义，技术的保障就显得尤为重要。

二、在线诉讼的宏观设计

(一)从司法供给侧改革高度认识和把握在线诉讼

司法旨在为公众定分止争，其体系的建立需要与时代背景相契合，在不断革新的科技冲击下，社会需求持续增长，司法亦随之发展。现阶段，各地区的法治供给不平衡、不充分，人民法院的司法供给不足与人民群众的司法需求不断增长的矛盾日益尖锐。为解决这一困境，“司法供给侧改革”的概念被提出。在线诉讼并非简单地将线下诉讼通过电子技术的手段以在线的方式进行，其包含了整个诉讼流程的线下向线上转移，这涉及法院的整体工作部署和一系列的改革举措。虽然在线诉讼的建设动力源自司法供给不足与司法需求持续增长的矛盾，但在促进诉讼更加高效、便利的同时，在线诉讼也为法院改革提供了动力。一方面，在线诉讼有利于多元化纠纷解决机制平台的建设。它以在线诉讼平台为依托，通过司法人员线上的业务指导，调动人民调解在内的多元化纠纷解决的积极因素，将大量的民事纠纷在诉讼外解决，完成诉内与诉外的案件分流。这既有利于减少当事人之间的对抗性，也在不剥夺公民公权救济的权利的同时赋予了公民更多的自由空间与和解机会，还有利于精简审判，将司法人员从繁重的案件压力中释放出来，促进司法资源的有效配置。另一方面，在线诉讼有利于促进司法人员职业化和专业化建设。由于在线诉讼贯穿了整个诉讼流程，从立案到审判、从送达到执行，技术的辅助使司法人员从原本烦琐的案件流程中释放，更为专注于案件的实体审判，这势必会强化司法人员的业务能力，使法院各部门人员的技能更专业化。同时，在线诉讼的审判人员需在实现司法效益的前提下，在严格细致、精确深化方面下功夫，这不但反映了人民群众的诉讼需求，还彰显了司法人员的司法价值追求。

(二)从立法层面重视在线诉讼工作

与疫情期间各地法院积极开展在线诉讼工作不相匹配的是国家层面有关立法的缺失，而另一现象则是三大互联网法院自身制定了一批具有参考价值的在线庭审的规则，例如：《杭州互联网法院诉讼规则》《北京互联网法院在线庭审规则》《广州互联网法院在线庭审若干问题的规定》等。这也从侧面印证：目前我国的在线诉讼工作尚在起步阶段，仍未形成统一适用的司法模式，这说明了实践中的司法差异性与统一立法之间的难度。虽然最高人民法院之前曾制定并颁布了《关于互联网法院审理案件若干问题的规定》(以下简称“《互联网法院审理案件的规定》”)，并于疫情期间制定了《疫情防控在线诉讼通知》，但远不能满足司法日常运行中法律的适用需求。而且由于互联网法院制定的规则性质和效力位阶的原因，以及互联网法院自身的特点，实践中普通法院的法律依据依旧依赖于最高院统一制定的司法解释。因此，我们应加快提升成熟规则和经验的效力位阶，如将有关在线诉讼的效力、电子证据的上传和审查、在线审判程序等规定，适时引入法律中。针对现行立法，我们还应兼顾案件实际，在客观上拓展在线诉讼的案件适用范围，细化在线诉讼的内容和流程，使其程序内容具体并具有可操作性。

(三)将互联网法院经验与在线诉讼推广相结合

凡能增益之道，需与时偕行，互联网法院的出现是中国司法主动适应和服务互联网发展大趋势的成果。互联网法院，即将法院与互联网相结合，采用在线的方式审理案件，甚至可以做到大规模批量化审理，大大地提高了司法效率。诸如比特币是否具有商品的属性、“暗刷流量”网络服务如何评判、网络侵害他人人格权如何界定等。互联网法院贯彻“网上案件网上审”的审理思维，将上述涉及网络的案件从现有审判体系中剥离出来,充分依托互联网技术,完成起诉、立案、举证、开庭、裁判、执行全流程在线化,实现便民诉讼,节约司法资源。① 其建立标志着我国正加速迈入电子诉讼领域,力求结合最新的电子科学技术,在保障司法公正的同时提高办案效率,实现高效便民。此外,在网络治理中,互联网法院通过海量的个案比对,总结出较为成熟的规则,指引司法,以营造明朗的互联网环境。这一由互联网法院产生的新型办案模式机制也为各基层法院开展在线诉讼提供了模板与方向,甚至为很多外国法院所效仿,成为极具影响力的互联网法院经验。

三、在线诉讼的实践路径

对于普通法院,特别是基层法院,承担了我国多数的一审案件,日常办案任务繁重,案件亟须及时办理。疫情期间如果不利用在线审理正常如期开展审判工作,则会造成审判人员复工后极为沉重的工作负担,更不利于纠纷的及时化解,使当事人的权利得到有效救济。针对上述问题,结合《疫情防控在线诉讼通知》中有关"切实发挥互联网法院在理念创新、技术创新、制度创新等方面的引领示范作用"的规定,本课题组意欲参照互联网法院建设的成熟经验,探寻普通法院升级在线诉讼服务平台,拓展在线诉讼服务功能的路径。

(一)完善案件分流工作机制

欲推动在线诉讼的常态化发展,首先应当明确适宜线上审理的案件类型,将其作为传统线下审理的选择与补充。另外,针对在线庭审适用程序的确定以及证据纷繁复杂难以逐一上传认定的问题,我们可以考虑引入繁简分流机制加以制度设计。案件繁简分流机制,就是将案件按简单复杂程度分类并纳入不同的程序中去处理。它是法院司法体制改革的重要内容。最高人民法院近几年也接连出台了相关意见、规程等对该制度进行总结和指导。本课题组认为,应当联系和参考《最高人民法院关于民事诉讼程序繁简分流改革试点实施办法》(以下简称"《繁简分流实施办法》")和《互联网法院审理案件的规定》中的相关规定和经验,从中找寻问题的解决之道。

---

① 熊剪梅、刘志华、段星宇:《为什么全球第一家互联网法院诞生在中国》,https://dangjian.gmw.cn/2019-11/08/content_33305604.htm,访问日期:2020 年 1 月 5 日。

1.加强线上审理适用效力

就尊重当事人意愿而言,无论是《繁简分流实施办法》还是本次出台的《疫情防控在线诉讼通知》都明确规定:案件存在双方当事人不同意在线庭审的情况,不适用在线庭审。长期以来,出于对当事人诉权的保护,学界和实务界的大多观点认为网上审判只能作为传统线下审理的有益补充,不宜参照互联网法院"全程在线模式"作出直接限制当事人程序选择权的规定。[①] 值得注意的是,这一点共识在某种程度上也促使部分法院没有动力向当事人推广在线审理、怠于电子诉讼建设。此次疫情的到来,部分电子诉讼建设较为匮乏的法院就暴露出了诸多问题:信息化时代的背景下,当事人普遍接受在家通过手机或电脑即可完成诉讼的线上审理模式。由于疫情的突然出现,法院并没有做好相关准备,这使得部分法院不能正常开展审理工作,导致案件大量积压,司法人员只能通过微信等平台处理一些简单的调解工作。实际上,信息技术的进步性赋予了电子诉讼在诉讼效益、司法公开、接近正义等方面的比较优势。[②] 因此,为了有效利用能够提升诉讼效率、减轻当事人诉累的在线审理模式,我们应当在当事人同意且技术允许的情况下,通过制度确定原则上应在线审理的案件类型,以促进在线审理的适用。

2.参照互联网法院确定适宜在线审理的案件类型

三大互联网法院采用的在线审理模式突破了《民事诉讼法解释》第259条规定的以线下审理为原则,在线审理为例外的规则,由于其难以体现对席、直接言词、辩论等基本原则,是对线下审理的颠覆性变革,不可避免地会给当事人的诉讼权利带来一定的减损。[③] 对此,《互联网法院审理案件的规定》第2条对于互联网法院的受案范围作出了限定,可以将其概括为三种类型:第一类:网上的侵权、购物合同和产品责任、服务合同、金融借款、小额贷、首发著作权及邻接权权属和侵权、域名相关纠纷;第二类:检察院提起的网上公益诉讼;第三类:政府对网上购物、服务的行政管理产生行政诉讼。不难看出,这三类全部属于涉网案件,且多数涉及的权利义务关系一般较为明确,同时,案件证据集中表现为电子证据:如微信、微博等在线通信工具中的聊天记录,应用程序、网站的认证信息等以数字

---

① 北京互联网法院课题组:《网上庭审现状与完善》,载《中国审判》2019年第24期。

② 张兴美:《电子诉讼制度建设的观念基础与适用路径》,载《政法论坛》2019年第5期。

③ 温大鹏:《论互联网法院面临的问题与解决思路》,载《中共南昌市委党校学报》2019年第3期。

化形式存储、处理、传输的信息。本课题组认为适宜采取在线审理的民事案件类型应当参照互联网法院的部分规定，即普通法院可以将网上的侵权、购物合同和产品责任、服务合同、金融借款、小额贷纠纷作为线上审理的案件类型。区别于互联网法院能够受理首发著作权及邻接权权属和侵权、域名相关纠纷，大部分普通法院尤其是基层法院难以处理涉及知识产权等专业性较强的有关纠纷；另外，由于检察机关大多尚未熟悉在线诉讼，且网上公益诉讼规则有待完善，因此当前阶段，普通法院也不宜将检察院提起的网上公益诉讼纳入线上审理范围。

3.通过审前程序保障案件审理的顺利进行

审前程序具有固定诉讼要素、整理争点、证据交换、纠纷多元化解等功能，而这些功能更好的发挥，离不开电子科技的应用。[①] 鉴于线上庭审的特殊性，诸多案件的证据审查、关键事实的认定难以在线上完成，所以审判人员需在审理前较为充分、全面地了解案件，才能使案件的繁简分流工作顺利进行以及使得线上庭审顺利开展。但我国现行法律对民事审前程序仅一言而过，故民事审前程序地位模糊，导致司法人员重视程度较低。为此，疫情期间，各法院应重视审前程序，合理运用繁简分流工作机制确定适用程序，重构答辩程序，重塑证据收集、交换、提交制度，重视争点整理程序，结合案情适当增设审前会议，同时，审判人员应及时联系当事人，了解当事人有无申请证人，提交证据的相关情况；法院也应当及时向法官和书记员等开展线上庭审培训会，避免因操作不明导致案件搁置。

4.运用繁简分流机制规范在线审理程序的选择

2016 年，最高人民法院发布了《关于人民法院进一步深化多元化纠纷解决机制改革的意见》，其中专列一项“完善繁简分流机制”：对调解不成的民商事案件实行繁简分流，通过简易程序、小额诉讼程序、督促程序以及速裁机制分流案件，实现“简案快审、繁案精审”。为深入贯彻落实《全国人民代表大会常务委员会关于授权最高人民法院在部分地区开展民事诉讼程序繁简分流改革试点工作的决定》，最高人民法院制定《繁简分流实施办法》。《繁简分流实施办法》对扩大小额诉讼程序适用范围、合理扩大简易程序适用范围、扩大独任制适用范围、健全电子诉讼规则等内容作出了相关规定。结合《疫情防控在线通知》中“开展民事诉讼程序繁简分流改革试点工作的法院，应当在全国人大常委会授权范围内，严格按照《繁简分流改革试点实施办法》推进在线诉讼工作”的相关规定，人民法

① 吴涛、陈曼：《论智慧法院的建设：价值取向与制度设计》，载《社会科学》2019 年第 5 期。

院应在繁简分流的工作机制中,通过在线审理实现"简案快审":对于适用简易程序、速裁程序的案件,若双方当事人具有相关意愿,可以合意选择适用线上开庭审理,降低当事人诉讼成本,满足人民群众高效便捷解纷的司法需求[①]。不过,由于速裁程序和简易程序与普通程序相比已经较为简化,因此在采取线上开庭审理的时候,法院应当充分尊重、保障当事人的程序选择权并应当详尽地告知其诉讼权利、审判组织、审理期限等相关事项,实现提升审判质量、效率和保障当事人权利的统一。

(二)提升证据提交与审查的司法智慧水平

据前所述,证据提交与审查难的问题往往归因于技术与硬件设施的限制,而在短时间内,改进技术与硬件设施较为困难,故我们应尽可能提升司法智慧水平,通过司法策略以在现有技术条件下找寻解决方案。首先,从优化规则入手,将规则作为司法的依据,以在法院层面减少难题、提升效率。其次,加强法律规则宣传,从当事人、证人等其他诉讼参与人层面避免伪证等问题。最后,结合实际,因地制宜地制定方案,进一步减少证据提交与审查的风险。

1.优化证据提交审查规则

依据《繁简分流实施办法》第 22 条规定:"当事人及其他诉讼参与人以电子化方式提交的诉讼材料和证据材料,经人民法院审核通过后,可以直接在诉讼中使用,不再提交纸质原件。人民法院根据对方当事人申请或者案件审理需要,要求提供原件的,当事人应当提供。"《疫情防控在线诉讼通知》第 7 点之要求:"当事人及其诉讼代理人通过电子化方式提交诉讼材料和证据材料的,经人民法院审核通过后,可以不再提交纸质原件。"两份文件都肯定了电子化材料提交的效力,并对电子证据的提交审查规则分别作出了相关规定。结合繁简分流工作机制,上文所论述的部分案件存在证据的纷繁复杂难以逐一上传认定的情况,本课题组综合《繁简分流实施办法》和《疫情防控在线诉讼通知》中对于证据提交审查中的相关规定,作出如下建议:人民法院应当建议有条件的当事人提交电子证据,并尽可能为当事人提供平台支撑和技术便利。当事人提交纸质原件的,人民法院应及时将其上传至案件办理系统,审核通过后,可直接在诉讼中使用,不要求提供原件。当然,如果当事人对原件提出了异议或者出于证据真实性认定的

① 刘峥、何帆、李承运:《〈民事诉讼程序繁简分流改革试点实施办法〉的理解与适用》,载《人民法院报》2020 年 1 月 6 日第 2 版。

需要，审判人员可以要求当事人再次提供原件，并可于庭后到现场补充质证。在采取以上措施仍不足以认定证据真实性的情况下，该案件应被认定为不适合在线处理的情况，建议还是采取线下审理的方式进行。

2.向当事人与证人强调法律规则

《民事证据规定》规定，当事人若申请证人出庭作证，应在举证期限届满前提交申请书。法院对当事人的申请予以准许的，应当在开庭审理前通知证人出庭作证。因为作伪证者往往法律意识淡薄，所以法院应健全证人签署保证书制度，告知其应当如实作证，强调作伪证的法律后果，即法院可依法对其训诫、罚款、拘留甚至追究刑事责任。对于难以监督的线上庭审证人出庭，法院更应以谨慎态度应对，加强证人权利义务告知工作。此外，庭审记录是司法公正的基本要义，是司法公开的具体载体，属于法定的职权事项，不以当事人的个人意志为转移，①证人出庭应即时生成中间笔录，待证人阅读后以电子签名等方式确定，固定庭审证人证言。

3.多种方案避免证人旁听

首先，为解决审判人员难以控制证人出庭退庭的时机，法院可建立多个审判窗口，将各审判环节分开进行。如以微信平台开庭的法院可一个案件建立两个微信群，一个群允许证人加入，仅用于证人出庭环节；一个群仅法院人员与当事人和代理人参与，用于证人出庭外的所有庭审环节。若有多个证人，则依次建立多个微信群。其次，为更好地防止证人旁听，法院可适当调整庭审顺序，将证人出庭环节置于法庭调查之前，以保证证人在未旁听庭审的情况下接受审判人员和当事人询问。最后，为防止证人与当事人私下在同一地点或者以通话等其他方式间接旁听了庭审，法院可以指定证人或当事人的出庭场所，并通过微信等定位系统，保证证人与当事人相隔一定的距离。而有条件的法院可借鉴北京互联网法院，隔离音频信号，确保证人“隔离”。

当然，以上方式各有其局限性，如多个微信群的建立对于证人较多的案件，操作烦琐，时间成本较高；而调整庭审顺序可能存在证人出庭环节完毕后，在后续庭审过程中发现新的须向证人核实的问题，导致关键信息遗漏，故对审判人员提出了较高要求，需在庭前充分了解案件情况。因此，在具体实践时，法院应结合案件灵活应对。

---

① 张兴美：《庭审记录方式电子化改革的反思与建构》，载《法学杂志》2019年第1期。

(三)推广异步庭审模式

为突破时空问题给诉讼带来的限制,作为智慧法院建设的先行者,杭州互联网法院已于2018年率先探索出了异步审理模式,即诉讼参与人在规定期限内以非同步方式完成非面对面的线上审理,并且与之对应的《涉网案件异步审理规程(试行)》(以下简称《异步审理规程(试行)》)也同步出台,为完善普通法院的线上审理提供指引。2020年2月6日,浙江台州黄岩区人民法院作为传统人民法院首发出台《台州市黄岩区人民法院民商事案件异步审理规程(试行)》(以下简称《台州异步审理规程(试行)》),于2月10日,该法院便首次运用该规程处理了一起合同纠纷案件,该案件是浙江省内非互联网法院异步审理的首个案例。① 可以预见的是,未来普通法院推广适用异步审理是大势所趋。现本课题组以杭州互联网法院的异步审理为模板,借鉴浙江台州经验,主要从两个方面浅谈异步审理规程的合理性,为将来我们探寻异步审理在普通法院的适用规范提供方向。

1.尊重当事人程序选择的同时保障法官启动权

根据《异步审理规程(试行)》第3条,法官可以向当事人推送异步审理,各方当事人均未选择异步审理的,法院则不能启动;当事人自愿申请异步审理时,法院会根据案件性质来决定。同一般的在线审理相比,由于异步审理突破了直接言词原则和公开对席原则,是对传统公开审理模式的彻底颠覆,因此,北京互联网法院课题组提出要限制当事人程序选择权、尝试缺席审理的主张不能当然适用于异步审理当中。② 为避免当事人诉讼程序权利的减损,人民法院在适用时需要格外慎重,一方面既要尊重当事人的程序选择,满足当事人的诉讼需求;另一方面也应给予法官一定的自由裁量权,注意审查案件类型是否适合异步审理,以实现当事人的程序选择权和法官决定权之间的平衡,最终防止异步审理的滥用。参照杭州互联网法院,普通法院在初步推行异步审理时,也应在程序启动方面遵循以当事人自愿选择为前提和法官掌握启动权的原则,从而更好地发挥异步审理的独特作用。

2.规范审理流程的诉讼时间限制

《异步审理规程(试行)》明确规定了发问、辩论各环节当事人的时间限制,以

① 台州市黄岩区人民法院:《从文件出台到案例运用全程线上异步庭审,时空无阻》,https://www.thepaper.cn/newsDetail_forward_5947906,访问日期:2020年2月13日。

② 北京互联网法院课题组:《网上庭审现状与完善》,载《中国审判》2019年第24期。

辩论环节为例,当事人在调查结束后应在48小时之内不分先后地发表辩论意见,那这48小时可以视为辩论环节的诉讼时间。但同传统面对面形式的言词辩论不同,非面对面且异步的辩论形式更像是书面审理,似乎有违直接言词原则。结合《民事诉讼法》第169条,书面审理缺乏当事人在限定时间内交互式的辩论;而异步庭审中双方的言辞辩论符合直接言词原则的本质,即法官可以听取当事人的陈述和辩论,只是在此基础上给当事人的辩论增加了时间间隙,这种时间间隔虽然破坏了辩论的连续性,但也给双方当事人的应答留足了一定缓冲准备的时间,从而使当事人能够充分表达诉求,也使案件事实能够充分还原,继而有利于法官作出公正有效的裁判。

和杭州互联网法院的《异步审理规程(试行)》相比,《台州异步审理规程(试行)》并未对各环节的诉讼时间范围进行明确规定,而采取允许人民法院自由裁量的方式,即法官根据案件情况来决定时间范围以保证庭审效率。本课题组认为,倘若法官根据具体案件具体定夺诉讼时间范围,有可能出现同案不同对待、徇私偏袒的情况,例如,为当事人争取更多取证时间,从而放宽相应的时间范围。因此,为了避免徇私偏袒,保证公正合理,法院应在固有的时间范围内给予法官一定的自由裁量权。例如,可以结合前文所述的案件分流机制将异步审理的案件进行细分,对不同类型的案件规定不同的诉讼时间,法官再根据具体的案情适当缩短或者延长时间,从而保障异步审理的程序正义。

(四)加强在线诉讼的技术保障

1.加大司法区块链建设工作

在线诉讼审理模式推广,尤其是对电子证据提交与审查、司法区块链建设实为必要。区块链技术是由多种现有技术集成的分布式基础架构与计算范式。而司法区块链通过去中心化,建立信任共同体,使全国法院与多个国家级、非商用、政务性机构等重要的区块链节点,共同拥有、共同管理、共同监督区块链电子数据平台中的数据,形成可验证、不可篡改且可追溯的可信分布式系统。全国法院通过区块链平台对诉讼服务数据进行固化,确保平台提供的各项服务及用户数据安全可信。相关业务数据通过SHA256算法计算后将哈希值存入区块链,纳入共识体系,如出现问题,可根据区块链上的信息追溯发生问题的环节。

如今,法院的上链业务涵盖:网上立案、电子送达、证据交换与质证、网上缴费、互联网庭审、诉讼事项请求、材料递交和网上阅卷。目前,司法链已接入27个节点,接入包括三大互联网法院、吉林电子法院、成都市郫都区人民法院(互联网法庭)在内的113家三级人民法院,纳入共识体系,共同管理,监督链上数据。北京互联网法院"天平链"、吉林省高级人民法院电子证据平台、长三角司法链等都是区块链在司法中的具体应用。

杭州互联网法院曾于2018年6月28日审理了一起侵害作品信息网络传播权纠纷案,在该案中,基于区块链技术的电子证据的法律效力被予以确认,这也是法院首次对这类电子证据的法律效力进行确认。原告用第三方电子存证平台进行了侵权网页的自动抓取及侵权页面的源码识别,并将电子证据通过相应的技术上传至司法区块链进行保存。随后在2018年10月,由北京市东城区人民法院审理的侵犯作品信息网络传播权纠纷案,法院对当事人通过区块链提交保存的电子证据也依法予以采纳。

据此,司法区块链便捷固证、安全可控、方便群众诉讼;全程留痕、不可篡改,对于电子证据的提交与审查具有重大积极意义。普通法院若推行线上审理,司法区块链建设工作为必经途径。

2.充分适用电子送达

随着科技发展、互联网普及,作为文书送达方式之一的电子送达越来越受到重视。在司法供给侧改革这一大背景下,面对案多人少、司法资源配置亟待优化等种种问题,电子送达的优势显而易见:作为线上庭审的关键一环,它能够突破时空限制,有效地将当事人和法官之间联系起来,充分保障当事人的诉讼知情权与参与权,从而推动线上审理流程的进行。其远程化、便捷化、高效化的特点,可以使当事人及时了解、保存关涉自己重大利益的判决书、裁定书和调解书,契合"以当事人为中心"的理念要求。① 然而,受技术不足、立法规范不完善等因素影响,现在的部分普通法院尚未建成电子诉讼平台,电子送达呈现出运用有限、效力亟待明确的问题:在实践中电子送达往往和传统送达方式并用,仅作为送达的一种辅助手段;由于缺乏具体的实施细则,送达失败后的当事人救济等问题无法解决。为推动电子送达的充分适用,本课题组借鉴互联网法院和部分普通法院的先进建设经验,以探寻普通法院电子送达的发展方向。

在完善立法方面,未来普通法院要加强对电子送达实施细则的立法,明确电子送达的效力,包括规定送达的生效时间、弹屏信息提示的有效性,以及送达失

① 胡昌明:《建设"智慧法院"配套司法体制改革的实践与展望》,载《中国应用法学》2019年第1期。

败后权利人如何寻求救济的问题。参考互联网法院,互联网法院的电子送达适用已相当充分,在当事人同意或者未明确反对的情况下多采用电子送达方式,其中《异步审理规程(试行)》甚至规定每个环节的启动都通过弹屏短信电子方式有效送达当事人。考虑到现实中许多当事人和司法人员对电子送达方式的使用仍处于逐步接受和信任的过程,故普通法院在电子送达的推行方面不应操之过急,即像异步审理一样直接规定强制使用电子送达,相反应尊重当事人的程序选择权,充分告知当事人电子送达的效力,在当事人同意或者当事人未明确反对的情况下才选择使用电子送达。

在提高技术方面,结合普通法院的在线诉讼实际建设情况,选择不同模式的电子送达。以湖北省法院为例,湖北省多个市的法院都已运用微信送达,个案中,法院在确认当事人身份后,可通过微信进行送达,受送达的法律文书,一经进入特定对象的微信账号,即视为向当事人有效送达。这种以微信、邮箱为代表的社交软件送达在提高送达效率和节约诉讼成本上具有优势。此外,在一些技术较领先的地方,以北京第二中级人民法院为代表的法院已成功建设了集约送达平台,当事人只需要签署地址确认书,随后法官向集约送达处移交送达材料,中心通过短信、电话、邮寄、微信小程序、公告送达等方式送达,并且会形成送达全程留痕记录和送达回证,将送达卷移交相关业务庭,以便之后进行查阅。

本课题组认为,针对电子诉讼平台尚未完善的法院,应充分发展社交软件送达模式,法院一方面需要灵活使用以微信、邮箱为代表的社交软件进行送达,另一方面需要建立弹屏系统,并在诉讼前的电子送达确认书上充分告知当事人弹屏系统的法律效力,强制当事人在第一时间及时收到消息以防耽误诉讼进程。而针对电子送达已充分适用的法院,需加快建设集多种送达方式为一体的集约送达平台,在为当事人和司法人员提供多样化选择的同时,又借助集约送达系统的送达全流程记录,为电子送达的效力证明保驾护航。

我们通过完善电子送达的立法细则,发展社交软件送达模式和集约平台送达模式,优化司法资源配置,实现提升送达效率与保障当事人诉讼知情权之间的动态平衡,①为在线诉讼的发展提供更坚实的后盾。

---

① 北京互联网法院课题组、张雯、颜君:《"互联网+"背景下电子送达制度的重构——立足互联网法院电子送达的最新实践》,载《法律适用》2019年第23期。

结 语

当前各地法院线上审理新模式的探索取得了初步成果,然而,在线审理模式的深入推广仍然受制于立法层面和技术层面的障碍。为突破现有的制度约束和技术瓶颈,我们应采取宏观总体设计和微观具体实践相结合的双重视角来推动在线审理模式的全面深化。

从宏观层面来看,这要求预先对民事案件在线诉讼的整体思路进行布局设计,将普通法院在线诉讼的建设纳入国家治理体系和治理能力现代化建设的大局中,以更高的视野去认识和把握这项工作,进一步厘清普通法院在线诉讼的开展与司法供给侧改革的内在关系。这既要从立法层面去重视和完善具体的规则、规范,也要将其落实到普通法院的试点实践中去检验成效。此外,我们还应将普通法院在线诉讼工作与互联网法院的现行经验相结合,使两套制度在处理纠纷上相得益彰。

从微观层面来看,普通法院的线上审理作为具体的审判模式的应用,其具体建设路径应当现实、可行。首先,以案件受理的横向集约化为视角,各地法院应明确繁简分流的识别标准,使线上审理案件集约化处理,提高案件受理效率;以案件审理的纵向集约化为视角,繁简分流需平衡当事人诉权与法官线上审理决定权,将电子化证据的审查提交同质处理,实行要素化、标准化的筛选机制,提升审判人员案件审理的效率。其次,面对"证人出庭"情形,法院应向当事人和证人强调法庭纪律和规范,同时,法院应灵活探寻多种路径规避证人旁听庭审。再次,在将证据进行电子化转变的同时,尽快推进法院区块链建设工作并完善电子送达程序,为当事人举证质证提供保障,文书及时送达,守护司法公平。最后,法院要充分考量当事人线上审理时间难以协调等问题,积极探索互联网法院异步庭审模式,解决传统庭审时空限制的难题。

在新冠肺炎疫情背景下,线上审理的发展让我们看到了在线诉讼模式相较于传统诉讼模式的优越性和可塑性。伴随着在线审理规范的完善,人工智能等信息科技手段的创新,在线诉讼仍具备相当潜力,未来它会成为更多当事人和法官的首要选择,成为民事诉讼解决机制的重要组成部分,而对于这方面法律的未来走向,本课题组也将做细致的后续研究。

经济法论坛

论网络个人求助平台的信息审查义务

齐凯悦* 宋国帅**

摘要：作为互联网产业发展的重要产物，“水滴筹”等网络个人求助平台为个人救助提供了便捷。然而，诈捐骗捐事件一再发生，严重侵害社会公众的信任和利益，这很大程度上说明平台信息审查存在问题。遏制此类现象不仅仅是一个道德问题，更是一个法律问题。网络个人求助平台具有信息审查的义务，这来源于民法中的诚实信用原则，也是增强公众信任、平衡双方地位等的必然需求。目前各平台信息审查责任缺乏法律依据，“免责条款”并不免责，审查内容、形式不到位并且监管模糊，影响信息审查作用的发挥。因此，合理构建网络个人求助平台的信息审查义务是解决该问题的关键。信息审查的主体应为网络个人服务平台，其依申请或依职责主动审查实质性内容，并在一定限度内就违反审查义务的行为承担过错侵权责任。

关键词：个人求助；网络求助平台；信息审查义务；诚实信用；免责条款

“水滴筹”等网络个人求助平台在当今社会的慈善事业中发挥了重要作用，有效地减少了因个人经济困难耽误治病的现象；但平台存在的问题也不可忽视，平台把求助量作为地推员考核任务，平台在信息审查方面的不到位，加剧了网络个人求助的乱象。网络个人求助平台对发起救助的对象的条件进行严格规定，进行求助信息的实质性审查，不仅可以有效规制个人求助乱象，还可以最大限度发挥网络在个人求助中的作用。在现行相关法律法规对个人网络求助平台的信

---

* 作者系山东师范大学法学院副教授，法学博士。

** 作者系山东师范大学法学院 2017 级学生。

息审查义务没有明确规定的情况下，平台在信息审查方面的义务可由民法基本原则进行调整。保障网络个人求助平台上求助信息的真实性，需要平台对求助者的信息进行实质性审查。

一、问题的提出

“水滴筹”等网络个人求助平台自产生以来对解决个人因贫而治病困难问题发挥了重要的作用，日益成为个人求助的重要途径，但其自始就争议不断，频频曝光的骗捐诈捐事件更反映出网络个人求助行为之乱，规制乱象还需网络个人求助平台在信息审查方面发挥重要作用。

(一)网络个人求助乱象频现

互联网技术的飞速发展对生活产生了巨大影响，“水滴筹”等网络个人求助平台如雨后春笋般竞相产生，慈善事业借助互联网得到了极大的便利。[①] 然而，网络骗捐诈捐事件层出不穷，“水滴筹”等网络个人求助平台存在的问题引发众多关注，严重伤害了公众的善心和信任。2019 年 11 月，首例“网络个人大病求助案”的宣判引发了社会的广泛关注。该案当事人莫先生在儿子得病之后在“水滴筹”发起了 40 万元的个人筹款信息，筹款结束之后也及时提现了。但举报人莫先生的妻子称“水滴筹”的筹款基本没用，因为社保和医院的基金已经解决了所有的开销，并且莫先生隐瞒了家里有房有店面的事实。在另一起案件中，“王乐乐”先后三次利用“水滴筹”发布求助信息，第一次以乡村教师的妻子名义为丈夫治疗白血病筹款，一个月之后又以同样的病例再次筹款，直到最后一次以“一氧化碳中毒”为由发布筹款信息才被平台发现其发布虚假信息的情况。[②] 德云社相声演员吴某家属在“水滴筹”发布筹款 100 万元的信息之后，引发公众舆论。吴某家庭真实的情况是在北京有房有车，大病有医保，并且脑出血的真实花费也

---

① 根据中国互联网信息中心(CNNIC)发布的《第 44 次中国互联网发展状况统计报告》显示，截至 2019 年 6 月，我国网民规模达 8.54 亿人，普及率为 61.2%；我国手机网民规模达 8.47 亿，我国网民使用手机上网的比例达 99.1%；我国手机网络支付用户规模达 6.21 亿，较 2018 年年底增长 3788 万，占手机网民的 73.4%，这为个人在网络发布求助信息提供了极大的便利。

② 饶俊华：《全市首例水滴筹诈捐案宣判》，http://www.sohu.com/a/328730002_313171，访问日期：2019 年 12 月 20 日。

远远达不到筹款目标。[①] 在吴某被质疑诈捐仅一个多月之后，媒体又曝出一骗捐诈捐事件。杭州萧山女子称父亲患有胃癌筹款 20 万元治疗疾病，但之后被网友发现该女子在微博炫富，为其家人购置 50 万元跑车。[②] 莫先生被法院判决返还筹款及其利息；"王乐乐"因为诈捐骗捐被定罪量刑；吴某最后停止筹款，将善款返还原处并发布道歉声明；萧山女子最后停止其筹款并返还善款。"梨视频"拍客卧底医院，揭露"水滴筹"平台背后的问题，地推员们随意填写筹款目标，不审核甚至隐瞒求助者真实的经济状况，把求助量作为考核任务。[③] 骗捐诈捐案例接二连三，平台方存在的严重问题，正在摧毁公众对网络个人求助信息真实性的信任。

网络个人求助问题频现，现行法律法规难以对这种现象作出有效的规制，网络个人求助平台仍以"信息的真实性由发起人、求助人自行负责，赠与人需要独立审慎判断，作出是否赠与的决定"[④]为由逃避法律责任的承担，这显然不能成立。在目前相关法律法规对于求助者、网络个人求助平台、捐赠者的权利义务关系的界定尚不明确的情况下，网络个人求助乱象引发社会公众的担忧和讨论，造成了不良的社会影响。相关规定不清楚，骗捐诈捐现象无法得到有效的规制，会在一定程度上对不符合条件的求助者产生引导作用，助推骗捐诈捐现象的出现，进一步破坏社会慈善氛围。网络个人求助事业得到有序发展，必须要靠各方加强措施进行整改或监管。朝阳区法院在首例"个人大病求助案"中提出的司法建

---

① 李昌禹：《德云社演员水滴筹事件引热议　网络求助该如何监管》，http://finance.people.com.cn/n1/2019/0514/c1004-31083139.html，访问日期：2019 年 12 月 19 日。

② 谢涛：《水滴筹上替父众筹 20 万　杭州女子被扒出炫富》，http://sc.people.com.cn/n2/2019/0619/c345459-33054609.html，访问日期：2019 年 12 月 20 日。

③ 梨视频拍客：《高薪＋绩效考核　审核漏洞多》，https://weibo.com/6004281123/IiyOosK4W? refer_flag=1001030103_? c&type=comment，访问日期：2019 年 12 月 2 日。

④ 《水滴筹用户协议》第 2 条第 2 款："个人大病求助不属于慈善募捐，信息的真实性由发起人、求助人自行负责，赠与人需要独立审慎判断，作出是否赠与的决定。"

议[①]说明网络个人求助平台需要完善相关立法或加强监管,平台方需要建立起信息审查机制。

(二)加强网络个人求助平台信息审查至关重要

网络个人求助乱象频现,究其原因,主要有以下几个方面。一是部分求助者存在侥幸或渔利心理,提供虚假病历或夸大病情以获得捐助。对于部分利用平台谋取利益的求助者来说,平台方在信息审查方面的漏洞可以被利用。不符合求助条件的最后获得捐助款项,疾病没达到其声称的严重程度获得超额的捐助款项,这些捐助款可以被他们随意支配,捐助款最后用处无人关注。二是网络个人求助平台在信息审查、善款管理、准入条件等方面存在问题,并使得捐赠者陷入了错误认知。"水滴筹"等平台在较为显眼的位置公开平台方每年累计的捐助情况和与政府相关部门合作等较为正面的信息,捐赠者对平台方的信任基础是存在的,捐赠者有理由认为网络个人求助平台上的信息是真实的。平台在信息审查、善款管理、准入条件等方面存在的问题对公众来说并不可知。三是目前缺乏对网络个人求助的相关法律规制,监管机构及其职责也比较模糊,这导致此类行为及其监管缺乏明确的法律依据。民政部统筹全国范围内慈善事业的发展,负责社会救助工作的开展,[②]但对网络个人求助行为由民政部进行监管存在疑问。目前关于众多诈捐骗捐情况的处理,大多都是平台方的事后补救措施,方式无非就是要求求助者返还款项,严重者追究刑事责任。因此,要解决该问题,还需从以上主体入手。

尽管网络个人求助平台一方的信息审查有待加强,政府的相关监管也还需到位,个人求助者的道德意识还需增强,但相较而言,平台一方的信息审查在解决该问题中具有关键作用。一方面,对个人求助者发布的信息进行审查能够有

---

① 朝阳区法院建议民政部协调推进个人大病求助行为的立法工作,建立健全部门规章,促进互联网个人大病求助的有序开展;引导个人大病求助互联网服务平台集体加入自律公约,建立自律组织,规范流程、完善管理;指导推进网络服务平台自有资金与网络筹集资金分账管理,建立健全第三方托管机制和筹集资金公示制度;建议水滴筹公司等网络平台企业,加大资源投入,健全审核机制,配备与求助规模相适应的审核和监管力量;完善筹款发起人、求助人家庭财产公布标准、后续报销款处理方案及赠与撤回机制,切实履行审查监督义务、保障捐赠人权益;建立与医疗机构的联动机制,实现资金双向流转,强化款项监督使用。

② 《中华人共和国民政部主要职责》,http://www.mca.gov.cn/article/jg/zyzz/,访问日期:2019 年 11 月 30 日。

效地减少甚至避免部分求助者恶意渔利或提供虚假信息状况的发生，一定程度上可以阻却虚假求助信息的发布。另一方面，作为帮助信息发布的平台，网络个人求助平台有义务审查在其平台上发布的信息的真实性，避免误导社会公众作出捐赠行为。另外，对个人发布求助信息进行审查不仅对社会公众来说有着重要意义，会增强公众信任，发挥网络个人求助的作用；而且能节约社会资源，完善行业的管理机制，促进行业有序发展。公权力在骗捐诈捐事件中的作用固然重要，但网络个人求助平台进行信息审查对公众来说意义重大。

二、网络个人求助平台信息审查义务之来源

网络个人求助平台对求助者的信息具有审查义务，并且该义务是必然的。求助者在平台上面对不特定的社会大众发布求助信息，网络个人求助平台的公益属性决定了其有义务审查信息。同时，该信息审查义务来源于民法中的基本原则，即诚实信用原则。另外，网络个人求助平台进行信息审查具有增强公众信任、提高救助效率和承担企业社会责任等多方面的必要性。

（一）网络个人求助平台的性质决定了其有义务审查信息

在《慈善法》出台之前，学者们在进行网络募捐的研究时，将个人网络求助的行为也包含其内[①]。网络募捐行为在募捐的所有形式中所占比重不断上升，具有为公益慈善事业筹款的巨大潜力，同时也更易引发广泛的社会关注。[②] 现行《慈善法》的调整对象是慈善组织的慈善募捐行为，《慈善法》主要是规范由慈善组织发起的针对不特定人的募捐活动；网络个人求助行为是由求助者个人发起的，捐赠者面向具体特定的对象实施捐赠行为[③]，所以在现阶段网络个人求助行为不受《慈善法》调整。“梨视频”拍客发布的地推员工作视频引发公众对“水滴筹”的强烈质疑之后，“水滴筹”创始人沈鹏发布进行整改的声明，但同时也强调

---

① 张书明：《关于网络募捐的监管问题》，载《山东师范大学学报（人文社会科学版）》2007年第4期。

② 蒋万胜、刘璐：《我国个人网络募捐的兴起及其监管》，载《商洛学院学报》2015年第1期。

③ 金锦萍：《〈慈善法〉实施后网络募捐的法律规制》，载《复旦学报（社会科学版）》2017年第4期。

了平台只是个人大病求助的工具，不是公众理解的慈善公益组织。[①]《慈善法》已经将个人求助行为与慈善募捐行为分离，对于个人求助行为的规定也仅限于第110条规定的群众性互助互济活动[②]。《慈善法》对于群众性互助互济活动提倡的原因在于，这种行为是中华民族自古以来的优良传统，可以在政府等相关力量暂时缺位的情况下，充分发挥民间力量的作用解决困境。这种个人求助行为的范围是特定的，社会影响也是有限的。如果被救助对象缺少亲戚、朋友等特定关系作为个人求助开展的纽带时，这种求助的成功率几乎为零。[③] 社区组织、单位在对救助对象选择时，已进行了相关内容的审查，而且这种审查是实质性的，能够对救助对象的真实性承担保证责任。今天日益活跃的网络个人求助行为与传统的个人求助行为的区别在于，求助人成为被救助对象的条件相对降低、寻求救助的范围扩大、社会影响也扩大、获得救助的概率也大大增加。(传统个人求助与个人网络求助的具体比较详见表1)

表1　传统个人求助与网络个人求助之比较

传统个人求助与网络个人求助之比较		
比较内容	传统个人求助	网络个人求助
救助条件	个人因重大疾病、灾难导致的经济困难	
救助对象的确定方式	由求助者个人向相关组织和机构提出申请，相关组织和机构根据申请者的材料进行实质性审查，确定救助对象；求助者还可以向权威新闻媒体申请，将个人困难情况予以报道，请求大众帮助	个人在网络发布求助信息，借助求助平台的由求助平台对相关材料进行审查(根据相关案例来看目前是形式审查)，然后将求助信息公告；个人借由自己网络社交账号将求助信息发布
对象来源	对象来源确定具体	对象来源不特定

① 沈鹏:《再管不好，我愿把水滴筹交给相关公益组织》，https://m.weibo.cn/1696340717/4446225765944298，访问日期:2019年12月9日。

② 《中华人民共和国慈善法》第110条:“城乡社区组织、单位可以在本社区、单位内部开展群众性互助互济活动。”

③ 叶婷婷:《论个人网络求助行为应受慈善法调整》，载《北京政法职业学院学报》2019年第2期。

续表

传统个人求助与网络个人求助之比较		
救助范围	范围较小	范围较大
救助关系中的第三方	社区组织、求助者单位、权威新闻媒体	个人大病网络求助平台、社交媒体平台
目前救助信息真实性责任承担主体	求助者、相关组织和机构、权威新闻媒体	信息发布者
求助者与捐赠者间关系	关系紧密,求助者与捐赠者有接触的可能	关系较为松散,较多的捐赠者与求助者并无接触的机会

在传统的个人求助关系之中,因为社区组织、单位承担起信息审查义务来保证求助信息的真实性,所以捐赠者与求助者之间关系的缔结能够符合救助目的,意思自治原则可以对赠与行为进行有效的调整。现在求助者个人通过网络求助平台发布求助信息,网络个人求助平台虽然一再声明其只是作为个人大病求助信息发布服务的互联网平台,但其在求助者与捐赠者之间的角色,并没有像其声明的那样单纯。个人在互联网上向不特定的社会公众发起求助,信息不对称导致的"社会不妥当性"呈几何级数增加。① 而信息发布的真实性由求助发起人承担毋庸置疑,如果发起人隐瞒真实情况,根据《刑法》和相关司法解释的规定,将会构成诈骗,追究相应的刑事责任。② 这种责任的追究方式在我国现阶段已经具有实操性。

然而,如果网络个人求助平台将信息真实性的责任交由求助发起人承担,在信息审查方面缺位,捐赠者所能了解到的信息也只限于平台公布的信息,而非平

① 金锦萍:《〈慈善法〉实施后网络募捐的法律规制》,载《复旦学报(社会科学版)》2017年第4期。

② 《中华人民共和国刑法》第266条:"诈骗公私财物,数额较大的,处三年以下有期徒刑、拘役或者管制,并处或者单处罚金;数额巨大或者有其他严重情节的,处三年以上十年以下有期徒刑,并处罚金;数额特别巨大或者有其他特别严重情节的,处十年以上有期徒刑或者无期徒刑,并处罚金或者没收财产。本法另有规定的,依照规定。"《最高人民法院、最高人民检察院关于办理诈骗刑事案件具体应用法律若干问题的解释》(法释〔2011〕7号)第1条:"诈骗公私财物价值三千元至一万元以上、三万元至十万元以上、五十万元以上的,应当分别认定为刑法的266条规定的'数额较大''数额巨大''数额特别巨大'。"

台此时掌握的全部信息，那么平台自称其没有信息审查义务的主张并不正确。据联合国开发计划署公布的《中国互联网慈善报告》显示，2019 年中国慈善事业规模达到 1560 亿元，并保持快速增长，个人捐赠占到了社会捐赠总量的 20%。截止至 2018 年年底，三大大病求助平台累计筹款 415 亿元，这意味着网络大病求助已经不仅仅是民间行为，还可能涉及社会公共利益。① 实际上，网络个人求助平台的角色与传统个人求助中社区机构、单位、权威新闻媒体相似，在求助者与捐赠者之间的赠与活动中起到了促进当事人救助关系达成的第三人作用，捐赠者在平台提供的信息的基础上作出实施赠与行为的决定。如果平台不对信息的真实性进行实质性审查，会对不符合相关救助条件的主体产生错误的引导作用，网络个人求助平台将被部分不适格主体利用。因此，网络个人求助平台的性质决定了其有义务审查求助者提供的信息。

(二)网络个人求助平台信息审查义务的法律依据

网络个人求助平台的实质审查义务是指网络个人求助平台对发起求助信息的用户呈现于网络平台的个人求助信息，进行主动审核，进而排除违法、虚假信息的义务。虽然现行法律法规没有明确规定网络个人求助平台的信息审查义务，但绝对不等于平台方不用履行这项义务，民法基本原则可以作为该义务的法律依据。根据“水滴筹”网络个人求助平台的《用户协议》，平台方收益的一部分来自对个人求助者求助信息发布的服务。② 在现行法律和行政法规暂时缺位的情况下，兼有法律原则和道德规则双重性质的诚实信用原则，使法律条文具有极大的弹性。诚实信用原则的适用在现代化市场经济条件下已成为一切市场参加者所应遵循的道德准则，市场参加者去追求自己的利益的时候不得损害社会公益和市场道德秩序。③ 网络个人求助平台与其他网络服务平台最大的区别在于平台本身具有的公益属性，网络个人求助平台的运营者追逐利益的同时，必须对

---

① 冯海宁：《“网络个人大病求助案”的法治启示》，载《人民法院报》2019 年 11 月 12 日第 2 版。

② 《水滴筹用户协议》第 5 条第 3 款：“发起人、求助人及赠与人授权水滴互保代为接收和管理赠与款项。发起人、求助人提交相关证明材料并通过平台审核后，赠与款项将支付至求助人收款账户或求助人指定收款人账户。上述款项产生的利息将全部用于因求助服务产生的相关费用，包括但不限于平台运营费用、向求助人划拨款项产生的银行费用、联系求助人的通信费用及其他因求助服务产生的合理费用。”

③ 梁慧星：《诚实信用原则与漏洞补充》，载《法学研究》1994 年第 2 期。

相关求助信息的真实性进行实质性审查，要对信息的真实性承担保证责任。在信息的实质性审查中不发挥作用，网络个人求助平台如果对求助人信息真实性无法保证，其实就是漠视市场主体应该遵循的诚实信用原则。

网络个人求助行为涉及两种法律关系。一是求助者与网络个人求助平台之间的关系可以被认为是委托关系。个人将募集资金的权利交由平台方，平台方根据求助者个人的申请进行审查之后发布求助信息。网络个人求助平台在收到求助者的救助委托之后，为其发布求助信息，并为其管理求助事项。二是网络个人求助平台与捐赠者之间的利他赠与合同关系。捐赠者通过个人网络求助平台上发布个人求助信息并捐款的过程可以认为是合同的订立过程。对于网络个人求助平台和捐赠者之间的关系来说，网络个人求助平台代替捐赠者将捐款交于求助人，在这个关系当中，求助者成为参与合同的第三方，该合同当然成为利他的法律关系。捐赠者与求助者之间的关系靠赠与合同紧密联系，而这一关系的成立对捐赠者来说，是出于对平台展示的求助人信息的信赖。在网络个人求助平台的介入下，在求助者非本人的情况下，平台对赠与合同的成就实施了协助行为。[①] 并且这种信赖是合理的，站在捐赠者立场上，其能够信赖平台所展示的求助者的意思表示，能够相信求助者的信息是符合真实情况的。平台将信息真实性的责任交由信息发布者，而对信息真实性不进行实质审查，对于求助者和捐赠之间赠与合同的订立来说，是显然违背订立合同时的捐赠者个人真实的意思表示。根据《合同法》对委托合同的规定，在完成委托事务之后可以获得相应的报酬，网络个人求助平台利用求助金获得了相关收益，将发布到网络个人求助平台的内容进行一定的审查义务交由平台方，也更为公平。

（三）网络个人求助平台审查信息义务之必要性

网络个人求助平台进行信息审查具有增强公众信任、提高救助效率、平衡双方地位、发挥企业社会责任、促进社会公益发展等必然性，网络个人求助平台必须承担信息审查的责任，在网络个人求助中发挥积极作用。

1.增强公众信任以提高救助效率

互联网作为社会生活的一部分内容，必须按照有序的方向发展。2015 年 7 月 10 日，《中国青年报》社会调查中心通过民意中国和益派咨询对 1737 人进行的一项调查结果显示，曾经通过互联网平台参与捐款的受访者仅有 28.5%的信

---

① 马新彦：《论信赖规则的逻辑结构》，载《吉林大学社会科学学报》2003 年第 4 期。

任募捐者，高达62.4%的受访者担忧会有诈捐或者骗捐的风险，67.5%的受访者呼吁网络捐款与善款使用方式公开化。[①] 在很大程度上，公众对网络求助平台不信任的原因在于相关骗捐诈捐事件频频出现，但平台对此并没有采取有效措施及时解决。无序现象对人的反常行为乃至违法犯罪具有诱导性，[②]网络个人求助平台对于频频出现的骗捐诈捐事件不发挥真正的作用，放任其自流，也不符合互联网产业最终的发展方向。在公众看来，网络求助平台明明可以通过事前严格审查筛选掉很多根本不符合救助条件的求助人，但平台却选择事后通过补救措施来解决问题，这大大降低了公众对网络个人求助平台上信息的信任度，影响到真正需要救助的人的利益。

2.平衡捐赠者与平台地位，促进平台在审查方面须发挥积极作用

在网络个人求助平台上进行捐赠，捐赠人了解到的求助人信息仅限于求助平台所展示的内容。“陌生人社会”关系下的捐赠者和求助者信息并不能充分沟通[③]，而平台作为双方之间的中介，对双方信息的交换起主要作用。在赠与合同中，赠与人应当处于优势地位，赠与人对被赠与人的基本情况的了解是现实的，赠与人对捐赠活动的进行是真实感受的。然而，在网络平台上进行捐助的赠与人实际处于相对弱势的一方，如果平台无法保证信息的真实性，极易损害捐赠者的财产权利，更会影响捐赠者对其他人开展救济。网络个人求助平台在整个救助关系之间始终占据重要地位，平台方收集捐助者的捐款、向求助人发放善款、对善款的使用进行监管，平台对“善款”的支配力要远远大于捐助者。对求助者的求助信息进行审查，也更利于对求助者整个救助金使用情况的控制，善款的使用符合求助目的，对于剩余善款的处理也会更加得力。

3.筛选救助对象以做到物尽其用

对个人求助信息进行实质性审查并不会影响真正符合救助条件的求助者获得帮助的权利，真正受到实质性影响的将会是不符合救助条件的对象，买卖假病例等现象将会受到规制。救助对象筛选之后，对于捐赠者来说，使自己的捐款真

① 王琛莹:《62.4%受访者担忧网络募捐存在诈捐风险》，载《中国青年报》2015年7月16日第7版。

② James Q.Wilson & George L.Kelling, Broken Windows: The Police and Neighborhood Safety, *The Atlantic Monthly*, 1982, Vol.249, No.3.

③ 苏力:《制度是如何形成的》，北京大学出版社2007年版，第92～94页。

正用到需要救助的人身上，也更会符合他们捐赠时的主观目的。在有限的救助资金之下，不符合救助条件的对象无法进入平台，平台展示的资源将会更多地用到真正符合救助条件的求助者身上，他们获得救助的可能性也将会提高。对于求助者和捐赠者来说，进行求助信息的实质审查无疑是有利于他们权利获得的方式。

4.承担社会责任以促进企业和公益事业良性发展

网络个人求助平台具有的公益属性使得平台必须进行求助信息的实质性审查，保障社会公益环境的良好运行。大量研究表明，企业通过承担社会责任可以降低风险、减少浪费、改善与监管部门的关系、增强品牌美誉度，从而创造更大的商业价值。① 网络个人求助平台对个人求助信息的实质性审查就是企业承担社会责任的表现，对于平台背后的运营者来说，其经济利益将会是长久的。平台对信息进行审查在增强公众对平台求助信息信任的同时，也会促进他们更多地参与慈善事业，最终会促进公益事业的长期良性发展。

三、网络个人求助平台信息审查有待完善

网络个人求助平台对求助者的信息具有审查义务，然而，实践中网络个人求助平台的信息审查实践有待加强。一方面，就互联网平台自身而言，各平台所设置的“免责条款”不能免除其信息审查义务，实践中审查内容、方式不到位的现象频现。另一方面，就外部监管来看，针对网络个人求助平台的监管较为模糊，缺乏相关法律依据和负责主体。实际上，之所以网络个人求助平台在信息审查上存在问题，关键在于其责任义务设置不明确。

(一)“免责条款”不免责

根据《合同法》第 40 条：“提供格式条款一方免除其责任、加重对方责任、排除对方主要权利的，该条款无效。”平台方为了重复使用单方面制定的《用户协议》，在订立时未与捐赠者、求助者协商，所以《用户协议》中的条款属于格式条

① 张兆国、梁志钢、尹开国：《利益相关者视角下企业社会责任问题研究》，载《中国软科学》2012 年第 2 期。

款。《水滴筹用户协议》第 2 条第 2 款、第 3 条第 2 款的内容[①]实际上是单方面免除了网络个人求助平台应该承担的信息保证责任,《用户协议》第 3 条第 5 款[②]的内容实际上免除了平台应该承担的对于资金使用的监管责任。《用户协议》中的条款是由平台方单方面制定的,免责条款的内容应该建立在双方完全协商一致的基础上。根据《用户协议》第 13 条的内容,平台方利用协议将自己的优势地位格外突出,对求助者和捐助者来说,是否接受网络个人求助平台的免责条款并不被关注。《用户协议》声明平台方免责,捐款时由捐赠者对信息的真实性进行判断,这无疑是加重了捐赠者的义务,排除了捐赠者对平台信息选择相信的权利,所以这些条款并不能免除平台方作为中介的责任。免责条款不违反社会公共利益,法律才承认免责条款的效力。平台方不能保证信息的真实性,利用网络个人求助平台发布虚假求助信息的求助者,完成筹款并提现,对捐赠者来说,这显然不符合捐赠者捐赠时的主观目的,平台方的行为实际上就是对公共利益的损害,对于损害社会公共利益的免责条款,法律是禁止的。平台方利用"免责条款"免除责任,是不能成立的。

(二)审查内容、方式不到位

平台在信息审查方面现阶段仅停留在形式性审查上,即审查求助人是否提供平台方所要求的相关内容,比如个人的病例和相关花费。对求助人提供材料的真实性的查实仅仅依靠其所谓周边人的证实声明。网购个人病例、造假证实声明、代写个人情况说明的情况屡禁不止[③],平台的审查内容和方式不到位是重要原因。根据"水滴筹"个人大病筹款求助平台首页的内容[④]来看,"水滴筹"在

---

① 《水滴筹用户协议》第 2 条第 2 款:"个人大病求助不属于慈善募捐,信息的真实性由发起人、求助人自行负责,赠与人需要独立审慎判断,作出是否赠与的决定。"第 3 条第 2 款:"赠与人清楚对个人大病求助项目的支持是出于对发起人、求助人的信任及认同。赠与人同意自行承担与赠与行为相关的全部风险及法律后果。"

② 《水滴筹用户协议》第 3 条第 5 款:"由于求助人疾病进程、外部灾难进程等原因导致的个人大病求助进度提前结束,或赠与款项的使用与用户承诺不一致,平台不承担任何责任。"

③ 李一凡、刘洋、吴荣奎:《网购多套假病例在轻松筹、水滴筹诈捐,男子被公诉》,http://www.bjnews.com.cn/news/2019/07/18/604865.html,访问日期:2019 年 12 月 15 日。

④ 水滴筹个人大病筹款求助平台,https://www.shuidichou.com/,访问日期:2019 年 11 月 21 日。

救助对象的确定方面存在的问题较为明显。比如,求助者发起求助时,平台方仅对求助者的身份和医院的病例进行核实。但大量事例表明,网络个人求助平台对求助事项本身进行核实后,并没有对其他相关信息的真实性进行审查。网络个人求助平台应当具备预防风险发生的意识,并应当根据能力采取必要、合理的措施加以规制。发起求助最重要的一个条件是求助者确实已经到了困难境地,无力支持其医疗花费,实际的受益人不得不依靠该笔救助金获得治疗,也即具有现实上的紧迫性。现实中明明有很多富有余力的众多求助者利用平台的救助金缓解经济压力,这显而易见,网络个人求助平台在现阶段的审查方式以及内容是存在相当大的问题的。如果不真正保证求助对象的真实性,那么网络个人求助平台必将是“昙花一现”,被广大捐赠者所抛弃。

(三)相关监管较模糊

互联网对象的虚拟性和范围的不确定性是个人网络求助行为无法得到有效监管的一个重要原因,在互联网上进行的相关活动增加了相关监管部门的管理难度。网络个人求助相较于传统个人求助来说,增加了互联网这一中间主体,监管责任的真正落实,单靠一个部门是不可能实现的。[①]《慈善法》只针对慈善募捐作出了规定,由民政部对网络募捐行为进行监管,但个人的网络求助行为不受《慈善法》的调整,对个人网络求助行为以及网络个人求助平台进行监管的权力是否由民政部行使则存在疑问。网络个人求助平台究其本质仍是网络服务提供者,根据《网络安全法》第8条的内容,国家网信部门负责统筹协调网络安全工作和相关监督管理工作。网信部门应该对网络个人求助平台进行监管,但网信部门进行监管的内容有限,网信部门无法对筹集的资金进行全过程的监管,这笔资金最终的使用目的是否符合求助者发起求助的目的不得而知。同时,具体部门对网络个人求助平台的监管责任不明确,也无法对个人求助信息的真实性进行审查,而将信息审查的主动权交于平台方,这就使得信息审查变得极不可控,相关监管部门始终无法发挥有效的作用。

(四)义务责任不明确

众多学者认为网络个人求助应该解释为附条件的赠与行为,赠与所附的条件就是求助募集的资金必须符合求助时的目的。对于个人网络求助行为涉及的

---

① 黄春蕾:《协同治理视角下我国网络募捐监管体系研究》,载《东岳论丛》2017年第10期。

内容不只有求助资金使用是否符合求助目的，还包括个人网络求助平台在该合同成立之中的法律地位问题。网络个人求助平台的相关问题目前在《合同法》中并不能找到相关的直接规定，《合同法》规定的赠与合同相对人应该履行的合同义务并不能直接规定于网络个人求助平台，所以网络个人求助平台的行为不能受到《合同法》的调整。网络个人求助平台虽然也属于互联网信息平台，但《网络安全法》对其作用有限。法律已经规定了网络服务提供者应当履行网络安全保障义务①，但该规定对网络个人求助平台的适用性较弱。网络个人求助平台与其他互联网服务平台具有不同的专业性和营利性，一般规定的安全保障义务不足以解决个人求助行为之间复杂的法律关系。对于网络个人求助行为最为重要的是信息真实性的审查、资金的监管，《网络安全法》的规定重点关注对用户的信息安全保障，对网络个人求助平台求助者信息的审查、资金的筹集、使用和监管等详细的网络求助过程性的行为并没有作出详细的规定。

四、网络个人求助平台信息审查义务之法律构建

网络个人求助平台信息审查义务的法律构建，主要包括信息审查义务由谁承担以及审查义务如何分配的问题，进一步明确信息审查义务的内容和方式、网络个人求助平台的责任等对规范网络个人求助行为至关重要。只有明确这些问题，才可以对个人网络求助平台的建设以及未来的发展作出更好的规划。

(一)审查的主体

网络个人求助平台在收集个人求助信息上占据优势地位，信息审查的主动权也掌握在平台一方，对用户信息进行审查的主体应是网络个人求助平台。一方面，平台方应将申请者的相关信息公布并提供公众参与监督的渠道，对公众反馈的信息及时处理和查实，发挥社会公众对求助信息审核的作用。另一方面，行政机关在信息审查中也需发挥积极作用，为平台方进行信息真实性审查提供便利。对于关乎求助者身份以及家庭财产状况的查明，行政机关根据自身所掌握的信息，对平台方提出的查明请求，应当及时予以回复。行政机关同时也要对网

---

① 《中华人民共和国网络安全法》第 10 条："建设、运营网络或者通过网络提供服务，应当依照法律、行政法规的规定和国家标准的强制性要求，采取技术措施和其他必要措施，保障网络安全、稳定运行，有效应对网络安全事件，防范网络违法犯罪活动，维护网络数据的完整性、保密性和可用性。"

络个人求助平台进行监管。

民政部门可以与财政部门对平台获得的捐款进行监控，将捐款使用的具体情况向社会公开，保障捐款使用公开透明。同时，网信部门可以对平台的具体运营情况进行监管，对于出现较多问题的网络平台及时处理并公开处理结果，提高公众对平台的信任度。在监管的过程中发现有骗捐诈捐的情况时，网信部门应及时通过官方渠道向公众发布消息，提请相关公众注意，将有骗捐诈捐记录的相关人员及时予以处罚并记入申请者的诚信档案。对于骗捐诈捐人员严厉打击，对于频频出现信息审查问题的平台，及时约谈整改；对于始终无法有效规制个人求助乱象的平台，及时关停。

（二）审查的内容和方式

网络个人平台应对求助者信息进行实质性审查。实质性审查内容为求助信息真实性和救助情况紧迫性的审查。公众可以参与个人求助平台信息审查的内容在于对求助信息的真实性进行证实，如果求助者不具有个人求助的真实性，公众就可以向平台方提出申请；公众还可以对资金使用的全过程进行监督，资金的使用必须符合求助目的，对于不符合求助目的的资金使用，及时向平台方反馈。平台方在公众反映相关情况后介入，发挥作用，运用多种手段对个人求助者信息的真实性进行证实。证明其具有真实性的材料包括被救助者的身份信息和医疗信息、求助者的身份信息和被救助者之间的身份关系、家庭财产状况说明等，尽管现阶段平台方已经要求求助者提供相关信息，但真实性实际上难以保障，平台方需要与医院、政府相关部门保持紧密联系，充分利用政府相关部门掌握的信息优势，对求助者的相关情况进行查实，而一切有关求助信息真实性的材料需要政府相关部门的积极配合，为平台完成信息审查提供便利。救助情况紧迫性是指求助者家庭确实无力支持被救助者的医疗负担，因经济原因被救助者可能耽误治疗。关于这一情况需要医院证实，并且医院应对此承担一定责任。鉴于医院违法开具假病例的情况较为严重、急需相关监管，在救助紧迫性的证实上医院应建立严格的制度，对违规开具虚假病例的情况进行严厉打击。网络个人求助平台的信息审查方式分为公众审查、平台审查和行政审查。现阶段，对于信息审查的方式法律没有明确规定，这就使得在信息审查方面需极大地依靠平台自律。现阶段，网络个人求助平台在求助者发起求助信息时按照平台方要求提供的内容积极地为求助者提供指导，但信息审查的方式是存在问题的。在平台方与公众、政府相关部门的互相配合下，对于个人求助信息的实质性审查逐渐可行。

(三)审查义务之责任及其限制

网络个人求助平台进行信息审查的一个重要原因在于,明确平台方的责任承担。由于慈善事业的公益属性,捐赠人基于平台信息的真实性实施捐赠行为,网络个人求助平台应当对求助信息的真实性承担保证责任。网络信息数量的巨大无疑会加重平台的信息审查难度,在平台的归责原则上适用无过错原则显然是存在问题的。对于平台方未尽信息审查义务,责任的承担更适用过错推定原则。① 对于平台方过错的认定,只要出现骗捐诈捐行为,捐赠者只需因该行为导致的合法权益受到损害即可推定平台方存在过错,没有履行审查义务,需要对不履行审查义务承担责任。而《用户协议》中的免责条款并不能免除平台在信息审查当中的义务,因为根据《合同法》的相关规定,平台方的免责条款根本是无效的,平台方之后企图利用免责条款逃避法律责任的承担,也是不可行的。

当然,要求平台方承担信息审查义务,并不意味着审查义务是没有限制的。网络个人求助平台经营者的信息审查义务属于私法主体承担的"第三方义务",平台方承担义务有助于慈善事业的发展,但同时更应注意的是,超过必要限度的信息审查义务必然会导致平台运营成本提升,最终可能会增加个人求助者的求助成本。信息审查义务可以认为是法律赋予私主体的第三方义务,其不能代替国家行政权的运用。② 当存在其他侵害更小且能实现等同规制效果的手段时,我们应当避免对网络个人求助平台经营者赋予社会义务。对于网络个人求助平台审查义务的限制,应以企业的实际能力为界。企业在能发挥作用的范围内进行信息审查,对于超出自身范围的信息审查,配合政府相关部门的工作,在信息审查义务上积极承担。

五、结语

以"水滴筹"为代表的网络个人求助平台在今天的慈善事业中,已经逐步成长为公众参与慈善事业、奉献爱心的主要渠道。但由于互联网本身涉及范围之广、发起救助的条件极易、网络求助行为监管不到位、信息审查义务不明确等众

---

① 王利民、郭明龙:《民事责任归责原则新论——过错推定规则的演进:现代归责原则的发展》,载《法学论坛》2006 年第 6 期。

② 伏创宇:《我国电子商务平台经营者的公法审查义务及其界限》,载《中国社会科学院研究生院学报》2019 年第 2 期。

多原因,网络个人求助平台被众多不法分子利用,引发了众多个人求助乱象。网络个人求助平台如果能在发起求助的条件以及对救助对象的选择方面严格规定,就可以对互联网个人求助事业起到积极的作用;而在现实中,个人求助信息审查存在严重问题,相关监管部门不明确,个人网络求助的实际情况极为混乱。如果将信息审查的义务交由平台方,要求平台方对信息审查承担主要责任,不仅会有效规制个人求助乱象,而且也会降低相关部门的管理难度。现行立法无法对个人网络求助行为进行事先控制与协调,亦难以有效解决个人网络求助行为中的相关问题。因此,通过相关法律法规对个人网络求助平台的信息审查义务作出规定,明确网络个人求助平台在信息审查方面的法定义务显然具有必要性。对个人网络求助行为进行信息审查,保障网络个人求助平台上求助信息的真实性,是规范网络个人求助的必然发展方向,也能够增强公众对网络求助的信任度,促进公益事业的良好发展。

司法制度研究

基于重配治理责任思路的民事纠纷诉调困境出路探析
——以“诉讼爆炸”的司法应对为视角

高碧青*

摘要:面对民事纠纷的爆炸式增长,一方面,传统调解日渐式微,多元化纠纷解决机制实际效果不佳,大量纠纷“一步到庭”;另一方面,纠纷过度依赖司法解决,法院“案多人少”的矛盾十分突出,基于个案设计的诉讼程序制度未能有效回应案件叠加给司法实践带来的程序公正与效率冲突,折损了诉讼程序的价值。解决问题的出路在于:以系统修改《民事诉讼法》为基本思路,将整个司法程序置于社会治理的角度进行思考,以修法推动构建调解前置、诉讼断后的民事纠纷治理格局,同时将系统性思维引入民事诉讼制度改革,以弥补基于个案设计的不足,强化当事人诉讼促进义务、构建裁判事务和审判辅助性相分离的诉讼运行机制以及促进法院内部立案、审判、执行相协调的审判管理机制。

关键词:民事纠纷;诉调困境;治理责任

引 言

随着国家经济社会的深刻调整、公民依法维权意识增强,大量民事纠纷以诉讼的方式进入法院,给法院、法官造成了巨大的压力。为了解决人案矛盾,提高诉讼效率,法院系统从内部管理机制入手,做了许多改革创新,比如,福建法院

* 作者系福建省厦门市湖里区人民法院党组书记、院长,二级高级法官,法学学士。

2017年8月起在全省法院推行案件繁简分流、调解、速裁机制改革①，厦门市湖里区人民法院还专门成立了简易案件审判庭②，专门负责案件繁简分流和简案快审；再比如，厦门市翔安区人民法院在诉前工作上做文章，除了立案阶段引导当事人做诉前调解外，该法院在不减损当事人诉讼权利的前提下，将一些原在立案后处理的程序性事务，如送达、保全、调查、委托鉴定等程序性事务提前到诉前阶段，缩短案件审理时间③。这些改革创新措施并不违背现行《民事诉讼法》，对提高审判效率起到了积极作用。但是，有学者指出，法院"案多人少"的压力仍然存在并将长期存在着，推出这一系列改革措施能够在何种程度上缓解压力，仍需进一步予以观察。④

与此同时，社会对诉讼的需求日趋多元，不仅要求法院公平公正判决，还对诉讼效率、程序质量提出了新的要求。我国的《民事诉讼法》伴随着司法实践变化，多次进行修改，最高人民法院与有关部门也围绕《民事诉讼法》的适用出台了大量的司法解释和其他规范性文件。《民事诉讼法》的不断完善对法院、法官提出了更高的要求，严格的程序规范在强化对当事人诉讼权利保障的同时，某种意义上也可以说造成了对法官自由裁量权的限制，使得法官不能以过去缺乏规则时的"自由"方式审理案件，使法官的办案压力增大。基于个案的程序设计往往忽视案件数量剧增和司法资源不足的问题，从根本上造成程序公正与效率的冲突矛盾。

而如果我们把观察分析的视角上升到更宽更高的维度，我们不难发现，《民事诉讼法》仅规定民事诉讼程序如何进行，立法并没有把《民事诉讼法》提高到作为解决民事纠纷"总枢纽"的高度加以设计，没有融入《民事诉讼法》应具有的对民事纠纷预防、分流、处理、解决的社会治理价值。虽说"公正司法是维护公平正义的最后一道防线"，⑤但社会公众却常常认为诉讼是第一道防线，甚至是唯一

① 如福建省高级人民法院2017年8月28日出台的《关于在全省法院深入开展繁简分流和调解速裁机制改革的实施意见》。

② 如厦门市湖里区人民法院在内设机构改革中，成立了独立的简易案件审判庭，负责案件繁简过滤和简案速裁，以20%左右的审判资源审理50%左右的案件。

③ 如《在改革探索中释放司法的内生动力——福建厦门翔安法院："651"诉前解纷模式调查》，载《人民法院报》2018年7月26日第5版。

④ 陈卫东：《诉讼爆炸与司法应对》，载《暨南学报（哲学社会科学版）》2019年第3期。

⑤ 周强：《坚定理想信念　保持职业本色》，载《法制日报》2013年12月5日第2版。

的防线。要从根本上解决当前“诉讼爆炸”带来的法院“案多人少”问题,需要以《民事诉讼法》修订为基本思路,从两个方面进行改革:一是将司法解决置于民事纠纷社会治理的大视野下思考;二是要将个案设计和系统设计结合起来思考。

一、问题A面:传统调解日渐式微,诉调对接机制效果不佳

民事纠纷产生的原因多种多样,解决纠纷的方案也应该“对症下药”,采取不同的方法,诉讼不是也不应该是唯一的解决方法。然而,随着我国城市化、现代化进程的不断推进,公民迁徙的广度、融合的深度不断加大,经济社会交往日益密切、深入,过去的“熟人”社会逐渐演变成“半熟人”社会、“陌生人”社会。人们在社会交往过程中,一旦发生纠纷,过去所能依靠的“和事佬”“公道伯”等居中调解人在新的环境中不复存在,寻求公权力救济成了第一选择,过去由乡绅、族权作为国家政治的延伸与委托治理的解纷模式变成了“一步到庭”的诉讼模式。

(一)传统调解模式发生深刻变化

伴随着我国经济社会的巨大变革,传统调解也发生着深刻的变化。一是调解的社会基础发生了变化。几千年儒家文化所构建的社会规则为人们熟悉并共同遵守,也形成了一套社会矛盾纠纷自我“疗伤”治愈的化解规则。在熟人社会里,几代人生于斯长于斯,纠纷主体和调解人处在同一个文化系统中,彼此熟悉熟人社会规则。这些规则,包括习惯、惯例等对纠纷主体的约束作用往往比官方颁行的律令更有效、更管用。调解人便是运用这些惯例、习惯等对纠纷主体是非对错进行评判,作出裁决。随着国家不断迈向现代化,人口的大规模流动促进了传统社会不断解体、演变,过去维系社会和谐稳定的自治规则已难以为继,制度化、成文化的规则取代了过去的习俗惯例,原本行之有效、运转灵便的调解失去了固有的社会基础。二是“调解人”发生了变化。在传统社会里,调解人往往是纠纷当事人所信赖的人,与发生纠纷的当事人关系密切,了解纠纷情况,而且通常是当地德高望重、有威望之人。调解人调解纠纷除了要摆事实、讲道理之外,很重要的是依靠个人的影响力。而在现代社会,调解人与纠纷主体并不熟悉,调解人失去了原本的道德优势、威望优势。当调解仅作为一种解决纠纷方式被传承下来时,调解人实际上变成了运用法律、政策等现代规则进行调解的“中间人”。而在我们这样一个政府主导型的社会管理体制下,这个“中间人”具有浓厚的官方色彩。当调解人按照法律等规则进行调解时,与法院调解并无太大差异。三是调解协议的执行力发生了变化。在传统调解下,调解即成,一言九鼎,调解

协议对纠纷主体具有很强的道德约束力，纠纷主体绝大多数都能履行调解协议。在现代社会，随着法律的不断健全完善，行为规则制度化程度不断提高，法律强制力也不断提高，但以道德为约束力的调解、和解协议的执行力却不断弱化，调解双方随时可能反悔，一方反悔，另一方只好向法院起诉，所有谈妥的协议可能都得推倒重来。调解协议从具有很强的约束力变成微弱的约束力，既反映国家法治化程度的不断提升，同时也意味着传统的调解协议的约束力在不断下降。由此，面对纷繁复杂的民事纠纷，传统调解显得苍白无力，作用日渐式微，调解所能起到的平息冲突、解决矛盾的作用十分有限。

（二）多元化纠纷解决机制未能发挥实效

面对越来越多的民事纠纷涌入法院，“多元化纠纷解决机制作为由诉讼与非诉讼程序构成的制度化救济机制”[①]被认为是通过诉源治理解决法院“案多人少”的关键所在。不少地方在这方面做了大量的改革创新，厦门在全国率先立法，出台了《厦门经济特区多元化纠纷解决机制促进条例》，山东、四川也就多元化纠纷解决机制进行立法，各地法院也不断强化诉调对接、诉前调解工作。以上探索实践都取得了一定的成效，相对于案件急剧增长的态势，从诉源治理、诉讼减量的目标来看，目前我国的多元化纠纷解决机制，由于纠纷分流引导乏力，纠纷分流效果不明显[②]。尽管传统调解的作用正在日渐式微，但以调解为主体的非诉纠纷解决机制仍然是政府所倡导的。在我国，解决纠纷是“政府”的一项职责，“政府”向民众提供包括行政调解、人民调解、司法调解、行业调解等在内的调解，以及仲裁、诉讼等纠纷解决方式。在“大政府”“大包大揽”的逻辑下，不同的解纷资源均由“政府”提供，呈现“分散”状态；不同纠纷解决方式之间是一种“并列”关系，而非“分层递进”的关系。这种分散的、并列的多元解纷体制带来了以下几个方面的问题：一是诉调割裂且缺乏刚性衔接机制。调解和诉讼分属不同的职能部门，彼此之间的联系仅仅是《人民调解法》和《人民法院组织法》规定的“基层人民法院对人民调解委员会的调解工作进行业务指导”和《民事诉讼法》规定的确认调解协议的特别程序。虽然经过党委领导、地方立法、法院推动，诉调衔接取得了一定的成效，但总的来说，调解和诉讼始终是割裂的，缺乏刚性、有效

① 胡仕浩：《多元化纠纷解决机制的“中国方案”》，载《中国应用法学》2017年第3期。

② 胡仕浩、龙飞、马骁：《多元化纠纷解决机制的中国趋势》，载《人民司法·应用》2018年第1期。

的衔接，并没有限定某些纠纷必须经过调解才能诉至法院，致使大部分民事纠纷直接诉至法院。二是未形成“调解前置、诉讼断后”的解纷“生态链”。解决争端是法院最主要的职能，并始终为其他功能的实施创造条件。① 诉讼和司法为了发挥其应有的更高的社会功能，就不可能在司法大众化和效率方面走得太远，否则，就会将自身降低到一般非诉讼纠纷解决机关的地位，失去其作为一种拥有特殊功能和内在规律的独立运作的社会权力和保障机制的正当性基础。② 当前，诉讼门槛不断降低，纠纷主体自然偏好选择裁判结果更加权威、并有国家强制力保障执行的诉讼方式来处理纠纷，尽管他们在作出纠纷解决方式选择时并不能充分考虑可能面临的律师费、保全费以及程序严格固化、耗时耗力等隐性诉讼成本。实践中，大量纠纷并没有经过调解的程序、调解不成再成诉讼，而是直接成诉，既耗费了司法资源，也破坏了矛盾纠纷解决应有的“生态”。三是低门槛诉讼挤压调解发展空间。诉讼门槛的降低反过来挤压了调解等非诉讼纠纷解决机制的存在空间，其他非诉讼纠纷解决机制难以得到有效、充分的发展，由此带来两个方面的社会问题：一方面是，法院受理了大量案件，而其中有相当一部分实际上更适合以调解方式处理，也更容易实现案结、事了、人和，这部分案件没有机会先进行调解；另一方面是，阻碍了调解等其他非诉纠纷解决机制的发展。在传统社会向现代社会过渡的过程中，调解资源的培育、调解规则的确立、调解格局的构建，都离不开肥沃的调解土壤，必须要在大量的调解实例中去摸索实践。大量的矛盾纠纷直接诉诸法院，调解就难以成为纠纷解决的主要方式，而发达的社会自治体系不仅需要有公权力的诉讼“兜底”，更需要有社会调解作为支撑，从而形成有序的解纷体系。

二、问题 B 面：纠纷过度依赖司法解决影响司法公信力

正是由于调解等多元化纠纷解决机制未能发挥有效作用，纠纷的解决太过于倚重司法，导致法院负担过重。与此同时，诉讼程序的固有缺陷与“诉讼爆炸”背景下追求诉讼效率的内在矛盾带来了一系列问题，影响司法公信力。

(一)纠纷过度依赖司法解决加剧司法供需矛盾

诉讼是一种“公共产品”，由于缺少有力的调解“过滤”程序，大量的民事纠纷

---

① [英]罗杰·科特维尔，《法律社会学导论》，潘大松、刘丽君、林燕萍、刘海善译，华夏出版社 1989 年版，第 89～91 页。

② 范愉：《多元化纠纷解决机制与和谐社会构建》，经济科学出版社 2011 版，第 150 页。

直接以诉讼的方式进入法院，司法供给与司法需求陷入了严重矛盾的状态。一是诉讼错位成为解纷的“第一道”防线。2015 年 5 月 1 日，《最高人民法院关于人民法院登记立案若干问题的规定》正式实施，立案部门将对起诉要件的实质审查转化为形式审查，[①]立案门槛不断降低。当事人寻求权利救济不需要事先经过其他纠纷解决方式“过滤”，诉讼与其他纠纷解决方式并行提供给当事人选择，而诉讼“低门槛”“廉价”且有国家强制力作保障，一旦发生纠纷，人们自然而然会一步到位向法院起诉，从而造成案件堆积。此外，还有一些当事人，出于投机心理，恶意透支立案登记制所带来的“改革红利”，进行虚假诉讼或恶意诉讼，造成案件井喷式增长。[②] 二是法院应对诉讼“爆炸”的措施作用有限。从下面的表格可见，将我国法院受理案件的增长状况形容为诉讼“爆炸”并不为过。

表 1　我国 2005—2018 年各级法院办案数增长情况

年　份	各级法院办案数	上升幅度	备　注
2005 年	7940549	0.85%	
2006 年	8105007	2.07%	
2003—2007 年	31784000	1.59%	五年增长率
2008 年	9839358	11.17%	诉讼费改革
2009 年	10540000	7.20%	
2010 年	10999420	11.01%	
2011 年	11483394	4.40%	
2008—2012 年	56105000	29.30%	五年增长率
2013 年	12947000	4.40%	
2014 年	13797000	6.60%	
2015 年	16714000	21.10%	立案登记制
2016 年	19772000	18.30%	
2013—2017 年	85984000	55.60%	五年增长率
2018 年	25168000	10.60%	

① 耿宝建：《立案登记制改革的应对和完善》，载《人民司法应用》2016 年第 25 期。

② 田源：《撩开恶意诉讼的“维权”面纱——立案登记制背景下恶意诉讼的理念辨正与制度因应》，载《法治论坛》2017 年第 3 期。

法院应对诉讼“爆炸”的措施不外乎两个方面:一是增加办案力量,在法官员额制下,办案力量难以继续增加,也不可能长期依靠法院工作人员加班加点予以解决;二是通过案件繁简分流及相关改革,但这种模式容易引起对法院以“程序公正”换取“诉讼效率”的质疑。司法的核心价值是公正,司法公正包括实体公正和程序公正两个方面,严格的司法程序是维护司法公正的可靠保障和现实需要。[①] 法院内部当前实施的针对性改革措施过于偏重效率,必将导致社会对公正的隐忧。三是诉讼无法克服程序的固有缺陷。程序僵化、烦琐、冗长是诉讼固有缺陷。除律师等专业人士,一般的民事主体对诉讼程序往往是陌生的,一旦发生纠纷需要进行诉讼,他们希望诉讼越快越好的诉求与诉讼本身的程序僵化、流程冗长常常形成天然的矛盾。而当越来越多的案件起诉到法院时,无论法院内部如何加快节奏,当事人始终会觉得程序太漫长、太耗时。对于诉讼程序的烦琐漫长,当事人往往在诉讼开始时未能充分估计到,在案件审理中常常抱怨法院办案效率太低,并把诉讼过程中遭遇的风险、损失归咎于法院。诉讼的耗时和低效,几乎可以说是诉讼的“天然弱点”,但社会大众对此却难以接受。

(二)诉讼“爆炸”对程序价值的挑战和削弱

理论上,《民事诉讼法》对诉讼效率和诉讼公正的价值追求并行不悖,两者的重要性应等量齐观。然而,基于个案设计的诉讼程序在应对诉讼“爆炸”、案件叠加时,诉讼程序所追求的公正与效率之间的冲突就会凸显出来,民事司法实践中出现了以下几个方面的问题:一是送达成为法院“老大难”问题。民事送达,是指人民法院依照法定的程序和方式,将民事诉讼文书送交给诉讼参与人的行为。有效的送达是保障诉讼顺利开展的前提,其目的在于保障当事人的知情权、参与权,理应得到当事人的配合。但实践中,除了因社会人员流动频繁,有些案件查找当事人下落并确保送达确实存在困难外,有相当一部分当事人采取恶意规避送达的手段拖延诉讼,经常出现的情况包括当事人不接听法院电话,在法院工作人员上门送达时故意不开门,直接送达时拒不提供身份证件、否认本人身份、不配合送达甚至阻扰送达等,造成所谓的“送达难”。造成“送达难”、人民法院缺乏制约手段的重要原因在于,《民事诉讼法》规定了严苛的有效送达的条件,法院在送达工作中不仅是主导者,还是负有保证送达成功的责任者,对送达不能、送达瑕疵错误承担着风险。二是审限管理流于形式。我国实行严格的审限管理制

① 陈卫东:《严格司法程序　维护公平正义》,载《求是》2007 年第 4 期。

度,《民事诉讼法》规定适用普通程序审理案件的审限是六个月,简易程序审理案件的审限是三个月。制定严格的审限管理制度目的是督促法官在一定时间内终结诉讼,避免诉讼拖延。但实践中,由于存在多种不占审限的情形,包括当事人申请和解期间、鉴定期间、中止审理期间、重新调查期间等,严格的审限管理制度被打开了例外的"缺口",当送达、保全等程序性事务占用越来越多的审理时间,加上有些复杂疑难案件需要多次调查、多次开庭,苛求法官遵守上述期限实际上已很难做到,更为严重的是,当案件数量超过法官正常承受负荷时,法官根本无法在法律规定的审限内审结案件,这迫使法官不得不采取"例外"的方式扣延审限,使自己承办的案件表面上仍在规定的审限内结案。三是当事人滥用诉讼权利愈发普遍。《民事诉讼法》第 13 条规定,"民事诉讼应当遵循诚实信用原则"。当事人参加诉讼,具有在法定或合理期间实施或完成诉讼行为、积极促进诉讼进程、不得拖延诉讼的义务。但司法实践中,当事人滥用民事诉讼权利或借行使诉讼权利为名达到拖延诉讼目的的情况屡见不见。比如,滥用管辖权异议及上诉权。《民事诉讼法》规定,当事人可以在提交答辩状期间提出管辖权异议,人民法院应当作出移送或驳回的裁定,人民法院所作的裁定可以上诉。设置管辖权异议制度的立法本意在于纠正法院错误的管辖分工,实现诉权和司法公权力的相互制约,保障诉讼双方当事人诉讼权利和诉讼地位的公平和平等。[①] 实践中,不少当事人为了达到拖延诉讼进程等非法目的,往往恶意利用管辖权异议权和管辖权异议上诉权,作为一种诉讼策略和诉讼技巧。当事人提出管辖权异议及对法院裁定提起上诉,对法院而言,影响案件的审理进度,对当事人而言,拖延诉讼则侵害了其他诉讼参与人的诉讼权益。四是法院内部立、审、执运行不协调。对当事人而言,案件只有立案和结案"两点一线","两点之间"的事务完全交由法院负责。但在法院内部,案件送立案、审判、执行分属不同的部门,由不同的承办人员负责,各部门各阶段存在衔接不畅、效率不高、各自为战、配合不够,甚至出现政出多门、权责不清等问题。从微观的角度看,审判辅助事务和裁判事务常常混同在一起,法官与审判辅助人员缺乏清晰的职责分工,审判辅助事务缺乏统一的标准,有时还存在上下级法院、甚至法院内部不同部门对同一个程序性事项的认定标准不尽一致的情况。虽然有相当一部分问题是法院管理方面的问题,但如果仅从管理的角度去看待这些问题,往往难以达到规范行为的目标,我们应该将

① 闻长智、朱伦攀:《管辖异议权的正确行使》,载《人民司法·案例》2019 年第 14 期。

这些管理问题纳入《民事诉讼法》规范的范畴,促进案件流程更加顺畅、相关程序运行规则、标准更加统一。

三、问题出路:通过修法重新配置民事纠纷治理责任

从上述分析我们可知,在诉讼"爆炸"背景下,无论是外部的调解与诉讼"此消彼长",还是内部的诉讼程序公正与效率的紧张矛盾,人民法院当前采取的应对措施都不足以走出民事纠纷的诉调困境,解决问题的思路应该是:对《民事诉讼法》进行系统性修改,将整个民事司法程序置于社会治理的角度进行思考,发挥《民事诉讼法》对民事纠纷的"分流"作用,让一部分民事纠纷,尤其是轻微民事纠纷以诉讼之外的方式予以化解,同时,《民事诉讼法》应该直面司法实践中的问题,在坚持个案设计思路的基础上,考虑案件叠加对程序运行的实际影响,特别是要强化当事人诉讼促进义务、建立法官裁判事务和审判辅助事务相分离的诉讼运行机制、规范法院内部立案、审判、执行协调机制。具体分述如下:

(一)重新配置民事纠纷治理的任务与责任

总的说来,要构建"调解前置,诉讼断后"的纠纷治理格局:一是在《民事诉讼法》中可专章设立调解前置程序。人民法院应该基于过去的审判大数据进行分析,从案件类型、诉讼标的等方面筛选出适宜先行调解的纠纷类型,提出修法建议,通过立法将一部分类型的纠纷规定为必须调解前置。换言之,这些纠纷必须经过调解,调解不成才能提起诉讼。从当前的实践来看,至少有以下纠纷类型适合调解前置,包括物业合同纠纷、邻里纠纷、婚姻家庭纠纷、数额较小的借贷纠纷、道路交通事故纠纷等。有些地方在推行调解前置程序方面做了探索实践,比如山东潍坊法院通过做实做细诉前调解,实现了收案下降、结案上升,北京法院通过部分类型案件调解前置,大幅提高了调解数量,但总体上调解前置程序试点只有获得了立法授权,才能有效突破改革瓶颈。① 二是培育社会解纷资源。现有的解纷资源主要是政府供给,社会解纷资源并不发达。在人们的利益诉求越来越多元、纠纷类型越来越复杂的情况下,我们应当在强调进一步完善政府供给型调解的同时,注重培育和发展非政府解纷组织,以弥补政府供给的解纷资源不足的问题,让社会解纷资源可以渗透到社会管理的"毛细血管"。家庭纠纷、征地拆迁纠纷、交通纠纷、医疗纠纷、

① 胡仕浩、龙飞、马骁:《多元化纠纷解决机制的中国趋势》,载《人民司法(应用)》2018 年第 1 期。

劳动纠纷、邻里纠纷,等等,都能有相应的专业调解组织可以提供解纷服务。应积极探索有偿调解机制建设,建立市场化的调解费用机制,以此来培育调解组织投入整体解纷体系的建设中。三是完善诉调衔接机制。我们在先调后诉的总体思路下,以尊重当事人的意思自治为前提,为纠纷主体提供多种可选的纠纷解决方式,让大部分民事纠纷可以通过调解解决。在此基础上,我们要完善诉调衔接机制:(1)对于法律规定的应当先经过调解、调解不成再到法院起诉的纠纷,需要调解组织出具调解不成的证明文书,方可向法院起诉。(2)对于法律规定的应当先经过调解、调解不成再到法院起诉的纠纷,如果调解成功了,根据当事人的意愿可向法院申请法院对调解协议进行司法确认,赋予调解协议强制执行力,以便于当事人不履行调解确定的义务,另一方当事人可以申请法院对调解协议进行强制执行。(3)对于法律没有规定必须先经过调解、调解不成再到法院起诉的纠纷,当事人可以按约定到调解组织进行调解或向调解组织申请调解,调解不成,可起诉;调解成功,可申请法院予以司法确认。

(二)兼顾以诉讼效率为导向的民事诉讼机制改革

由于基于个案设计的民事诉讼程序忽视了案件叠加对诉讼效率的影响,修订《民事诉讼法》,必须完善对案件暴涨的司法应对,系统性地看待目前司法实践存在的问题,从制度重新建构的角度作出回应。建议可从以下三个方面加以改革:一是强化当事人促进诉讼义务。权利与义务相伴相生,诉讼是三方参与的活动。法院主持诉讼,必须得到双方当事人的有效配合,而不是让当事人把法院作为相互对抗之“工具”。法律规定应当保障当事人正常行使诉讼权利,但也必须要求当事人配合法院开展诉讼活动。当前,法院面对当事人不配合,包括不接收送达文书、不配合提交材料、故意拖延、搞证据突袭、甚至是虚假陈述等情况时常常显得十分无力。《民事诉讼法》的修订必须有力地回应当前民事诉讼实践中出现的“乱象”“怪象”:要针对“送达难”,重新调整送达的权责结构,明确规定受送达人不接受送达应承担放弃相关诉讼权益的后果,恶意妨碍送达应当受到制裁等;要重新审视民事诉讼审限规定,适当延长案件的审理期限,或者是根据不同案件类型确定不同的审限要求;要针对当事人滥用管辖权异议权拖延诉讼的问题,对当事人行使管辖权异议权作出必要的限制,反向规定滥用管辖权异议的惩罚规则;修订管辖权异议裁定文书送达及管辖权异议上诉权规则,法院不必向未提出管辖权异议的诉讼参与人送达裁定文书,视未提出管辖权异议为放弃上诉权;要规范虚假诉讼、虚假陈述等影响诉讼进程的事项的惩罚规则,有效制止妨害诉讼的行为。二是推进审判辅助事务集约化、标准化改革。送达、保全、鉴定、管辖权异议中存在的问题影响审判效率,但这些问题归根结底都是非实体裁判性事务,却占用了大量的案件审理时间。一方面,《民事诉讼法》的修改要关注这些具体实践中遇到的问题,比如,立案阶段提高当事人信息采集的准确度以有效提高送达效率,强化法院对保全配合单位的监督,建立有效督促鉴定机构加快鉴定进度的机制,加大对不诚信诉讼行为的惩罚力度等,尽可能加强程序性事务的有效推进,减少其对案件审理时间的占用,让案件可以尽快进入实体审理阶段。另一方面,修法还应该关注审判辅助事务的标准化建设工作。如厦门法院对审判辅助事务试行专业化、集约化管理,厦门市思明区人民法院通过公证与司法协同创新,探索出送达外包模式,湖里区人民法院设立审判辅助中心,专门负责送达、排期、保全、鉴定、调查等事务,把原来分散从事的程序性事务集约由部分人员专门从事,有助于避免做法各行其是、五花八门。建议修法将审判辅助事务的标准化纳入《民事诉讼法》范围,将裁判事务与审判辅助事务分开,真正让法官集中负责裁判核心事务,发挥好审判辅助人员辅助法官裁判之作用,同时,通过标准化建设,建立审判辅助事务的统一规范。统一标准,不仅有利于提高审判辅助事务的工作效率,还有利于促进诉讼流程的规范化、公开化。三是完善立案、审判、执行协调机制。最高人民法院在 2018 年出台了《关于人民法院立案、审判与执行工作协调运行的意见》,旨在解决法院内部立审执运行不协调的问题。建议修法有必要将立审执协调运行问题纳入民事诉讼法的修订范围,在总结实践经验的基础上,将规范做法写进法律。

对经济活动和社会活动最根本的影响因素,不是价格,不是技术,而是制度。[①] 面对诉讼“爆炸”,推动形成解决民事纠纷的“生态链”,实现纠纷轻重分流,让诉讼真正成为“最后一道防线”,既符合纠纷发生—解决规律,也是我国社会治理改革的重要内容,因此,我们需要重新审视民事诉讼法的制度价值和功能作用,通过修法推动形成先调后诉、分层递进、有效衔接的民事解纷体系。与此同时,民事诉讼法还应该有效地回应当前司法资源有限、法院“案多人少”矛盾及民事司法实践面临的现实困难,对诉讼体制设置和制度建设作出更加科学合理的安排,推动我国法治建设进一步深化和发展。

---

① Oliver Eaton Williamson. The New Institutional Economics, Taking Stock, Looking Ahead, *Journal of Economic Literature*, Vol.XXXVIII, 2000, pp.595-613.

PDCA 质量管理循环视角下审判辅助事务外包的风险防控

——以最高人民法院司法改革案例为研究基础

陈显明* 关 超**

摘要:审判辅助外包事务对审判核心事务起到了积极促进作用,随着实践的发展,其中蕴藏的风险逐步显现,但对风险大小以及如何全方位防控风险尚未形成完备的制度。要想审判辅助事务外包发挥更大的作用,必须识别其中风险的大小,并建立完备的防控体系。通过引入 PDCA 质量管理循环理论,采取座谈方式,准确识别审判辅助事务外包运行过程各阶段的风险点及大小,可以初步构建宏观与微观相结合的风险防控体系。

关键词:质量管理循环;审判辅助事务外包;风险防控

《最高人民法院关于深化人民法院司法体制综合配套改革的意见——人民法院第五个五年改革纲要(2019—2023)》提出,“充分利用市场化、社会化资源,探索实施网拍辅助、文书上网、案款发放等审判辅助事务和部分行政综合事务外包。健全完善人民法院购买社会化服务工作机制”,已有法院付诸司法实践,但其中蕴藏的风险亦不容忽视。本文以 F 法院为调查对象,通过座谈形式,识别审判辅助事务外包可能存在的各种风险,并以 PDCA 质量管理循环为视角,提出有效防控审判辅助事务外包各阶段风险的措施。

一、风险源起:审判辅助事务外包的司法实践

审判辅助事务外包,主要体现为法院将非审判核心业务范围的一般性业务、

* 作者系重庆市奉节县人民法院院长,法学学士。

** 作者系重庆市江北区人民法院审管办(研究室)法官助理,法律硕士。

审判支持性业务外包。实践中,外包事务已嵌入整个诉讼流程。

(一)审判辅助事务外包改革案例

截至目前,最高人民法院陆续发布了六批司法改革案例,刊载七则与审判辅助事务外包相关的改革案例,相关改革情况如表1。

从以上法院改革情况分析,天津虹桥区和河西区法院、重庆江北区法院的外包项目集中在卷宗、新媒体运营等方面,与诉讼程序的关联性低或无关联性,这类事务改革经济成本低、法律专业性相对较弱、风险低且易控;厦门中院和昆明官渡法院的外包项目集中在送达、取证、保全、执行等方面,已经涉及诉讼程序问题,关乎当事人的程序权利和实体权利,这类事务改革成本较高、法律专业性较强、风险高且不易控;中山第一法院和深圳中级法院地处改革开放前沿,其司法改革也走在了前沿,基本将涉及判断权以外的非审判核心事务全部外包,具有外包事务多、改革成本高、法律专业性程度强弱有别、风险高低有别的特点。

表1　改革法院审判辅助事务外包基本情况表

改革法院	所外包项目	购买方式	风险控制手段	外包效果
中山第一法院	送达、信息录入、庭审排期、记录、统计、委托鉴定、评估、归档;登记立案、诉前调解、诉保受理、资料转递、信访、上诉;此外,除行使判断权和法律规定必须由法院人员实施的工作外,将符合政策和法律规定的全部案件事务分离以购买社会服务解决	公开招投标	岗前培训、岗位技能考核、分散流水作业、合同约定保密义务、实时监控案件流转、配置视听监控设备、建立流程和标准等	法定审限内结案率显著提升,生效案件改判发回重审率显著降低

续表

改革法院	所外包项目	购买方式	风险控制手段	外包效果
天津红桥区法院	电子档案和电子卷宗录入，审判执行工作摄影、录像、影像留存归档，音像短片、演示文稿制作及内部控制建设	公开招投标	O	进一步释放了人力资源，提升了司法效能
重庆江北区法院	卷宗扫描	公开招投标	由法院干警专职负责卷宗交接和纸质卷宗质量检查	卷宗抽查合格率显著上升，平均归档时间显著缩短
厦门中级法院	司法送达、调查取证、财产保全、执行辅助	公开招投标	就人员配备、各方职责、文书交接、送达流程、工作要求、信息化、管理指导等进行全方位规范，实现各项事务的制度化、长效化管理	有效促进了司法审判执行工作的提速提效
天津河西区法院	内控建设、卷宗扫描，审执工作摄影、录像、留存、归档，法院官方网站、微博、微信公众号等新媒体平台运营维护，PPT、H5、视频短片制作等	O	专业会计师事务所作为内控建设领导小组成员，全程参与。目前已制定风险评估、岗位轮换、岗位责任制、收支和采购业务、资产、合同、建设项目、控制等10个部分的《内部控制体系使用手册》	法官人数减少，结案量明显增长，(长期)未结案件、案件平均审理天数、被改判发回率均同比减少
昆明官渡区法院	委托公证处送达、公证调解、调查取证、公证保全、执行辅助及公证六大板块事务	O	O	公证化解矛盾占分流案件20%以上；核实被执行人线索、归档效率提高

续表

改革法院	所外包项目	购买方式	风险控制手段	外包效果
深圳中级法院	实现购买服务领域全覆盖,涉及诉讼服务、审判执行、法院管理、后勤保障、司法公开、信息化建设和队伍建设等领域七大类41项服务,可以向社会购买	O	制定《购买社会化服务暂行办法》;创设目录清单,健全购买服务内容体系;精细区分购买服务标准;加强集约管理	结案数同比增长3万余件;法官人均结案数同比增加44件
注:标O为未在公开平台查询到相关资料				

从风险控制手段分析,重庆江北区法院的手段最为单一,仅由正式干警进行卷宗检查,这与卷宗扫描外包项目的特点直接相关。厦门中级法院对外包项目分类进行制度化管理,中山第一法院和深圳中院的风控措施较为健全,基本涵盖了各个可能的风险阶段。但总体来看,针对如何确定不同外包事务的责任主体和购买程序,如何评估外包企业的资质、工作效果以及如何进行监督方面,其则稍显欠缺。

(二)制约审判辅助事务外包的瓶颈

相较于政府购买社会服务,将法院审判辅助事务外包,各法院均处于探索阶段,发展相对滞后,且尚未形成统一的操作规程,与之配套的管理、评估考核、监督以及责任制度等均不完善。

1.管理瓶颈:审判辅助事务外包的管理制度缺失

中山第一法院、深圳中级法院、厦门中级法院、昆明官渡区法院的外包事务贯穿了诉前调解、送达、取证、保全、庭审速录、执行等整个诉讼流程,天津虹桥区和河西区法院将司法公开、信息化建设工作予以外包,深圳中级法院将队伍建设等特殊性工作外包,这些事务属于不同性质,涉及法院的不同部门。从目前来看,负责外包业务的人员由其所属外包公司进行管理,并根据工作实际进行人员调整,如重庆江北区法院的卷宗扫描由外包公司全包,并根据移交卷宗数量动态调整工作人员。而中山第一法院,对法官的服务包括送达、信息录入、庭审排期和记录、统计、委托鉴定和评估、归档等项目,由审判事务管理办公室对接社会服务方集中管理;对服务群众的包括登记立案、诉前调解、诉保受理、资料转递、信访、上诉等项目,由立案庭负责对接社会服务方集中管理。从风控效果分析,法院仅负责对接,由社会服务方集中管理的风险防控手段,并不彻底,极易导致外包事务的风险增加。究其原因,其还是没有对外包事务的法律专业关联强度进行区分,如资料转递的专业性要明显高于归档,法庭记录的专业性要高于庭审排期等等。另一方面,外包服务公司作为企业的一种形式,其具有一定的逐利性,对防范服务对象风险的意愿不强。因此,要区分外包事务法律专业性的强度,法律专业性强的外包事务的管理权要主要由法院掌握,人事管理权可主要由社会服务方掌握,我们也不能一概而论。

2.程序瓶颈:审判辅助事务外包的购买程序缺失

上述法院的改革实践,大多通过公开招标引入外包公司。虽然,公开招标能够保证外包程序“看得见”,但审判辅助事务专业性较强或与法律正当程序直接相关,并不是所有的审判辅助事务都适用于公开招标方式。如卷宗扫描、信息化设备运维、庭审排期、资料转递等事务,对法律专业知识要求不高,有条件提供社会服务的公司数量较多,因此,公开招标不但能够实现外包程序“看得见”,而且基本能够保证提供社会服务公司的服务质量。而诸如委托调解、公证调解、调查取证、执行辅助等事务,对法律专业知识要求高,而且涉及当事人的实体权利或者法律的正当程序,而审判辅助事务外包市场处于成长期,缺乏专门针对法院辅助事务开展业务的法律专业企业,供给和需求无法发生联动,①如果仍采用公开招标的方式,不能形成足够的竞争,继而不能保证社会服务方的服务效果。可见,采取什么样的采购方式不但要看项目的法律专业程度,而且要看社会服务提供商的总体情况,进行综合判断。按照《政府采购法》的规定,除公开招标应作为政府采购的主要方式外,其还包括邀请招标、竞争性谈判、单一来源采购、询价等方式。审判辅助事务外包,也应综合情况采取不同的方式选择社会服务方,既要保证外包程序可见,又要保证外包效果良好,还要保证外包风险可控。因此,外包程序的规范对外包效果和防控外包风险的重要性更加凸显。

3.评估瓶颈:审判事务外包的考核机制缺失

中山第一法院针对外包业务,从硬件和软件两个方面防控风险,硬件层面加装监控设备,软件层面进行岗前培训、建立流程标准等;天津虹桥区和河西

① 刘帅:《供给侧改革视域下的审判辅助事务社会化》,载《江苏警官学院学报》2019 年第 1 期。

区法院、深圳中级法院通过建立相应的制度、明确职责等进行风险防控,但是对相应外包业务的考核相对不完善。从管理学角度而言,考核是企业管理的基本手段、是人力资源合理配置的依据。欠缺对社会服务提供商及其人员业绩的考核,就不能对其进行有效的管理,不能督促社会服务提供商合理地调配人力资源,更不利于提高辅助事务外包的效率和效果。从工作业绩评价方式分析,庭审记录、数据录入、扫描归档、送达等事务尚能用数量评估,对诉前调解、调查取证、录音摄像、新媒体平台运营维护等事务如何进行评价,既能体现工作数量,又能保证工作质量,尚未形成有效的评价机制。如果对审判辅助事务外包工作不能形成公平公正的科学评估体系,则不利于激发外包企业的活力,最终还是由法院"买单"。之所以产生类似问题,主要是源于审判辅助事务外包起步晚,提供服务的企业少,没有现成案例可资借鉴,需要在运行过程中,共同完善运行方式,共同制定符合双方发展方向的考核制度,这一过程需要实践的不断积累。

4.监督瓶颈:审判事务外包的监督制度缺失

习近平同志指出:"没有监督的权力必然导致腐败,这是一条铁律。"从改革实践来看,审判辅助事务外包尚未形成全流程、立体式的监督体系。在社会服务采购阶段,仅仅采取公开招投标的方式,缺乏对外包企业的全方位评估,既无法杜绝采购中的"暗箱操作",可能成为司法腐败、权力寻租的新"温床",也无法选到服务质量好的外包公司,以实现法律的正当程序。对调查取证、保全、执行辅助等具备一定专业性的司法辅助事务,缺乏对外包企业行使相应权力的监督制度,可能会影响司法的公正形象。法院的信息化建设和新媒体运营,需要与法院的工作实践深度融合,法院对此的监督应主要集中在与法院工作融合程度上的监督,而不仅仅是前述法院在服务标准、服务内容、管理和责任等方面的监督。对作为一般审判辅助事务的扫描、归档等外包项目,中山第一法院在硬件上加装监控装备,在软件上进行岗前培训,重庆江北区法院还专门由法院干警进行质量检查,这些监督措施是必要的,而且能够保证公正质量。但在诉讼案件不断增长的大背景下,扫描和归档的效率显得也很重要,因此,我们不但要加强对此类外包事务质量的监督,同时也要加强对效率的监督。然而,从相关法院的措施来看,其对效率监督的手段相对欠缺,有待进一步增强。综上,建立对审判辅助事务全流程、立体式的监督体系显得格外重要。

5.责任瓶颈:审判事务外包的责任制度缺失

“有权必有责,失职必问责。”从以上法院的改革内容来看,司法辅助事务外包已嵌入整个诉讼工作流程,甚至已深入非审判事务的法院事务,明确外包企业承担责任的方式、惩罚的具体形式,对确保审判辅助事务社会化过程能够在制度控制下有序进行[①]是极有帮助的。不同的审判辅助事务,其法律专业性程度、工作内容、工作标准均有所不同,我们应制定不同的追责制度,以保障外包审判辅助事务的工作质量和服务效率。然而,从改革实践来看,我们欠缺对外包企业工作瑕疵、工作过错等的评价标准和如何追究责任的制度。审判事务外包的不断发展,不利于提高外包企业及人员的责任意识、质量意识,不利于实现优化审判资源配置的目标。

二、风险识别:审判辅助事务外包的风险因素

审判辅助事务外包的改革目的是实现法官脱离繁杂的事务性工作,使其更专注于审判,提高审判效率。然而,由于处于摸索阶段,配套制度不完备,势必存在阻碍改革目的的实现的风险,产生不确定的消极后果。因此,我们要提前预防风险,以实现改革的良好初衷。

(一)PDCA 质量管理循环理论的引入

在风险管理方法论层面,PDCA 质量管理循环将制度运行与质效管理相结合,[②]对防控审判辅助事务外包风险有一定的对症性:在推进审判辅助事务外包过程中,将风险识别和防控寓于改革过程中的制度修正和完善中,以实现改革目的,研究风险防控。PDCA 是全面质量管理的思想基础和方法依据,循环体系中的计划(Plan)、执行(Do)、检查(Check)、调控(Action)四个环节相互衔接:计划阶段着眼于前期风险预防,是外包规划制定阶段的风险预测与一般预防的阶段。执行、检查阶段主要进行中期风险处置;执行阶段是确定外包方式,制定外包方案,以及具体外包项目实施过程中的风险识别阶段;检查阶段是总结执行效果过

---

① 陈莉:《基于司改案例的审判辅助事务社会化的优化向度研究》,载《法律适用》2018年第21期。

② 曾竞、王启亮、樊强:《员额制改革风险的防控与疏解》,载贺荣主编:《尊重司法规律与刑事法律适用研究——全国法院第27届学术讨论会获奖论文集》,人民法院出版社2016年版。

程中,查找漏洞、评估效果,并监督外包事务运行的阶段。调控阶段是对前述外包环节中的风险防范效果进行评价的阶段,是新一轮 PDCA 循环的起始。一次 PDCA 循环并不能解决审判辅助事务外包的所有问题,遗留问题自动转进下一个 PDCA 循环,依次递进完成质量管理的循环。对出现的问题,可将本次循环的管理成果融入二次循环,从而实现外包事务质量的螺旋式上升。

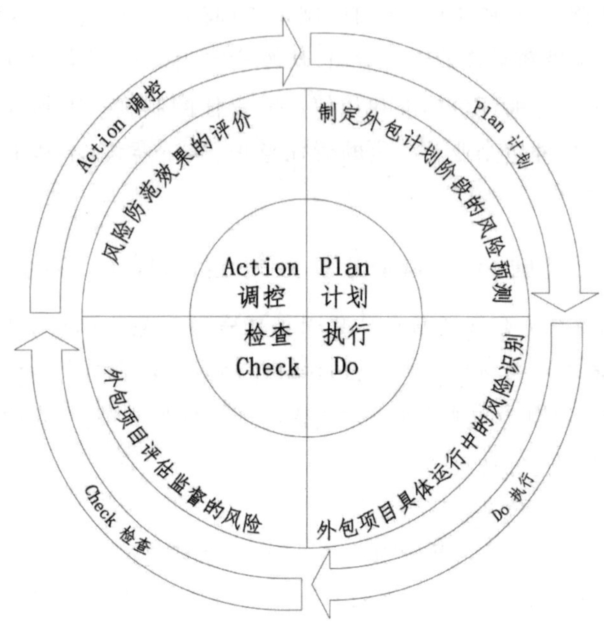

图 1 法院外包项目 PDCA 运行示意图

(二)风险因素的识别与控制

基于 PDCA 质量管理和审判辅助事务外包环节的分解,本文从计划、执行、检查、处理四个阶段剖析审判事务外包的计划、运行、考评、监督风险。

1.计划阶段

计划环节以预测风险为主线,是在外包规划制定阶段对前期风险的预判,是对不同类别风险因素的归纳整合。本文以 F 法院决策者为调查对象,以审判辅助事务外包的风险为主题,对 7 名院领导进行了面对面的访谈。通过访谈,该院院领导对审判辅助事务外包均持积极态度,但作为决策者对该项工作也存在诸多隐忧,在决策阶段反应较强烈的包含以下风险点,如表 2 所示。

表 2　计划阶段风险预判表

风险类别	风险主体	风险因素	风险点	风险后果
预判风险	审判辅助事务外包的规划制定者	理性风险	外包项目选择风险 购买方式选择风险 服务商的选择风险	关涉外包服务成本、外包服务质量和效果、审判核心事务的质量和效率
	审判辅助事务外包的具体管理者	管理风险	采购知识欠缺 管理能力欠缺 其他事务众多	
	审判辅助事务外包的服务供应商	运营风险	项目管理经验不足 技术力量无法适应 资本运行趋利避害 服务人员鱼龙混杂	

2.执行阶段

执行阶段以外包项目运行阶段的风险为主线，通过识别审判辅助事务外包运行中的风险，进行风险分类并评估风险后果。鉴于员额法官和法官助理为审判辅助事务外包服务的直接接受者，本文以 F 法院员额法官、部分法官助理为访谈对象，以审判辅助事务运行过程中可能存在的风险为主题，进行集中访谈。结合对上述院领导的访谈，我们综合分析得出审判辅助事务外包项目运行过程中可能存在的风险点，如表 3 所示。

表 3　执行阶段风险识别表

风险类别	风险主体	风险因素	风险点	风险后果
合同管理风险	审判辅助事务外包规划制定者、执行者	商务谈判经验不足	服务需求和效果阐述不明	外包服务效果不佳，影响审判核心事务
	审判辅助事务外包的服务供应商		供应商夸大优势，虚化劣势	
	审判辅助事务外包的买卖双方		寻求双方平衡的风险	外包成本增加，服务效果不佳
		拟制合同经验不足	外包服务类型众多 服务内容和形式泛化 违约责任、形式单一 服务标准确定不科学	因涉及多种审判辅助事务外包，外包项目不同，合同内容、服务标准、违约责任则不同，不加以厘清，直接影响外包服务的质量和效果，最终导致审判核心事务运行不畅

续表

风险类别	风险主体	风险因素	风险点	风险后果
项目运营风险	审判辅助事务外包的买卖双方	信息反馈机制不完善	审判事务与辅助事务的衔接风险	所外包的审判辅助事务与需求部门(人员)的衔接不畅,直接影响审判核心事务的办理效率
	审判辅助事务外包的服务供应商		外包具体事务工作成效反馈的风险	反馈不及时,则拖累审判核心事务办理效率
泄密风险	审判辅助事务外包的服务供应商	保守审判秘密驱动力不足	外包人员获知审判秘密的风险	审判辅助事务参与流程节点的增加,导致外包人员更易获知审判秘密
			外包人员泄露审判秘密的风险	审判辅助事务参与人员的增多,导致泄露审判秘密的风险被放大
廉政风险	审判辅助事务外包的服务供应商	外包项目管理、运行存在廉政盲点	外包人员缺乏廉政意识的风险	如执行外包事务中吃拿卡要,直接影响法院公正司法的良好形象
	审判辅助事务外包的规划制定者、执行者		法院项目运营中的操纵风险	如在外包项目招投标、合同签订、项目运行中,可能成为滋生腐败的温床

3.检查阶段

检查阶段主要是对审判辅助事务外包运行的效果进行评估,检验计划阶段和执行阶段的成果,监督审判辅助事务外包运行的过程,并合理规避评估的风险。鉴于员额法官和法官助理,既为审判辅助事务外包服务的直接接受者,也为审判辅助事务外包项目的检查监督者,本文仍以上述人员为访谈对象,以检查审判辅助事务外包运行效果为主题,进行集中访谈。结合院领导访谈,我们综合分析得出这一阶段的风险点,如表 4 所示。

表 4　检查监督阶段风险评估表

风险类别	风险主体	风险因素	风险点	风险后果
考评风险	审判辅助事务外包规划制定者、执行者	评估指标设计风险	服务成果量化风险	外包项目产出形态抽象，无法准确评价外包服务
			评估标准同一风险	外包项目性质不同，评估标准同一导致评估指标设计不科学、不合理
			购买主体与受益主体分离	外包项目的受益主体是当事人(或法院)，而购买主体是法院，增加了评估难度
	审判辅助事务外包的买卖双方		购买方评估与服务商考核脱钩风险	法院对外包项目效果进行评估，而服务商对其人员进行考核，标准不同，可能会削弱服务人员的积极性
	审判辅助事务外包规划制定者、执行者	反馈机制不畅风险	评估结果反馈途径的风险	评估结果是反馈给服务人员，还是服务商，不同方式产生不同的结果，前者效率更高，后者效果更好，若平衡不好，评估将失去激励、奖惩功能
			评估结果反馈形式的风险	评估结果是书面反馈还是口头反馈，抑或是座谈会形式，形式不同，效果不同
	审判辅助事务外包监督人员	确定监督主体的风险	统一监督的风险	外包项目众多，涉及不同部门，无法360度监督，但监督结果反馈的效率较高
			分散监督的风险	能够360度监督，但增加了监督结果反馈流程，效率较低

续表

风险类别	风险主体	风险因素	风险点	风险后果
监督风险	审判辅助事务服务人员	确定监督重点的风险	执法规范意识欠缺的风险	外包服务人员大多未受过法律系统教育,对执法规范认识不到位,可能会影响法院形象,甚至会影响执法合法性
			流程监督碎片化的风险	外包项目涉及审判阶段全流程,偏重任一阶段的监督都可能对审判造成不良影响

4.调控阶段

调控阶段是将上述风险分析结果反馈于新一轮风险管理的过程,通过查漏补缺、调整风险评价标准,超前应对已知和未知风险。[①] 鉴于接受外包服务的员额法官、法官助理等与外包项目接触更直接,对外包项目运营情况也更敏感,同时,院领导的管理经验更丰富,因此,调查不区分人员身份。为客观反映外包过程中风险高低的真实情况,本文通过问卷的形式,对审判辅助事务外包过程中风险点的风险大小进行了调查。调查对象为F法院在编人员121人,共发出问卷121份,回收有效问卷84份。其中,高概率积4分,中概率积3分,低概率积2分,无积1分。通过统计风险后果出现概率大小、对审判核心事务质效的影响程度和对审判辅助事务外包本身质效的影响程度等风险大小的平均值,我们得出上述三项的风险大小,再最终确定风险点的风险等级。具体得分及风险等级大小,如表5所示。

根据调查结果,将审判辅助事务外包风险分三个等级:一是高风险。引发风险事件可能性最大,对审判核心事务质效的影响程度以及对审判辅助事务外包工作成效的影响程度均最大。二是中风险。引发风险事件可能性较大,对审判核心事务质效的影响程度以及对审判辅助事务外包工作成效的影响程度次之,具有向高风险或低风险转化的属性。三是低风险。引发风险事件的可能性最小,但存在隐性影响。对高风险性的风险点,须重点防控;对中风险性的风险点须阶段性防控;对低风险性的风险点须长期防控。前文分析了制约审判辅助事务外包发展的瓶颈和蕴藏的风险及其大小,在掌握上述基本情况下,我们应采取针对性的防控措施。

① 曾竞、王启亮、樊强:《员额制改革风险的防控与疏解》,载贺荣主编:《尊重司法规律与刑事法律适用研究——全国法院第27届学术讨论会获奖论文集》,人民法院出版社2016年版。

表 5　风险等级调查问卷得分表/等级确定表

风险类别	风险点	风险后果出现的概率大小得分				对审判核心事务质效的影响程度得分				对审判辅助事务外包工作成效的影响程度得分				最终得分				风险等级
		高	中	低	无	高	中	低	无	高	中	低	无	高	中	低	无	
预判风险	外包项目选择风险	1.000	0.955	0.818	0.068	1.273	1.023	0.727	0.023	0.546	1.227	0.818	0.046	2.818	3.205	2.364	0.136	中级
	购买方式选择风险	0.546	0.955	0.909	0.091	0.636	0.955	0.864	0.114	0.727	0.955	0.682	0.182	1.909	2.864	2.455	0.386	中级
	服务商的选择风险	0.455	1.227	0.864	0.091	1.364	0.886	0.682	0.046	0.727	1.296	0.546	0.114	2.545	3.409	2.091	0.250	中级
	采购知识欠缺	1.091	1.227	0.318	0.182	1.546	0.818	0.636	0.023	1.091	1.023	0.500	0.136	3.727	3.068	1.455	0.341	高级
	管理能力欠缺	1.182	1.227	0.364	0.136	1.818	0.955	0.500	0.023	1.000	0.886	0.682	0.091	4.000	3.068	1.545	0.250	高级
	其他事务众多	0.364	1.818	1.091	0.091	0.727	0.682	0.909	0.114	0.455	1.091	0.955	0.068	1.545	3.591	2.955	0.273	中级
	项目管理经验不足	1.182	1.091	0.500	0.136	1.364	0.955	0.591	0.068	1.273	0.818	0.591	0.046	3.818	2.864	1.682	0.250	高级
	技术力量无法适应	1.182	1.227	0.409	0.114	1.182	1.500	0.364	0.068	1.000	0.955	0.773	0.023	3.364	3.682	1.545	0.205	中级

续表

风险类别	风险点	风险后果出现的概率大小得分				对审判核心事务质效的影响程度得分				对审判辅助事务外包工作成效的影响程度得分				最终得分				风险等级
		高	中	低	无	高	中	低	无	高	中	低	无	高	中	低	无	
预判风险	资本运行趋利避害	1.364	0.886	0.636	0.091	1.000	1.432	0.546	0.068	1.000	0.886	0.818	0.091	3.364	3.205	2.000	0.250	高级
	服务人员鱼龙混杂	2.000	0.955	0.318	0.046	2.273	0.886	0.273	0.023	2.182	0.682	0.318	0.046	6.455	2.523	0.909	0.114	高级
合同管理风险	服务需求和阐述不明	0.546	1.159	0.773	0.114	1.546	1.500	0.273	0.023	1.000	1.432	0.455	0.068	3.091	4.091	1.500	2.205	中级
	供应上夸大优势，弱化劣势	1.546	1.023	0.409	0.114	1.455	1.159	0.455	0.023	1.273	1.091	0.500	0.091	4.273	3.273	1.364	0.227	高级
	寻求双方利益平衡的风险	0.727	1.159	0.636	0.159	0.909	1.023	0.727	0.068	0.727	1.091	0.546	0.159	2.364	3.273	1.909	0.386	中级
	外包服务类型众多	0.546	1.159	0.818	0.114	0.727	0.955	0.818	0.114	0.546	1.023	0.636	0.182	1.818	3.136	2.273	0.409	中级
	服务内容和形式泛化	0.636	1.091	0.773	0.136	0.636	0.955	0.818	0.114	0.636	0.818	0.773	0.205	1.909	2.864	2.364	0.455	中级

续表

风险类别	风险点	风险后果出现的概率大小得分				对审判核心事务质效的影响程度得分				对审判辅助事务外包工作成效的影响程度得分				最终得分				风险等级
		高	中	低	无	高	中	低	无	高	中	低	无	高	中	低	无	
合同管理风险	违约责任承担形式单一	1.091	0.750	0.682	0.114	1.091	0.886	0.546	0.182	1.364	0.614	0.636	0.091	3.545	2.250	1.864	0.386	高级
	服务标准的确定不科学	1.455	0.886	0.455	0.114	1.546	0.955	0.500	0.068	1.636	0.955	0.409	0.068	4.636	2.795	1.364	0.250	高级
项目运营风险	审判事务辅助事务衔接风险	0.818	1.023	0.727	0.114	1.455	0.750	0.636	0.046	0.909	1.091	0.591	0.068	3.182	2.864	1.955	0.227	高级
	外包事务成效反馈风险	0.818	0.818	0.727	0.114	0.636	1.159	0.818	0.068	0.818	0.955	0.773	0.046	2.273	2.932	2.318	0.227	中级
泄密风险	外包人员获知审判秘密风险	2.546	0.546	0.409	0.023	1.909	0.955	0.227	0.068	1.818	0.682	0.318	0.136	6.273	2.182	0.955	0.227	高级
	外包人员泄露审判秘密风险	2.273	0.614	0.500	0.023	1.818	1.023	0.273	0.046	2.000	0.477	0.364	0.136	6.091	2.114	1.136	0.205	高级

续表

风险类别	风险点	风险后果出现的概率大小得分				对审判核心事务质效的影响程度得分				对审判辅助事务外包工作成效的影响程度得分				最终得分				风险等级
		高	中	低	无	高	中	低	无	高	中	低	无	高	中	低	无	
廉政风险	外包人员缺乏廉政意识风险	2.273	0.546	0.364	0.909	2.455	0.409	0.546	0.023	1.636	1.023	0.364	0.091	6.364	1.977	1.273	1.023	高级
	法院项目运营中的操纵风险	1.273	0.886	0.546	0.091	1.546	0.614	0.500	0.136	0.909	1.227	0.409	0.159	3.727	2.727	1.455	0.386	高级
考评风险	服务成果量化的风险	0.727	1.091	0.682	0.068	0.636	1.023	0.591	0.136	0.727	0.886	0.727	0.091	2.091	3.000	2.000	0.296	中级
	评估标准同一的风险	1.091	0.818	0.773	0.068	0.727	0.818	0.727	0.068	1.091	0.955	0.682	0.114	2.909	2.591	2.182	0.250	高级
	评估效率低下的风险	1.000	0.886	0.773	0.068	0.909	0.955	0.546	0.091	1.000	0.886	0.773	0.068	2.909	2.727	2.091	0.227	高级

续表

风险类别	风险点	风险后果出现的概率大小得分				对审判核心事务质效的影响程度得分				对审判辅助事务外包工作成效的影响程度得分				最终得分				风险等级
		高	中	低	无	高	中	低	无	高	中	低	无	高	中	低	无	
考评风险	购买主体与受益主体分离的风险	1.000	0.818	0.636	0.114	0.909	0.955	0.773	0.068	0.909	1.091	0.546	0.091	2.818	2.864	1.955	0.273	中级
	购买主体评估与服务商考核脱钩的风险	1.182	0.886	0.636	0.091	1.091	1.159	0.546	0.091	0.909	1.364	0.409	0.091	3.182	3.409	1.591	0.273	中级
	评估结果反馈途径的风险	0.818	1.091	0.818	0.046	0.909	0.886	0.727	0.091	0.727	1.227	0.636	0.091	2.455	3.205	2.182	0.227	中级
	评估结果反馈形式的风险	0.818	1.023	0.727	0.091	0.727	1.091	0.864	0.068	0.636	1.227	0.636	0.091	2.182	3.341	2.227	0.250	中级

续表

风险类别	风险点	风险后果出现的概率大小得分				对审判核心事务质效的影响程度得分				对审判辅助事务外包工作成效的影响程度得分				最终得分				风险等级
		高	中	低	无	高	中	低	无	高	中	低	无	高	中	低	无	
监督风险	统一监督的风险	0.818	0.818	0.727	0.136	0.546	1.159	0.773	0.114	0.636	1.091	0.546	0.205	2.000	3.068	2.045	0.455	中级
	分散监督的风险	1.364	0.886	0.546	0.091	0.909	1.568	0.318	0.091	1.000	1.227	0.500	0.114	3.273	3.682	1.364	0.295	中级
	执法规范意识欠缺风险	1.636	0.614	0.591	0.068	1.364	0.955	0.546	0.068	1.455	0.750	0.636	0.455	4.455	2.318	1.773	0.591	高级
	流程监督碎片化风险	0.818	0.886	0.727	0.091	0.818	1.023	0.636	0.068	1.273	1.023	0.500	0.091	2.909	2.932	1.864	0.250	中级
计算方式	高/中/低/无的得分＝高/中/低/无的人数×高(4 分)/中(3 分)/低(2 分)/无(1 分)÷有效问卷数													最终得分＝前三项相应得分的和(取三位)				

三、联合防控:审判辅助事务外包风险的体系化防控

改革的实质是制度的创新与制度再造,[①]审判辅助事务外包作为司法体制综合配套改革的一部分亦属于制度的创新与再造。对可能遇到的不同类别风险与不同级别风险,我们也要通过宏观和微观制度的构建予以防控,最终指向外包事务瓶颈的化解。

(一)宏观防控:构建系统化的风险防控机制

如表1所示,审判辅助事务外包已贯穿于审判流程的各个节点,甚至包含法院综合事务,其中涵盖了服务方、购买方以及服务接受方之间错综复杂的关系,前表所示的任何风险点都无法脱离审判核心事务和整个风险体系而独立存在,单一的风险防控制度无法全面应对整个风险体系的防控。因此,在确立事务外包之初,我们就要全局谋划,既要防止高风险性风险点防控不力而导致改革陷入僵局,也要防止中(低)风险性风险点转化为高(中)风险性风险点,逐步构建契合改革思路、完美实现外包目的、符合法院工作实际的风险防控体系。

1.全面评估所在法院基本情况

第一,对案件基数和员额法官数量的全面把握。以中山第一人民法院为例,该院2014、2015、2016年分别受理案件34905件、47684件、68291件,仅2017年1—5月就受理案件43451件,而该院在编人员237人,员额法官109人,2016年以后该院年人均结案数高达500件以上,可见该院辅助事务外包的需求极为迫切,这是该院进行辅助事务外包的最大动力。因此,法院是否有必要将辅助事务外包建立在科学衡量员额法官工作量的基础上?

第二,深入分析影响审判效率和审判质效的原因事项。在把握法院人员、案件情况的基础上,收集影响审判效率和审判质效的原因事项,并予以清单式列明。综合反馈情况,从与审判核心事务的距离、法律专业性强度、监管难易程度等方面,对其影响力以及引发风险事件的可能性进行科学论证。

第三,有针对性地提出不同的外包方案。根据上述论证的结果有针对性地提出外包方案,并对不同外包方案的思路、优劣势等在全院进行公示和意见收集,结合改革参与者的心理预期对外包方案进行针对性的调整,确定最终的辅助事务外包方案。

---

① [冰岛]埃格特森:《经济行为与制度》,吴经邦等译,商务印书馆2004年版,第189页。

2.建立疏堵结合式风险管理制度

审判辅助事务外包应当围绕审判核心事务进行,对直接影响审判权运行效果或当事人诉讼权利行使的外包辅助事务,如送达、委托鉴定、调查取证、财产保全、公证调解等,应坚持刚性标准;相反,对其他外包辅助事务,则可贯彻"宽严相济"原则。

第一,堵。例如,对信息录入、排期、庭审记录、卷宗扫描等外包事务,不能绝对放任,而应视外包事务的具体情况制定管理、考核标准,防止遗漏、泄密等风险事件的发生;对司法公开、队伍建设等司法综合事务,亦应加强管理,避免损害司法形象、不利于队伍稳定的风险事件发生。

第二,疏。与此同时,对上述外包事务也不应任意干预,而应明确法院介入的时机,制定弹性化的管理制度,赋予服务商一定的自主权,提高服务商工作的主动性和积极性,防止项目运行过于僵化而陷入风险防控的被动。

3.充分利用信息化手段防范风险

在审判辅助事务外包质量管理的过程中,PDCA 质量管理循环的主要实践价值在于将风险防控及疏解糅合于外包项目的日常管理过程中,以防止外包项目运行和风险管理相脱节。我们可基于前文中的各种风险点的风险大小,借助信息化手段,开发 PDCA 质量管理循环的风险防控软件系统。

第一,将前文的风险类别、风险点、风险后果嵌入外包流程节点,生成对不同级别风险的响应管理规则,并运用循环手段全程跟踪监测,以达全局性监控效果。

第二,使用外包服务的部门在系统中如实填报外包项目的运行情况,一旦出现风险点向严重方向转化,及时预警并提供对应的防控和疏解方案。

第三,对项目管理制度作出整改后,及时填报整改结果,避免风险积累,并继续跟踪监测,将未解决之风险纳入下一阶段的重点监测范围。

(二)微观防控:完善风险防控的配套制度

宏观防控侧重于审判辅助事务外包的原则性风险防控,而微观防控侧重于外包项目运行中各流程节点的防控,更注重防控的实效性。

1.计划阶段的风险防控

计划阶段处于 PDCA 质量管理循环的第一阶段,应着重防范审判辅助事务外包前期规划过程中所预判的风险。如表 2 所示,这一阶段,风险因素主要有三类,具体包含 9 种具体风险点。结合风险等级情况,可以从以下几个方面加以防范。

第一，合理选择审判辅助事务外包项目。一般而言，审判辅助事务比审判核心事务更具有多样性。考虑到各法院实际情况的不同，对外包项目的确定不能通过统一的制度予以规范，而要根据各法院案件体量、人员配备等实际情况，结合监管难易程度、服务可量化程度等，合理确定外包的审判辅助事务，具体如表6所示。当然，对于中级以上人民法院，由于其承担的审判职责与基层法院有所不同，应在全面评估案件、人员等具体情况下，确定可外包的审判辅助事务。

表6　审判辅助事务外包项目选择表

法院基本情况	可外包项目	原因
案件体量小 人员配备充足 结案压力较小	后勤保障 庭审记录 案卷扫描归档	监管难度小 服务量化程度高 基本无专业要求 外包风险易控制 已取得普遍共识
案件体量较大 人员配备适中 有结案压力	适度扩大审判辅助事务外包范围至诉讼引导、材料收转、公告办理、司法送达、案件信息录入	监管难度适中 专业要求较低 服务效率要求高 服务可进行量化 外包风险可控制
案件体量大 人员配备一般 结案压力较大	进一步扩大审判辅助事务外包范围至诉前调解、财产保全、委托鉴定、调查取证、执行辅助事务、新媒体运营	监管难度较高 专业要求较高 服务可量化程度低 有一定外包风险 能够缓解审判压力 能够提高审判效率

第二，建立外包服务提供商的甄别机制。外包服务提供商的优良程度直接关系着审判辅助事务工作的质量、效率，甚至影响审判核心事务的顺利开展。因此，多角度、全方位对外包服务提供商的履职能力进行系统性考察是确保法院审

判辅助事务外包工作效果的必要前提。① 如前所述,外包服务提供商在管理能力高低、技术力量大小、资本运行情况、服务人员质量等方面存在很多风险,但法院作为审判专业性强的国家机关,并不具有对企业进行全方位调查的专业能力,故应聘请专业第三方机构对外包服务提供商开展尽职调查,对其进行 360°甄别。

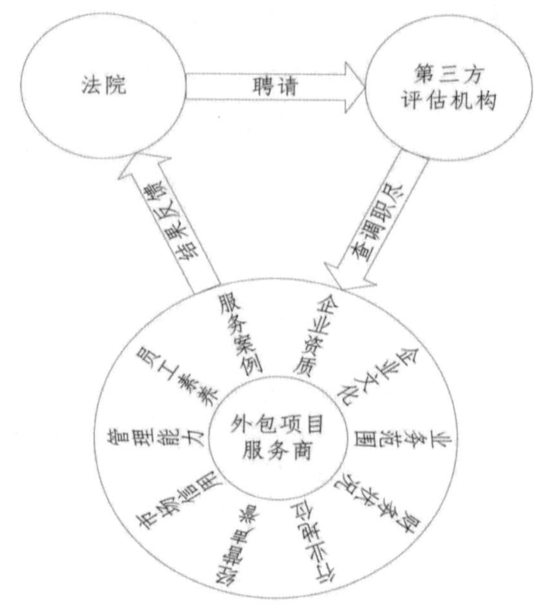

图 2 外包项目服务商 360°调查图

具体调查方向如图 2 所示。调查后形成尽职调查报告,最终确定外包服务提供商。

第三,科学确定审判辅助事务外包方式。《政府采购法》主要规定了公开招标、竞争性谈判、单一来源采购三种政府采购方式。这三种方式各有优劣,其适用条件亦有所不同。我们应根据具体外包的审判辅助事务,确定采取何种外包方式,而不宜一律采用公开招标的方式。具体如表 7 所示。

---

① 杨光、石婕:《风险管理视角下审判辅助事务外包的困境和出路》,载胡云腾主编:《司法体制综合配套改革与刑事审判问题研究——全国法院第 30 届学术讨论会获奖论文集》,人民法院出版社 2019 年版。

表 7 审判辅助事务外包方式适用表

外包方式	优势	劣势	适用条件	适用范围
公开招标	竞争性强，招标人能从中获得最佳的竞争效益	耗时较长 成本较高	需反复购买、技术要求不高、监管难度低、服务可量化程度高、专业性不强的审判辅助事务	案卷扫描归档、信息录入、诉讼引导、公告办理、资料收转
竞争性谈判	采购时间短、可就价格进行谈判、采购指向比较明确	竞争范围小	对法律专业要求高、监管难度中等、服务可量化程度适中的审判辅助事务	执行辅助事务、司法送达、司法鉴定、执行财产保全、公证保全、调查取证
单一来源采购	采购效率高	没有竞争性	供应商唯一的审判辅助事务	各种行业性、专业性的调解（医疗事故、物业纠纷、交通事故调解等）等涉及诉调对接、庭前调解等审判辅助事务

第四，完善审判辅助事务外包培训制度。法院人员对外包项目的购买经验、管理能力等方面存在欠缺，况且法院内部各种事务繁杂，建议确定统一的审判辅助事务外包管理部门，由熟悉采购业务的人员具体负责，并不断完善采购知识系统培训制度，以此保证外包服务项目的质量和效果。

2.实施阶段的风险防控

实施阶段处于 PDCA 质量管理循环的第二阶段，应着重对审判辅助事务外包项目运行过程中可能存在风险的防范。结合表 3 和风险等级情况，我们可以从以下几个方面加以防范。

第一，建立外包项目“试验期”制度。审判辅助事务外包标的特殊，工作要求特殊。外包服务商对法院审判辅助事务不甚了解，审判辅助事务服务市场供给不足，而且法院对自身需求的服务标准、具体工作内容、效果等也处于探索阶段，因此，我们有必要建立外包项目“试验期”制度，以防范实施外包合同存在的风险。具体而言，在外包服务合同中规定3～6个月的时间为试运行阶段，期限的长短根据外包项目的专业性程度、难易高低等因素，由双方协商确定。在这一阶段，由外包服务商按法院要求派驻工作人员全程跟踪外包事务运行，加深其对审判辅助事务的了解，深入探知法院外包服务项目的真实需求和预期效果。同时，法院也能够在这一阶段进一步考察外包服务商的项目运营、管理制度等公司的软硬实力，明确外包服务内容、形式和标准，进一步检验外包服务商是否适合承接审判辅助事务外包项目。“试验期”结束，视运行情况的不同修改和完善外包服务合同内容或者解除外包服务合同。“试验期”为试运行阶段，双方不承担违约责任。

第二，搭建流程节点信息反馈平台。随着法院审判辅助事务外包项目的逐步增多，信息反馈机制就越发显得重要。我们可以考虑搭建覆盖审判辅助事务全流程以及外包工作人员的网上流转平台，实现工作成果反馈、材料收转交接的网上办理，防范信息反馈不及时带来的效率风险，这对外包人员的工作考核也能起到辅助作用。具体运作程序如图3所示。同时，建议设置兼职平台管理员，由法官助理担任，动态管理外包事务的执行，确保外包事务及时执行、处理、反馈。

第三，签订双向的保密廉政协议书。在签订外包服务合同时，法院与外包服务商签订保密廉政协议书，明确其保密和廉政责任，承诺其工作人员违反保密廉政协议时的处罚方式，并将保密责任和廉政落实情况作为评价其服务能力和效果的重要标准，对其工作人员违反协议引发不良社会影响或多次违反协议内容的，解除外包服务合同，并联合工商登记部门对其违反协议的行为予以不良批注。同时，法院要督促并引导外包服务商与外包工作人员签订保密廉政协议书，告知工作人员需履行的保密和廉洁工作的义务，明确违反协议的处罚制度，并将协议书交由法院备案。对在执行工作任务时，违反协议的工作人员，法院及时通知外包服务商，按照上述协议严格处理。

第四，成立审判辅助事务监察小组。审判辅助事务外包要靠司法经费予以保障，在司法经费使用过程中蕴藏着一定的腐败风险。为防范腐败风险的出现，

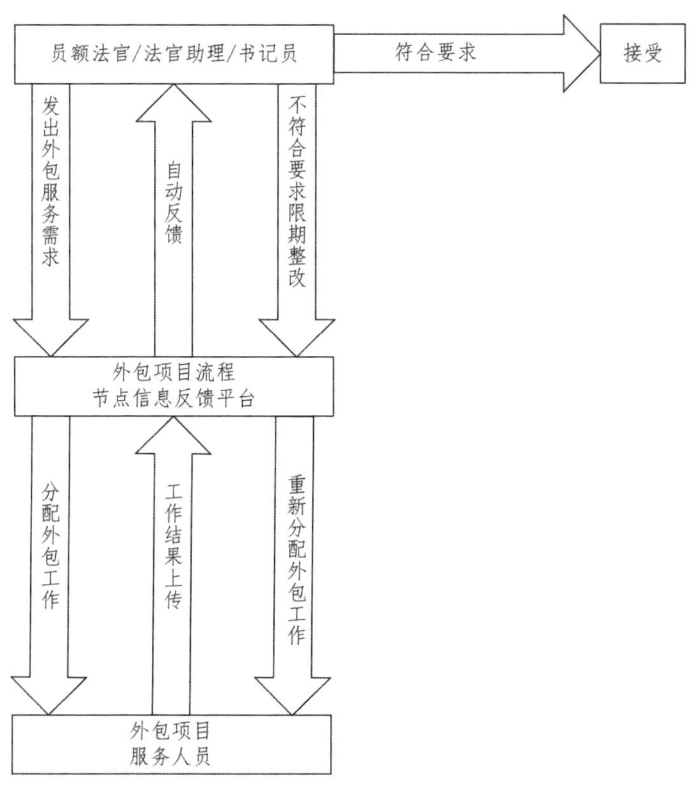

图 3　外包项目流程节点信息反馈流程图

建议外包法院纪检监察部门联合当地监察委、上级法院纪检监察部门成立临时审判辅助事务外包项目监察小组，对外包项目招投标、竞争谈判、外包合同签订、项目运行过程中司法经费的使用进行全程跟踪，必要时对经费使用予以审计，保障经费的正确、合理使用，防止滋生腐败。

3.检查监督阶段的风险防控

检查监督阶段处于 PDCA 质量管理循环的第三阶段，应着重对审判辅助事务外包项目运行效果进行检查过程中可能存在的风险加以防范，如表 4 所示。结合风险等级情况，我们可以从以下几个方面加以防范。

第一，制定评估指标的科学标准。绩效考评一般包括工作业绩指标、工作能力指标及工作态度指标。[①] 科学合理的指标设定应遵循 SMART 原则,除应具备明确性、时效性外,还应具备可衡量性,即用数据表达指标,遵循“能量化则量化,不能量化则质化”的标准。[②] 如表 8 所示。

表 8 审判辅助外包项目评估方法表

评估方法	评估指标	可适用的审判辅助外包项目	适用原因
定量评估法	辅助事务完成数量、质量和效率	信息录入	服务可量化程度较高
		资料转递	
		诉讼引导	
		庭审排期	
		司法送达	
		公告办理	
		扫描归档	
		摄影录像	
		文稿制作	
定性评估法	服务态度、协调能力、服务结果、当事人感受、对审判核心事务辅助作用大小	登记立案	服务可量化程度较低
		诉前调解	
		公证调解	
		司法保全	
		调查取证	
		执行辅助事务	
		新媒体运营	

同时,要注重法院考评和外包服务商考评的互补性,法院应偏重服务效果的考评,而外包服务商应偏重工作人员的能力、态度的考评。此外,要兼顾指标设

① 池永明等:《绩效考核与管理——理论、方法、工具、实务》,人民邮电出版社 2013 年版,第 43 页。

② 朱舟主编:《绩效考核与绩效管理》,中国电力出版社 2014 年版,第 24 页。

定的弹性区间,防止过高而损害外包服务商的积极性,或过低而丧失指标对外包服务商的激励机能。

第二,多种评估结果反馈方式相结合。多种评估结果反馈方式相结合,更有利于推动形成外包项目运行逐步完善的合力。对于外包服务人员履行工作职责中存在的具体问题,要坚持及时反馈原则,可采取口头形式直接反馈至工作人员,督促其纠正,并记录在案。对外包项目运行中存在的诸如廉政、保密、能力等苗头性问题,应坚持提前告知原则,可采取口头形式直接反馈至外包服务商,督促其整改,并记录在案。对发现的问题,定期进行统计分析,形成评估报告,通过与外包服务商召开座谈会的形式予以反馈,并限期整改。外包服务提供商应及时将整改措施、整改结果形成书面材料,交由法院审核。整改效果良好的,可继续合作;整改不力的,可考虑解除合同,并由其承担违约责任。

第三,构建全方位的评估监督体系。法院统一评估审判辅助事务外包项目,不能实现外包的双重目的——服务审判核心事务、服务社会公众,无法满足多维度的服务质效评价。分散评估虽克服了上述缺点,但无法进行整体效果反馈。因此,我们应综合两种评估方法,构建全方位的外包项目质效评估体系。具体而言,审判辅助事务接受者,因对外包服务质量有最直观的感受,且案件质量由其负责,应作为评估的主要主体;辅助事务主要接触对象是当事人,其应作为评估的次要主体;法院作为外包的购买者,对外包项目运行情况具有监督职责,应作为评估的辅助主体。①

4.调控阶段的风险防控

调控阶段处于 PDCA 质量管理循环的最后阶段,是评价前述风险防范制度效果的阶段,是新一轮 PDCA 质量管理循环的开始。

第一,定期评估风险防控效果。由法院内外包项目管理部门牵头,有针对性地组织员额法官、法官助理、书记员对前期风险防控手段及效果开展自查,对其中不利于推动审判核心事务顺利进行的防控措施及时进行更新,将其纳入新一轮 PDCA 质量管理循环体系。

第二,建立外包企业不良名单。对外包项目运行中履职不力的企业,建议由

① 袁晓北、唐达:《省级统管格局下法院购买社会化服务的监管机制构建》,载胡云腾主编:《司法体制综合配套改革与刑事审判问题研究——全国法院第 30 届学术讨论会获奖论文集》,人民法院出版社 2019 年版。

高级法院统一列入外包企业不良名单,在一定期限内不允许其承接法院的外包项目。健全外包企业不良名单共享机制,实时将相关数据与其他法院或部门信息共享,以提高外包企业服务的质量和效率。期限届满后,其自动从不良名单撤销,但在承接法院外包项目时,应由法院进行更为严格的审查。

四、结语

审判辅助事务外包作为司法改革的任务之一,其在提高审判效率、破解人案矛盾等方面的成效已逐步显现,但由于属于新生事物,要通过改革实践深入探知所蕴藏的风险,不断完善风险防控措施。本文基于 PDCA 质量管理循环理论,初步构建了审判辅助事务外包的风险防范机制,以期对改革实践有所裨益。

检察支持起诉的实证研究
——以 2019 年度 1175 份民事文书为中心展开

太　昊*

摘要：在向当事人主义模式转型与修正并存的动向下，检察支持起诉在我国民事诉讼中存在应然必要性，亦在近年司法实践中呈复兴态势，但始终缺乏一套统一的规范制度。以 2019 年度 1175 份民事文书的数据梳理、类型分析为切入点，我国的检察机关支持起诉案件呈现出案由涵盖面广、对象复杂多样、纠纷基层解决等特点，也从中折射出对象口径不合、方式较为随意、文书不够规范等问题。围绕确立统一的标准与规范制度的基础，继续完善检察支持起诉的实操性问题，确有必要。检察支持起诉对象应限于社会公共利益和弱势群体特殊利益；启动上应以当事人申请为标准，辅之以检察机关的必要释明；支持起诉应局限于一审范围内；简易程序案件，检察机关可不必出庭，出庭案件，应对检察机关的参与庭审活动有所限制；规范检察支持起诉案件裁判文书的说理性；促进支持起诉与相关配套制度的完善与接轨。

关键词：支持起诉；人民检察院；民事诉讼

一、检察支持起诉现状：必要性凸显与统一规范缺位的错置

“支持起诉”在我国民事诉讼法律规范中是一项自 1982 年《民事诉讼法》试行伊始时既已存在的“古老”原则①，是对苏联社会干预制度②借鉴吸收下的产物。

---

* 作者系北京市第一中级人民法院法官助理，法学硕士。

① 1982 年《中华人民共和国民事诉讼法（试行）》第 13 条：“机关、团体、企业事业单位对损害国家、集体或者个人民事权益的行为，可以支持受损害的单位或者个人向人民法院起诉。”

② 陈刚：《支持起诉原则的法理及实践意义再认识》，载《法学研究》2015 年第 5 期。

当前,检察机关可以对民事案件支持起诉业已成为实践共识,且该类案件在全部支持起诉案件中占重要地位。

支持起诉是职权主义民事诉讼模式下的特殊产物,但与目前的民事诉讼理论趋势并不冲突,甚至有相当程度的吻合。我国立法对诉讼模式的取向嬗变在不到40年里经历了传统大陆法系国家的长久过程,从苏联模式下的职权主义,向当事人主义进行过渡,并同时对传统意义上的自由当事人主义进行修正,在德、日等国被作为协动主义标志的不少制度在我国都得到了落实。[①] 随着该过程的深入,完全自由当事人主义的缺陷在司法实践中被不断放大:其一,自由当事人主义严重依赖诉讼解决纠纷的社会共识,在共识未普遍确立的社会背景中或与"接近审判"[②]的理念相冲突。随着法治社会的不断发展,我国着重培养的法治文化及多元化纠纷解决机制可谓成效显著,但植根已久的厌讼心理仍普遍存在,民众对诉权的基本认知仍处于构建阶段。其二,当事人主义诉讼模式的特点,天然地要求当事人双方对自己的诉讼权利义务具有平等的处分机会。[③] 这在我国目前民事审判背景下难以成为现实,部分案件的当事人在对处分权的认知、选择、操作上存在肉眼可见的失衡,诉讼权利平等原则在个案中可能成了一纸空谈。其三,当事人主义模式往往通过专业律师代理制度甚至强制代理制度、充分的法律援助制度消除诉讼地位的实质不平等,但这种"以私救私"的救济理念难以给予法律从业者动力,因而在推行过程中往往遇阻[④],我国亦然。此时,适当社会干预的必要性逐渐成为普遍认知,而检察支持起诉的目的即通过适当的社会干预,消弭民事诉讼中当事人实质上的不平等,且这种社会干预因检察院本身在公权力中的角色定位,较其他类型的社会干预力度更强、效果更明显。在法律援助制度不发达、社会公共资源不丰富的社会现状下,以检察支持起诉为追求接近实质正义、帮扶弱势群体的缓冲,具有积极效应。

实践层面,近年来检察支持起诉的民事案件确有适用次数愈发频繁、范围逐渐扩大的趋势。2014年《最高人民检察院工作报告》中提到"对19021件侵

---

① 许可:《论当事人主义诉讼模式在我国法上的新进展》,载《当代法学》2016年第3期。

② [日]新堂幸司:《新民事诉讼法》,林剑锋译,法律出版社2008年版,第27页。

③ 刘哲玮:《论民事诉讼模式理论的方法论意义及其运用》,载《当代法学》2016年第3期。

④ [英]阿德里安·A.S.朱克曼主编:《危机中的民事司法——民事诉讼程序的比较视角》,傅郁林等译,中国政法大学出版社2005年版,第32~37页。

害国家和社会公共利益、侵害困难群体合法权益的民事案件，支持受害单位和个人起诉”。之后，支持起诉案件总数未出现在报告中。可以查询到的数据是最高人民检察院在2017—2019年三个年度工作报告中提到的帮助农民工支持起诉案件数量分别为3785、5566、11054件，增长趋势可见一斑。值得注意的是，“裁判文书网”中在2010—2019年十年间相关文书的数量亦存在飞跃式的增长。

图1　“裁判文书网”中关键词为“支持起诉”“检察院”的民事文书数量变化

无论是在理论基础还是现实动向方面，检察支持起诉在目前我国司法语境下正在以新的姿态焕发活力，这项古老原则在民事诉讼制度体系中的必要性愈发凸显。但与实务中如火如荼的形势不相匹配的是，现行立法中除现行《中华人民共和国民事诉讼法》(下简称《民事诉讼法》)第15条的原则性规定外，对检察支持起诉案件有明文规定的中央法规及司法解释可谓乏善可陈：2000年最高人民检察院在《关于强化检察职能，保护国有资产的通知(讨论件)》中提出检察机关要对保护国有资产案件依法支持起诉；2006年颁布的《最高人民检察院关于检察机关为社会主义新农村建设服务的意见》中提到“积极探索对侵害农民工等弱势群体利益的案件支持起诉的做法”；2012年《最高人民检察院关于民事行政检察工作情况的报告》中提到“探索开展支持起诉工作，加强对妇女儿童、进城务工人员、下岗失业人员、残疾人等合法权益的司法保护”；2017年修改的《民事诉讼法》第55条规定了检察机关有权在机关、组织提起公益诉讼时支持起诉，但在

2018 年《关于检察公益诉讼案件适用法律若干问题的解释》中,对支持起诉则未再提及;2019 年两高在内的 12 部门合发《关于进一步加强事实无人抚养儿童保障工作的意见》中规定“人民检察院应当对涉及儿童权益的民事诉讼活动进行监督,必要时可以支持起诉维护合法权益”。不难看出,这些规范制度或是仅针对某类案件、某种群体特定利益的保护,或过于笼统,实际操作性有限,并未形成一个完整的制度体系,缺乏对各类支持起诉案件办理中的普遍规范意义。这种“错位”似乎与民事诉讼立法层面在向当事人主义模式的转变的趋势下,仍持“检察机关尽可能少参与民事诉讼”的认知不无关系,或许并未关注到“藩篱之下,已生虫蠹”的现状,继而导致与检察支持起诉相匹配的顶层制度构架、规范设计难称合理完善。

在此现状的基础上,检察支持起诉案件在全国各地法院、检察院的实践操作中呈现何种状态、何种特点,存在何种问题,这些问题可通过何种规范技术加以完善,均值得思考和探讨。鉴于此,带着上述预设,笔者通过“裁判文书网”,以“支持起诉”“检察院”为关键词,整理出 2019 年度与检察支持起诉相关的 1175 份各类民事文书,[①]并试图以统一规范体系的构建为基本思路,以文书样本为突破口,对目前的司法实践展开研究。

二、检察支持起诉文书样本数据梳理归纳

关于 1175 份文书的数据,笔者采用两种方式进行梳理:其一是对数据的基础性归纳,即文书上有明显显示的民事诉讼文书统计共通要素,如文书类型、案由等;其二是对数据的特性化归纳,即某些文书上并无明显显示,亦非传统民事诉讼文书统计的基本要素,但体现出检察支持起诉案件特殊性,对本研究有所助益的要素,如支持起诉对象、支持方式等。

(一)数据基础性归纳

全部有效样本中,以文书类型为要素划分,共有判决 899 份,裁定 258 份,支付令 18 份。从审级层面进行观察,一审判决 859 份、裁定 237 份,二审判决 40

① 需要说明:选择前述两则关键词是基于以“检察院”为索引可以更精准地指向文书内容,避免遗漏;2019 年度是指文书上载明的落成日期在 2019 年内;1175 份有效样本文书是笔者依次筛选关联性不大的样本后得出的数据。鉴于样本数量较大,在精确度上或有些许偏差,但不影响这些文书样本的可参考性。

份，裁定 11 份，另有再审申请裁定 10 份；基层人民法院审理的案件共 1104 份，中级人民法院审理的案件共 53 份，2 份文书为中院一审案件。

以案由为要素划分，全部样本文书共牵涉 9 类一级案由，50 类子案由。一级案由下，人格权纠纷共 3 份，婚姻家庭纠纷共 18 份，物权纠纷共 4 份，合同、无因管理、不当得利纠纷共 511 份，知识产权与竞争纠纷 96 份，劳动争议、人事争议共 451 份，与公司、证券、保险、票据等有关的民事纠纷共 4 份，侵权责任纠纷共 50 份，适用特殊程序案件共 38 份。

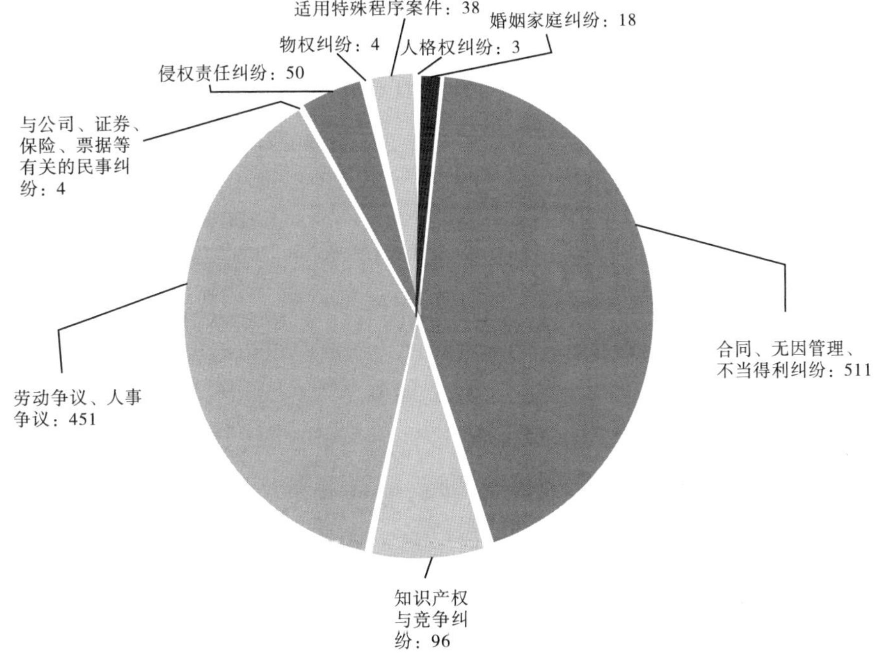

图 2　检察支持起诉文书一级案由分布

样本文书中更为详尽的子案由分布见下表[①]：

① 基于各文书案由确定尺度或有不一致的情况，为行文清晰，本文仅在一级案由基础上进行分类，再指向到文书表述中明确的案由，以文书表述为准，二、三、四级案由不再详细区分。

表 1　检察支持起诉文书子案由分布

一级案由	子案由	数量
人格权纠纷	生命权、健康权、身体权纠纷	3
婚姻家庭纠纷	变更抚养关系纠纷	1
	抚养费纠纷	1
	监护权纠纷	1
	赡养纠纷	15
物权纠纷	财产损害赔偿纠纷	1
	排除妨害纠纷	2
	共有物分割纠纷	1
合同、无因管理、不当得利纠纷	合同纠纷	3
	确认合同无效纠纷	3
	建设用地使用权出让合同纠纷	2
	房屋买卖合同纠纷	1
	商品房销售合同纠纷	3
	销售服务合同纠纷	1
	赠与合同纠纷	1
	借款合同纠纷	1
	金融借款合同纠纷	23
	民间借贷纠纷	22
	信用卡纠纷	8
	租赁合同纠纷	13
	土地租赁合同纠纷	136
	房屋租赁合同纠纷	2
	公路旅客运输合同纠纷	1
	公路货物运输合同纠纷	3
	种植、养殖回收合同纠纷	18
	土地承包经营权转包合同纠纷	3
	土地承包经营权出租合同纠纷	69
	劳务合同纠纷	189
	追偿权纠纷	8
	不当得利纠纷	1
知识产权与竞争纠纷	著作权权属、侵权纠纷	11
	侵害作品放映权纠纷	83
	侵害商标权纠纷	2
劳动争议、人事争议	劳动争议纠纷	232
	追索劳动报酬纠纷	212
	经济补偿金纠纷	7
与公司、证券、保险、票据等有关的民事纠纷	保险纠纷	1
	财产保险合同纠纷	1
	人身保险合同纠纷	2
侵权责任纠纷	提供劳务者受害责任纠纷	8
	机动车交通事故责任纠纷	39
	环境污染责任纠纷	2
	饲养动物损害责任纠纷	1
适用特殊程序案件	申请宣告公民失踪	2
	申请宣告公民无民事行为能力	1
	申请确定监护人	1
	申请变更监护人	1
	申请撤销监护人资格	12
	申请支付令	18
	申请保全案件	3
总计		1175

以文书裁判结果为要素划分，899 份判决中，在实体上驳回诉讼请求的有 9 份，全部或部分支持诉讼请求、特殊程序申请的有 890 份[①]；258 份裁定中，裁定保全的有 3 份，裁定确认调解协议的有 20 份[②]，裁定发回重审的有 1 份，裁定驳回再审申请的有 10 份，裁定按撤诉处理的有 8 份，裁定准许撤诉的有 216 份；准许发出支付令的有 18 份。

（二）数据特性化归纳

以检察机关支持对象主体为要素划分，以《中华人民共和国民法总则》（下简称《民法总则》）明文规定的民事主体为依据，主体为自然人的有 949 份；为农村承包经营户的有 72 份；为法人的有 154 份，其中营利法人 42 份，非营利法人 105 份，特别法人 7 份，详见下图：

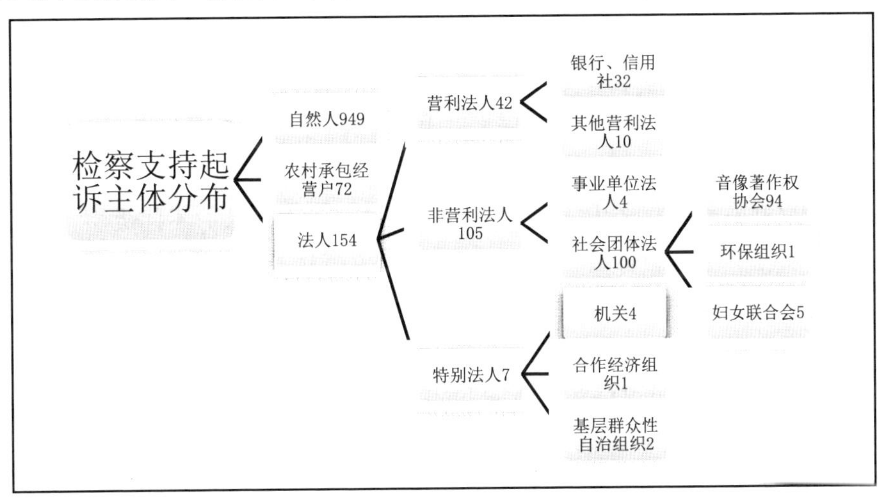

图 3　检察支持起诉主体分布图

因裁定在文书样式上存在简化某些要素的特点，我们就以下两部分提到的要素仅对判决进行归纳。以检察机关支持方式为要素划分，899 份判决中，文书中有明确表述检察机关出庭参加诉讼的有 137 份，没有该表述的有 762 份。其

① 从实质上的裁判结果角度看，实体上的驳回或支持诉讼请求、特殊程序申请是指一审检察支持起诉的请求是否得到全部支持。二审程序中维持原判、变更或撤销某判项、改判的复杂现象亦以一审请求为参照。

② 本案案由并未被划归为特殊程序案件，而是追索劳动报酬纠纷。

中,有极少数文书存在“某某检察院向本院提交支持起诉书”之类表述,绝大多数文书仅列明检察院为“支持起诉人”或“支持起诉机关”的主体地位,笔者倾向于上述两种情况皆为检察机关未出庭参加诉讼。此外,全部裁定均无法体现检察机关是否出庭,支付令则因其程序性质可确定检察机关未出庭。

以文书中是否载明检察机关支持起诉的理由为要素划分,899 份判决中体现出三种情况:第一种是未对支持起诉理由有任何记载,共有 790 份文书;第二种是有“支持起诉人称”的部分,但该部分内容仅载明类似诉讼请求的内容,约等于复述或评价支持对象的诉讼请求,以此为理由决定支持起诉,共有 87 份文书;第三种是文书载明支持起诉的理由,即检察院依据《民事诉讼法》认定国家、集体或者个人民事权益遭到何种损害,为何支持受损害主体起诉等表述,共有 22 份文书。

三、样本数据下检察支持起诉案件类型化分析

在文书样本及数据归纳的支撑下,我们可以《民事诉讼法》第 15 条规定的“民事权益(利益)”[①]为指引,分析出我国检察支持起诉案件的不同类型,其分为以下三种类型共 243 组诉讼:

(一)国家、社会公共利益型支持起诉

在理论层面,国家利益、社会公共利益存在错综复杂的交织,学说观点亦是众说纷纭。[②] 但在我国现行立法语境下,国家利益、社会公共利益在法律条文中呈并列状态,二者尚不能混同[③]。鉴于《民事诉讼法》对国家利益、社会公益的支持起诉是分散式表述,但二者具有共通性,故在此将二者合并梳理。关于国家利益型支持起诉,全部样本文书中,明确记载或虽无明确记载但有足够理由推定为

---

① 《民事诉讼法》第 15 条关于支持起诉的法律条文中采用“民事权益”的表述,在此沿用,下文中的“权益”与“利益”将不再区分。

② 有观点认为“基于公共信托理论,国家利益通常被纳入广义的社会公共利益”。肖建国:《利益交错中的环境公益诉讼原理》,载《中国人民大学学报》2016 年第 2 期。也有观点认为,国家利益应与社会公共利益相区隔。颜运秋:《公益诉讼法律制度研究》,法律出版社 2008 年版,第 26 页。

③ 如《最高人民法院最高人民检察院关于检察公益诉讼案件适用法律若干问题的解释》第 2 条规定:……维护国家利益和社会公共利益,督促适格主体依法行使公益诉权,促进依法行政、严格执法。

国家利益支持起诉的有 16 份，其中机关或国资公司起诉追回流失国有资产等国家利益的有 11 份，事业单位起诉自然人拖欠国有公租房租金的有 1 份，保险公司起诉追偿道路救助基金的有 4 份(原告同一)。为社会公共利益支持起诉的有 2 份，均为环境污染公益诉讼，支持对象分别为环保组织和环保机关。综上，该类型共有 14 组诉讼。

(二)多数民事主体利益型支持起诉

多数民事主体是指支持起诉的对象为多数民事主体，即主体数量为两个以上，且非必要共同诉讼样态的情形，对应《民事诉讼法》第 15 条规定的集体利益、个人利益复数下的情形。在文书样本中，基于个案中的标准不一，它既有一份文书中多个原告的表现，也有多份文书中多个原告、同一被告的表现。前者有 11 份文书、主体数量为 136；后者有 867 份文书，可基于同种诉讼标的，且若干原告同时起诉同一被告的情形整理成 69 组。其中，有 10 组还可依照判决、裁定的同案性合并为 5 组。这些案件均为多人同时起诉、诉讼标的是同一种类的群体案件，如有部分原告申请撤诉被裁定准许的情形亦为 1 组。[①] 最终，多份文书样本可整合成 64 组诉讼，共计为 75 组诉讼，878 份文书，占全部文书样本的 74.7%；主体数量总计 1003，均为自然人。按照主体数量的阶梯分布，可以 2 人为起点分为 6 个区间，文书样本在各个区间都有分布，自“3～5 人”区间，样本数量开始明显增多，“20～49 人”区间开始明显减少，详见下表：

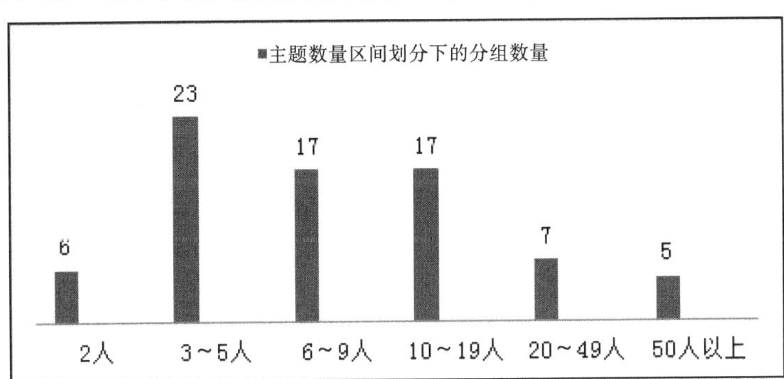

图 4 多数民事主体利益型支持起诉主体数量分布

① 如《(2019)鲁 1103 民初 3338 号民事判决书》等 39 份判决与《(2019)鲁 1103 民初 2060 号民事裁定书》等 20 份裁定，实为一组诉讼。

以前述75组为划分依据，样本主要集中于以下纠纷情形：涉及不动产租赁的有2组，主体数量为150人；涉及土地承包经营权的有2组，主体数量为72人，涉及商品房买卖的有1组，主体数量为4人，涉及公路货物运输的有1组，主体数量为3人，涉及国有企业退休职工福利补偿款的有1组，主体数量为14人，涉及农产品买卖的有2组，主体数量为75人，其余69组均与劳动争议、追索劳动报酬、劳务合同相关，主体数量为685人。

(三)单一民事主体利益型支持起诉

与前文相对应，单一民事主体利益是指主体数量原则上为单一或属于必要共同诉讼的样态，对应《民事诉讼法》第15条个人利益单数下的情形。其共计279份文书样本。其中单一民事主体起诉同一被告的有144份；起诉多名被告的有10组诉讼，135份。关于前者，除基数庞大的劳动劳务纠纷外，机动车道交侵权、未成年人监护纠纷与特殊程序申请、赡养纠纷亦占较大比例；关于后者，以支持银行、信用社或音像著作权协会诉多名被告为主。

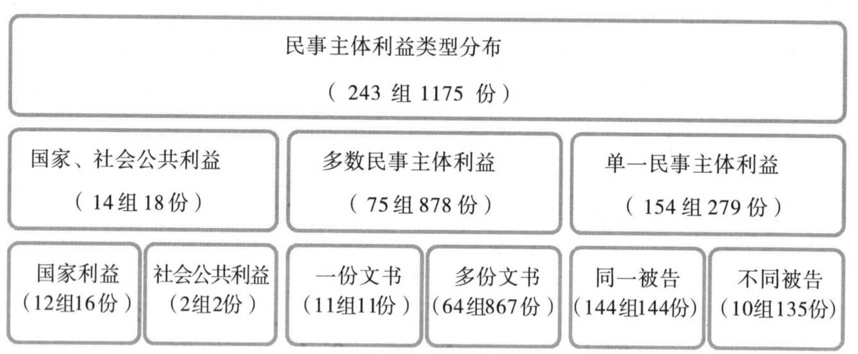

图5 民事主体利益类型分布图

通过前述两部分的归纳分析，我国检察支持起诉案件在司法实践中呈现出以下特点：首先，从诉讼标的的角度观察，支持起诉的案件类型复杂多样，涵盖传统民事案件领域的各方面，其中与劳动劳务相关的案件占大多数。其次，从支持对象角度观察，检察机关支持的对象多为传统意义上的社会弱势群体，既有单独诉讼，亦有共同诉讼，还有较大规模的群体诉讼；裁判结果上，法院对案件诉讼请求的支持率较高，驳回诉讼请求的案件极少。最后，从程序角度观察，案件基本解决在基层人民法院一审程序，上诉率较低；检察机关出庭的案件较少。

四、检察支持起诉案件司法实践问题阐述

对检察支持起诉案件，各地纷纷在实践中为支持起诉的适用提供创新试点，或以其他改革试点为驱动推进支持起诉的具体适用。但在统一规范缺位、基础尺度并不明朗的现状下，这种“多点开花”的副作用存在着被放大的风险，继而衍生出以下问题：

（一）支持“热度”冷热不均与支持对象口径不合

检察支持起诉在实务中的“热度”存在较为严重的地域倾斜。全部样本文书共分布于22个省级行政区域，过百份文书的有江苏、安徽、湖南、重庆、四川五个省级区域，共计834份文书，占全部样本文书中的71.0%，其余17个省级行政区域的样本仅占29%。上述区域多出台了检察支持起诉的细节性指导规范，如安徽省人民检察院《关于办理支持起诉案件的指导意见》、西昌铁路运输检察院、西昌铁路运输法院《关于进一步发挥民行检察职能作用的实施意见（试行）》①等。

虽然《民事诉讼法》第15条持开放性表述，但由前文的条陈可总结出，中央立法层面列举的检察支持起诉情形主要包括维护国有资产利益，社会公益，妇女儿童、进城务工人员、下岗失业人员、残疾人利益。当然，我们还可以将实务中普遍承认的贫困农民、贫困户等弱势群体利益纳入其中。但将个案与个案、类案与类案比较，确存在支持起诉对象口径不合的情形。第一种是地域间口径不合。地方通过出台规范性文件，扩大支持起诉的案件类型范围，如规定检察机关支持起诉的知识产权案件②。第二种是个案尺度不一。检察机关就某例当地特定事件支持起诉，这种支持起诉的“维稳”意图较为明显。如12位自然人将商铺租给某市场经营管理有限公司，请求支付拖欠租金的案件，再如59名公司职工、管理人员请求公司解除劳动关系、支付拖欠工资的劳动争议案件，商铺出租人和公司管理人员难以被界定为传统意义上的弱势群体。第三种是支持相对“强势”一方

① 此外，在重庆市人民检察院《关于充分履行检察职能促进“一小时经济圈”建设的意见》、中共重庆市委《关于加强社会主义民主法治有关问题的决定》等规范性文件中也有对检察支持起诉的具体规定。

② 详见2011年颁布的《江苏省人民检察院关于充分发挥检察职能加强知识产权司法保护的意见》、2013年颁布的《江阴市人民政府办公室关于成立江阴市创建国家知识产权示范城市领导小组及明确其职责的通知》。96份知识产权案件样本全部来源于江苏省。

起诉，且与国家、社会公共利益并无关联，如支持银行、信用社向个人起诉给付欠款的案件[①]。第四种是对国家利益的片面扩大，且支持对象疑似并未穷尽行政管理手段，如国有企业起诉自然人占用土地，请求排除妨害[②]。

(二)实践应用上存在较强的恣意性

1.支持启动上的恣意

从存在清晰表述的文书样本及相关报道中，支持起诉的启动诱因可大致归结为以下三类：第一类是“由刑引民”类型，由办理刑事案件引出依职权决定支持起诉民事案件。如某国土所副所长在拆迁安置项目中犯玩忽职守罪、受贿罪，导致国家利益损失，检察机关支持起诉返还拆迁补偿款；某企业法定代表人被认定为拒不支付劳动报酬罪，在民事案件中被检察院支持起诉连带赔偿责任。[③] 第二类是依照当事人申请类型。如当事人“向某检察院提交支持起诉申请书”[④]；“15 名农民工向某检察院寻求帮助，申请检察机关支持起诉”[⑤]。第三类是在履行检察监督等其他职能中，主动发现可以支持起诉的民事案件。如“依法监督一起民间借贷纠纷案并支持当事人提起抚养费之诉”[⑥]；在调研工作中得知受灾农户得不到保险理赔的线索[⑦]。实践中，检察机关支持起诉的启动在个案中凸显出启动恣意的状态：同一工程项目中不同的农民工，在某地被支持起诉，在某地则未被支持起诉；与同一农产品合作社发生纠纷的农民，提供劳务的被支持起诉，而买卖农作物原料的则未被支持起诉；同样是申请撤销监护人资格，在某地

---

① 如《(2019)冀 0481 民初 3154 号民事判决书》《(2019)苏 0591 民初 9489 号民事判决书》。

② 详见《(2019)黔 2324 民初 141 号民事判决书》。

③ 详见《(2019)苏 12 民终 1672 号民事判决书》《(2019)苏 0582 民初 14687 号民事判决书》等 12 份文书。

④ 详见《(2019)皖 02 民终 1478 号民事判决书》。

⑤ 刘德华、宋小睿、肖蓉：《四川南江：支持起诉 帮助农民工讨回 85.9 万元工资》，载《检察日报》2019 年 5 月 17 日第 2 版。

⑥ 匡雪、高忠祥、王红梅：《母子三人的生活有了保障，山东武城：依法监督一起民间借贷纠纷案并支持当事人提起抚养费之诉》，载《检察日报》2019 年 9 月 26 日第 4 版。

⑦ 刘立新、胡天翔、井海燕：《河南遂平：支持受灾农户起诉获保险理赔》，https://www.spp.gov.cn，访问日期：2020 年 2 月 17 日。

依职权支持起诉,在某地则依当事人申请支持起诉[①]。缺乏统一标准、过于随意性的启动可能会成为实务应用混乱的温床。

2.支持方式与程序上的恣意

除最高人民法院在民事文书样式中明确提交的《支持起诉意见书》外,检察支持起诉的方式主要包括精神支持、调查取证、制作谈话笔录、出庭发表检察意见等[②]。但实践中,各地检察机关在办理支持起诉案件时对案件的介入程度各不相同[③]。有的案件,检察机关将制作的《调查笔录》《谈话笔录》作为证据出示[④],有的则没有《调查笔录》等相关证据的记载。在是否出庭参与庭审方面,有的检察机关仅仅向法院提交《支持起诉意见书》,有的检察机关会出庭支持起诉[⑤],法院对检察机关是否需出庭的态度亦往往模棱两可。

文书样本中,有检察机关在当事人申请的支持起诉程序中开展诉前调解的情形。这起 7 名自然人申请支付劳务报酬的案件中,调解协议书中载明"由人民检察院监督执行;到期未履行,人民检察院将依法支持起诉的表述"[⑥]。有观点认为,检察机关在办理支持起诉案件中应遵循"支持和解"原则,且应以和解为优先[⑦]。这种做法固然是对开展多元化纠纷解决机制、促进纠纷解决的回应,但亦存在程序正当性、协议效力难以界定的问题。

---

① 以上三则例证。第一则详见《(2019)闽 0623 民初 1267 号民事判决书》《(2019)闽 0205 民初 282 号民事判决书》。当然,这并不排除案情不同,部分农民工申请检察支持起诉,部分农民工自行起诉的可能。第二则详见《(2019)川 0811 民初 125 号民事判决书》等 11 份文书,《(2019)川 0811 民初 1224 号民事判决书》等 3 份文书。第三则详见《(2019)渝 0104 民特 8 号民事判决书》《(2019)浙 0481 民特 1490 号民事判决书》。

② 除样本文书外,另参见宋朝武主编:《民事诉讼法学》,中国政法大学出版社 2018 年版,第 81 页;顾问、金晨曦:《检察机关支持起诉制度之构建》,载《法学杂志》2008 年第 4 期。

③ 李德恩:《接近司法视阈下检察机关支持起诉的体制建构》,载《法治研究》2016 年第 1 期。

④ 如《(2019)云 2923 民初 1151 号民事判决书》,另参见岳红革、强米:《陕西西安临潼区:支持起诉后欠薪者当庭支付拖欠工资》,https://www.spp.gov.cn,访问日期:2020 年 2 月 17 日。

⑤ 韩静茹:《社会治理型民事检察制度初探——实践、规范、理论的交错视角》,载《当代法学》2014 年第 5 期。

⑥ 详见《(2019)鲁 1083 民初 42 号民事判决书》等 7 份文书。

⑦ 陈昊博:《简述检察机关支持起诉中的支持和解原则》,载《法学论坛》2014 年第 5 期。

在程序方面,存在检察机关在案件进入诉讼程序后再行作为支持起诉人参加诉讼的情形,亦存在检察机关"支持反诉""支持上诉"①的非常规操作。此外,从文书样本观察到,原审被告上诉的二审程序中,检察机关是否继续支持起诉在个案中标准不一:在40份二审样本文书中,有7份原审被告上诉的文书载明了检察机关在二审程序中的检察意见,这些案件均为原审被告不服一审判决而上诉,检察机关出庭参加庭审,主张一审结果合法正确②。有16份原审被告上诉的文书并未载明检察机关在二审程序中的意见。

(三)文书说理性不足且个别表述不严谨

检察支持起诉案件本身较为特殊,检察机关在个案中的诉讼主体地位相对独立,这需要在司法产品的说理方面更加谨慎。遗憾的是,从宏观状态下的文书本身观察,大多数文书样本除了仅在诉讼主体上列明支持起诉检察机关的诉讼地位之外,再与普通民事文书并无太大区分,呈现出较为严重的同质化特征。如前文数据归纳所述,全部样本判决中,绝大多数没有对检察机关支持起诉的理由有任何记载,占比达87.9%。有记载的文书中,凭文书本身则可以清晰地知晓检察机关基于何种考量、何种目的、欲达到何种效果支持起诉的文书③仅22份,占比仅有2.4%,甚至仅有约20份文书存在"依据《民事诉讼法》第15条,决定支持起诉"的类似表述。法院在文书中对支持起诉意见有回应的更是寥寥无几。

另需提及,个别文书的表述存在瑕疵,这主要集中在二审文书与再审申请文书中的诉讼地位列明不清晰。二审文书中,大部分沿用了"支持起诉人"或"支持起诉机关"的表述,在下文亦没有检察意见的情况下,这样的表述无疑容易令人困惑于检察机关在二审程序中是否支持上诉、是否在二审程序中有新的意见,再审申请裁定亦然。虽然大部分文书可以结合原审原诉讼地位、裁判结果推知检察机关的态度,这样易混淆的表述仍有不严谨之嫌。

---

① 徐清、徐德高:《检察机关支持起诉面临的困境分析》,载《人民检察》2007年第20期。需说明,笔者未在文书样本中发现明显的"支持反诉""支持上诉"情形。

② 如《(2019)湘31民终1435号民事判决书》。

③ 如《(2019)新2701民初1691号民事判决书》中所载支持起诉意见的部分:吴某某,年满60周岁,系老年人,且家中有病人需要长期治疗,经济困难,法律知识有限,保证老年人的合法权益是全社会的共同责任。根据《中华人民共和国合同法》第60条第1款,"当事人应当按照约定全面履行自己的义务"。因此,检察机关依据《中华人民共和国民事诉讼法》第15条规定,本院决定支持起诉。

五、检察支持起诉规范性制度构建设想

前文中的样本分析、问题阐述无不指向对一套统一规范性制度的需求，这也是当下检察支持起诉原则在实践运用中最为迫切的呼吁。结合前文的论证结果，这套统一规范需要着眼于以下几方面问题：

(一)支持起诉对象的锚定

按照立法用语的沿革及实践中达成的共识，以民事利益为标准界定检察支持起诉的对象是较为可行的路径。关键问题在于尽可能地划出“民事利益”这个抽象概念的边界，使其摒弃现行第 15 条本身存在的缺陷，从而具有更强的可适用性。

1.国家利益

从目前的法律规定来看，我国在国有财产保护、国有土地使用权出让等国家利益领域更倾向于采用“行政监管前置—检察建议督促履责—提起行政公益诉讼”的模式，大力推动行政履责，不履责即提起行政公益诉讼，对民事支持起诉在立法上处于“冷态势”。另外，随着国有企业改制的深入，政府购买公共服务的扩大，监察体制的完善，反腐力度的空前加强，现在已不再是 20 年前那个对国有资产流失缺乏监管、怠于起诉的社会环境。因此，我们似乎暂时无须再从检察机关角度特别规定国家利益层面的支持起诉。

2.社会公共利益

对于社会公益，我国目前采用的是公益诉讼与支持起诉并举的立法模式。但在实务上，随着公益诉讼制度体系的不断完善，我国实际处于从支持起诉模式逐渐向公益诉讼模式过渡的转型期①。至于《民事诉讼法》第 55 条对社会公益支持起诉的保留，似乎更倾向于是一种过渡性制度。这似乎与“公益诉讼呈现出公益刑事化”②、多数民事公益诉讼实质上与刑事诉讼挂钩的实践现状，从而使得检察机关在办理公益案件中“接近真实”的天然优势不无关系，再鉴于第 55 条的修改时间距今并不远，笔者倾向于支持暂予保留对社会公益的检察支持起诉。

---

① 钱文杰、方福建：《公益诉讼中检察机关的角色扮演——从“支持起诉”“督促起诉”迈向“直接起诉”》，载《云南大学学报法学版》2015 年第 7 期。此外，样本文书中仅有 2 例为公益诉讼，亦可佐证。

② 胡印富、张霞：《公益诉讼的司法图式及其反思》，载《山东社会科学》2019 年第12 期。

3.类似社会公共利益

顾名思义,类似社会公共利益可总结为在立法、司法中并未被归结成公益,但与“不确定的多数人利益”此类普遍认知有切近之处,而应予以特殊保护的民事利益。有观点认为,“须特殊保护界别”[①]的利益也应当属于公共利益的范畴,此概念虽囿于脱离立法原文的问题,但仍能给予类似社会公益较为明朗的指向。

申言之,“须特殊保护界别”约等于“弱势群体的特殊利益”,可分为以下几个维度:其一是自然意义上的弱势群体特殊利益,即因自然原因在民事纠纷中普遍处于相对弱势的群体,如老年人、未成年人的赡养、抚养、分家析产纠纷,残障人士因自身残障事由的侵权纠纷等。其二是社会标准下的弱势群体特殊利益,即非自然原因,但在我国目前的社会生活中被公认的弱势群体,如农民工讨薪、贫困户农产品买卖等。其三是多数人事件中的弱势群体特殊利益,这需要满足以下要件:(1)形成法律关系的法律事实为多数人事件,一般为三人以上。(2)其中的多数人在本事件中明显处于弱势。(3)事件本身需要一定程度的公共性、公共影响,已形成一种独立的、需特殊保护的利益,但未达到社会公益的程度。如企业濒临破产拖欠职工工资、多数人的商品房买卖纠纷等。具体操作上,我们还需遵守以下几点:(1)适用上应以“前两个维度顺位优先,第三个维度为补充”为原则。(2)不应单纯以群体为界作出“贴标签”“脸谱化”认定,需注意群体特殊利益是以“特殊”为关键的,在个案中进行必要的利益衡量。如未成年人在抚养费纠纷中属弱势,但童星在诉侵犯肖像权纠纷中则并非弱势。(3)上述维度只是提供一种宏观思维方式,在具体适用上或有重合或模糊,对此应综合考虑、个案分析。

结合文书样本,其还存在以下问题亟待厘清:转包承包人(通常是“包工头”)请求给付农民工工资时[②]是否可以支持起诉,此时支持起诉对象是农民工,因此需调查农民工的真实意思及“包工头”基于何种实体权利起诉。个别消费者起诉商家时[③]是否可以支持起诉,此时可以上述维度衡量是否存在特殊利益需要保护,如果存在则可以支持,如果不存在则无须支持。这里需注意个别消费者起诉与消费者公益诉讼在民事利益上的界限区隔。

① 韩波:《公益诉讼制度的力量组合》,载《当代法学》2013年第1期。

② 详见《(2019)湘1126民初4012号民事判决书》。

③ 详见《(2019)湘31民终71号民事判决书》。

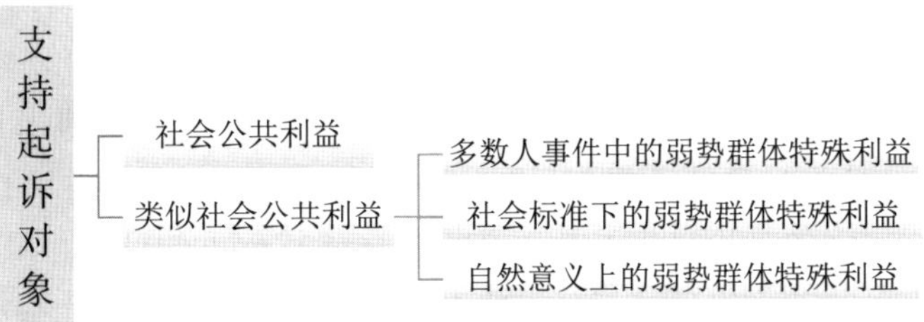

图 6　支持起诉对象图

还需提及的是第 15 条中集体利益的地位。民法上的“集体利益”是我国制度下的特殊产物，大致边界为农村集体经济组织及农村承包经营户享有的民事利益。笔者认为，在理论上，按前文论述，集体利益可为“弱势群体的特殊利益”所吸收，若集体利益的主体属于弱势群体，可适用支持起诉，但如果主体并非弱势，则无须适用；诉讼中，亦面临着原告实际多为自然人的现状，绝大多数法院没有将“农村承包经营户”作为诉讼当事人对待①。在这些考虑下，集体利益已然失去自身的特殊性，无须单独列出。

与社会公益的范围难以界定，目前仍处于结合社会热点问题、域外经验列举式立法一致，类似社会公益的范围亦存在难以精确囊括的特性。目前，我国实践中较为成熟的是对农民工群体特殊利益支持起诉的保护，正在推进的是对未成年人特殊利益支持起诉的保护。在此背景下，以严格限制、杜绝滥用为原则是绝对必要的。

（二）支持起诉启动、方式、程序的架构

1.支持起诉的启动

实务中的情形千姿百态，检察机关因何故发现启动诱因并不紧要，关键在于规整启动中“依职权”或“依申请”的程序乱象。笔者认为，即使在现实中其存在成为“走形式”的可能，按照规范化的要求，所有检察支持起诉的案件均应以当事人提出支持起诉申请为启动程序。如检察机关依职权发现相关线索，则以向当事人释明可以申请支持起诉为宜，若当事人坚持选择不申请，在充分释法说理后应予以尊重。

---

① 魏振华:《农村承包经营户的诉讼主体地位质疑》，载《法治研究》2017 年第 3 期。

2.支持起诉的方式

目前较为成熟的提交《支持起诉意见书》、调查取证、谈话等方式具有可行性,可通过"列举+等"的立法技术予以确认。但需注意,如有当事人自行整理的证据,应与检察机关收集的证据相区隔;遵循民事案件当事人诉讼权利平等原则。目前分歧较大的是检察机关是否必须出庭支持起诉的问题。笔者认为,按照目前最高人民法院对案件繁简分流的大力提倡,简易程序、非讼程序中检察机关可不必出庭①,但仍需要向法院提交意见书和可能存在的其他诉讼资料。一审普通程序中检察机关应派员出庭参与庭审。

关于检察机关是否可以在案件办理中开展调解的问题,笔者认为检察机关可以促成当事人调解(和解),但在现行法下,这种和解协议并无诉讼法上的效力,不能进入确认调解协议程序。对此,检察机关可以敦促当事人即时履行,不能即时履行的,调解笔录可以在之后支持起诉的诉讼中作为证据出示,以便法院能动地开展调解工作。

3.支持起诉的程序及文书规范化

在审级层面,我们应当把检察支持起诉的利益严格限定在一审起诉或特殊程序申请中。一方面,提起上诉、再审均有其特定且独立的程序性利益,检察机关需通过支持起诉保护应限定于实体利益及起诉权的支持,故提起上诉、再审应以当事人独立的意思为准。另一方面,对生效裁判文书,检察机关仍可采取抗诉、检察建议的方式申请再审,片面扩大支持起诉的范围可能会造成与审判监督程序适用的混乱。关于二审中仅原审被告上诉的情形,基于上述观点,笔者认为检察机关亦无须再次发表意见,指引原告主张维持原判即可。

在庭审程序层面,检察机关出庭的案件中,对庭审的参与程度应与其支持起诉人的诉讼地位相符,支持起诉人并非当事人、亦非代理人。庭审中,检察机关参与的庭审活动大致限于以下几方面:宣读《支持起诉意见书》、发表检察意见、对自身调查取证的证据举证质证、接受法庭调查中的询问;如当事人在庭上明确同意由检察机关代为辩论,则可以参与法庭辩论。

裁判文书的规范化与说理性亦很重要。检察支持起诉的案件多以简易程序、小额程序为主,简化论证说理是必要的,但至少应以社会公众可以知悉、接受

① 根据最高人民法院《民事诉讼程序繁简分流改革试点实施办法》的规定,简易程序的适用被进一步扩大,届时,检察机关必要出庭的案件除公益诉讼外微乎其微。

为何本案检察机关参与到诉讼之中、法院对此有何回应为底线，这无疑是这类较为特殊的裁判文书中“可接受性”[①]的重要部分。因此，支持起诉检察机关的地位列明，独立的支持起诉意见及对该意见的回应是文书组成的必要部分，且其不因程序选择上的繁简分流而再行省略。

（三）支持起诉与配套衔接机制的融合

1.法律援助制度

支持起诉与法律援助在实质目的上具有趋同性，都是对自由当事人主义模式的修正。对二者的衔接，地方上已作出若干有益的尝试。如法律援助机构对于符合支持起诉条件的案件，应当及时告知受援人向人民检察院申请支持起诉；人民检察院对于符合法律援助条件的案件，应当及时告知、帮助当事人向法律援助机构申请援助。[②] 以上可供借鉴参考。

2.人民调解制度

前文中提到，检察机关在支持起诉案件办理中开展调解具备实然的价值，但调解结果的法律效力确为问题。对此，我们可考虑衔接支持起诉案件与人民调解制度。检察机关支持起诉中若促成当事人的和解，又并非能即时履行的，可以监督当事人在人民调解组织签订调解协议。如一方不履行，支持起诉对象即可直接启动确认调解协议程序，以此节约司法资源与当事人成本。

3.家事审判制度

随着家事审判改革的不断推进，检察支持起诉亦可探索与家事调解、家事调查[③]等程序的配套接轨。检察机关办理家事案件支持起诉时，可以与特邀调解员、家事调查员协调联动，鼓励其参与到诉前支持起诉案件办理的步骤中。

---

① 最高人民法院在《关于加强和规范裁判文书释法说理的指导意见》中强调，“裁判文书释法说理的目的是通过阐明裁判结论的形成过程和正当性理由，提高裁判的可接受性，实现法律效果和社会效果的有机统一”。

② 详见安徽省人民检察院、安徽省司法厅《关于建立支持起诉与法律援助协作配合工作机制的意见》。

③ 详见最高人民法院《关于进一步深化家事审判方式和工作机制改革的意见（试行）》。

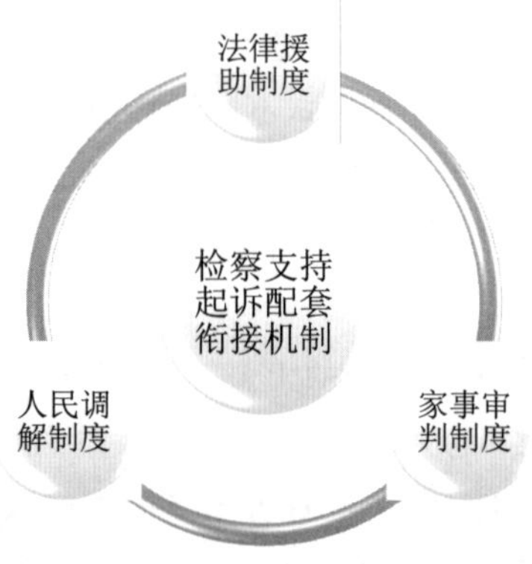

图 7　检察支持起诉配套衔接机制

六、结语

从 1982 年的《民事诉讼法(试行)》到现行法第 15 条,支持起诉原则的立法用语几乎没有变动,难免略显过时。笔者认为,第 15 条的重构性表述可参考采用"弱势群体的特殊权益"的类似用语,不再以国家、集体、个人权益为区分;支持对象可采用"民事主体"或其他与《民法总则》一致的类似表述,不再以自然人、单位、组织为区分。与公益诉讼类似,目前亦可考虑适当纳入列举式表述为前置,可以整合现行法,在"弱势群体的特殊权益"前加入"涉及进城务工人员权益、未成年人权益等"。这样,第 15 条和第 55 条互相呼应,构成了《民事诉讼法》中检察支持起诉原则的基本规定。关于一整套规范体系的问题,包括具体的支持起诉对象、方式、程序等细节性问题,我国可考虑出台相应的司法解释予以解决。

最后,需要补充的是,检察支持起诉在目前的诉讼制度体系下,其积极效用远远大于消极作用。但不应忽视,检察支持起诉在我国民事诉讼体系中既是历史遗留问题,也是对司法现状、社会现状在某种程度上的妥协。检察院支持起诉主体地位的合理性一直因与民事诉讼的平等性构架有实然冲突、检察机关"既当运动员,又当裁判员"等问题备受争议。所幸的是,虽然存在各地尺度不一、程序混乱等问题,但瑕不掩瑜,检察支持起诉在实践应用中,起到了推动接近审判,舒缓当事人主义弊端的积极作用,尤其在个案中起到了弱势群体帮扶的良好社会效果。笔者大胆猜测,在内有司法改革保护弱势群体利益,外有加强法律援助制度的背景下,检察支持起诉终将在这场体制过渡中顺利完成自身的历史使命。

多元化纠纷解决机制的中国实践

——以14家多元化纠纷解决机制改革示范法院为例

陈　睿[*]　刘丹凤[**]

摘要：多元化纠纷解决机制构建是缓解司法压力、构建和谐社会的重要手段，试点实践中出现了多套中国方案，选取在全国法院深入推进多元化纠纷解决机制改革暨示范法院经验交流会上发言的14家多元化纠纷解决机制改革示范法院为样本，分析示范法院是如何构建多元化纠纷解决机制的。将样本法院如何解决"元"从何来的解决途径分为法院居间型、专职常驻型和委托、委派型三大类，在厘清含义、特点、存在的问题、异同及实践效果的基础上，阐明各类型应然状态下的构建要素，归纳多元化纠纷解决机制的中国实践，提出构建中国方案的优化建议，为法院选择解决途径提供参考。

关键词：多元化纠纷解决机制；司法制度改革；中国实践

多元化纠纷解决机制是全民共建工程，应当扎实推进纠纷解决的每个单元自身的建设和完善。① 就法院自身的建设和完善而言，我们应从如何"引进来"和"输出去"两个方向考虑。"引进来"是指引进多元纠纷解决方加入纠纷化解队伍，文中讨论的纠纷特指向法院提交的纠纷，"输出去"主要表现为司法资源下沉。两者相比，在"输出去"方面，法院作为人力、智力、制度等的输出方更具有主动性，而"引进来"则有赖于多元解决方及纠纷主体的参与意愿，直接关系多元化纠纷解决机制改革的成败。

---

* 作者系上海师范大学2019级法学理论专业硕士研究生。

** 作者系安徽省马鞍山市当涂县人民法院员额法官，法学学士。

① 袁珊珊、周林：《多元纠纷化解的理论与实践反思——"软法之治与多元纠纷化解"2017年学术研讨会综述》，载《现代法治研究》2017年第2期。

围绕如何“引进来”,先行法院探索模式多样,方式方法各有千秋,探索效果也参差不齐。在加快多元化纠纷改革实践已成为各家法院的必然选择的今天,加强对示范法院实践的经验总结、如何因地制宜地选择适合本法院的实践模式,成为时下全国法院的迫切现实需求。

关于法院多元化纠纷解决机制的实践总结,多散见于宣传报道,或局限于某一地区的做法、某一解决机制的梳理①,或是从比较域外法、国内地方性立法的角度作立法分析,鲜有对全国示范法院经验做法作抽象概括的②。龙飞教授曾以列举的方式总结了我国法院多元化纠纷解决机制改革的具体措施③,但并未抽象概括分类,也未作与具体措施推行相关的构建要素分析。

从实践角度而言,我国的多元化纠纷解决机制改革经历了 2004 年摸索起步、2008 年初期试点、2012 年扩大试点、2014 年评估试点、再到 2015 年推广示范的发展经历④。鉴于 2017 年多元化纠纷解决机制实践已经进入深入推进阶段,各地方的实践做法日趋完善,2017 年 2 月 16 日全国法院深入推进多元化纠纷解决机制改革暨示范法院经验交流会在安徽省马鞍山市召开,本文选取在该会议上发言的 14 家多元化纠纷解决机制改革示范法院为样本,分析多元化纠纷解决机制的中国实践。

一、样本扫描——14 家示范法院做法分类

从非诉调解组织、个人与法院的法律关系和是否支付对价两个维度,14 家示范法院的做法可以分为三大主要类型。

(一)类型一:法院居间型

法院居间型是指纠纷当事人与专业调解者经法院介绍或直接建立服务合同关系,纠纷当事人向提供服务者支付对价的一种多元纠纷解决机制类型。

---

① 例如:朱旻:《小事不出村　大事不出镇——江苏宿迁法院诉源治理化解矛盾纠纷工作纪实》,载《人民法院报》2019 年 5 月 27 日第 5 版;邢文娟:《人民调解视阈下东莞多元纠纷解决机制研究》,载《中国市场》2019 年第 3 期;浙江省高级人民法院研究课题组:《关于人民调解、行政调解预诉讼程序衔接机制的调查和思考》,载《法治研究》2008 年第 3 期。

② 胡平仁、彭园探:《改革开放四十年来多元化纠纷解决机制的成就、问题及完善对策》,载《湖南行政学院学报》2019 年第 3 期。

③ 龙飞:《论国家治理视角下我国多元化纠纷解决机制建设》,载《法律适用》2015 年第 7 期。

④ 龙飞:《论国家治理视角下我国多元化纠纷解决机制建设》,载《法律适用》2015 年第 7 期。

具体要点有:(1)合同的具体内容自行协商,属于市场化运作。按照双方约定,纠纷当事人支付对价,调解机构提供服务;(2)当事人可以自行启动,与法院的依附程度低;(3)法院将案件“委托”给服务机构,但不参与调解、鉴定过程,不提供具体的调解意见;(4)调解组织分布在知识产权、医疗、证券、保险、房地产、工程承包等高精尖专业领域。这些特点,除法院不向调解服务机构收取介绍费以外,均符合《中华人民共和国合同法》第424条规定的“居间合同是居间人向委托人报告订立合同的机会或者提供订立合同的媒介服务,委托人支付报酬的合同”。法院作为居间人向调解服务机构提供订立调解服务的机会,向其推送待解决的纠纷,交由服务机构与纠纷当事人就调解服务自行协商,但不介入协商内容。

实践中,最典型的代表是北京法院。法院立案后会首先将案件分流给全国首家省一级的、行业性、专业性调解组织的自律性行业协会——北京多元调解发展促进会进行诉前调解。该促进会吸纳、整合调解组织为其会员,负责案件的接收、分配、与法院间的沟通,调解员的培训、认证,制定相应的指引规范。调解流转程序如下图。

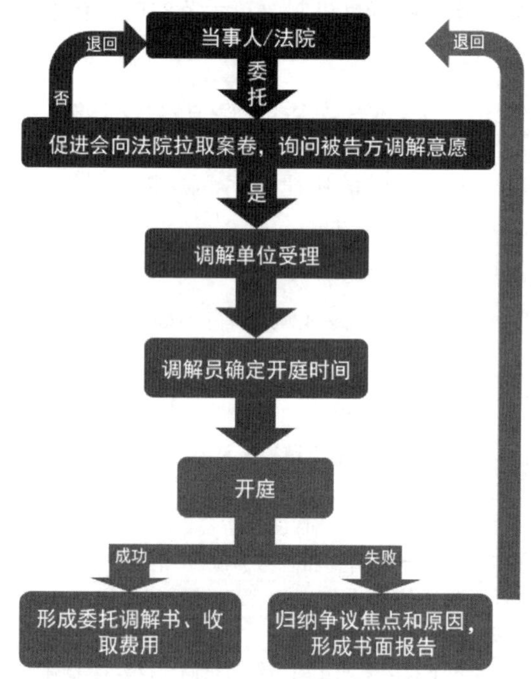

图1　北京多元调解发展促进会调解案件流程

根据当事人向调解主体直接支付费用的特点，本文将河北法院组织当事人购买社会中介组织、行业协会、律师等中立第三方的调解，马鞍山法院诉前试行委托鉴定划归为同一类型。

该模式下，当事人可以较为自由地选取信赖的中立机构、调解员。这客观上增加了非诉讼调解机制本身的吸引力，促进调解服务进入良性双向循环，同时也有利于调解职业共同体的建立，减少调解过程中的司法印迹，加速推进多元共治的大调解时代的到来。

但是这种模式目前仍然存在一定的问题：当事人直接委托非诉讼调解机构的调解效力无法律明文规定，包括诉前共同委托的鉴定机构所出具的鉴定意见效力也无法律规定，无法从法律角度找到这种模式的依托，严重削弱了供方吸引力及需方的购买欲，阻碍多元纠纷体制改革的进程。

(二)类型二：专职常驻型

专职常驻型是指政府、法院通过统一招录的方式，雇佣职业调解员长期入驻法院，从事调解工作的一种多元纠纷解决机制类型。

具体要点有：(1)政府、法院发布招聘条件，公开向社会招聘；(2)专职调解员接受法院、政府的指派从事相关活动，并按约获取相应的报酬；(3)提供劳务的内容是单一的调处纠纷；(4)专职调解员的工作地点固定在法院，自带法院色彩；(5)与调解法官类似，不区分案件的专业进行调解。在调解结效力与诉讼程序的衔接问题上，样本发言稿中未提及。

代表做法是东莞市某法院，该院与辖区司法行政部门合作，通过政府出资、法院培训，向社会公开招录专职人民调解员，再由政府派驻到法院开展工作①。实践中，专职调解员多与员额法官、特邀调解员共同组建多元调解团队，与立案速裁相结合，全面提高纠纷化解成效。在7个招录专职调解员的样本法院中，有5个法院将特邀调解员和专职调解员组合共建调解队伍，其中的河南、杭州、福建多地法院在吸收两种调解员来源的基础上，另实行从优挑选调解员政策，打造以金牌调解员命名的工作室。

法院专职调解员的设置，有利于调解业务的专门化、职业化，能很好解决非诉讼调解组织积极性不高、调解结果不佳的难题。诉前专职调解员是设置法院

---

① 《全国法院深入推进多元化纠纷解决机制改革暨示范法院经验交流会发言材料汇编》，第50页，未公开出版发行，由参会人员各自持有。

附设 ADR 机构,使调解与调解的功能适当分离的举措,符合世界调解发展潮流。

目前存在的问题:一是职业调解员以法律和调解经验为主的知识储备无法应对专业性案件。以推广类型二法院所在省份的专职调解员招聘公告 4 份①为例,对调解员的基本要求是:具备调解能力,有法律专业知识、心理咨询知识或曾就职于公检法等行政单位优先考虑。这足以说明专职调解员的岗位设置多强调法律知识背景和调解经验,对某一类型的专业知识未作要求,使得职业调解员在处理专业类案件时出现知识短板,案件解决的对象集中在普通类案件上。其目前的功能定位是专门从事调解的法律人,与调解法官的履职趋同,不能增强法院专业类案件的处理能力。

二是专职调解员调解结果的效力情况,样本法院没有交代,法律对此也无规定。因专职调解员相当于法院雇员,代表法院从事诉前调解工作,所以其调解结果应与法官作的调解效果相同,即可根据其制作的调解协议,直接制作调解书,无须单独申请司法确认,以减少当事人的诉累和诉前调解执行力的不确定性。这与域外法院附设 ADR 机构的做法相同,即由法官、司法实务官或法院所聘任的调解员来处理纠纷,调解成立的,与民事确定判决具有同一法律效力。②

(三)类型三:委托、委派型

委托、委派型是指法院与行政调解、人民调解、行业调解组织、商事调解组织等非诉讼调解机构或个人通过协商机制,向其委托或委派案件的一种多元纠纷解决机制类型。

具体要点有:(1)其他调解主体系基于与法院间的协商介入纠纷调处,调解成功的概率依赖于参与主体的主观努力程度;(2)除了法院给付较低的费用外,当事人无需向其支付费用;(3)其他调解主体对是否参与调解具有选择性,非其法定义务;(4)调处案件的地点可以在法院内,也可以在法院外;(5)调处的结果因介入案件的时间而不同,分为诉前委派和诉中委托。

① 山东省淄博市高新技术产业开发区人民法院:《淄博高新区人民法院关于招聘特邀调解员的公告》,http://www.chinasydw.org/201812/60823.html,访问时间:2020 年 4 月 29 日。

② 龙飞:《走出"调解"的认识误区》,载《人民法院报》2013 年 7 月 12 日第 6 版。

该类型的现实表现形式多样，如特邀志愿者入驻法院，向特邀调解员、调解组织的委托、委派，诉调对接网络平台协助等。按照非诉调解主体的办公地点，其可以分为驻院调解和院外调解；按照非诉调解主体与当事人间的关系，其可以分为直接利益相关调解和非直接利益相关调解。直接利益相关与否，系根据纠纷的解决是否直接影响调解主体本职事务工作的开展，或者纠纷解决结果是否纳入本职工作考核标准进行划分。保险公司驻法院调解员，既是纠纷的解决方也是纠纷的当事人，属于直接利益相关，而住建委与物业纠纷虽相关但属于非直接利益相关，不具有解决纠纷的紧迫感。在法院诉讼服务中心设置保险公司和解员室的做法，既属于驻院调解也属于直接利益相关调解。

目前存在的问题：协调机制的确立有赖于领导者的协调和决断，调解人员的积极性跟自身利益密切相关，无论是机制的维系还是调解人员的积极性均具有不稳定性，亟待法律在更高的层面协调，规定不同主体的调解职责，并通过绩效考核等方式激励调解员的积极性。

二、样本分析——三种类型对比

（一）三类型外部比较

从表象上看，类型一与类型三中的向调解主体委派类似：两者通常均发生在诉前，调解结果均有待司法确认赋予法律效力，但两者有着明显的区别：即是否需要当事人直接向民间调解组织支付对价。前者需要支付，后者则相反。

类型一与类型三中的向调解主体委托也类似，均系接受法院的“委托”提供调解服务，但两者存在本质区别。类型一中法院充当的角色贴近“中介”。而类型三中的民间调解机构、个人则是依据与法院间的协商机制，接受法院委托提供服务，属于典型的委托与代理关系。经委托成功达成的调解协议，法院审查后直接制作调解书，免去了司法确认环节。

（二）类型三（委托、委派型）内部比较

鉴于类型三的实践种类多样，为明确分析类型三的实践情况，下面特对类型三单独作细化分析。

表 1 样本法院推广类型三的细化统计

类型	序号	实践推广法院	纠纷类型	调解效果	非诉调解主体介入关键词
驻院调解	1	北京			人民调解员
	2	河北			人民陪审员
	3	安徽			特邀调解员
	4	山东	交通、医疗、保险		行政、行业、仲裁、一站式
	5	四川			第三方调解室,律师
	6	辽宁			律师、人民陪审员、法律志愿者、特邀专家
	7	上海	对外贸易、金融、知产、医疗		特邀组织、人民调解员
	8	杭州	家事、商事、知产、网络		特邀组织
	9	福建		成功化解14304件①	特邀调解员、调解工作室、律师、专家
	10	河南			特邀金牌调解员,设工作室
	11	东莞			保险公司和解室、人民调解员、白玉兰家庭服务中心
	12	重庆荣昌			心理辅导室、中立评估机构
	13	云南			特邀调解员、律师

① 《全国法院深入推进多元化纠纷解决机制改革暨示范法院经验交流会发言材料汇编》,第 44 页,未公开出版发行,由参会人员各自持有。

续表

类型	序号	实践推广法院	纠纷类型	调解效果	非诉调解主体介入关键词
院外调解	1	河北	物业、金融、保险、道交		通过平台、备忘录与政府相关部门
	2	安徽			诉调对接相关部门、依托综治平台
	3	山东			律师、综治中心
	4	杭州			综治网络平台
	5	马鞍山			特邀调解员、综治网络平台
	6	福建			网络平台

经分析可知其特点如下：1.驻院调解形式被广泛采用。以上14家法院中有13家实践并推广了驻院调解，采取院外调解的只有6家，北上广作为经济、制度发达地区，三家法院均推广驻院调解方式，且唯一提供了调解成功数据的福建法院系采取入驻的方式。2.院外调解集中表现在综治平台的广泛运用。3.驻院调解的人员身份背景有特殊要求，或与案件有着直接利害关系，或具有特定专业背景，或具有丰富的调解经验。4.相应的驻院调解的案件类型多表现在道路交通、保险、物业、金融、知产等数量大或专业性较强的领域。

结合上述三大类型的外部对比及类型三的内部对比，三种类型的主要异同总结如下图：

表2　三种类型的主要异同对比图

	法院与民间调解者的法律关系	是否支付对价购买服务及支付主体	调解结果的法律地位	调解领域
法院居间型	居间介绍关系	当事人支付	待司法确认后才有强制力；鉴定机构的意见效力无法律明文规定	专业化、精细化

续表

	法院与民间调解者的法律关系	是否支付对价购买服务及支付主体	调解结果的法律地位	调解领域
专职常驻型	雇佣关系	法院支付	未交待,理论上可直接制作调解书	大量普通案件
委托、委派型	委托关系和居间关系	基本不支付	直接据此制作调解书或者待司法确认	量大或者专业

(三)实践效果差异及原因

实践是检验真理的唯一标准,推广某种类型的法院数及成功数据描述的样本,足以反映某种类型在实践中的成效。某种类型的调解效果可以体现在法院推广数量及成功样本数据上。

表 3 样本法院采用类型描述

	类型一 法院居间型	类型二 专职常驻型	类型三 委托委派型
推广法院	北京、河北、马鞍山	河北、山东、杭州、福建、河南、东莞、重庆	全部 14 家
描述数据的法院	北京、马鞍山	无	福建
数据描述	北京促进会共接收 3675 件,成功标的额 7 亿多元①;马鞍山对 61 件案件评估调解,诉前化解标的额 2.48 亿元②	无	通过职业调解员、特邀调解员的入驻成功化解 14304 件

① 《全国法院深入推进多元化纠纷解决机制改革暨示范法院经验交流会发言材料汇编》,第 2 页,未公开出版发行,由参会人员各自持有。

② 《全国法院深入推进多元化纠纷解决机制改革暨示范法院经验交流会发言材料汇编》,第 40 页,未公开出版发行,由参会人员各自持有。

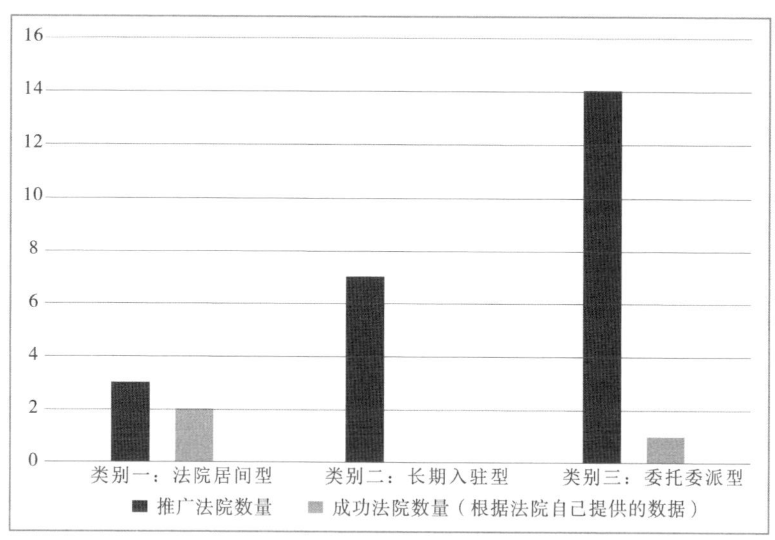

图 2　每一类型推广及成功法院数量

综合表 1、3 和图 2 分析可知：

第一，只有 3 家法院推广类型一，还有 11 家法院未对类型一进行实践。类型一是三种类型中法院实践最少的一种，只有北京、马鞍山法院实践并推行。其中北京是政治、经济、文化、人才中心，能够提供调解组织协会成长所需的人才、经济、市场等土壤。马鞍山法院试行诉前鉴定程序，实际是将专业鉴定前移，该做法的合法性尚有待法律规定，这也是阻却其他法院推行的理由。

第二，类型一提供的成功数据占比在三个类型中最高。数据有时不一定能反映真实的情况，但是在交流发言会上没有数据却能说明问题。类型一中仅有 1 家没有提供成功调解数据，类型二中 7 家均无成功数字，类型三中 13 家没有提供成功数据，仅 1 家提供。由此不难发现，虽然通过当事人直接购买专业调解、意见的做法尚不具有普遍性，但这足以显示出最好的调解效果和强大的生命力。

第三，类型二中无一家提供成功数据，反映出专职调解员调解效率不突出。从数据统计的难易上说，专职调解员调解数据来源单一，方便统计，可以排除因统计的难度导致数据统计失败的情形。但是专职调解员目前准入门槛普遍不高，其职能定位是专职调解的法律人，能够处理专业背景知识依赖不高的大部分纠纷,但对于建筑工程案件、保险纠纷、劳动纠纷、医疗纠纷等类型案件则会力不从心。

第四,如前所述,类型三包含的实践方式多样,为准确分析类型三的实践效果,经结合表3、图2综合分析可知:

1.类型三的成功实际上是类型三中驻院调解方式的成功

采用驻院调解的方式与实践推广类型三法院数的占比是14∶13,因此驻院调解的实践效果约等于类型三的实践效果,驻院调解成功则类型三成功,驻院调解失败则类型三失败。

2.驻院调解效果好于院外调解

不仅在实践推广的法院数上驻院调解要多于院外调解,而且作为经济、制度走在前列的北上广三家法院均推广驻院调解方式,其中北京法院未推广院外调解方式,这均能说明驻院调解的效果高于院外调解。类型三中唯一提供了调解成功数据的福建法院正是采用了驻院的调解方式。

3.类型三中的院外的法院调解数为6低于类型二

类型三中的院外调解模式能否取得成功,很大程度上取决于上层设计者的重视和统筹、多元化解决主体的意志及诉调对接制度对其的吸引力。在法律无强制性规定的情况下,类型三院外调解模式的成功数具有极大的不稳定性。

3.类型三经验推广法院占样本数的100%

类型三是法院推广最多的类型。但是,调解结果受制于诉调机制的稳定性和调解员的主观意愿,类型三广泛的推广也反映了一定的现实问题。

首先,类型三在理想状态下能够实现多元调解主体间的资源共享、互通有无,能够形成强大的调解合力。此种理想状态美好而充满诱惑,吸引未实践的法院朝着理想状态着手实践。当然,实践中一些法院因得到党委、调解组织、调解员的高度支持,也可克服自身的弱点而取得成效。

其次,驻院调解是类型三的重要表现形式,一定程度上提高了特邀调解员的积极性。同时,入驻调解员与诉讼服务中心的其他调解员形成合力,提高了调解效率。入驻调解员的身份在实践中不断丰富,采取设立金牌调解员工作室、选聘的措施,实现了驻院调解员向招录专用调解员的身份转换,即实现了类型三向类型二的转化,以减少优质调解员的流失。

再者,图表显示,驻院专职调解员或具有某个领域的专业知识、或拥有丰富的调解经验、或与纠纷有直接利害关系,能有效促成双方当事人达成调解。

综上,类型一的成功概率最高,但推行条件受制于调解市场的发育程度;类型三中的驻院调解效果好于类型二专职调解员调解。因为有专业背景的驻院调解员在处理专业程度依赖比较高的案件上比通识知识背景的专职调解员能力更强,即便是有通识知识背景的人民调解员特邀入驻的,也比聘用专职调解员成本更低,更便于院方择优选择调解员,因为与专职调解员的劳动合同一旦建立,解约成本会更高。此外委托、委派调解的不稳定性在类型三驻院调解的实践中的改良逐步被忽略不计。类型二中专职调解员在应对大批量的普通案件方面占优势,其调解效果优于类型三中的院外委托、委派调解。即在忽略市场客观条件限制的情况下,调解效果好坏的顺序依次是:法院居间型>类型三的驻院调解型>专职常驻型>类型三的院外调解型。

三、要素分析——三大类型的应然逻辑

通过对三大类型概念、内容、特点、效果的介绍和对比,三大类型的差异性明显,适用前提也不尽相同,因此,我们有必要分析每一类型的构建要素,进一步明确如何构建目标类型。

(一)类型一构建要素分析

第一,类型一系当事人通过支付对价的形式购买专业调解服务,其运转的关键在于调解市场的自治程度。促成供需双方达成交换协议,一方面取决于供方的"价廉物美",另一方面也取决于购买方的购买意识和行为习惯。具体到专业调解协会,其自身的自治程度、会员单位调解素质、调解规则科学程度、与法院的衔接管理、收费方式等,都将影响需方的购买意愿。从需方来说,调解服务是一个全新的概念,理性购买方对专业调解服务会持观望态度。调解市场的自治程度及需方的概念更新,系在市场规律作用下的渐变过程,因此对于类型一与其说是构建要素,不如说是引导要素,视调解市场的发育程度而定,不宜勉强为之、操之过急。

第二,当事人直接委托非诉讼调解者的合法性亟待制度的创新供给。当事人直接委托人民调解员进行调解的效力问题,《中华人民共和国人民调解法》已作明文规定。法院委托民间调解者的效力在《最高人民法院关于人民法院特邀调解的规定》中也予以了明确:人民法院可以吸纳符合条件的人民调解、行政调解、商事调解、行业调解等调解组织或者个人成为特邀调解组织或者特邀调解员。该制度进步之处是为具备履行调解职能的商事调解、行业调解等非诉讼调解组织提供了准入路径。但另一方面,民间调解组织、个人必须以人民法院邀请

以特邀组织、特邀调解员的身份为前提。换句话说,当事人自行委托民间调解组织进行调解的效力问题仍处于制度空白状态,严重妨碍类型一的构建,严重挫伤当事人自主选择民间调解者的积极性。

同样,作为类型一的另一个表现类型,诉前共同委托鉴定的效力也处于制度真空,鉴定结果的效力也没有法律保障。样本中的马鞍山法院只能通过试行的方式进行探索。

(二)类型二构建要素分析

第一,雄厚的财政支持。招录专职调解员能显著稳定地充实调解力量,但是需要持续且雄厚的财政支持才能奏效。无论是以特邀的方式还是招录的方式入驻调解员,报酬的高低直接决定了调解队伍的稳定性和职业化。

第二,专业调解员岗位设置除要求有法律知识、调解经验外,还应对专业知识背景予以关注。如前所述,目前专业调解员设置与法院专职调解法官职能出现同质化,内容交叠,对法院人少案多的矛盾而言无疑是雪中送炭,但对解决社会大分工日益精细下的专业领域矛盾却并无多大增色。因此,法院可以在专职调解员招录时限定专业条件。

(三)类型三构建要素分析

1.驻院调解类的构建要素

首先要解决“驻”的场地问题,可在诉讼服务中心设置专门的第三方窗口、工作室。其次要制定高效的诉调衔接制度。比如融入法官、专职调解队伍,开辟司法确认绿色通道等。其三要留得住人。特邀入驻调解效果高度依赖调解组织、人员的积极性,要出台对入驻调解员有吸引力的制度。以河南法院为例,在择优的基础上设立以优秀调解员命名的工作室,[①]增强调解员的荣誉感和职业认同感。再如,杭州法院先特邀入驻,而后根据调解表现,择优与优秀调解员签订聘用合同,提高报酬待遇。[②]

2.院外调解类的构建要素

通过前文分析可见,院外调解类主要通过综治中心、综治网络平台进行运

---

① 《全国法院深入推进多元化纠纷解决机制改革暨示范法院经验交流会发言材料汇编》,第 48 页,未公开出版发行,由参会人员各自持有。

② 《全国法院深入推进多元化纠纷解决机制改革暨示范法院经验交流会发言材料汇编》,第 33 页,未公开出版发行,由参会人员各自持有。

作。成功构建该类型,除了要克服网络平台的技术障碍外,还应充分调动调解主体参与调解,必要时法律要对参与主体的调解职责进行强制性规定。

2019 年×法院通过网络诉调对接平台对外委托 201 件,成功调解仅 1 件。① 经对立案庭工作人员的采访得知,通过网络平台委托、委派出去的案件,受托机关鲜有回应。分析后发现,受托主体身兼多职(如图表 6),其本职工作并未对调解作强制要求,调解纠纷只能算是参与主体从事政务、组织事务、执业业务外的兼职活动。调处活动不能给调解主体直接的收益,甚至是妨碍其从事基本本职工作、减少工作收入的消极活动。

从现行法律设置来看,该类组织的调处功能定位仅仅是对纠纷的预处理,且对调解处理结果不作要求。如果调处活动本身不能给纠纷解决主体带去收益,而法律对是否主持调解、调解结果未作强制要求时,该类调解主体的调解积极性可想而知。无论是制定强制性法律还是拟定多部门的协调对接机制,都应从理性经济人的角度激发调解者的积极性,明确参与主体的调解职责及消极作为的法律后果。

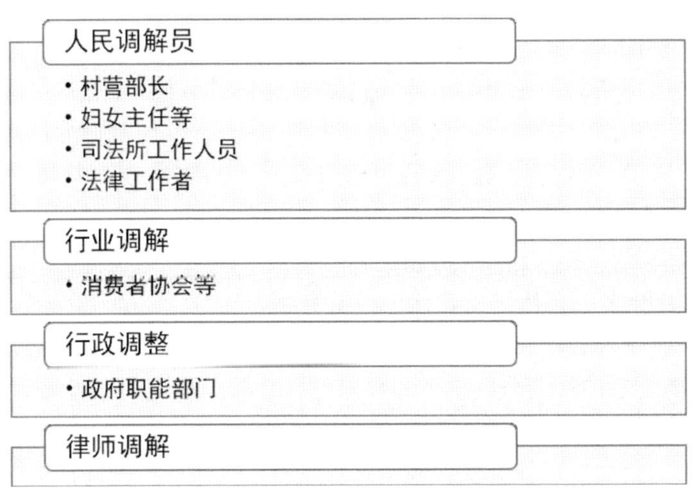

图 3　×县非诉调解主体构成

① 以上数据均来自×县法院内部统计。

四、厘清脉络——构建中国特色多元化纠纷解决机制

从对14家示范法院的不同做法分析、分类中,可以发现,在多元化纠纷解决机制的探索建设过程中,我国法院存在着多种不同的做法,效果也不一。大陆法系和英美法系在法律传统、法律文化、法律制度等方面存在着诸多不同,各国在设计构建多元化纠纷解决机制时也存在不同。大陆法系国家多是采用立法推进的(准)司法模式,即立法机关的顶层设计在先,以政府的公共财政为经济支撑,法院或行政机关起主导作用,建立调解组织和确定调解程序,表现出明显的规范性、制度性和公益性。英美法系国家多是采用司法推进的市场模式,即司法机关主导多元化纠纷解决机制构建,通过试点总结经验、推动立法,调解组织多为社会组织,依托市场自身规律自主接受当事人或法院委托。[①] 可以看出,我国的多元化纠纷解决机制实践是以司法推进的多样化发展,司法机关在多元化纠纷解决机制的建构过程中起主导作用,通过不断扩大试点来推动多元化纠纷解决机制的建设。其中,法院居间型是典型的(准)司法模式,专职常驻型是典型的市场模式,委托委派型则兼顾两者特点,在实践中,因为法院的具体措施不同而呈现不同的偏重特征。

构建中国特色的多元化纠纷解决机制,应当坚持以马克思主义理论与中国司法改革实践相结合为指导思想,坚持把握中央顶层设计与地方试点探索相结合的制度优势,发挥党政主导、综治协调与多元共治相结合的系统功能[②],厘清制度价值,结合中国实际,选择合适的制度。

(一)厘清多元化纠纷解决机制的价值

1.引入社会多元主体以整合社会纠纷解决力量

实现政府治理和社会自我调节、居民自治良性互动,维护社会稳定。现今中国社会,日渐复杂的社会公共事务和局限的社会管理模式间的矛盾越发突出,实现国家治理的现代化,完成“管理”到“治理”的转变,必须解决这个矛盾。此外,普法教育的全面推行让社会认识到了法律的价值和作用,但是社会没有认识到司法解决问题的不足之处,对诉讼的期待过高,导致了“治理的三重困境”,即法

① 范愉:《当代世界多元化纠纷解决机制的发展与启示》,载《中国应用法学》2017年第3期。

② 胡仕浩:《多元化纠纷解决机制的“中国方案”》,载《中国应用法学》2017年第3期。

制与社会相互无视、法制过度导致社会崩溃、社会对法制过度要求导致法制崩溃①。多元化纠纷解决机制在矛盾解决过程中引入多元社会主体力量，让更多的纠纷通过非诉讼的形式合理解决，用社会和居民自身的力量与政府共同管理社会和居民，将社会效果融入纠纷解决的过程，实现共建共享共治。

2.减轻法院负担以节约司法资源

架构多元化纠纷解决机制，对诉讼进行分流减量，以避免大量案件进入诉讼程序，“将司法制度从无力负担、无法接近、背离现实与过度制度化的被动状态中拯救出来”②。改革开放以来，经济社会得到了高速发展，人民法院的案件数量呈几何式增长，1978 年全国法院新收各类案件 50 余万件，2018 年则是 2800 余万件③，2018 年是 1978 年的 56 倍。特别是如今我国正处于经济新常态，实施供给侧改革，经济发展模式、速度、动力都处于变革时期，经济贸易纠纷会越来越多，实践中更会出现不同的特点。在案件数量激增和纠纷变化的情况下，法院有更高的积极性主动引入多元化纠纷解决机制，以减轻压力。

3.避免出现审判解决纠纷零和结果④及僵化

司法解决纠纷的过程是刚性的，必须严格按照既定的法律程序，在没有良性沟通的情况下，司法下的纠纷解决结果必定是对一方不利的。多元化纠纷解决机制要求双方的良性沟通，在双方互相妥协的基础上，以最大满足各方利益的方式解决问题纠纷；设置弹性机制，引导纠纷双方灵活地解决问题。

（二）架构特色多元化纠纷解决机制

坚持以马克思主义理论与我国司法改革实践相结合为指导，融入中华传统儒家“德法并济”“无讼”的理念，打造中国特色多元化纠纷解决机制的文化基础。我国司法改革实践必须坚持以马克思主义为指导，运用马克思主义国家原理，规范公权力的运行过程与范围，引导社会和公众参与纠纷解决过程。要汲取中华传统儒家文化的经典理念，儒家以“无讼”为理想，子曰：“听讼，吾犹人也。必也，

① 胡仕浩：《多元化纠纷解决机制的“中国方案”》，载《中国应用法学》2017 年第 3 期。

② ［澳］娜嘉·亚历山大：《全球调解趋势》，王福华等译，中国法制出版社 2011 年版，序第 1 页。

③ 以上数据摘自最高人民法院历年的工作报告。

④ 零和结果是博弈论的一个概念，属非合作博弈，指参与博弈的各方，在严格竞争下，一方的收益必然意味着另一方的损失，博弈各方的收益和损失相加总和永远为“零”，双方不存在合作的可能。

使无讼乎?”①我们以此提炼形成具有中国传统的多元化纠纷解决机制文化体系,将德治教育引入纠纷解决过程,充分发挥道德控制在社会控制系统中的强大内化作用。

完善适合多元化纠纷解决机制发展的顶层设计。现有法律法规为建立健全多元化纠纷解决机制的法律依据和政策依据,但是没有出台专门的多元解决机制促进法,影响其效果的实现。笔者建议,解决路径的构建不能脱离对人性的洞察。理性经济人虽然是自利的,但他的自利行为应当是合理的、理智的,不会不择手段。同时理性经济人仅意味着一种资格,他如何作为去实现利益则取决于制度所划定的边界。② 也即可利用人趋利避害的本性优化制度设计,让参与者乐于遵守,不得不遵守。

建立以法院居间型为核心,多种类型并存的多元化纠纷解决机制模式。在三种模式中,法院居间型是目前来说最有效的一种多元化纠纷解决机制类型。在法院居间型中,法院只是当事人和调解机构间的平台,在其中承担更少的职责,更加能够减少法院负担,节省司法资源。在现今情况下,社会中大量调解组织的存在使得这种市场化的运作模式成为可能,市场的快速发展给予了这种模式生存的空间,当事人需求的激增也推动了市场的扩大与发展。更重要的是,调解机构中存在包括知识产权、医疗、证券、保险、房地产等专业领域的人士,更加利于专业案件的合理解决。在调解市场不发达的地区,法院可以结合每种类型的关键要素和效果优先级,建设符合实际的多元化纠纷解决机制。

类型划分的意义在于类型化总结后关键构成要素的提炼,而每一种关键要素是不受类型限制的。各类型之间可以相互借鉴,彼此融合。以类型二为例,它的优势在于人员的稳定,不足在于调解员的专业化背景(恰恰是类型一的优势),完全可以取长补短,从调解员的条件入手,实现效果优化。类型三在逐渐实践的基础上也可以进一步筛选委派人员,缩小委派范围,借鉴类型二以聘用的方式稳定调解队伍。

五、结语

在多元化纠纷解决机制改革不断深入推进的当下,全国法院改革方式多样、

① 杨伯峻译注:《论语译注》,中华书局出版社 2012 年版,第 179 页。

② 黄晓东:《试论理性经济人与制度的关系》,载《知识经济》2011 年第 6 期。

名目繁多，各类宣传铺天盖地，令人眼花缭乱，作为实践探索中的法院应当保持冷静和理性，认真分析待解决纠纷的类型，根据自身的现实条件，选择调解效果最优的类型进行实践，少走弯路。通过三个类型的实践情况分析，可以看出，每种类型的构建要素并未完全达到理想状态，特别是在调动多元主体积极性、调解职责的法定化、多元主体调解效力等方面仍有制度短板。其中“经济、理性权衡”贯穿解决机制运行的始终，且与“市场因素”高度结合的法院居间型调解成功率最高，而注入稳定经济、荣誉刺激的驻院调解显示出强大的调解活力。然而，每一种纠纷解决类型间不是绝对对立的，是可以互融互鉴的。一种类型在融入其他类型的构建因素后会转化成另一种类型，从而吸收所借鉴类型的优点，弥补自身缺点。

构建具有特色的多元化纠纷解决机制“中国实践”，应当从中国实际出发，汲取中华传统儒家文化智慧，从多元主体本身的利弊进行制度设计，站在理性经济人①的角度，在充分洞察人性的基础上趋利避害，让当事人可以自由选择纠纷解决机构，也为全球多元化纠纷解决机制提供古老而又现代的东方经验！

① “理性经济人”假设理论的原型最早由伯纳德·孟德维尔提出，个体若以一己私利从事社会活动，能增进社会全体的繁荣，其效果要远优于以非利己为目的而进行的活动。后来亚当·斯密正式构建该理论，即个人在理性的引导下追求自身利益的最大化是人们经济行为的根本动机。

刑事法律前沿

治理体系和治理能力视域下的检察面向[*]

李乐平[**]　韩彦霞[***]

摘要:治理体系和治理能力视域下的检察面向,需置于政党、国家、社会三元一体治理体系的检察制度发展背景下考量,并以检察权的独立权力形态为基点,从治理体系中的检察权、法治实施体系中的检察权、政法体系中的检察权的若干维度来定位检察的权力坐标,由此,进一步展开治理体系和治理能力视域下检察运行的实践向度。

关键词:治理体系;治理能力;检察制度;检察权

引　论

相对于国家权力而言,检察制度并非一种孤立、片面的存在,其在国家治理体系、治理能力的视域下可分解为政治性检察权、法治性检察权、公民性检察权等不同形态,就此,检察权在国家治理体系、治理能力的发展中同步获得了其关联性、辩证性的时代内涵和制度价值。总体而言,检察权的发展整体取决于治理体系、治理能力的发展,同时又对治理体系、治理能力形成反作用。一句话,新时

* 本文系江苏省第五期“333 高层次人才培养工程”科研资助项目“认罪认罚从宽制度适用研究”(项目编号 BRA2019155)的阶段性成果。

** 作者系江苏省常州市人民检察院党组副书记,二级高级检察官,苏州大学检察发展研究中心主任、硕士生导师。

*** 作者系江苏省无锡市人民检察院法律政策研究室副主任,法律硕士。

代为检察制度的发展提供了新机遇，国家治理体系、治理能力的提升也为检察制度的创新指明了发展方向。

为此，检察制度要在与治理体系、治理能力的关联、辩证发展中重新塑造其权力意识、问题意识、立场意识。作为发展检察制度主要方式的检察改革、权力运行也应着眼于国家治理体系和治理能力的发展，以权力制约为根本配置检察权，以权利保护为核心运行检察权，以实现良性运转为标准保障检察权，以培育法治文化为根本支撑检察权，在优化国家治理体系和治理能力的同时，增强其适应、整合、目标达成和维持功能。①

一、制度背景：政党、国家、社会三元一体②的治理体系

"治理体系"是"中国之治"的历史主体性、政治主体性、思想主体性③的核心，是中国共产党系统性治国理政思维的客观展示。以优良体系承载国家治理，既是基于一种系统思维的协同方法，更是政党与国家、社会相互之间辩证协调的必然要求。当下文明承载的时代创新，对治理体系的全面认知和准确阐释，形成了新时代的"中国之治"问题意识和预期解决的前提。因此，"治理体系"就是以三元分化形式存在的政党、国家和社会④在政治权力与国家利益相互转化、治理与被治理互为一体的情况下形成的制度新构体，也是检察权作为法律监督的系统高效行使管理功能的方法基础，是检察制度形成和改革的主要依托。

(一)先进的政党是推进活力治理体系形成的支配力量

政党制度本质上就是一种治理制度，是治理方法学在政党行使治理职能，体现生产力的先进性的有机组织结构形式。"国家治理需要具有政治领导的使命，与一般民主法治国内的任何法定机构的行为有着结构性差异，以巩固国家政治

① 沈德咏、曹士兵、施新洲：《国家治理视野下的中国司法权建构》，载《中国社会科学》2015 年 3 期。

② 许章润：《国家理性与优良政体》，法律出版社 2015 年版，第 98 页。

③ 许章润：《国家理性与优良政体》，法律出版社 2015 年版，第 21 页。

④ 社会治理法确立的是执政党、政府、社会组织和公民的社会治理主体法律地位，规定了各治理主体在社会治理中的权利(力)义务(责任)关系，亦即社会治理法律关系。参见徐汉明、王京：《社会治理法学论纲》，载《湖北社会科学》2019 年第 9 期。

权力而组成的政党来领导。”①也正因如此，现代各国的政治也都表现为一种政党政治的运行方式。

政党“质的规定性”和“体的形式性”决定了其治理的主导性，展示了其统合国家的立法、行政、司法等国家机器的主要功能及规划效力。然而，在强调依法治国的时代，政党本身也必须加强法治化建设。政党施政和建设的法治化对法治、司法制度的影响最为广泛和深入；治理体系的法治和司法样态是政党与法治的关系的直接反映，也是政治理论与法治形态、政治逻辑与法治模式、政治立场与法治道路关系的深刻揭示。②

中华人民共和国是在中国共产党领导下建立的政权，是新时代生产力和生产关系的产物，因此，我们的治国理政理论都以这种共生型的党政关系为出发点。党的领导是政权存在和发展的前提，党天然具有对政权的领导地位。在这种共生型的党政关系下，领导地位的正当性和合法性归根于党性和人民性的统一，即党必须坚持人民主体地位，确保人民依法通过各种途径和形式管理国家事务。

依法治国同样如此。所谓依法治国，就是在治理体系下，党依照人民的意志以法律的形式治理国家，而不是依照个人的意志来治理国家。党对审判权、检察权的领导，就是公民公共权力让渡于政党后依据党的使命重新生成的法理关系，包括以防止公共权力滥用为基本的权力制约与人权保护、公益维护与利益平衡等各种衍生关系。“代表最广大人民根本利益”之党的“人民性”的本质规定，决定了党对审判权、检察权绝对领导的第一位原则。

在检察制度方面，要充分发挥我国政党制度的优越性，加强党对检察工作的领导。就目前状况而言，党内监督、人大监督、民主监督、检察监督、监察监督的严密监督体系，形成了党的“牵制型”的体制形式，这也决定了监督权始终需要作为国家公权力分配的必选项而存在。其中，检察监督作为专门性的法律监督形式，其依托诉权而又超越诉权的特有监督形式，使其成为各种监督体系中最为常

① 田飞龙：《依法治国的全面性与自主性》，载《云南大学学报(社会科学版)》2019 年第 6 期。

② 习近平：《在省部级主要领导干部学习贯彻党的十八届四中全会精神全面推进依法治国专题研讨班上的讲话》，载中共中央文献研究室编：《习近平关于全面依法治国论述摘编》，中央文献出版社 2015 年版，第 34 页。

态、刚性、专业的监督方式。可见，检察权对于行政权、审判权、监察权的监督是中国共产党领导的人民民主专政的国家性质、人民代表大会的政权组织形式中内生的监督权配置要求。

（二）优化的国家制度是形成治理体系的前提条件

国体和政体共同构成了国家制度，其中，政体作为保护政权的组织形式或结构形式，是国家的根本政治制度。我国的根本政治制度是人民代表大会制，人民代表大会是我国的权力机关，其代表人民统一行使国家权力，是建立其他国家制度的基础。在我国，人民主权建制化为国家主权，国家主权再落实为人民的立法主权的"主权在民"的政治格局。① 我国以人民代表大会为根本分立出不同性质和功能的其他公权力。至十九大确定国家监察体制全面试点及《监察法》的发布，我国目前已形成人民代表大会下"一府一委两院"的国家权力格局。

那么，这种权力格局如何实现治理体系与治理能力的现代化呢？总体来看，国家治理体系和治理能力现代化的实践过程是一个制度结构化、有机化的调整过程；是基于政权组织、结构形式之间的内在联系"把中国制度优势更好地转化为国家治理效能"的过程。合理的政权组织结构形式是保障国体和治理准则得以实施的前提和基础。② 在这方面，立法、行政、司法、监督等国家权力分支的组织、结构形式是否有机，是否有活力，是否存在有效的权力相互制衡及矛盾相互转换机制，是国家治理体系能否按照权力设置的初衷实现良性发展目标的基础支撑。政权组织及其结构形式在国家治理体系中发挥着战略性的宏观调控作用，相对而言，微观的规则条款和程序机制通常只存在于战术层面。可见，政权组织及其结构形式需要承载国家治理体系要求的价值诉求，决定着社会治理体系的效能性。

政权组织及其结构形式的构建和变革，要统筹符合社会生产力水平的物质条件因素和作为主体的人的因素，尤其要遵循以人为本的民主思想，强调构建中人的因素作为矛盾的主要方面。说到底，这就是要重视人本、人权中的权利因素。而权利保障最可靠的方式就是法治，依法治国也是政党领导治国理政的基

---

① 许章润：《国家理性与优良政体》，法律出版社 2015 年版，第 69 页。

② 李永忠、东瑛：《从权力结构之伤到用人体制之亡》，商务印书馆 2012 年版，第 121 页。

本方式。“法治是国家治理体系和治理能力的重要依托。”①因为法治是凝聚共识的最高选项,是治国理政的最大砝码。司法制度是国家制度的重要组成部分,具有浓厚的国家性,它的性质、地位、功能取决于国家制度。在我国,审判机关和检察机关共同被称为司法机关。司法制度通过程序机制落实宪法所规定的权力。审判权、检察权要依新时代国家治理体系的布局进行调整,以适应国家制度之间的内在联系,这样国家才可以展示其宏观调控性。

(三)健康的社会是完善治理体系的必备要素

社会治理作为国家治理体系的重要组成部分,是构建优良政体的基本路径。以“市域”为重点的社会治理现代化,就是以城市为载体来有效应对城乡区域发展过程中各类新型社会矛盾和风险,进而落实以人民为中心的发展思想,保障人民福祉的实现。在治理结构中,社会是联结公民与政党、国家的纽带,是培育中国优良政治体制和国家制度的土壤。自国家形成以来,国家公权力结构不断发展演变,最终形成了以横向的权力制衡与纵向的权利制衡相融合的社会本位机制。“主权在民”的政治前提决定了公民在国家治理体系中的主体地位,“人民主体地位”因此成为贯穿国家治理体系和治理能力现代化的总体方略。人民主权就是“希望表明和积极确定自己的存在是政治的存在”,②体现人民当家作主的政治地位,并通过公民权利的行使来遏制权力的滥用。“以权利制约权力的论点将普遍的公民权利作为制约和平衡国家权力的一种社会力量,其理论基石是人民主权论”。③ 然而,在目前的有关国家治理体系和治理能力现代化的理论叙事中,社会在其中的需求度、参与度、贡献度仍存有发展空间。有鉴于此,有学者专门阐释了作为社会重要标志的社会权的重要作用,认为其顺应了社会权兴起、演进的世界趋势,具有时代共性;更为重要的,它是中国自身关于社会权的认识理解与制度实践的产物,体现了鲜明的“中国性”,成为识别我国政治、法律制度社会主义属性的“标志”之一。④

权利对于权力制约功能的发挥是社会治理体系健康发展的极为重要的方

---

① 习近平:《关于中共中央关于全面推进依法治国若干重大问题的决定的说明》,载《中国共产党第十八届中央委员会第四次会议文件汇编》,人民出版社 2014 年版,第 68 页。

② 褚宸舸、王嘉兴:《以社会和社会权力为支点的中国改革愿景》,载《河北法学》2012 年第 12 期。

③ 林喆:《权力腐败与权力制约(修订本)》,山东人民出版社 2009 年版,第 254 页。

④ 徐爽:《宪法上社会权的发展:传统、改革与未来》,载《政法论坛》2019 年第 4 期。

面,而这又与社会本身的发展密不可分。社会是形成优质优构的公民权利体系[①]的前提,“正是社会的勃兴及与国家的分离运动造就了多元社会权利对国家权力的分解、平衡和控制机制,同时承载着契约、自由、权利和正义的价值诉求,从而使权力得到根本性的制衡、权利得到根本性的保障。”[②]只有由社会发展形成的具有一定结构的权利体系才能与权力制约形成抗衡。在合理的社会机理下,“国民以公民主体身份、以权利性姿态、以制度化方式参与当代中国的法治建设进程,它触及了当代中国法治的根本政治正当性基础何在、主要推动力量为何、采取何种实现路径方式等有关中国法治发展的重大政治主题。”[③]以认罪认罚从宽制度为例,该项制度在推进国家治理体系现代化的过程中,就是以公民在社会治理体系中的主体地位和权力平等基础上的权利享有为前提。

然而,社会的权利体系构建不会自发完成。在我国公益诉讼制度的探索过程中,社会组织在参与公共利益保护方面的广度和深度都还不够,通过公共利益保护参与社会治理的成效仍有局限。公益诉讼组织的发育不成熟,是社会自体发展不完善的直接体现,社会责任的转移,更进一步限制了公民、社会组织对权力形成社会层面的制衡。当今社会与传统乡土社会语境下权利保护的行为模式迥然有异,在现代,民主权利对于公权的渗入不是完全自发、任意的,而是需要公权力行为的“态度确认”和“形态固定”。为此,需要审判权、检察权在通过诉权保护公益过程中提高公民、社会组织参与的有效性,将公权运行作为权利导入权力的切入口,不断促进社会权利体系的成熟,进而发挥社会在权力制衡方面较之权力制约权力机制在选择性制约、不平衡制约等方面的优势。风险社会理论的提出者贝克分析了权利导入权力的实现径路,他说,“公民不断增长的自信和参与的兴趣是紧跟着民主权利的确立并引向具体民主的符合逻辑的步骤。”[④]当下中国的社会实践中,公民往往在不同程度上缺乏参与国家治理的“技术理性”[⑤],体现出非规则性、非程序性等特征,这同样也需要国家公权力的因势利导。因此,检察权公益代表过程中的公众意见集中,在质变的程度上加强了“协商民主”式

---

① 郭道晖:《社会权力与社会》,译林出版社 2009 年版,第 225 页。

② 张莹:《社会成长:俄罗斯法治进程的关键变量》,载《北方论丛》2013 年第 1 期。

③ 瞿郑龙:《当代中国法制的政治逻辑》,吉林大学 2015 年度博士学位论文。

④ [德]乌尔里希·贝克:《风险社会》,何博闻译,译林出版社 2003 年版,第 241 页。

⑤ 杨武松:《公民在国家治理中的作用及制度维护》,载《河北法学》2015 年第 1 期。

的公众参与，在行政检察监督渗入社会基层治理中承继枫桥经验范式等，都应成为社会形成过程中检察权运行方式调整的基本要求。

二、权力坐标：治理体系和治理能力视域下的检察定位

(一)检察权的独立权力形态

在我国宪法的框架下，检察权的独立权力形态毫无疑问是一个确定性的结论，但重申检察权的独立权力形态却同样必要。直至今日，法律监督与检察权的关系问题都是检察基础理论研究中的“哥德巴赫猜想”，并且这种理论的不确定阻碍着检察权具体职能配置的开放性和权力运行方式的灵活性。学界围绕法律监督的探讨可谓煞费苦心，从将法律监督作为一种权力类型、作为一种功能、作为一种性质到作为一种理念，各种解说不一而足。为了达到以法律监督统合检察职能的目的，更有观点将法律监督分为对公权力间的监督和对私行为的监督，以便将公诉权纳入法律监督权的国家治理体系中。不可否认，这些理论对检察理论的逻辑体系形成具有重要意义，然而，无论从何种角度研究法律监督，法律监督与检察权的理论，在目前都无法周延地解释检察制度的发展。例如，将公益诉讼统合于法律监督体系，无论是理论基础还是程序机制都无法掩饰其理论的生硬和窘迫，与治理体系形成了理论之间的隔阂。承认检察权的独立权力形态，就是要坚守检察权的一元论，质言之，检察权就是检察权，“唯一能科学、准确、全面概括其内涵的，只有‘检察’本身”①。正是从这个意义上，检察权的考察分析要超越单纯的理论比较，要更加重视检察权之外的宏观权力结构发展和检察权置于其中的社会运行情势的变化。事实上，“分类周延而不遗漏任何权力的划分与宪法的开放性、原则性、政治性和价值性之间存在紧张”。② 在我国，检察机关既在“法律监督机关”层面存在，也在“司法机关”层面存在。“我国宪法所设计的国家权力结构是以国家机构为中心，而不是以国家权力的性质为核心，法院和检察院也是以各机构承担的各项法律任务为中心，其日常职权并没有被完全限制在‘司法’的范围内，这正是社会主义类型宪法在规定国家基本制度方面与资本

① 闵钐：《检察与监督——兼论“四大检察”的理论基础与实践价值》，载《人民检察》2019 年第 22 期。

② 周叶中、叶正国：《我国宪法检察制度若干问题辨析》，载《四川师范大学学报(社会科学版)》2015 年第 2 期。

主义类型宪法的本质区别。”[①]“在监督中办案，在办案中监督”就是对检察权这种复合性的实践回应。可见，独立权力形态是解决具体权能是否以法律监督涵括为必要的理论前提。

实际上，国家权力配置的聚合性和一体性是国家治理体系和治理能力现代化的固有本性。权力在权力属性、宪法定位、权力价值等多维度的交互塑造中不断向前发展，检察权也不例外。将检察权的起源史与西方社会发展史结合起来考察，可以发现检察权起源的政治、经济与文化逻辑，其中主要体现为检察权起源与公共利益保护的国家主义紧密地联系在一起；检察权起源与犯罪行为国家追诉的联系越来越紧密；检察权起源与公益保护的人权利益迅速发展。可见，检察权起源的根本动机在于维护国家和公共利益，以国家和公共利益为主要目标的权力追求构成了检察权完整的内涵。由此不难看出，作为独立的权力形态，检察权对于国家治理体系的价值是基于其内在属性和特征的，检察权在国家治理体系中的特有目标、具体成效取决于国家公权力场域之间的全部客观关系。检察权的独立权力形态通过其对整体公权力共有的政治性与检察权的专业性、司法性得以体现。独立的权力形态决定了检察权在功能定位、权力性质、运行逻辑、运行规律、运行方式、价值目标等方面与其他国家公权力之间存在的差别。在近年来叠加改革的背景下，检察权在与审判权和行政权的关系格局变化中，出现了职权范围不断扩大、对社会关系的调整更为深刻，以及在权力类型上有所发展的一种趋势，这也表明了检察权的运行张力和对时代回应的主动性。也因此检察权在进化演变的过程中，不仅表现出承继性和连续性，更加表现出开放性和时代性。[②]

（二）治理体系中的检察权

如前所述，检察权是国家制度所固有的治理权力的一种，这种固有性来源于我国的物质生活条件。正如马克思所言，“法的关系正像国家的形式一样，既不能从它们本身来理解，也不能从所谓人类精神的一般发展来理解，相反，它们根源于物质的生活关系”。[③] 建立在公有制经济形式之上的人民代表大会制度，体

① 莫纪宏：《论我国司法管理体制改革的正当性前提及方向》，载《法律科学》2015 年第 1 期。

② 李乐平：《从独立权力形态思考检察建设》，载《检察日报》2015 年 12 月 11 日第 3 版。

③ 《马克思恩格斯全集》（第 13 卷），人民出版社 1962 年版，第 8 页。

现出一切权力属于人民的原则,而不能像西方实行私有制经济形式的国家将国家权力进行三权划分。然而,人民代表大会制度若想更加符合中国的现实就要批判地吸收权力之间制约、监督的思想,就要在人民代表大会制度之下分化出行政权和审判权、检察权,尤其要克服缺少权力制约带来的结构性缺失。由此以法律监督为核心内容的检察权作为人民代表大会"议行合一"下的一项不可或缺的制度应运而生。整体而言,物质基础、阶级属性、政治体制、历史条件等要素共同决定了检察权是国家制度的固有权力类型,检察权的创设是政治体制范畴的历史和逻辑统一。检察权的缺失或弱化,将使得我国的政治体制严重不足,从根本上动摇我国的治国理政根基。

检察权的国家制度固有性,决定了其自身对国家治理体系应有的"制度胜任"。国家治理需要相应完备和先进的检察权,否则国家治理就不顺利;检察权如果不能够代表先进生产力,就会阻碍国家治理的发展和进步。着眼于其在决策、执行、监督体系形成的治理体系中的结构性功能,检察权之于国家治理体系的功能不仅是司法层面的,更是政治意义的。回溯历史就可发现,作为检察权的起源性权力,公诉权产生于权力与权利矛盾最为尖锐的刑事诉讼场域。检察权通过司法的功能将其在国家治理中权力与权利的平衡功能延伸到治国理政的高度。由此可见,检察机关不仅是司法机关,也是政治机关。检察权的政治功能源于检察权对"主权在民"的人民代表制度集中的权力的分化,以及检察权作为一项独立的政治性权力具有独立的政治结构和政治地位。作为司法机关、法律监督机关,其不仅在诉讼程序中发挥着"维持正义"的检察功能,还在公益维护等具有政治属性的领域发挥着"保障正义"的积极作用。正是这种司法功能向政治功能的延伸,使得检察改革成为政治改革的突破口,也使得检察机关作为"尚未完成的机关",还有进一步完善与修正的空间。总之,检察监督制度不仅仅是司法视野内对司法理念的完善或者通过诉讼模式改造以求司法公正,更是在国家政治权力治理体系中对国体和政体的表现和有力维护。①

(三)法治实施体系中的检察权

社会主义法治体系是国家治理体系中的最高表现形式,包括法律规范体系、法治实施体系、法治监督体系、法治保障体系及党内法规体系五部分。法治实施

---

① 谢佑平:《中国检察监督的政治性与司法性研究》,中国检察出版社2010年版,第162~163页。

体系是人民代表大会制度下分立的行政权、监察权、审判权、检察权行使的法治具体实现，主要由以行政权执法为主的行政法治，以监察职能为主的专责机关和以审判权、检察权为主的司法体系构成。检察权在法治实施体系中主要以司法的方式、依托诉讼的形式发挥功能，但同时又形成对行政权、监察权和审判权在诉讼外的制约和监督。

在国家权力中，行政权以其高度的专业性和广度的覆盖性往往成为国家权力的核心，行政权直接掌握着一个国家的各种资源，权力的扩张性自然难以避免。较之行政权，监督权往往起到国家权力秩序的保障作用。因此，立法要形成对行政权的基本监督，要将行政权置于国家法治的轨道之中。检察权通过行政诉讼监督，尤其是行政公益诉讼以及衍生的行政违法行为监督这些机制来对行政权进行制约和监督就成为必然。整体而论，检察权的监督与行政权的执行是对立的统一，这是动态性的权力运行中的监督权与行政权的辩证关系，体现了检察权监督行政权的辩证思维，是“善意的制衡”[①]，是有利于行政权的监督。这既体现了检察监督与行政权发展具有内在的一致，又降低了检察机关自主选择性所可能带来的制度风险。

在国家监察体制改革中，检察权与监察权建立起了特定关系。《宪法》要求监察机关在办理职务违法和职务犯罪案件时需与检察机关“相互配合、相互制约”，而《监察法》也规定了其他机关和单位应负的协助义务，并强调了相应的法律后果。当前监察权行使与检察权、审判权的运行之间的关系还需进一步理顺，强调检察机关在三机关“互相制约”关系中的重要地位也尤为必要。如何平衡反腐败工作优先考量的效率原则与法治所要求的分权制约、程序独立和人权保障等之间的价值，仍需进一步思考。本文认为，应从法规范的视角切入，在监察与司法程序衔接机制的完善中履行好检察权与监察权的相互制约。

如果将检察权与审判权相比较，不难看出，检察权偏向程序性、主动性，审判权则具有终局性。在刑事诉讼结构中，审判具有中心位置，以审判为中心有着深刻的客观基础，因为“法院主持的庭审活动具备程序正义的最完整形态”。[②] 所以，在诉讼监督中，检察机关要尊重审判权威，维护既判力，“强调审判的独立性

① 刘善春：《行政审判实用理论与制度建构》，中国法制出版社2008年版，第102页。

② 魏晓娜：《以审判为中心的刑事诉讼制度改革》，载《法学研究》2015年第4期。

与法律监督的程序性。”①当前,检察机关在以认罪认罚从宽为主要制度载体实施的审前主导和以审判为中心的刑事诉讼制度具有根本同向或内在一致,检察权与审判权在刑事案件“简者愈简和繁者愈繁”的格局形成中形成一种共生关系。

(四)政法体系中的检察权

政法体系具体是指司法行政机关、公安机关和国家安全机关、审判机关、检察机关等构成的治理体系,政法委员会在其中联系和指导各政法机关。政法体系的治理表现为“履行维护国家政治安全、确保社会大局稳定、促进社会公平正义、保障人民安居乐业”。② 国家治理体系理念的提出和检察权新的时代面向,使得既往政与法之间的关系也将发生重大变革。在党的中心工作、国家治理体系、社会多极分化的不断调整和党治与法治的不断平衡中,政法体系中的每一项权力都逐渐回归各自的权力属性,强调权力分工、专业治理、相互制约,让每一项国家权力都对此作出适应性或回应性调整。这正如“当政法组织结构与目标变量发生矛盾,尤其是与组织发展的根本目标发生矛盾时,组织演进就是不可避免的”③的哲理一样。

历史上的“侦查中心主义”使得政对法的超越异化了诉讼意义层面的法治规则,遮蔽了诉讼中权力自我分化的功能。因而,管窥国家治理结构现代化,首先需要回到国家公权力宪法分配的原点上来,要求检察权充分履行宪法赋予的职责,回归、重视、追逐诉讼场域内的程序方式。要强调检察权的独立行使,这“尤其可能有助于提升诉讼场域内的检察话语权”。④ 以刑事检察为主责、主业的传统检察权形态在脱离“刑事司法权力一体化结构”⑤以后,逐渐回归到配合、制约

---

① 陈辉、汪进元:《论“监、检、审”三机关间的分工、配合与制约关系》,载《南京社会科学》2018 年第 5 期。

② 《中国共产党政法工作条例》第 5 条,载《人民日报》2019 年 1 月 19 日第 2 版。

③ 周尚君:《党管政法:党与政法关系的演进》,载《法学研究》2017 年第 1 期。

④ 李奋飞:《检察再造论——以职务犯罪侦查权的转隶为基点》,载《政法论坛》2018 第 1 期。

⑤ 在“政法传统”下,动员所有力量为大局服务的要求使得我国刑事司法权力被以一种契合于国家追求一体化目标之需要的方式组合、运作和检查,因而形成了所谓的刑事司法权力一体化结构。张青:《政法传统、制度逻辑与公诉方式之变革》,载《华东政法大学学报》2015 年第 4 期。

的良性治理体系下的政法关系中，流水线的刑事诉讼结构将被以检察权为承转形成的递进式的结构所取代。在这其中，我们尤其要遵循检察权通过程序性权力在人权保障、权力制约、监督等方面的独立价值。

三、实践向度：治理体系和治理能力视域下的检察运行

（一）检察政策和检察理念体系性发展的必要性

检察政策和检察理念是检察制度在精神层面的体现，一定意义上说，检察权是一种道义上的力量，[①]一种有生命的力量。[②] 精神层面的检察制度以检察体制、规则等为基础并超越上述元素成为检察权运行的思想指引，其为检察权合规律、合目的、合价值的运行提供了"软实力"，是形塑检察制度转化为检察实践的变量，也是平衡检察权刚性运行与柔性运行的调节系统。比如，宽严相济的刑事司法理念就是在当前认罪认罚从宽制度的实施中，就案件罪、罚的宽、严与罪刑法定原则之间进行合理调节。

近年来，检察权的治理理念逐渐出现和突出，"转隶就是转机""在监督中办案、在办案中监督"等即是兼具政策和理念属性的检察权发展形态。[③] 这是新的政策和理念的萌芽，为检察权的有效运行提供了重要的蓬勃的生命力。故此，将新近发展的检察新政策和新理念与国家治理体系和治理能力现代化下的治国理政精神要素相结合，进一步生成内部具有逻辑关联、外部符合国家治理的检察政策和检察理念的体系已成为必然。

"矛盾的斗争就是前进"，在国家治理体系和治理能力现代化背景下，新时代的检察政策和检察理念需要对传统进行扬弃，更加注重时代性和系统性并突出检察权的内在属性。为此，我们要发展出涵括检察政策和检察理念的本质属性、逻辑层次和法理基础、实践指向的检察精神体系。检察政策和检察理念的体系性发展对建立和发展检察理论的基础性、支撑性功能，进而引领检察改革和检察实践更加符合检察制度发展的"中国规律"具有重要的现实意义。

---

① 孙笑侠：《再论司法权是判断权》，载信春鹰、李林主编：《依法治国与司法改革》，中国法制出版社 1999 年版，第 421 页。

② [德]鲁道夫·冯·耶林：《为权利而斗争》，郑永流译，法律出版社 2007 年版，第 21 页。

③ 参见 2019 年 8 月 26 日印发的《最高人民检察院关于加强和改进新时代检察理论研究工作的意见》。

(二)检察制度价值之于治理体系的内在遵循

检察制度的价值实现是具有一定批判性的。这不仅能够推进检察制度的变革,更能够改革传统权力分配观念对检察权发展的固有思维,进而又对检察权的现实运行产生深刻影响。《宪法》规定的是国家权力的基本分配,这种基本分配始终预留着可进一步调整的空间。① 而在宪法定位之内的职能调整则更多地以权力的价值为引导。检察权价值作为检察权调整的主要动力机制,引领着检察权作出更加符合国家治理体系现代化的职能分配。我国检察机关恢复重建以来,检察权正是随着检察价值的变化而相应地做出调整:刑事检察权有消有长,但监督职权在刑事诉讼中不断强化,并延伸至民事、行政诉讼中,且不断向诉讼以外的行政执法、立法领域拓展。② 这些检察职能的调整正反映了检察权在权力制约、权利保护、公益代表等方面的价值变化,进而反映了检察价值之于国家治理体系的不断扩大,符合国家治理体系对权力制约和人权保障不断提升的规范价值诉求。

检察制度本质上是国家治理体系效能的价值保障。20 世纪著名美国法学家、社会法学派代表人物庞德认为,价值问题是一个困难的问题,但它是法律科学所不能回避的。在每一种场合,人们都使用各种价值准则适应当时的法学任务,并使它们符合一定时间和地点的社会理想。③ 与审判权、侦查权以及其他行政权不同,检察权作为制约权的权力本质决定了检察权价值体系中必然包含着不同于其他价值体系的特殊价值。④ 同时,检察权在公权力格局中的制衡地位也决定了检察价值与其他价值体系的特殊关联。检察的法治属性更多地体现为技术性的法条运用,检察的政治属性则更多地考量价值性的取向选择。

作为一项重要的治理原则,权力制约是宪法最为基本的价值诉求,是资本主义国家的分权与制衡原则和社会主义国家的权力监督原则的总称。⑤ 因此,宪

① 如检察建议得以迅速发展就是由于检察院一般监督权的备而待用。参见周叶中、叶正国:《我国宪法检察制度若干问题辨析》,载《四川师范大学学报(社会科学版)》2015 年第 2 期。

② 魏晓娜:《依法治国语境下检察机关的性质与职权》,载《中国法学》2018 年第1 期。

③ [美]罗斯科·庞德:《通过法律的社会控制法律的任务》,载卓泽渊:《法律价值论》,法律出版社 1999 年版,第 21 页。

④ 李乐平:《关注检察内在价值》,载《检察日报》2016 年 12 月 2 日第 3 版。

⑤ 秦前红:《宪法原则论》,武汉大学出版社 2012 年版,第 187 页。

法将侦查权、调查权、审查权、公诉权、审判权分配给不同的国家机关行使。作为承转性权力，检察权从诞生之日起即作为刑事诉讼中强制性的侦查权与消极性的审判权程序推进过程中矛盾对立转化的中间性权力而产生。集权和专制向分权、制约、衡平的演化，是检察权起源的政治制度基础，检察权天然具有制约的本性，其治理体系的先进性、文明性和发展性也在权力的制约过程中得到了充分体现。作为一项以程序性为主的权力，检察权通过程序机制的作用发挥实现制约权力保障人权的价值。宪法通过确立根本的制度安排限制公权力，保护公民权利，赋予检察机关人权保护的价值。由于检察权在刑事诉讼中的承前启后、由始而终，检察官的客观治理义务体现得也最为充分。

（三）不同检察职能本质与治理能力的关联

检察权是由审查性、监督性、制约性、救济性等不同性质的权力形成的复合职能体系。例如，侦查监督职能以准司法化为原则；审查起诉和提起公诉以客观义务为秉持；民行检察对私权救济和公权监督进行统筹；刑罚执行监督是最为典型的监督性质的检察权。在复合的职能体系中，我们就必然需要考量每项职能的不同性质，在职能履行中突出各自的权力特殊属性，把握不同检察职能的本质特征及内在要求。

当前，检察机关内设机构组织载体的整合，形成了审诉监一体的复合检察权能关系。在审诉监一体的复合关系中，任何一个维度的关系展开都要强调遵循各自权力关系的特征和规律，由此呈现出一系列的系统性治理效力。比如，刑事诉讼程序体系中既包含积极权力，又包含消极权力。审查逮捕、审查羁押制度都是基于权利保护的价值目标设置的职能，对权利保护而言，公权力对于这些权力的行使具有消极性。逮捕、羁押作为对公民人身自由限制程度最高的强制措施，必然以公民权利保障法的《宪法》来规定。从立法体例看，宪制中的逮捕制度是以“国家权力配置的消极规定”[①]的形式出现在公民的基本权利框架[②]中的。而提起诉讼、侦查监督、诉讼监督职能则具有积极行使的一面，尤其是公诉权。除去不起诉、撤回起诉等少数权力形态，公诉权更多的是请求法院进行实体审判以

① 张翔、赖伟能：《基本权利作为国家权力配置的消极规范——以监察制度改革试点中的留置措施为例》，载《法律科学》2017 年第 6 期。

② 《宪法》第 37 条第 2 款规定：“任何公民，非经人民检察院批准或者决定或者人民法院决定，并由公安机关执行，不受逮捕。”

实现国家刑罚权的积极权力意义的公权行为。积极权力与消极权力的行使需要符合各自的权力特点，尤其是集积极权力与消极权力于一体的检察环节的刑事诉讼，检察机关积极权力的追求和消极权力的坚守应该做到松弛有度、辩证实施，这样才可以体现出国家治理体系下的检察权的治理效力。

再如，检察权中包含的审查性权力，其权力性质具有独立性。长期以来，“一体两翼”的表述将起诉前检察机关与在刑事诉讼中的活动同质化。亦有研究者将立案监督、审查逮捕和侦查行为监督视为以时间先后形成的环环相扣的侦查监督体系。[①] 正因如此，审查与监督关系的理论不为研究者关注并进行深入探讨。历史的实践中，侦查监督的思维模式在相当程度上改变着审查逮捕的运行理路和角色定位。侦查监督内含的单向性等行政权运行的方式，也被应用于审查逮捕职能运行中。“批捕”一词即反映了历史上我国逮捕权运行的行政审批模式。这种行政化的权力运行方式违背了审查逮捕和审查羁押的运行规律和内在要求。审查逮捕和审查羁押是具有司法性质的裁断权力，在当前检察机关“去行政化”的改革进程中，在三方对立的诉讼构造中客观、中立地行使权力，以达到有机治理的更大效力。

(四)全面、协调、充分发展是检察权治理体系特点的朴素表达

“全面、协调、充分发展”是检察权发展系统性、均衡性、有效性的外在体现，是检察权治理体系的朴素表达方式。当前，要把检察渗透进国家管理体系中，而不是把检察局限于公安和法院之间；要把检察制度发展和检察权运行置于国家治理和法治治理体系中来权衡和评判。全面发展是强调检察权运行的系统性。一切事物都是作为系统而存在的，系统是一切事物的根本属性，系统功能不是各项职能功能的简单相加，系统功能构成了事物本质的独特规定。“一旦把整体还原为它的部分，这些特性便不复存在；因而认识了各部分特性，再把它们汇总起来，并不能认识这类整体的特性。”[②]之所以强调检察的系统性发展，原因即在于要获得基于系统而存在的新质功能。以法律监督为系统的检察权运行，不能局限于诉讼监督的功能；以公益代表为系统的检察权运行，要将公益保护延伸于民事、行政检察；以人权保护为系统的检察权运行，需要链接权力制约与权利保护

① 熊秋红：《完善侦查监督工作机制，加强人权司法保障》，载《检察日报》2016 年 11 月 2 日第 3 版。

② 苗东升：《重在把握系统的整体涌现性》，载《系统科学学报》2006 年第 1 期。

之硬币两面。

它不仅要全面发展，还要协调发展，这样才能体现检察权治理功能的均衡性。既然宪法规定检察机关是法律监督机关，保障宪法和法律的统一实施就应该成为检察权运行的主要方面。因此，我们就要以公诉权为主要履职方式之一，将刑事公诉权向民事诉讼、行政诉讼、公益诉讼领域发展，依托检察机关诉权体系来统合检察发展。早在13世纪萌芽的"犯罪不逃脱处罚乃公共利益之所在"理念，即揭示了刑事公诉维护公共利益的固有本质。然而，公共利益在刑事犯罪领域之外广泛存在的客观现实，要求检察机关的公诉权由刑事领域向民事、行政领域发展的制度必然。时至今日，检察权同样超越刑事公诉范畴而被赋予一般公共利益代表之身份。① 如果民事、行政领域的公共利益保护与刑事领域不能形成平衡，因公共利益在民事、行政领域的保护不平衡而产生的权利保护的缺失，反馈到国家治理体系的直接效应就是社会权利的不足。因为相对于刑事诉讼中的被追诉人的权利来说，公民的行政权利和民事权利更为广泛。可见，协调发展就是表征了不同检察职能之间发展的平衡程度。

检察权的治理效能仍要强调检察权运行的有效性。国家公权力发展、实现的充分与否，直接关系到国家治理体系和治理能力现代化进程的顺畅程度，进而对国家的进步与公民的幸福产生直接影响。检察制度现代性、民主性和适应性的提升，为增强检察体系在国家治理体系中的"行为能力"提供了新的基础和资源。"做优刑事检察、做强民事检察、做实行政检察、做好公益诉讼检察"对不同检察职能"充分"赋予新的内涵。当前，面临检察权结构重新调整的转型时期，我们必须更新思维理念、创新方式机制、更新考核评判标准，把认罪认罚从宽、公益诉讼等新增职能履行到位，实现制度初衷。

结　语

将检察制度和权力放在国家治理的体系中进行认知和评价，是国家生产力发展到一定程度的必然要求。国家生产力越发达，生产关系就越复杂。作为生产力高度发达的中国，国家的治理体系要求越系统，相应的国家机器运转就越应有序、协调、高效。检察权作为一项国家权力，需要在复杂的国家生产关系中充

① 秦前红、石泽华：《新时代法律监督理念：逻辑展开与内涵阐释》，载《国家检察官学院学报》2019年第6期。

分发挥其治理作用,这样才能适应生产力的发展,成为国家先进生产力的体现。因此,做好新时代生产关系下的检察建设,是当前检察制度最为鲜亮的治理标杆。

刑事司法中"综合认定法"的解读与反思

王 彪[*] 易志鑫[**]

摘要：为解决海量待证事实类型案件所面临的调查取证难、诉讼效率低及事实认定不准确等一系列难题，以"综合认定法"为代表的一系列刑事证明方法得到了各种类型的规范性文件的认可。"综合认定法"并不强求全部待证事实均要有被害人陈述、证人证言等能相互印证的证据存在，而是强调在一定的客观证据基础上的综合性评判。"综合认定法"并非对印证证明的颠覆，也不属于刑事推定的一种。从刑事证明的原理出发，"综合认定法"应以间接证据定案为主要进路，适当重视"辅助证据"的使用，最终以"排除合理怀疑"的高标准来保证事实认定的准确性和正当性。

关键词：综合认定；印证；间接证据；排除合理怀疑

引 言

目前，部分案件中犯罪对象、行为、结果等事实要素均呈现出基数大、调查取证难、无法精准核实等特点，如电信诈骗案中被害人数以万计，非法获取公民个人信息案中信息量以亿为单位等，这种现象可称之为"待证事实海量化"。[①] 在此种情形下，基于对传统犯罪的认识所形成的事实精确认定机制运行不良，长期

* 作者系西南政法大学法学院副教授、硕士生导师，法学博士。

** 作者系西南政法大学法学院 2018 级刑事诉讼法学专业硕士研究生。

① 以电信诈骗为典型代表，案件事实要素过多的有关特征，参见南京邮电大学信息产业发展战略研究院：《中国反电信诈骗白皮书 2016》，人民邮电出版社 2017 年版，第 34～38 页。

被我们奉为圭臬的刑事证明方法在新语境中面临困难。出于打击犯罪的需求,司法实践开始探索建立与之相适应的数量计算方法。以规范性文件为依托,刑事证明方法已出现了一系列新的发展动向,如"抽样取证法""底线证明方法"及"综合认定法"等。其中,"综合认定法"强调"包容涵摄"式的处理,可以较好地适应海量待证事实的情形。然而,方法的适用场景、与传统证明论之间的关系、证明标准及风险等问题都存在较多模糊地带,案件事实综合认定的准确性与正当性引起了不少质疑。我们认为,作为信息时代刑事证明方法的新风向,关于"综合认定法"的争议更多的是对方法的误读。本文试图以刑事证明的一些共识为出发点,对"综合认定法"的性质、困境风险以及如何合理建构等问题作出进一步的澄清与探索。

一、"综合认定法"的特殊样态

(一)方法的产生:新的现实境遇

行为方式与数量问题等共同勾勒出了一个犯罪行为的危害程度,后者常作为犯罪构成要件要素或法定加重情节而存在,能对犯罪圈及刑罚适用作出明确的限定。数量问题如此重要,以至于我们必须精准计量涉案的一系列的相关要素。相应的证明理念是要将犯罪事实中的行为、对象、工具、数额等数量问题逐一查明,否则无法确保案件事实清楚。然而,由于信息技术的聚合效应,"犯罪事实所涉的对象、手段、后果等已经越来越呈现出堆积化、难以计量化、不可逐一核实化等特征。"①例如,电信诈骗犯罪中,受害者数以万计且遍布全国各地;侵犯公民个人信息案件中,非法获取的公民个人信息动辄上亿,难辨真伪;网络传播淫秽物品案中,传播的淫秽物品的点击次数动辄以万计;开设网络赌场案中,许多不特定参赌人员通过注册、登陆赌博网站进行投注,形成海量的赌博投注账户及资金往来记录;对计算机系统实施攻击、破坏,致使数以万计的注册用户无法正常使用,等等。待证事实海量化已成为一种普遍现象,在类案中精准认定的理念难以得到实现,正如统计结果显示,"网络犯罪惩处率极低,犯罪数额(数量)一般难以认定。"②

---

① 张平寿:《网络犯罪计量对象海量化的刑事规制》,载《政治与法律》2020年第1期。

② 高艳东:《网络犯罪定量证明标准的优化路径:从印证论到综合认定》,载《中国刑事法杂志》2019年第1期。

在这种个体向海量的飞跃中，如何完成证明规则下的定量评价逐渐成为一种普遍性问题。司法实践生发出一条较为合理的事实认定路径。以电信诈骗为例，《关于办理电信网络诈骗等刑事案件适用法律若干问题的意见》明确指出，“办理电信网络诈骗案件，确因被害人人数众多等客观条件的限制，无法逐一收集被害人陈述的，可以结合已收集的被害人陈述，以及经查证属实的银行账户交易记录、第三方支付结算账户交易记录、通话记录、电子数据等证据，综合认定被害人人数及诈骗资金数额等犯罪事实。”该解释针对待证事实海量化的情形，不再追求个别事实中的证据一一印证，而是以“综合认定”这一规范命题的方式进行规置，我们在理论与实践中一般称之为“综合认定法”。当犯罪的危害明显存在，而犯罪证据收集的司法成本过于高昂时，能有效平衡秩序维护、人权保障与司法效益的方法便随之诞生。同时，“综合认定法”在这方面的优越性也使得其在不少规范性文件中都得以确立。例如，《关于办理网络赌博犯罪案件适用法律若干问题的意见》中参赌人数金额的认定、[①]《关于办理侵犯公民个人信息刑事案件适用法律若干问题的解释》中个人信息数量的认定、[②]《关于办理非法集资刑事案件适用法律若干问题的意见》中人数金额的认定、[③]《关于办理网络犯罪

① 《关于办理网络赌博犯罪案件适用法律若干问题的意见》第 3 条第 1 款：赌博网站的会员账号数可以认定为参赌人数，如果查实一个账号多人使用或者多个账号一人使用的，应当按照实际使用的人数计算参赌人数。第 4 款：对于开设赌场犯罪中用于接收、流转赌资的银行账户内的资金，犯罪嫌疑人、被告人不能说明合法来源的，可以认定为赌资。向该银行账户转入、转出的银行账户数量可以认定为参赌人数。

② 《检察机关办理侵犯公民个人信息案件指引》第 2 条第 4 款第 1 项：在审查认定违法所得数额的过程中，应当以查获的银行交易记录、第三方支付平台交易记录、聊天记录、犯罪嫌疑人供述、证人证言综合予以认定，对于犯罪嫌疑人无法说明合法来源的用于专门实施侵犯公民个人信息犯罪的银行账户或第三方支付平台账户内资金收入，可综合全案证据认定为违法所得。第 2 项：对于涉案公民个人信息的数量、社会危害性等因素的审查，应当结合刑法第 253 条和《关于办理侵犯公民个人信息刑事案件适用法律若干问题的解释》的规定进行综合审查。

③ 《关于办理非法集资刑事案件适用法律若干问题的意见》第 6 条：办理非法集资刑事案件中，确因客观条件的限制无法逐一收集集资参与人的言词证据的，可结合已收集的集资参与人的言词证据和依法收集并查证属实的书面合同、银行账户交易记录、会计凭证及会计账簿、资金收付凭证、审计报告、互联网电子数据等证据，综合认定非法集资对象人数和吸收资金数额等犯罪事实。

案件适用刑事诉讼程序若干问题的意见》、[①]《检察机关办理电信网络诈骗案件指引》[②],等等。此外,有地方性文件也有类似规定。[③] 这些规定共同的特征都是相关证据无法取得,司法难以维系传统的"一事一查"证明方式,进而用相应证据的综合运用来绕开"人证"的逐一查明。然而,当犯罪行为、对象与结果之间无法达到完美的对应关系时,这难免会引起大家对事实认定准确性及证明程度的疑虑。这种情况对"综合认定法"来说既是机遇又是挑战,若其能在机制上证明自身的可取性,并能契合现有的证明理念,则该方法在网络犯罪等呈密集爆发的态势下有着极大的发展空间。

(二)"综合认定法"的运作机制

"对证明对象过多的案件,司法实践存在着不同的案件处理模式"[④]本质上是视案件证据状况而进行的不同处理。例如,虽无法向多数的被害人逐一核实,但完全可能会在被告人自认的基础上认定相应事实;或缺乏被告人自认时,"可以查明的被害人陈述为基础进行底线式处理,追求适度的惩罚"。[⑤] 从目前的研究来看,以自认为基础的方式处理并未引起争议。第二种"底线证明法"则符合一贯的证明理念,既降低了办案风险又能实现对被告人一定程度上的惩戒,因而

---

① 《关于办理网络犯罪案件适用刑事诉讼程序若干问题的意见》第 6 条第 2 款:对针对或者组织、教唆、帮助不特定多数人实施的网络犯罪案件,确因客观条件限制无法逐一收集相关言词证据的,可以根据记录被害人数、被侵害的计算机信息系统数量、涉案资金数额等犯罪事实的电子数据、书证等证据材料,在慎重审查被告人及其辩护人所提辩解、辩护意见的基础上,综合全案证据材料,对相关犯罪事实作出认定。

② 《检察机关办理电信网络诈骗案件指引》第 2 条第 3 款第 3 项:诈骗数额及发送信息、拨打电话次数的认定:对于确因客观原因无法查实全部被害人,尽管有证据证明该账户系用于电信网络诈骗犯罪,且犯罪嫌疑人无法说明款项合法来源的,也不能简单地将账户内的款项全部推定为"犯罪数额"。要根据在案其他证据,认定犯罪集团是否有其他收入来源,"违法所得"有无其他可能性。如果证据足以证实"违法所得"的排他性,则可以将"违法所得"均认定为犯罪数额。

③ 2018 年浙江省高级人民法院、浙江省人民检察院、浙江省公安厅印发的《电信网络诈骗犯罪案件证据收集审查判断工作指引》第 35 条:被害人数量超过百人,且书证、电子证据等证据充足,已能查明各犯罪嫌疑人的诈骗行为、诈骗数额等犯罪事实,对被害人进行抽样取证不影响对各犯罪嫌疑人具体行为及诈骗数额的认定的,可以进行抽样取证。但因物证、书证、电子数据等客观性证据不充足,只能依靠被害人陈述来认定诈骗金额的案件除外。

④ 何邦武:《"综合认定"的应然解读与实践进路》,载《河北法学》2019 年第 8 期。

⑤ 刘品新:《网络犯罪证明简化论》,载《中国刑事法杂志》2017 年第 6 期。

颇受实务人员青睐。但这二者仍是以直接证据为核心的证明展开，与犯罪数额认定具有或然性的难题契合度不高。如"底线证明法"并没有从根本上回答证据取得不现实、犯罪数额难以精准认定的问题，带有回避色彩。比如，重庆市渝北区人民检察院承办的吴某等人电信诈骗案中，检委会近一半委员认为可以综合认定吴某的诈骗金额。承办人则认为除有明确被害人能证明的25万元外，认定其他数额会存在被法院否定的风险，且该金额已经达到了"数额巨大"相对应的量刑幅度。最终本案并未运用"综合认定法"，而是对涉案数额进行了降格处理，约四分之三的犯罪事实并未得到认定。①

在这些新型证明方法中，"综合认定法"有不同于其他方法的特殊机制，即一小部分犯罪事实的充分证明会影响裁判者对其余大部分犯罪事实的心证形成。部分证据只会与部分事实有同一对应关系，但却可以与其他事实所具有的证据一起进行综合评判。一些案件中可以充分体现这种机制，如王某、谢某等人涉嫌诈骗罪一案中，受骗者至少有1000多人，且分布地域广，大部分被害人并没有作陈述笔录。为证明行为人的犯罪金额，南京市、昆山市等地公安机关找到200名被害人一一收集相应的陈述，这200多起犯罪事实是存在被害人陈述直接予以证明的，其余犯罪事实则是结合各自本身的证据及已经取得的被害人陈述予以综合认定的。② 这种特殊机制根植于案件特殊的证据分布情况。据统计，在相关案件中，"证据类型主要表现为物证、鉴定意见及勘验检查笔录，物证占比10%，鉴定意见占比50%，勘验检查笔录占比30%，其他证据类型，如证人证言、被害人陈述等占比10%。"③显然，在类型案件中，其动辄数以万计的被害人，绝大多数的被害人陈述是无法取得的。因而，案件部分事实中直接证据的匮乏导致了综合认定需要"见微知著"，我们必须利用现存的间接证据，结合其他一部分事实的认定状况，最终形成综合性确信。需要说明的是，一部分案件事实的认定情况对另外一部分案件事实而言，二者并不是直接相关的，所以"综合认定法"并不要求用此事实要素中的证据去证明彼事实。同时，因为前者确实对后者产生了一种辅助心证形成的效果，所以行政案件中所采取的抽样验证法也逐渐在"综合认定法"中崭露头角。抽样取证是类似的机制，通过运用具有代表性的样本所

---

① 重庆市渝北检刑诉(2019)第1323号起诉书。

② 江苏省昆山市人民法院(2017)苏0583刑初406号刑事判决书。

③ 杨帆：《海量证据背景下刑事抽样取证的法治应对》，载《法学评论》2019年第5期。

反映出的事实认定可靠性,来帮助裁判者确信其他事实。但这种逆推方式并不能完全符合刑事证明的要求,所以“抽样取证法”仅可作为“综合认定法”的辅助性角色。“综合认定法”的一般机制可见下图:

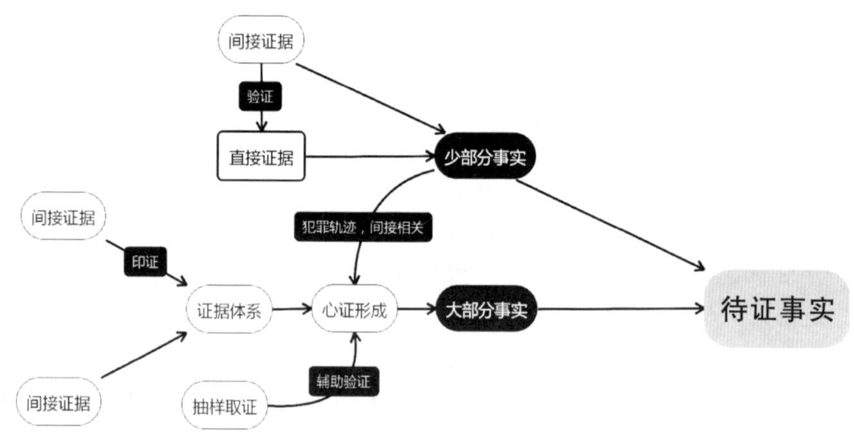

图 1　综合认定法的一般机制

海量待证事实要素导致了证据取得难,在证据分布上与同类型的现实犯罪相比,有着特殊之处。这诱发了综合认定的特殊运作机制,进而试图妥善处理精准计量所存在的技术或成本上的障碍。网络犯罪等案件的办理开始有章可循,但我们更应反思大部分证明对象是否能得到充分证明,如何保证其不突破现有的证据与证明标准。

二、印证证明下的“综合认定法”

在某种程度上,“综合认定法”可能被视为是对“印证”的背离,因而在实践中或多或少地被排斥。但从“综合认定法”的运作机制中可以看出,其并未彻底颠覆现有的证明方式与理念。我们在观察其运作机制的基础上,可以进一步揭示其性质与方法的属性,这既可以消除理论上不必要的批评,也可以知晓防范该方法被不当运用的风险。

(一)方法的性质:印证的展开而非否定

有论者将我国的刑事诉讼证明模式概括为“印证证明模式”。[①] 所谓“印

① 龙宗智:《印证与自由心证——我国刑事诉讼证明模式》,载《法学研究》2004 年第 2 期。

证”,“是指两个以上的证据在所包含的事实信息方面发生了完全重合或者部分交叉,使得一个证据的真实性得到其他证据的验证。”①“以其为核心思想的印证证明则强调来源不同的、存在着相互印证关系的证据对于案件事实的证明。”②实务中较为青睐这种规则,因为其作为一种证据审查判断的基本方法,符合普遍的经验法则。只不过在长期的实践中,印证证明的外部性可能被过分强调,“单一的证据是不足以证明的,必须获得更多的具有内含信息同一性的证据来对其进行支持。”③这构成了现实犯罪的证明蓝本,即“证明的关键在于来源不同、内含信息同一性的证据应尽可能多。”④在现实的物理空间内,这并不需要多高的司法成本,证据调取、事实认定与印证证明可以良好契合。然而,方法产生的背景表明,海量待证事实已超出了这种证明路径所能达到的极限。因而,“综合认定法”无法苛求印证的“外部性”,只得提倡电子数据、勘验检查笔录、视听资料、部分被害人陈述与被告人供述等的运用,注重“内省性”的实现。这致使“综合认定法”对一贯的印证证明路径产生了冲击,因为以往证明的关键在于获得相互支持的其他证据,如此才能将案件办成经得起检验的“铁案”。

在长期的司法实践中,高强度的“外部性印证”能带来还原客观真实的感觉,因而,任何降低“外部性”的做法都会被排斥。若将这种传统印证证明的极致客观主义追求与“印证”等同起来,则“综合认定法”因其“外部性”的天生缺陷而可能被视为一种新的证明模式。⑤ 然而,“综合认定法”虽无法遵循传统的证明路径,但不能据此认为其就必然违背“印证”。我们认为,这是将实践语境下印证的展开方式等同于印证,如有学者提出,“电子数据可以承载大量信息,可能产生孤

① 陈瑞华:《论证据相互印证规则》,载《法商研究》2012 年第 1 期。

② 王建芳:《印证≠印证证明——对印证、印证证明及其相互关系的反思与重塑》,载《湖南科技大学学报(社会科学版)》2020 年第 1 期。

③ 龙宗智:《印证与自由心证——我国刑事诉讼证明模式》,载《法学研究》2004 年第 2 期。

④ 吴洪淇:《印证的功能扩张与理论解析》,载《当代法学》2018 年第 3 期。

⑤ 杨帆:《海量证据背景下刑事抽样取证的法治应对》,载《法学评论》2019 年第 5 期;刘品新,唐超琰:《互联网金融犯罪案件证据海量问题及应对》,载《人民检察》2018 年第 20 期;何邦武:《小额多笔网络电信售假和诈骗犯罪取证问题研究》,载《政治与法律》2016 年第 8 期。

证定案。"[①]但这仍是印证的一种体现，这是电子数据所蕴含的不同信息之间的印证，仅是证据形式同一。应当说，"综合认定法"本质上仍是印证，通过部分犯罪事实中反映出的犯罪行为的时间、地点、方式等一系列细节，再结合电子数据、勘验笔录、书证等证据，形成一整套犯罪轨迹，进而考察绝大多数的案件事实能否被认定。案件完整证据链的形成仍然要依靠大量的印证，任何一个环节缺失，较之现实犯罪行为，错误的概率与范围都将更大。"综合"也强调了不同证据内含信息的共同指向，其既未站在印证的对立面，也不是从证据径直到事实，反而成了印证证明的又一体现。倘若这个过程不体现印证这种逻辑理性，则个案中的推论很大程度上就是无根之木。方法在证明的外部性上，的确无法要求取得一切与案件有关的证据材料，但假若能对电子数据等加以良好运用，其所能产生的功效未必弱于被害人陈述等"人证"。当然，既然其更注重内在的逻辑规则与经验法则，则错误的可能性加大，故需要进一步防范方法不当运用的风险。

(二)属性的证成:事实推理

"综合认定法"在运用时会涉及事实推理，而随着方法得到越来越多的规范性文件的肯定，在实务中存在着将其理解为刑事推定的情况，并指出，"问题的本质为刑事推定是否被允许。根据人类的一般经验法则，综合认定得出的推定事实，符合推定制度的要求。"[②]其实，这种认识更多的是基于刑事推定与综合认定的证明效果相似。二者都面临着推定事实或待证事实难以证明的困境，都是某种事实会对其他事实的确信产生影响，都会在一定程度上弱化控方指控义务的承担。此外，在采取"抽样取证"的案件中，二者更容易混淆，因为以抽样真实来验证未抽样之真实与从基础事实推导出待证事实的过程相似。然而，这种混淆认识却人为地将证明责任部分转移给被告人，扩大了刑事推定的适用范围。

在证据法上，刑事推定是一种替代司法证明的事实认定方法。一般而言，"作为推定前提的基础事实都是要通过提出证据加以证明的;推定事实则未经司法证明而被直接认定。"[③]"其大多会以两个事实之间的概率可能性作为逻辑基

---

① 高艳东:《网络犯罪定量证明标准的优化路径:从印证论到综合认定》，载《中国刑事法杂志》2019 年第 1 期。

② 郝廷婷、杨中良、魏军:《被害方证据不是认定电信诈骗犯罪数额的必要证据》，载《人民司法(案例)》2017 年第 14 期。

③ 陈瑞华:《论刑事法中的推定》，载《法学》2015 年第 5 期。

础，即基础事实与待证事实之间通常有经验层面的常态性联系。”[①]与之相比，在适用“综合认定法”时，举证方在提出证据并揭示相关证据事实之后，需要对多个证据事实进行综合推理，以便论证所主张的待证事实的真实性。这个过程涉及事实之间的常态性联系，所以我们在对全案证据进行综合判断时往往需要运用推论、推断或者推理，否则，这些证据事实之间就是一种孤立的状态。尤其是运用间接证据，需要根据逻辑规则和经验法则来揭示证据之间的联系。然而，这未反映出由某一事实到另一事实的过程特征，其所追求的仍然是运用证据对待证事实的确证，体现的是作出某种判断或者认定某一事实的逻辑方法。这与一般的司法证明过程是一致的。正如电信诈骗犯罪中，涉案银行卡内的金额不能简单被推定为犯罪数额。即使被告人未提出其所得系合法的证据，仍需要结合资金来源、转账记录、被害人陈述、通话记录等予以认定。若简单认为这是一种推定，则可能导致证据体系形式上完备，证明即告完成的误解。鉴于辩方对待证事实海量化同样存在着反驳困难，这实质上会令被告人陷入一种不利境地。规范性文件中的规定并非确立刑事推定的表征，而应被理解成个案推理的提示性规范。由此观之，综合认定是事实推理，属于裁判者自由心证的内容，所代表的只是基于思维逻辑的事实性推断，它并不影响证明责任的分配或其他证明事务。

三、“综合认定法”的适用风险

(一)事实认定不准确的疑虑

“在司法证明中，由于人的认知能力缺陷、主观偏见及司法活动本身的时效性、政策性等因素的影响，导致准确认定事实成了司法裁判活动的难题。”[②]指数式增长的证明对象更加加剧了这种困境，使得刑事治理路径面临着合理有效的难题。关键一点是，在“综合认定法”的适用中，因相对证明不能而不得不进行“打包”处理，这始终无法消除认定的事实可能会与客观情况不符的疑虑。例如，胡某非法获取公民个人信息案中，[③]被告人胡某于 2011 年 5 月底至 9 月初，在其住处内，通过互联网交易等方式，多次向他人购买并转售公民个人信息。经鉴

---

① 劳东燕：《认真对待刑事推定》，载《法学研究》2007 年第 2 期。

② 张伟：《论事实认定的模糊性——一种怀疑主义研究进路》，载《河北法学》2017 年第 3 期。

③ 北京市海淀区人民法院(2012)海刑初字第 1719 号刑事判决书。

定,涉案电子存储设备中含有公民个人信息数量逾5244万条。同时,根据北京市公安局丰台分局预审大队出具的工作说明证实,鉴定中心无法剔除重复的个人信息,进而计算个人信息数量。显然,我们难以保证个人信息的真实性与数量的准确性。再如,林某、吴某制作、复制、出版、贩卖、传播淫秽物品牟利罪一案中,[①]被告人林某、吴某在互联网上建立淫秽网站,以电子信息的方式传播淫秽图片。涉案网站中点击量统计为239余万次,但其存在从其他网站自动采集的图片所带来的初始点击量,导致淫秽电子信息实际被点击数事实不清,我们客观上也难以核实淫秽物品与非淫秽物品的点击次数。法院只好认定被点击数达140余万次,属情节特别严重。类案中几乎存在着类似的情形,一旦被告人对部分案件事实予以否认,控方难以进行有效反驳,审判方出于谨慎可能会默许辩解的成立,也可能因办案压力和辩方难以提出有效证据而予以认定。所以,"综合认定法"因无法实现一一证实,而存在违背客观事实的可能。进而有学者认为,"综合认定方法是对司法成本与公正的合理考虑,它降低了证明的难度与标准,可以通过调解量刑幅度予以补偿。"[②]这种观点还有待商榷,证明的核心功能是实现事实认定的准确性,证据规则的确立与司法改革无不是以此为基点,以量刑从优的代价来换取事实认定标准的降低,在现有框架内可能不太现实。这种做法反而可能会进一步扩大被告人被处罚的风险。

海量待证事实的案件需要得到公正的审判,而准确地认定案件事实是公正的基础。虽然在长期的司法中,事实认定以司法适用依据的充分规定、调查取证的全方位铺展、客观真实还原的极致化等为主要内容,但海量待证事实要素的案件中事实认定仍然可能存在较高的不确定性。在放弃这种一一证实的极致准确追求时,我们更应防止"综合认定法"与精准司法之精神的过分背离。作为一种实践理性,其应将这种事实认定不准确的疑虑控制到司法能够接受的程度。

(二)刑罚权不当扩张的风险

刑事法除需将绝大多数行为情境抽象为规范罪状外,还需要从情节、结果、数额等方面对行为是否符合犯罪定量的要求来进行精准衡量。我们通常的做法是将模糊事项明确细化,把犯罪的危害程度不断数字化或描述为各种情形,刑罚则应精准地与之对应。这种精细化的区分自然也要求刑事司法的极致对应。然

① 福建省福州市中级人民法院(2019)闽01刑终1072号刑事判决书。

② 张平寿:《刑事司法中的犯罪数额概括化认定研究》,载《政治与法律》2018年第9期。

而,海量事实要素的案件则使得刑罚权的恰当适用面临困境。一方面,如网络犯罪,即使不考虑成本,很多证据也根本无法取得或核实,案件事实处于真伪难辨的不确定状态,打包式的处理可能会产生"鱼龙混杂"的现象;另一方面,因无法做到案件事实认定与定罪量刑标准的极致对应,司法人员会先入为主地形成事实认定不准确的观点。在规范层面上,为解决这种纠结状态而创设的定罪量刑的证明标准也难以发挥出其本来的作用,而由于政策引导等因素,标准对刑罚权的限制性会减弱。并且在犯罪体量如此之大的情况下,各种刑罚适用的固定标准似乎意义不大。如山东省淄博市张店区法院于 2014 年 7 月 25 日对一起非法获取公民个人信息案作出判决,①被告人吴某和王某共非法获取包括全国各地学生信息、银行客户信息和国家各类考试考生信息等在内的 12 亿条公民个人信息。此类案件的重刑化可能会成为一种趋势。"综合认定法"在一定程度上违反了由模糊到精细的一贯做法,模糊的标准与海量的犯罪事实,这几乎必然会导致刑罚的扩大使用。

四、"综合认定方法"的合理构建

除了"综合认定法"的性质、内涵尚未得到清晰揭示外,质疑声多集中于"综合认定"无法达到现有的证明标准。我们认为,"综合认定正是有限理性假设和效益最大化假设理论的适用结果",②通过阐明方法核心地带的意旨,论证其与现今证明理念的契合,可以做到合理适用方法与有效防范风险。一方面,我们应认识到综合认定并不是无证据支撑的径行认定,相反裁判者的能动性得以有效体现;另一方面,我们应审慎形成内心确信,事实认定是证据运用的主客观统一过程,心证的形成不能为政策导向所支配,应以"合理怀疑的排除"来避免刑罚的扩大适用。

(一)以间接证据定案为主的适用进路

以电信诈骗为例,被害人通常成千上万且分布于全国各地,要求侦查人员对每个被害人逐一询问以核实被骗过程并不现实。除了报案人等部分被害人外,全案多数诈骗活动并无被害人陈述等言词证据。由于犯罪活动针对不特定的对

① 卢金增、王凌仑、王宣立:《他们电脑里竟藏着 12 亿条公民信息》,载《检察日报》2014 年 8 月 1 日第 4 版。

② 杨帆:《海量证据背景下刑事抽样取证的法治应对》,载《法学评论》2019 年第 5 期。

象,被告人也难以对具体事实作出相应的供述。全案的主要事实缺乏能单独直接进行说明的证据,每一个事实经过没有人能够说清,那么能够运用的一般只有能证明片段事实的间接证据。从方法的运作机制来看,部分犯罪活动也可能存在直接证据,因而“综合认定”的情况更为特殊复杂,但其总体上仍是一种典型的运用间接证据定案。鉴于我们对间接证据定案长期以来的误解与错误做法,比方法可能面临着同样的不当批判与抗拒。然而,若“综合认定法”未突破现有的证明制度框架,那么其便能够获得更多的法理支撑与既有经验的反思。

一般认为,“直接证据能够与案件的主要事实无中间环节地发生证明关系,而间接证据需要借助其他证据形成一个完整的证据链条方能起到证明作用。”① 相应地,“根据法官使用证据认定案件事实的具体方式和过程,我国的刑事证明模式可以被概括为以直接证据为核心的验证模式和完全使用间接证据的体系模式。”②对于存在直接证据的事实认定,一旦直接证据能够得到其他证据的验证,主要案件事实几乎能得到全面证明,证明环节与证明活动并不复杂。显然,以直接证据为核心而展开的验证极大地省略了中间推理环节。但单个间接证据所反映的案件事实可能与积极或消极的案件主要事实都具有相关性,全案间接证据的整合会使各个片段事实的双重可能性产生累积效应,这样即使全案证据形成体系,也难免会带有一种或然性的感觉。再加之,人主观推理的不确定色彩,越少依靠逻辑、经验法则进行推理,案件的容错率就越高。然而,间接证据定案虽在案件事实的证明程度与证明难易程度上不具优势,但其同样能形成证明链条并达到法定证明程度,这已得到了理论界与立法上的认可。③ “综合认定法”作为一种使用间接证据的体系模式而存在,只是由于犯罪体量之大,方法在运用过程中的或然性风险被进一步放大。然而,其本身仍是现有证明制度框架之内的一种选择,只是更需要遵循间接证据定案的一般规律,追求证据体系性的完整,以消除通过间接证据认定案件事实可能具有的不确定性。

即便如此,对间接证据的疑虑与错案风险仍导致了“综合认定法”的虚置。

---

① 何家弘、刘品新:《证据法学》,法律出版社 2008 年版,第 136 页。

② 褚福民:《刑事证明的两种模式》,载《政法论坛》2015 年第 2 期。

③ 陈盛:《直接证据与间接证据是否可分——评格林斯坦〈事实认定:直接证据的迷思〉》,载《证据科学》2017 年第 5 期;阮堂辉:《“证据锁链”的困境及其出路破解——论间接证据在我国刑事诉讼中的独立定案功能》,载《中国刑事法杂志》2006 年第 4 期;纪格非:《直接证据与间接证据划分标准的反思与重构》,载《法学论坛》2013 年第 1 期。

例如,“赵某甲、杨某、赵某乙诈骗案中,行为人以虚构代为办理高额度信用卡的方式,对不特定多数人实施诈骗。案件争议的焦点是赵某诈骗的,经杨某等人套现的数额认定问题。一审以无法核实被害人为由,忽略了诈骗款转入银行账户和诈骗资金套现后现金去向这两个环节内大量的间接证据。二审法院则认为,根据被告人供述、到案经过、扣押物品清单、对账单、POS机交易流水、银行卡账户交易清单、司法会计鉴定等证据材料的相互印证,足以确认检察院在指控范围上已经出错,依法纠正了一审法院的判决。”①从判决中可以看出,对没有被害人的部分案件事实,一审法院不敢运用间接证据所形成的完整证据链条对诈骗事实进行综合还原。在待证事实海量化的案件中,这种认识与做法将使得事实认定活动寸步难行。然而,二审法院遵循间接证据定案的基本要求与经验,重点审查了大量间接证据能否形成一个完整的体系,综合认定中的疑点能否被合理的事实推理所消除,最终认定了相关事实。可以看出,若要合理有效地进行综合认定,除了克服对直接证据的依赖外,关键在于案件证明体系的完整性与疑点的排除。这二者是相辅相成的,体系的形成能够保障疑点的排除是建立在证据之上的,而非主观臆测,疑点的排除则能够实质上说明证明体系的达成。同时,也正如论者指出,分散信息的整合意味着需要回答更多的问题、需要有更多角度的思考。“从这方面而言,间接证据定案在案件事实认定可能性上并不一定处于劣势。”②所以,“综合认定法”在正当性与可行性上并不存在法理障碍,其虽然有一定的操作难度,但仍不失为解决待证事实海量化的一种途径。结合有关间接证据定案之理论探讨与实践做法,“综合认定法”在运用过程中可以重点审查以下几个方面:一是作为定案根据的间接证据应已查证属实;二是各证据与待证事实具有相关性,能够相互印证,形成一个完整的证明体系;三是证据之间与证据体系之中的矛盾或疑问可以消除,可以依靠部分事实所反映出的犯罪轨迹来进行辅助判断;四是证据能够依逻辑经验共同指向同一案件的主要事实。

(二)重视“辅助证据”的使用,合理进行推理

一般的证据分类是以证据对案件事实本身的证明作用为基础而进行的分

---

① 郝廷婷、杨中良、魏军:《被害方证据不是认定电信诈骗犯罪数额的必要证据》,载《人民司法(案例)》2017年第14期。

② 阮堂辉:《“证据锁链”的困境及其出路破解——论间接证据在我国刑事诉讼中的独立定案功能》,载《中国刑事法杂志》2006年第4期。

类,未纳入的那些对案件事实本身并无证明作用,但却能辅助裁判者以类比逻辑思维或经验法则来判断案件事实是否成立的证据,有论者称之为“辅助证据”①或者“间接相关证据”②。由于辅助证据是相对独立于待证事实之外的其他事实的存在或发生而形成的,所以其对待证事实不具有实质证明作用。③ 然而,其价值并未被简单否定,实践中早已有对辅助证据的运用。如根据《关于办理非法集资刑事案件适用法律若干问题的意见》第 6 条之规定,④对于缺乏集资参与人言词证据的部分事实,可以结合已收集的集资参与人的言词证据等进行综合认定。对缺乏言词证据的部分事实而言,其他事实中的言词证据并不与本部分事实有直接相关性,但集资参与人却可以说明案件中吸收资金方式、宣传推广、合同资料、业务流程、投资服务项目及盈利能力等方面的信息,这些信息无疑能够为裁判者认定最终的集资对象与金额提供帮助。再如,采取“抽样取证,综合认定”方法的案件中,“抽样”之外的案件事实除了需要有一定的证据基础外,进行抽样一般是为了帮助裁判者心证的形成,“抽样事实”并不指向其余案件事实本身,但却使得裁判者在推理论证案件事实时能更加放心。

鉴于辅助证据本身的特性以及印证的外部性要求,“即便在证明中运用了辅助证据,一般在裁判文书中也不会说明,”⑤公开的推理论证过程也多表现为客观证据的罗列。这往往会导致对“辅助证据”证明价值的忽略。对于待证事实要素过多的案件而言,结果便是由于直接相关证据的不完美,证据体系的形成与疑点的排除一般会面临障碍。裁判者即便通过直接相关证据更加相信积极的案件事实,也不敢断言确信,甚至可能否定某些案件事实。“综合认定法”更需要类比推理与论证,“辅助证据”虽并不能直接证明案件事实,却可用于佐证其他证据的

---

① 万毅:《证据概念及其分类制度批判——法解释学角度的反思》,载《兰州学刊》2015 年第 6 期。

② 纵博:《论证据推理中的间接相关证据》,载《中国刑事法杂志》2015 年第 5 期。

③ 周洪波:《实质证据与辅助证据》,载《法学研究》2011 年第 3 期。

④ 《关于办理非法集资刑事案件适用法律若干问题的意见》第 6 条之规定:关于证据的收集问题,办理非法集资刑事案件中,确因客观条件的限制无法逐一收集集资参与人的言词证据的,可结合已收集的集资参与人的言词证据和依法收集并查证属实的书面合同、银行账户交易记录、会计凭证及会计账簿、资金收付凭证、审计报告、互联网电子数据等证据,综合认定非法集资对象人数和吸收资金数额等犯罪事实。

⑤ 周洪波:《实质证据与辅助证据》,载《法学研究》2011 年第 3 期。

客观真实性或辅助裁判者完成推理活动。这点尤为重要，因为海量待证事实的案件中虽然一些事实要素较多，但它们往往也具有同类性的特征，忽视或不敢使用“辅助证据”会导致说理上或推论上的缺陷。同时，应注意到，“辅助证据”对心证形成往往有潜移默化的影响，其能够支持或攻击推理链条环节，进而发现或排除合理疑点。这也能构成防止“综合认定法”滥用的一种约束。但我们应杜绝“辅助证据”的反客为主，推理过程必须具有客观证据基础，否则推理中可能会出现主观擅断。

(三)坚持“排除合理怀疑”的证明标准

目前，理论研究中业已达成了一种基本共识，“即证明标准应当是明确、具体、可操作的标准，不能仅仅规定客观方面的确定性和真实程度，还需要着眼于司法人员对待证事实可信度的描述。”①“排除合理怀疑”正是这种证明标准的主观性要求。它的确立，有利于减少片面追求证据完备的“法定证据主义”传统，充分发挥办案人员在刑事司法中的主观能动性。② 实务中，以诉讼方法对客观事实形成的认识结论，裁判者会根据其经验、理性来判断承担证明责任一方的举证是否达到这种标准。而对于事实要素过多的案件，证明因外部证据体系无法达到“印证”量的要求，从而使认识过程似乎无法排除主观擅断的成分。因而，“综合证明法”的证明程度引来了学界的较多质疑。既然外部证据体系受限于取证技术或成本等问题而无法突破，这种主观证明程度的要求自然成为了解决证明困境的落脚点。简化证明方法、量刑从优、变更待证事实等都是降低或变更主观证明要求的方法，③从而同步地减少对外部印证证据的苛求。我们认为，降低证明标准的方法在正当性上存在问题，违反无罪推定原则的要求。“综合认定法”仍应以“排除合理怀疑”作为其核心要旨，否则其难以具有存在的正当性，且无法保证不存在权力扩张的危险。

首先，刑事诉讼应依据无罪推定原则来展开，降低证明标准不具有可行性。“从无罪推定原则的证明规则之维来看，公诉方必须达到排除合理怀疑的证明标

---

① 陈瑞华:《刑事证明标准中主客观要素的关系》，载《中国法学》2014 年第 3 期。

② 杨宇冠、郭旭:《‘排除合理怀疑’证明标准在中国适用问题探讨》，载《法律科学》2013 年第 1 期。

③ 褚福民:《证明困难的解决模式——以毒品犯罪明知为例的分析》，载《当代法学》2010 年第 2 期。

准才能给被告人定罪,在刑事诉讼中不存在降低证明标准的可能性。”[①]若“综合认定法”降低了主观证明标准,则难以证成所谓的效益,因为效率和成本的计量永远不应凌驾于司法公正之上。并且,随之而来的次生问题可能更多,诸如不同案件之间的处理均衡、人权保障与司法恣意,等等。不仅扩大刑罚圈、事实认定不准确的风险无法得到有效控制,而且可能会出现侦查机关怠于取证的现象。当然,“综合认定法”也并不仅以证明的主观要求为其正当性依据。我国证明标准也有客观方面的要求,“排除合理怀疑”一定是建立外部证据体系上的主观判断。这是个一体两面的问题,即我们一方面要求运用“综合认定法”定案必须达到“排除合理怀疑”的高标准,另一方面在外在证据体系难以直观化地形成心证的情况下,应与“排除合理怀疑”保持一定的距离,防止裁判者消极对待综合处理下的疑点。此外,在实务中,一些规范性文件仍然肯定了在办理海量待证事实要素的案件中应当坚持原有的证明标准,海量事实的认定也要“排除合理怀疑”。[②]

其次,综合认定是否必然无法实现排除合理怀疑?与传统的印证展开方式相比,“综合认定法”在精准性上的确难以与之媲美。故有研究认为,综合认定“并非以证据确实充分为前提,其以证据推导出事实的可能性替代了以充分证据认定事实的必然性,这种主观性评判仅是一种可能性标准,实际上无法排除合理怀疑”。[③] 事实上,实践中长期形成的对确定无疑的执着,将否定“综合认定法”能够达到“证据确实、充分”的程度。然而,事实认定本身就是一个回溯性的过程,我们只能在众多可能中找到最符合正当程序要求的那一个。以完美印证的“外部性”为唯一理由来否定其他方法能达到的证明程度存在逻辑瑕疵,忽略了证明的主观性过程。笔者认为,“综合认定法”能够达到“排除合理怀疑”的证明标准,并通过该标准得以防止被滥用。一方面,现有研究并未对“综合认定法”的内涵及适用范围划定界限,似乎证明要素过多的案件中都能把证明方法归结于“综合认定”。[④] 最典型的是把一些刑事推定等情形也纳入了“综合认定法”的范围,从而使“综合认定法”招致了转移风险、降低标准等一系列批评。如《关于办

---

① 万毅、纵博:《论刑事诉讼中的抽样取证》,载《江苏行政学院学报》2014 年第4 期。

② 2018 年最高人民检察院关于印发《检察机关办理电信网络诈骗案件指引》的通知。

③ 张平寿:《刑事司法中的犯罪数额概括化认定研究》,载《政治与法律》2018 年第 9 期。

④ 马忠红:《论网络犯罪案件中的抽样取证——以电信诈骗犯罪为切入点》,载《中国人民公安大学学报(社会科学版)》2018 年第 6 期。

理网络赌博犯罪案件适用法律若干问题的意见》规定，以会员账号数或资金流转的银行账户数作为参赌人数；《关于办理侵犯公民个人信息刑事案件适用法律若干问题的解释》规定，对批量公民个人信息的条数，根据查获的数量直接认定；《关于办理电信网络诈骗等刑事案件适用法律若干问题的意见》规定，诈骗数额难以查证，在互联网上发布诈骗信息，页面浏览量累计五千人次以上的，以诈骗未遂定罪处罚。此类情况，由于案件证明的绝对不能，需要为证明便利的辩方分配一定的举证责任或变更待证事实。然而，这些做法并不属于"综合认定法"。这种相互混淆的看法可能会给人带来海量事实在不完全排除合理怀疑时即可被认定的错觉。另一方面，"综合"意味着对细枝末节的舍弃，"要求对案件的所有细节都证明到确定性、唯一性是不可能的，几乎所有的案件都达不到"，①实际上，"综合"指向证明过程中的推理、推断的逻辑联系，合理怀疑，运用逻辑经验进行排除即可，并不意味着对或然性的高度容忍。海量待证事实的案件中，"合理怀疑"应当是由具体的证据所支持的、可说明的理由，而不是吹毛求疵的理由。例如，在对犯罪主观要件的证明过程中，我们需要运用在案证据所反映出的事实进行推断，因为人的内心世界千奇百怪，我们不可能要求排除一切怀疑。这与"综合认定法"中的排除合理怀疑的要求可能大致相同。比如，认定电信诈骗的犯罪数额时，涉案银行卡内的资金极有可能是犯罪所得，"二者之间具有常态联系，但尚不足以排除合理怀疑，只有这种事实推理与其他间接证据一起结合，才能排除合理怀疑地证明待证事实。"②总之，简单地将"综合认定"视为刑事推定，认为其降低了证明标准的看法并不准确。同时，"排除合理怀疑"的实现不能以一切案件相关证据在案为前提，这对海量事实要素的案件来说必然无法实现。

关键在于，个案中，如何具体运用"综合认定法"来排除合理怀疑？笔者认为，间接证据定案的进路与"排除合理怀疑"是相辅相成的。首先，"在确认每一个间接证据真实性、关联性、合法性的基础上，使用间接证据证明案件主要事实的片段，并使间接证据相互印证，进行逻辑推理，形成完整的证明体系。"③核心环节是运用逻辑推理将相互印证的间接证据串联为完整的链条，推理必须建立

① 肖沛权：《排除合理怀疑及其在中国的适用》，载《政法论坛》2015 年第 6 期。

② 王彪：《论克服犯罪主观要件证明困难的特殊方法》，载陈兴良主编：《刑事法评论》（第 38 卷），北京大学出版社 2016 年版，第 424 页。

③ 褚福民：《刑事证明的两种模式》，载《政法论坛》2015 年第 2 期。

在间接证据的基础上,不能对链条或环节进行创造性连接。比如,对于缺乏证据证明的案件事实要素,我们应严格禁止采取抽样取证逆推的方式予以认定。其次,“排除合理怀疑着眼于解构,主要体现为一个消极和否定的标准,即在证明过程中寻求其薄弱环节,进行疑点发现及其消除性检验。”①对于间接证据形成的证明体系,我们应该审慎地进行试错,而不是积极地运用证据事实构建出案件待证事实。试错既可以在案件事实最后的整体性评判时进行,也可产生在单个证据、片段事实的审查判断中。再次,慎重对待被告人的辩解,坚持疑罪从无。作为案件的亲历者,行为人有动力提出各种否定性证据,也最有可能对事实认定提出合理怀疑。“对于有利于被告人的事实或者证据,法院则应当依职权或者依申请主动调查核实,澄清有利于被告人事项的‘剩余怀疑’”。②

结　语

随着社会的发展,犯罪形态的变化导致一些案件的定罪量刑需要认定海量待证事实,从而引发司法证明的困难。海量待证事实的案件给司法公正的实现带来了新的挑战,在有限的司法成本下如何最大限度地保证案件事实认定的准确性成为理论或实务上的又一难题。“综合认定法”发端于这种现实需求,但该方法尚未得到主流价值理念的认同。这其中,既有我们长期对客观事实的执着追求及其影响下的刑事证明理念等外部原因,也有“综合认定法”本身尚不完善等内部原因。本文在分析“综合认定法”产生的特殊背景的基础上,进一步说明其运作的机制,进而探求该方法在制度框架内的定位,反思该方法运用的可能风险与面临的质疑。应当说,“综合认定法”所面临的部分批评是不成立的,但其本身并非刑事推定,而是证据审查判断方法的固定化,应该归属于间接证据定案。依据间接证据定案的普遍经验,重视“辅助证据”的使用,是海量待证事实案件中实现“排除合理怀疑”的基本途径,同时也能避免陷入追求形式上证据体系完备的怪圈。

---

① 龙宗智:《中国法语境中的“排除合理怀疑”》,载《中外法学》2012 年第 6 期。

② 李昌盛:《排除合理怀疑等于内心确信吗?》,载《比较法研究》2015 年第 4 期。

企业犯罪处置路径反思与架构

——以S省C市检察实践为例

杨盛彪[*]　杨娟[**]

摘要:当前企业犯罪风险陡增,传统的事后惩罚无法达到社会效益最大化,也不利于企业改造再生,企业涉诉后容易导致企业员工、与涉罪企业关联的无辜第三方利益受损。我国企业犯罪处置路径面临着合规理念的缺乏,无法有效预防企业犯罪,企业犯罪未给予特别的程序处遇等困境。基于保护民营企业,合作式刑事治理理念的转变,C市在处理重大经济犯罪案件中实行了类似暂缓起诉制度的处理模式,但面临着正当性不足,适用条件不统一,后续跟进强制性和专业性不足等问题。对比域外暂缓起诉制度向企业合规方向发展的启示,架构我国企业犯罪处置路径,应以刑事企业合规理念完善我国企业犯罪追责思路,加入企业合规作为企业犯罪的认定和出罪要件,探索检察机关主导、多元主体参与的暂缓起诉制度。

关键词:企业犯罪;刑事企业合规;暂缓起诉;合作式诉讼模式

当前,我国经济正处于转型升级的关键时期,创新与变革的同时也增加了企业经济活动的风险。犯罪带来的利益诱惑、尚不完善的市场规则和营商环境、经济活动的复杂性,在日渐严密的刑事法网之下使得近年来企业犯罪高发。它一方面打击了群众的投资信心,造成资本市场不稳,影响社会发展,另一方面也使得企业家如履薄冰,无法建立起对法律的预期,甚至引发民营企业"原罪"的舆论思潮。大量企业进入刑事诉讼后,出现"一诉即亡""未判先死"的现象,被害人、企业员工、关联第三方甚至社会公众利益受到广泛波及。我国对企业犯罪未给

---

* 作者系四川省成都市人民检察院第四检察部副主任,四级高级检察官,法学学士。

** 作者系四川省成都市青羊区人民检察院助理检察员,法学硕士。

予特别的程序处遇,而传统刑罚立足于事后惩罚,在企业犯罪的处置中无法实现社会效益最大化。当下优化营商环境,保护民营经济,完善产权保护已成为共识。在企业犯罪中寻求刑罚替代性措施,引入企业合规制度,构建国家与企业共治的刑事治理模式成为讨论的热点。

建构适用于企业犯罪的处置模式是具有重要意义的课题,本文拟以近年C市检察机关在办理重大企业犯罪案件中的探索为例,厘清思路架构,以推动对企业犯罪的合理处置。

一、我国企业犯罪处置的现状与反思

(一)企业犯罪基本情况

2015年至2019年,全国已判决的企业犯罪案件7073件,约占已判刑事案件的0.5%,从绝对数量看,企业犯罪案件相对较少,其中企业犯罪高发罪名为:虚开增值税专用发票罪、虚开发票罪;单位行贿罪;非法吸收公众存款罪。[①] 企业犯罪呈现出以下几个特点:第一,涉案罪名集中。其主要分布在刑法第三章破坏社会主义市场经济秩序犯罪,其中非法集资类、涉税类案件最高,第三章下各节中罪名均有涉及;其次是商业贿赂犯罪,在反腐持续高压的打击态势下,监察机关、司法机关合力深挖职务犯罪,企业涉嫌贿赂犯罪比例增加。第二,企业犯罪轻刑化处理。在非纯正的单位犯罪中,我国刑法对单位犯罪的法定刑幅度设置总体轻于自然人犯罪,司法审判中也贯彻轻型化理念,对企业犯罪的责任人员处以相对较轻的刑罚,同时为与主刑的轻缓处理保持相对均衡,企业犯罪的财产刑在不涉及民生领域和重大社会影响的犯罪中也相对较低,使得整个企业犯罪呈现出轻型化特征。第三,办案周期较长。根据全国检察机关内部"案—件比"报告筛选,约90%的单位犯罪案件进行过一次以上退回补充侦查,审查起诉环节的平均办案周期大于90天,这也与企业犯罪通常证据繁多、侦破难、无罪比例

① 数据来源:以"北大法意—法学大数据分析平台"为工具,以"刑事一审案件""被告人类型为法人"为筛选条件,选取了中国裁判文书网内所有案件,样本时间为2015年1月1日至2019年12月31日,样本数量838157。观察提取"审判罪名",显示:法人企业犯虚开增值税专用发票、用于骗取出口退税、抵扣税款发票罪1325件;单位行贿罪465件;非法吸收公众存款罪174件;污染环境罪138件;骗取贷款、票据承兑、金融票证罪129件;拒不支付劳动报酬罪96件;合同诈骗罪91件。

高等特点相一致。①

（二）司法理念对企业犯罪处置的影响

"保护民营经济"和"发挥司法能动性"使得司法机关在办理企业犯罪案件中更加注重办案三个效果的综合考虑。一方面，优化营商环境、保护民营企业的系列文件出台，以及与之配套的各项措施展开，例如，全国清理涉及企业犯罪的"积案""挂案"专项活动，两高持续发布保护民营企业典型案例指导等，司法人员已逐步树立了注重保护民营企业的理念，以往那种"压制、打击、敲打甚至剥夺"民营企业的现象得到改善，办案人员更加注重跟当事人及其辩护人、代理人的沟通与合作，并逐步意识到企业犯罪有别于自然人犯罪的复杂性，单纯打击某个企业或公司并不能起到犯罪预防的作用，反而会在无形中增加同类行业从业人员的心理负担。另一方面，随着社会治理从"行政治理到司法治理"的法治化转型，个案如何公正处理需要立足社会效益的全新视角来考察，"在法律范围内追求社会效果最大化"要求司法机关应充分发挥司法能动性来保障打击犯罪与社会需求之间的平衡。在处置企业犯罪中，司法人员更加注重刑民交叉案件中民事思维、出罪思维的运用，在起诉裁量时多角度权衡，创造条件以司法政策的优惠实现三个效果统一，这样的转变不仅表现在办案人员的内在理念转变中，也体现在业绩考核办法规定中。

总体而言，司法理念的转变使得打击企业犯罪更加谨慎，处置企业犯罪时更加注重社会效果评估，但由于现有规章、文件多是理念倡导，缺乏体系性的、明确的可操作指引，在企业犯罪未设置特别处置程序的情况下，司法机关不敢也不能过于超前，司法理念对企业犯罪的处置没有实质性影响。

（三）企业犯罪处置的现实困境

1.实体层面：合规理念缺乏，无法有效预防企业犯罪

由于社会体制等原因，我国没有单独的企业犯罪概念，而是以单位犯罪这一更符合我国国情的主体涵盖企业和其他组织。通说以单位意志和单位利益作为

① 企业犯罪特征参见李本灿：《认罪认罚处理机制的完善——企业犯罪视角的展开》，载《法学评论》2018年第3期。"企业犯罪中的责任人员大多受到非剥夺自由的刑罚（包括缓刑、管制以及免于刑事处罚），或者短期自由刑（包括拘役、3年以内的自由刑），受到长期自由刑（包括10年以上自由刑以及无期徒刑）的人数极少。也就是说，企业犯罪中的责任人员处罚轻缓。"参见北京师范大学中国企业家犯罪预防研究中心发布的《2016中国企业家犯罪分析报告》；S省2016—2019年检察机关内部《犯罪态势分析报告》。

认定个人犯罪和单位犯罪的标准,并以是否体现“单位整体意志”作为构架单位犯罪体系的核心要件,但实践中多数犯罪都不会以公开决策、集体讨论等正常的单位决策议事程序进行,由于缺乏证明单位意志的证据,单位领导者意志常被推定为单位意志,单位领导者的决策在无相反证据的情况下常被认定为单位决策。[①] 这在以往的单位犯罪中或许与单位决策实际相符合,然而,在现代企业制度中却难以推定。企业犯罪的特殊性在于,一个犯罪行为中存在“企业”“直接责任人员”两个责任主体,“个人与企业间关系”是将个人责任转嫁给企业的桥梁,然而,以往的认定思路以司法经验的推定代替责任转嫁的证明,其实质上是将单位视为自然人的附属物,忽视了单位的独立性以及单位制度在犯罪发生机制中的作用。现代企业是一种以公司制度为核心,以产权清晰、权责明确、政企分开、管理科学为条件的新型企业制度,现代企业更多的是“资合”而非“人合”,因此,一方面,其组织结构的缺陷不会因为一个成员被审判而消失,正如学者所言,“实际上,单位犯罪的产生并不完全是由于单位内的自然人的某个决定而引起的,极有可能是由于单位管理体制不完善或某种缺陷而导致的。单位在维持旧有体制的基础上,说不定会在某个时刻,某个单位从业人员的手上,重演原来发生过的悲剧”;[②]另一方面,“个人与企业间关系”的判定应当从单位的结构、政策、措施、习惯中证明。但在刑事领域,无论是立法机关还是司法机关,都缺乏对合规理念的关注,忽视对企业是否采取预防和纠正犯罪的规章措施的关注,既未将其作为判断企业是否构成犯罪的要素,也未作为裁量企业刑罚的情节,忽视企业对预防犯罪的努力。加之现行刑法对犯罪单位所判处的罚金更多的是象征意义的,无法弥补犯罪行为对企业和社会造成的危害和损失,导致现行企业犯罪处置路径无法实现企业犯罪的一般预防,也不利于企业的再生改造。

2.程序层面:特别程序缺失,导致现有程序无法保护公共利益

与自然人犯罪不同,企业一旦进入刑事诉讼程序就会遭受实质性的负面影响,仅是立案侦查就可能导致企业家或者企业资格丧失或受限,即便免于刑事处

---

① 《最高人民法院、最高人民检察院、海关总署关于办理走私刑事案件适用法律若干问题的意见》第 18 条,“关于单位走私犯罪及其直接负责的主管人员和直接人员的认定问题”,具备下列特征的,可以认定为单位走私犯罪:以单位的名义实施走私犯罪,即由单位集体研究决定,或者“由单位的负责人或者被授权的其他人员决定、同意”;为单位谋取不正当利益或者违法所得大部分归单位所有。

② 黎宏:《单位犯罪中单位意志的界定》,载《法学》2013 年第 12 期。

罚，也可能接受导致吊销营业执照或停业整顿等无异于给企业判“死刑”的处罚措施。[①] 同时，企业涉嫌刑事犯罪后其负责人大概率会被刑事羁押，导致企业经营停摆，波及企业无辜员工和第三方关联企业的利益。检察机关作为国家公共利益的代表，公益原则应当是检察机关进行刑事诉讼的重要行为原则，对犯罪进行追诉当然是重要的公共利益，但却并非唯一的公共利益，也并不是最重要的公共利益。[②] 国外通过暂缓起诉制度防止打击企业犯罪时产生的负面效应，而我国却缺乏企业犯罪特别处理程序，导致我国的相关程序制度难以发挥功效。具体而言，在不起诉制度中，由于相对不起诉制度未赋予检察机关公共利益权衡的空间，使得检察机关无法以公共利益损害为由对企业作不起诉处理。然而，现行不起诉制度只针对犯罪的事实情节，严格限缩在“犯罪情节轻微”和“依照刑法规定不需要判处刑罚或者免除刑罚”的情形中，没有考虑犯罪企业自身情况、企业犯罪后的表现。认罪认罚从宽制度作为一种协商性司法模式，在量刑和强制措施方面的“优惠”本应有利于与企业达成合理处置方案，但认罪认罚从宽后的不诉依然要遵守酌定不诉的思路和判断标准，由于最终结果仍是起诉，为保障诉讼的顺利进行，企业依然要面临责任人员被羁押和财产被采取强制性措施的待遇。

二、C 市检察机关处置企业犯罪的探索

(一)总体情况

2015 年 1 月至 2019 年 12 月，C 市检察机关共受理企业涉嫌刑事犯罪案件 77 件，其中 2015 年 5 件，2016 年 11 件，2017 年 36 件，2018 年 13 件，2019 年 12

---

① 例如，《公司法》规定，因贪污、贿赂、侵占财产、挪用财产或者破坏社会主义市场经济秩序，被判处刑罚，执行期满未逾五年，或者因犯罪被剥夺政治权利，执行期满未逾五年，不得担任公司的董事、监事、高级管理人员。《上市公司证券发行管理法》“因涉嫌犯罪被司法机关立案侦查或者涉嫌违法违规被中国证监会立案调查”，不得公开发行证制券。《首次公开发行股票并上市管理法》公开发行最近 36 个月内，不能“涉嫌犯罪被司法机关立案侦查，尚未有明确的结论意见”。《全国中小企业股份转让系统股票挂牌条件适用基本标准指引(试行)》第 3 条第 2 款中规定：“控股股东、实际控制人合法合规，最近 24 个月内不存在涉及以下情形的重大违法违规行为：1.控股股东、实际控制人受刑事处罚；2.受到与公司规范经营相关的行政处罚，且情节严重；情节严重的界定参照前述规定；3.涉嫌犯罪被司法机关立案侦查，尚未有明确的结论意见。

② 万毅：《刑事不起诉制度改革若干问题研究》，载《政法论坛》2004 年第 6 期。

件。涉嫌罪名分布:虚开发票类犯罪(包括虚开发票罪、虚开增值税专用发票罪、虚开抵扣税款发票罪)共计28件;非法集资类犯罪(包括非法吸收公众存款罪、集资诈骗罪)共计13件;合同诈骗罪9件;非法经营罪6件;拒不执行裁判、判决罪6件;单位行贿罪6件;污染环境罪5件;其余少数案件涉嫌罪名为欺诈发行股票罪,生产销售不符合安全标准食品罪,假冒注册商标罪,非法占用农耕地罪。作不起诉处理的案件4件,无罪案件0件。其中,企业犯罪中企业责任人员采取逮捕措施占比约89%,平均办案周期约127天,涉案金额上百亿元。

C市检察机关针对个别具有一定社会影响、企业规模较大、牵连主体较多的企业犯罪案件进行了特别处置程序的实践探索。其参考借鉴域外暂缓不起诉制度以及未成年人附条件不起诉制度,同时基于对十九大报告中关于打造"共建共治共享"的社会治理格局的理解,从加强企业参与犯罪预防角度,通过附条件地对涉罪企业的酌定不诉处理来保证打击犯罪与保障经济发展效果的统一。具体而言,在案件达到提起公诉标准时,C市检察机关通过设置暂缓处理期间,以及适合个案的附设条件,暂时不作起诉或不诉的终局性处理,至期间终结时根据预设条件的完成情况再作相应处理决定。

(二)探索案例

1.案例1:某科技股份有限公司欺诈发行股票案

该科技公司注册资本1.1亿元,为谋求在A股上市挂牌交易,进行财务数据造假,虚增公司2006—2008年以及2009年第一、二季度营业收入及盈利能力,在向中国证监会提交的《首次公开发行股票并在创业板上市招股说明书》等文件中使用虚假数据,隐瞒公司真实经营状况,于2009年10月在深圳证券交易所正式挂牌交易。后案发,公司及三名公司高层人员以涉嫌欺诈发行股票罪被移送起诉。承办检察官审查认为该案已到达提起公诉的标准,但该公司为缓解经营困境,前期已与其他公司达成合作意向,正在运作重组,合作项目涉及上亿资金规模,因公司实际控制人被羁押,项目停滞。若直接起诉公司,可能面临退市、数万名股东资金损失、参加重组的第三方公司亏损等严重后果,并引发员工失业、税收减少等一系列其他社会问题。经与公司、公司主要负责人员及律师沟通,科技公司及三名涉案高管均表示认罪认罚,检察机关采取以下措施:(1)将公司三名涉案高管变更强制措施为取保候审,要求高管立即着手对公司进行内部整改,加快推进重组交易。(2)要求公司就财务整改、经营情况及重组计划的进展等定期向检察机关作书面报告并提交证明材料。(3)承诺三名高管在一年取保候审到期后，检察机关将视整改和重组情况对单位及涉案高管提出减轻的量刑建议或作不诉处理。目前该科技公司尚在考察期间，按计划有序推进整改经营。

2.案例2：某发展股权投资基金管理有限公司虚开发票案

该基金公司系国有控股公司。2013年至2015年期间，该公司及其关联公司使用与实际业务不相符的发票报账，用于骗取风险保证金共计2000余万元，钱款转至公司安排开设的私人账户，由公司统一管理。处理该案时有以下三方面考虑：一是公司涉嫌犯罪属“轻罪”案件。根据2011年最高检、公安部《立案追诉标准的规定（二）的补充规定》第2条，虚开发票100份以上或者虚开金额40万元以上的，应予以立案追诉。该罪最高刑为2年以上7年以下有期徒刑，但现行法律对于适用该刑档“情节特别严重”的标准无明确规定，结合本地区相同罪名已判案例，虚开金额2000万元基本适用低刑档，即2年以下有期徒刑、拘役、管制且多适用缓刑，属“轻罪”案件。二是该基金公司如被起诉，可能面临被中国基金业协会纳入“黑名单”预警，丧失私募基金管理人资格而关门倒闭的风险，公司120多亿元在管项目和涉及超过600亿元的投融资项目无法正常进行。三是作为地方政府与央企千亿级合作协议中拟打造的投资旗舰平台，起诉对政企下一步深度合作的负面影响显而易见。经与该基金公司及其持股公司协商，检察机关与相关部门召开会议综合考虑后提出以下要求：(1)要求基金公司按审计金额补缴税款。(2)要求公司实施包括撤换公司董事长、重新任命高级管理人员、修订公司财务制度等一系列管理改革。后基金公司在审查起诉期限内完成前述两项，检察机关对该基金公司及直接责任人员作出酌定不起诉处理。

3.案例3：某房地产开发有限公司非法吸收公众存款案

该房产公司为解决资金问题，与他人合伙成立了某融资理财信息咨询公司，融资理财信息咨询公司一方面为房产公司搭建平台向社会吸收资金，一方面也为其他公司吸收资金。后该房产公司及其关联公司以公司名义向1380名投资人吸收资金9900余万元，因融资理财信息咨询公司的其他非法集资项目无法兑付导致房产公司案发。该房地产公司系当地有影响力的中型房产企业，具备资金实力和资金渠道，公司整体经营前景良好，因实际控制人对法律政策理解有偏差加之运作项目急需资金，才采取了非法的方式向社会吸收资金。该案已达起诉标准，但起诉后企业将会被打上犯罪单位身份的烙印无法通过正规渠道贷款融资，其运作的项目将因资金链断裂而烂尾，后期兑付群众更加难以实现。经与政府相关部门的共同研究，检察机关实行以下措施：(1)搭建房产公司与集资群众的交流平台,促成双方达成分期退赔协议。(2)协调相关部门(工商局、金融办、法院)帮助企业拟定经营计划、内控方案及发展规划。目前该房地产公司已在检察机关的全程监督下全额退赃退赔,并形成合规方案,检察机关对该公司及公司负责人员作出不起诉决定。

综上,检察机关从形式条件和实质条件对暂缓处理的正当性进行考察。其具体可以归纳为:1.实质条件:成本收益分析,作此处理不仅不致危害社会公共利益,还更有利于修复社会关系,帮助犯罪公司的"再社会化",能有效解决经济犯罪行为责任与刑事司法行为社会成本控制问题。2.形式条件:(1)犯罪事实已经查清,证据确实、充分,依法应当追究刑事责任,符合提起公诉条件。(2)所涉罪名一般是轻罪,多以可能判处 3 年以下有期徒刑为限。(3)起诉会引发包括员工失业、财税收入损失、相关产业发展受阻等社会问题,甚至可能诱发其他系统性风险。(4)涉案公司及主要负责人员承认被指控的犯罪事实及罪名,自愿认罪并同意检察机关"暂缓起诉"处理及附带条件,接受最终可能不起诉,也可能被提起公诉的结果。

(三)效果评价和问题审视

整体来看,C 市检察机关在波及面较广的重大经济犯罪案件处理中,通过暂缓起诉处理,分类施策,实现了矫正、威慑、重塑的客观效果,又未使第三方负担额外成本,保障了当地的经济发展和社会稳定,体现了刑事司法的价值和效用,但同时也存在模式的正当性不足、适用条件不统一、后续跟进强制性和专业性不足等担忧和问题:

1.配套措施法律依据不足

当决定对适用暂缓起诉的案件与涉罪企业就附带条件达成一致意见后,首先涉及对企业涉罪人员的强制措施采取和变更问题。实践操作中,一般利用刑诉法规定的取保候审 12 个月的期限实施考察。对于公司主要负责人员被羁押的,则先适用《刑事诉讼法》第 98 条变更强制措施。但这种处理的问题在于,一是暂缓起诉考察期超过法定的审查起诉期限。根据我国《刑事诉讼法》,犯罪嫌疑人被羁押的案件审查起诉期限最长不超过 6 个半月,对犯罪嫌疑人未被羁押案件的审查起诉期限虽有不同观点,但一般认为也应贯彻迅速、及时原则。对于案件事实清楚、证据确实充分的依法从快处理,提高效率,降低"案—件比"。二是变更强制措施的依据不足。《刑事诉讼法》第 98 条的立法本意是出于保障人权与保障侦查的平衡的需要,不能办结的应当释放,需要侦查、审理的才可以变更强制措施，而考察期显然不是出于前两种目的考虑。同时，对于审查起诉后的结果，刑诉法明文规定只有起诉及三种不诉形式（附条件不起诉目前被规定为针对未成年人的特别程序）。也就是说，暂缓起诉的启动以及设定附带条件、考察期限等并无直接的法律依据可予适用，面临违法性风险。

2.暂缓起诉的启动标准模糊

是否启动暂缓起诉既取决于企业的态度及“再社会化”的可能，更有赖于检察官在犯罪事实明确的前提下行使处分权，而在当前员额检察官终身负责体制下，检察官在案件负荷太重或办案期限临近届满，又或对暂缓起诉有效性心存疑虑时，往往更倾向于完成“规定动作”来摆脱诉累。从实践运用情况看，实施暂缓起诉的检察官普遍具有 5 年以上的刑检工作经验。经验丰富的检察官在办理重大复杂疑难经济犯罪案件过程中形成了强烈的检察官职业能力与视角，不仅关注案件本身，也会充分考量公共利益和社会效益，致力于保障社会正义的实现。但显而易见，没有可予量化和易于把握的标准，导致检察官的起诉裁量权有被滥用的可能，也会限制暂缓起诉制度的功能发挥。

3.附设条件后续跟进难以保障

在暂缓起诉实践中，涉罪企业除承认犯罪事实及接受检察机关嗣后无论诉抑或不诉的决定外，还需在一定的考察期限内完成附设条件，如补缴税款、撤换管理人员、向检察机关报告和完善内部治理情况、推进经营计划的进展情况等，在考验期结束后，对于认真执行附设条件的企业，检察机关可以不起诉或起诉后作从轻处罚建议。对于补缴税款、补缴罚金、赔偿被害人损失等明确的条件，检察机关可以起到有效的监督作用，但是引导企业合规经营毕竟才是暂缓起诉措施获得正当性的关键，对此检察机关监管乏力。具体而言，如何把握法律监管与公司内部治理界限的关系并不明确，加之检察官囿于时间、精力以及商业经验的限制，如何确保其对附设条件执行情况的准确判定，C 市目前对于公司治理结构是否得到改进主要是通过公司定期汇报和提供书面印证材料进行判断，但是否能达到有效整改仍不确定。此外，适用酌定不诉处理企业犯罪后，由于未经法院审判企业有罪，犯罪事实无法得到确认，并无正当理由要求企业缴纳罚金，加之无论是公安机关还是检察机关都只能扣押涉案财物，而无理由接收企业的合法财产，即便企业愿意主动缴纳罚金，在审查起诉阶段也无合适的部门接纳。

三、域外企业合规视野下的暂缓起诉制度

尽管我国在引入附条件不起诉制度时，实务机关不倾向于引入企业的暂缓起诉制度，但办案实践中各地面临着大量起诉企业可能引发“水波效应”的案件[①]，这一点与域外面临的处境一致，如前所述，现有程序不足以在企业犯罪处置中达到效益最大化。为挽救被害人及无辜第三人的利益，司法机关选择与涉案企业合作，在保护民营经济及共治共建共享的理念转换之下，C 市的处置路径主要借鉴了以英国为代表的企业合规下的暂缓起诉制度。

(一)法人犯罪暂缓起诉制度概述

20 世纪 90 年代，美国联邦检察官开始将针对自然人轻微犯罪而创设的审前转处制度适用于法人犯罪案件，并逐步成为处理上市公司、跨国公司重大犯罪案件的首选模式。[②] 法人审前转处协议制度包括：暂缓起诉协议(Deferred Prosecution Agreement)和不起诉协议(Non-prosecution Agreement)两种基本类型。由于不起诉协议制度赋予了检察官过于宽泛的裁量权，所以暂缓起诉制度更受青睐，2014 年起英国、法国、加拿大、澳大利亚等国家相继引入该制度并进行了本土化改造。[③]

暂缓起诉制度作为一种程序合集，先由检察官和涉罪公司之间签订一份“缓诉”协议，设定缓诉考验期，协议内容主要是要求涉罪公司承认不法行为、支付刑事罚款、履行赔偿责任、配合相关调查、改善内部治理、聘任独立监视等。协议签订后暂缓推进诉讼，若公司在规定的考验期内履行协议则撤销起诉，诉讼终结；反之，如果违反协议，则恢复起诉，诉讼继续。该制度又出现分支，形成以美国为代表的检察官自由裁量模式和以英国为代表的司法审查模式：1.自由裁量模式。由于美国法律赋予检察官广泛的执法权，检察机关可以与涉案企业以及其他政府监管部门达成“一揽子和解协议”，协议达成后提交法院备案，不过法官通常只是进行形式上的审查，几乎不会推翻或改变协议，后续对整个协议的执行情况也

① “水波效益”是指惩罚犯罪对其他人产生的不利影响，通过探索运用“暂缓起诉”，在很多案件中可以有效避免。

② 叶良芳：《美国法人审前转处协议制度的发展》，载《中国刑事法学杂志》2014 年第 3 期。

③ 陈瑞华：《企业合规下的暂缓起诉协议制度》，载《比较法研究》2020 年第 1 期。

很少监控。2.司法审查模式。暂缓起诉协议由检察官与企业自愿达成，但需要法官进行审查并作出批准后才能产生法律效力。协议签订前，检察官需向法官证明协议更符合司法公正要求，且条款合理、公平、相称。提交后，法官要举行秘密听证会对条款进行审查，在最后的终审庭中，法官要以公开听证的方式公布暂缓起诉协议的全部内容。①

(二)企业合规与暂缓不起诉制度

“合规”一词起源于20世纪30年代美国大萧条时期，政府运用合规加强对金融行业的监管。《联邦起诉商业组织原则》中规定，“企业合规计划”是指用于预防、发现和制止企业违法犯罪行为的内控机制。合规计划本质是一种广泛的预防措施，可以预测、检查并抑制任何潜在的犯罪活动。② 具体来说，企业在法定框架内，结合组织自身的文化、性质、规模等因素，量身定制一套违法及犯罪的预防、发现、报告机制，从而达到减轻、免除刑事责任的目的，且该机制不仅需设立，还需执行。在安达信事件后，为避免调查和诉讼对企业造成永久性伤害，“布鲁克林计划”规定企业可以通过与政府合作、支付巨额罚款，并进行自我改革，构建有效合规计划，获得“有条件不起诉承诺”，企业合规计划与暂缓起诉制度融合。签订暂缓起诉协议的企业需履行的两个主要义务：一是支付罚金给政府和支付赔偿金给被害人；二是建立和完善公司职业规范、守法计划和内控机制，以预防和制止未然犯罪行为。前一义务体现了刑罚的报应功能，后一义务体现了刑罚的矫正功能，而后一义务是推动达成协议的关键要素。企业合规下的暂缓起诉制度是该制度得以持续并获得广泛发展的内在动因，符合了司法公正的根本价值，毕竟“某些制度不管他们如何有效率和有条理，只要他们不正义，就必须加以改造和废除”。③

企业合规与暂缓起诉制度形成了以下关系：(1)建立合规计划是达成暂缓起诉的前提条件之一，如果企业已建立了合规计划则适用暂缓起诉制度的可能性更大。(2)暂缓起诉协议的主要内容就是检察机关与企业在完善、改进企业合规

---

① 陈瑞华：《暂缓起诉协议的司法审查模式》，载《中国律师》2019年第10期。

② [美]菲利普·韦勒：《有效的合规计划与企业刑事诉讼》，万方译，载《财经法学》2018年第3期。

③ [美]约翰·罗尔斯：《正义论》，何怀宏等译，中国社会科学出版社1988年版，第3页。

方面达成的妥协方案。(3)诉或不诉的考察主要围绕考验期内企业合规的开展情况,检察官需要进行持续不断的监控或由企业自行定期报告。①

(三)企业合规下暂缓起诉的制度价值与借鉴

如前所述,我国企业犯罪处置路径面临合规理念缺失导致的企业犯罪预防不足,和特别程序缺失导致的社会效益无法兼顾的困境。域外的暂缓起诉制度,既避免了"水波效应"或者说打击法人犯罪的同时避免了刑罚的殃及后果,又通过暂缓起诉解决了企业被打上犯罪烙印后难以再生改造的弊端,符合公共利益保护原则。企业合规下的暂缓起诉制度,其所倡导的企业自治,让外部法治理念内化为企业的内部自控机制,能够推动企业走上良性发展的轨道,促进行业生态的良性循环,对我国企业犯罪处置具有重要的借鉴价值。具体而言:第一,企业合规进入法律实践领域并呈现刑事化发展,使得企业犯罪责任范围得到调整。我国刑法较为重视对个人以及违法企业中个人的刑事责任追究,一定程度上忽视了对企业独立特性的关注,英美法系国家的法人犯罪制度中的"替代责任原则"向"过错责任"的回归,有效界定了现代企业中企业与个人的关系,防止一旦企业成员为企业利益实施犯罪后,企业就要承担责任的恶果。第二,以合规为切入点关注企业在犯罪中是否有过错,帮助司法机关在审前分流中对已建立了合规、尚有经营前途的企业进行挽救改造,通过限期整改使得其在今后的生产经营中遵纪守法,步入良性经营轨道,保障了社会公共利益和企业再生。第三,完善企业犯罪预防,搭建企业与国家合作治理犯罪的良性循环。域外企业合规制度充分考虑了企业作为拟制主体的独立人格及附随义务,从其内部结构、管理政策、措施、习惯中确保企业履行主体义务,这一方面避免了调查企业犯罪需要花费大量诉讼成本的弊端,通过企业的自我监管,实现犯罪发现、犯罪预防;另一方面,国家通过量刑上的刑期减免、罚金减免和实体上的责任豁免激励企业重视合

---

① 1991年美国《联邦组织量刑指南的规定》将企业合规制度正式引入法律实践领域,规定了"有效的"企业合规的七项标准,以及合规可作为企业减免罚金、判处缓刑的法定要素。2003年安达信事件后,为避免调查和诉讼对企业造成永久性伤害,"布鲁克林计划"制定了新的犯罪诉讼策略,即企业可以通过与政府合作、支付巨额罚款,并进行自我改革,构建有效的合规计划,获得"有条件不起诉承诺"。随后的"汤普森备忘录"也建议追究企业刑事责任时适用暂缓不起诉制度,而企业合规是达成协议的关键要素。参见张贵军、邓颖:《从刑罚威慑到合规指引》,载《司法体制综合配套改革与刑事审判问题研究——全国法院第30届学术讨论会获奖论文集(下)》2019年6月20日。

规的制定和执行，最终达到企业与国家合作，实现打击犯罪与预防犯罪的良性循环。

四、以合规理念架构我国企业犯罪处置路径

结合前述分析与C市实践，实现进路应涵盖以下维度：

(一)优化理念：以企业合规理念完善我国企业犯罪追责思路

我国的企业合规是一个充满张力的概念，它既是一种公司治理方式，也是一种行政监管方式。① 刑事企业刑事合规属于企业合规的一个子项，是整个合规体系中的最低限度，也是最重要的内容。② 孙国祥教授归纳我国学者对企业合规的定义后认为，刑事企业合规是指，为避免因企业或企业员工相关行为给企业带来的刑事责任，国家通过刑事政策上的正向激励和责任归咎，推动企业以刑事法律的标准来识别、评估和预防公司的刑事风险，指定并实施遵守刑事法律的计划和措施。③ 企业合规在我国有初步的实践基础④，而刑事企业合规在犯罪认定中也初见端倪，例如：拒不履行信息网络安全管理义务罪中，若网络服务提供者进行了合规管理，则可作为出罪事由。企业刑事合规以一般预防理论下加强事先防范避免刑事犯罪风险为理论基础，其所提倡的企业与国家共治模式也符合国家治理体系现代化的趋势。我国在97刑法制定时正处在社会主义市场经

---

① 例如，2001年财政部颁布的《内控会计控制制度规范——基本规范(试行)》；2018年11月国资委出台的《中央企业合规管理指引(试行)》规定，“本指引所称合规，是指中央企业及其员工的经营管理行为符合法律法规、监管规定、行业准则和企业章程、规章制度以及国际条约、规则等要求”。2018年7月生效的《企业合规管理体系指南》将合规之“规”进一步扩大为包括遵守了相关标准、合同、有效的治理原则或道德准则。

② 孙国详：《刑事合规的理念、技能和中国的构建》，载《中国刑事法杂志》2019年第2期。

③ 孙国详：《刑事合规的理念、技能和中国的构建》，载《中国刑事法杂志》2019年第2期。

④ 例如，刘红林：《商业银行合规风险管理实践》，经济科学出版社2008年版，书中指出，“商业银行合规，是指商业银行为了避免可能遭受法律制裁、监管处罚、重大财务损失和声誉损失的风险，在其经营活动中高标准地遵循所适用的法律、行政法规、部门规章及其他规范性文件、经营规则、自律性组织的行业准则、行为准则和职业操守，以使其经营活动与上述法律、规则和准则相一致”；中国证监会于2007年3月发布了《关于开展加强上市公司治理专项活动有关事项的通知》；财政部会同证监会、审计署、银监会、保监会于2008年5月22日制定印发了《企业内部控制基本规范》，以上文件印证了企业内部控制(刑事企业合规)在我国的初步实践。

济初期，虽承认单位作为拟制主体承担刑事责任的能力，但并未区分单位犯罪和企业犯罪，未关注企业合规在犯罪发生机制中的作用。然而，随着现代企业制度的发展，我国应当引入企业合规概念作为处理企业犯罪的追责思路，当企业已经建立并贯彻了有效的刑事企业合规，表明其为预防犯罪作出了努力，其过错就应得以减轻或免除。这既是单位犯罪责任认定由替代责任向过错责任的转变，也为“少捕慎捕、少诉不诉”原则的贯彻提供了着眼点。

(二)明确标准：以过错责任理论完善单位责任认定

企业合规虽已成为一种全球化趋势，但在我国企业合规尚处在观念倡导阶段，直接引入立法规范尚缺乏文化土壤。我们可通过司法补位功能，对现有规则的扩大解释树立样本、提供反馈。当下办案实践中单位犯罪认定混乱是亟须解决的问题，企业合规为替代责任向过错责任的回归提供了依据，即当企业存在过错时个人责任才能转嫁给企业。具体而言，第一，应进一步区分法人犯罪和单位犯罪，单位这一概念是计划经济时代国家经济和社会活动最基本的构成形式，但在市场经济中，法人概念更符合市场经济活动规律，法人包括企业法人、非企业法人，我们应在符合法人标准的企业中引入企业合规制度。第二，判断单位意志时加入刑事企业合规的判断，不仅考虑决定程序、决策形式，还应考察单位内部的管理体系、相互之间的分工、决策习惯、奖惩举报制度等内容，可参考美国《联邦组织量刑指南》的七项标准①。第三，区分企业故意犯罪和过失犯罪，在企业过失犯罪中，原则上将已建立并实施了合规解释为阻却企业犯罪成立的法定事由，在企业故意犯罪中，对有效实施合规计划的企业可考虑减免罚金或减免企业责任人员的刑期。

(三)优选路径：探索检察机关主导、多元主体参与的暂缓起诉制度

1.引入暂缓起诉制度的基础和条件

目前理论上基本认同暂缓起诉制度的意义，在引入该制度上我国也存在一

① 《联邦组织量刑指南》“有效的”企业合规计划的七项最低标准：A.企业应建立合规政策和标准；B.企业应指定高层人员监督企业的合规政策与标准；C.企业不得聘用在尽职调查期间了解到具有犯罪前科记录的高管；D.向所有员工有效普及企业的合规政策和标准，如进行培训；E.采取合理措施，以实现企业标准下的合规，例如，利用监测、审计系统来监测员工的犯罪行为，建立违规举报制度，让员工举报可能的违规行为；F.通过适当的惩戒机制，严格贯彻执行合规标准；G.发现犯罪后，采取必要的合理措施来应对犯罪行为，并预防类似行为发生，如修改和完善合规计划。

定的基础和条件。一是暂缓起诉制度能够达成国家与企业共治的刑事治理模式,激励企业建立合规机制,实现犯罪预防。二是我国已经建立了未成年人的附条件不起诉制度。附条件不起诉制度 8 年的适用在司法系统和社会公众中建立了广泛的熟悉度,奠定了为企业暂缓起诉的认知基础。三是公共利益的权衡才是酌定不起诉制度构建的核心,应引入暂缓起诉制度以完善我国消极公诉权的缺漏。近年来,国家不断加强对民营企业的引导和保护,重视构建良好的营商环境,对企业犯罪适用暂缓起诉制度契合了当前的刑事政策。四是认罪认罚制度的推进使得司法协商和起诉便宜主义理念得到了认同,暂缓起诉制度引入不存在根本的价值冲突和制度障碍。最后,如本文中所举案例那样,面临公共利益的保护时,司法机关不得不运用现有规则探索类似于暂缓起诉制度的处置路径,但统一制度的缺乏反而使得处理结果遭到质疑,影响司法权威性和公正性。

2.探索检察机关主导、多元主体参与的暂缓起诉制度

检察机关作为犯罪的追诉者,也是案件的过滤把关者、程序分流的调控者,具有充分的正当性来发挥暂缓起诉的主导作用。提前介入制度、认罪认罚从宽制度,以及《检察院组织法》对检察建议及调查手段等权利的赋予也使得检察机关具有制度优势来发挥主导作用。具体而言:一是借助提前介入早期进入案件调查的优势,引导公安机关对企业经营情况、员工规模、有无与第三方公司的重大合作项目、企业规章制度等企业自身情况进行调查,并作为判断对企业负责人羁押与否的考虑条件。二是激活不同诉讼节点中的认罪认罚从宽制度适用。目前认罪认罚从宽案件办理中,控辩协商的重点是犯罪事实、罪名、刑期等与办案机关达成一致,而在企业犯罪案件中,避免刑事诉讼导致企业资格剥夺及企业停摆等问题才是企业犯罪处置的关键所在。我们应激活立案侦查,移送起诉、审查起诉等不同节点的认罪认罚适用,以不同阶段的从宽的优惠督促企业及早退赃退赔,给予企业改过再生的机会。三是建立司法人员、律师、专家学者、人民监督员以及相应政府监管部门等多元主体协同参与合规计划的暂缓起诉制度。由多元主体共同判断是否启用暂缓起诉、共同设立随附条件,既能防止检察机关滥用自由裁量权侵犯企业的程序利益,也弥补了单一机关专业能力不足、后续跟进乏力等缺陷,同时符合民众对程序参与的期待。

综上,借鉴域外暂缓起诉经验,确立适用于企业犯罪的起诉标准,探索建立企业犯罪案件办理规则,考虑成本、导向、公益、风险评估等因素,逐步引导企业形成企业合规文化的激励机制是我国企业犯罪处理路径的应有之举。